北大谈判课

陆奚坤◎著

台海出版社

图书在版编目（CIP）数据

北大谈判课／陆奚坤著. — 北京：台海出版社，
2018.5

ISBN 978 - 7 - 5168 - 1889 - 3

Ⅰ.①北… Ⅱ.①陆… Ⅲ.①谈判学—通俗读物
Ⅳ.①C912.3—49

中国版本图书馆 CIP 数据核字（2018）第 092450 号

北大谈判课

著　　者：陆奚坤

责任编辑：戴　晨　　　　　　责任印制：蔡　旭

出版发行：台海出版社

地　　址：北京市东城区景山东街 20 号　邮政编码：100009

电　　话：010－64041652（发行，邮购）

传　　真：010－84045799（总编室）

网　　址：www. taimeng. org. cn/thcbs/default. htm

E - mail：thcbs@126. com

经　　销：全国各地新华书店

印　　刷：香河利华文化发展有限公司

本书如有破损、缺页、装订错误，请与本社联系调换

开　　本：710mm×1000mm　　1/16

字　　数：379 千字　　　　　印　　张：23

版　　次：2018 年 8 月第 1 版　　印　　次：2018 年 8 月第 1 次印刷

书　　号：ISBN 978 - 7 - 5168 - 1889 - 3

定　　价：58.00 元

大多数的人都觉得，世界在分配资源时总是钟情于那些受过良好教育、拥有巨大才干以及做出突出贡献的人。但是，现实中坐稳"成功"这把交椅的往往是那些既有才干又懂得如何与人谈判的人。而对于这些人来说，谈判能力往往更能够让他们得到自己想要的东西。所以，生活的现实要求真正的"赢家"除了具备优秀的才干之外，更要具备出色的谈判能力。

北大用自己的百年智慧告诉我们，谈判不是一场"搞定对手""设置陷阱""培养内线"的相互对抗。在北大的课堂上，名家、名师告诉我们，谈判的学习不只是"术"的集合，更是对于"道"的追求。

无论是文学大师林语堂、胡适、季羡林，还是外交家李肇星、徐敦信、唐家璇，或是新闻界的杨伟光、撒贝宁，百年来北大人一直在思考，一个人应该怎样与自己相处、应该怎样与别人相处、应该怎样与世界相处。这使我们懂得，谈判需要先创造价值，然后才能分配利益；需要先谈好人情，然后才能谈好买卖。

在很多人眼里，谈判离我们的生活很遥远，似乎只有国家领导人或者商业巨头们才需要西装革履地在红木的谈判桌旁坐下来，身后是一群智囊和助理；或者又有很多人觉得，谈判对我们的智力要求很高，似乎我们在谈判桌上所说的每一句话，都关系到自己利益的得失存亡，协议中的每一个标点都充满了玄妙莫测的博弈陷阱。

其实，谈判的本质只是一场利益的交换，最终让谈判双方都得到想要的结果，仅此而已。就如同我们和自己的谈判对手同时坐在一条船上，一起在大海中漂泊。淡水和食物都是有限的，谁也不知道什么时候才能够靠岸，这时候我们应该怎么做呢？是杀死自己的对手独占船上的所有资源，还是和对手一起合作，向着远处的小岛进发？

北大的谈判课智慧地告诉我们，无论是掠夺自己的对手，还是对自己的合作伙伴冷漠，最终的结果都是以悲剧告终的。真正能够征服商海的人，一定是那些愿意与自己的对手一起出海的谈判者。

本书就是在总结北大名家、名师思想的基础上，结合谈判实例和谈判技巧，更好地告诉读者，如何谈判才能最终让彼此获得双赢，如何谈判才能让自己和对方的利益都得到最大化，如何谈判才能避开对方的圈套，如何通过谈判去赢得自己所需要的一切。

目录
CONTENTS

第3章　谈判礼仪课

第4章　谈判口才课

第5章　谈判流程课

第9章　切中要害的中场攻势

第 12 章　如何在谈判中获得力量

第16章　培养自己的谈判力

第17章　避开谈判的暗礁

第 18 章　谈判中的北大精神

第 1 章

谈判资本课

1. 谈判将伴随你的一生

我们应该学会沟通，和各式各样的人交流，所谓"三人行，必有我师"，在交流过程中你总会有收获的。

——北大课程理念

当你终于有机会陪自己的妻子去香港旅游，而妻子则立志逛遍每一条大街上的每一家商场，于是她兴奋地拉着你穿梭在各种服饰和化妆品的海洋之中。

当妻子看中一件衣服或者一只手包，导购便上来推销，一面夸奖你的妻子有气质，这件衣服刚好配她；一面说自己的商品好，而且价格公道。于是妻子开始和导购讨价还价，在一个价位僵持不下很久之后，导购说，这是我们老板给的最低价了。于是妻子打算跟能够做决定的老板谈谈，然后老板想起了自己的爷爷或者外婆也曾经在大陆生活，跟你们刚好是老乡，于是准备再让一步。

这时妻子已经被老板的诚意打动，准备付款。在一旁一直沉默的你却开口说，亲爱的，我觉得你的衣服够穿了，而且这件衣服的价钱还是有点贵，咱们身上带的钱也不多，还是下回吧。于是妻子用渴望的眼神看着你，又用哀求的眼光看着老板。最终你们以一个很低的价钱成交，妻子得到了自己想要的新衣服，你得到了自己想要的旅行氛围，而服装店老板则得到了一个还不错的利润。

其实，谈判并不是商业人士的专利，我们的人生中经常上演各种形式的谈判。不论是我们在逛街时与店员和老板的杀价活动，还是我们在恋爱中规划未来的生活蓝图，当然更多的还是业务上与合作伙伴敲定合作，有时候甚至要和孩子们因为早点上床睡觉的问题讨价还价。可以说，每天的生活中时时处处都需我们发挥自己谈判方面的天赋。

我们可以毫不夸张地说，"生命是谈成的，谈判将伴随我们的一生"。如果你在碰到利益的冲突需要协调时，脑中闪过的第一个念头会是"让我们坐下来谈谈吧"，而不是"我还是躲开算了"或者"他必须向我屈服"。那么恭喜你，这表示你已深谙"人生无处不谈判"的道理。而选择逃避谈判或者强迫对方的人，他们很难得到自己想要的东西。因为谈判是可以通往成功的变通路径，更是职场、商场中的必修学分。

2. 用谈判赢得自己想要的

当你被一种东西吸引时，就一定要努力去争取。

——北大课堂引用名言

如果你留意的话，就会发现，对于我们来说，要想好好活在这个世界上，需求的东西真是多种多样、五花八门。比如说名誉、自由、金钱、公正、地位、爱情、安全以及赏识等都是我们所需要的东西。

大多数的人都觉得，世界在分配自己的资源时总是钟情于那些受过良好教育、拥有巨大才干以及做出突出贡献的人。但是，现实中坐稳"成功"这把交椅的往往是那些既有才干又懂得如何与人谈判的人。而对于这些人来说，谈判能力往往更能够让他们得到自己想要的东西。所以，生活的现实要求这个世界上真正的"赢家"除了具备优秀的才干之外，更要具备出色的谈判能力。

相信在你的身边总有一部分人比其他人更清楚地知道如何才能得到他们想要的东西。在他们的眼里，这个世界就是一个巨大的谈判桌，不管你是否乐意，谈判就存在于我们每天的生活中。而坐在谈判另一面的包括我们的伴侣、孩子、朋友、同事、老板、商业伙伴，等等。能够掌握谈判技巧，并成功说服别人的人，在生活中必将成功地驾驭别人的心理，成为资源的占有者和谈判的主导者。而通过对于本书的阅读，你即将成为这些人中的一员。

是的，谈判对我们的生活影响深远，但是它并不是什么遥不可及的专业科学。每个人都可以通过不断学习和练习来提高自己谈判的技巧，而高超的谈判技巧将帮助你赢得在这个世界上你所需要的一切。是的，只要掌握和运用好谈判的力量，你就能成功地谈成任何事情。

3. 谈出家和万事兴

在人生的航行中，我们需要冒险，也需要休憩，家就是供我们休憩的温暖港湾。在我们的灵魂被大海神秘的涛声陶冶得过分严肃以后，家中琐碎的噪音也许正是上天安排来放松我们精神的人间乐曲。

——周国平（北大校友，著名学者，作家）

当我向别人滔滔不绝地讲述着谈判的重要性，谈判可以帮我们赢得想要的一切时，经常有人会一头雾水地问：那么，到底什么是谈判呢？这时，我只好告诉他我对于谈判的认识，我觉得：谈判就是一个人综合运用自己所掌握的信息和资源，用以说服对方按照自己的意愿来行事的一种力量。当然，双方会在这个过程中做出适当的让步和妥协，谈判的最终结果就是我们用多种力量所形成的影响力去左右人们的行为及反应。

当然，很少有人能够在我讲出如上的定义之后恍然大悟。于是我只好告诉他，谈判就是要求别人按照你的想法去做点什么。如果你仔细考虑一下自己的生活的话，你就会发现，从某种意义上讲，谈判贯穿了我们生活中的全部细节，不论我们是否以谈判为谋生手段，谈判都会出现在我们的工作和私人生活之中。在生活中的每一个细小方面，我们都在不断地与他人进行着谈判。比如在家庭中，丈夫同妻子谈判，妻子也在和丈夫谈判；孩子和父母谈判，父母也在和孩子谈判。甚至兄弟姐妹之间，为了分配玩具或者家产，也要坐下来谈一谈。

当然，我们不想让家庭内部变成一个钩心斗角的地方，因为我们在生意场上已经累了一天，回到家之后希望完全地放松一下。可是，就在这个时候，你的孩子开始一边大口大口地吃着油炸食品，一边目不转睛地看着电视里的不适合他这个年龄段的电视节目；或者你的妻子正在跟自己的女性朋友聊天，你隐约地听到她在得知对方有整容的打算之后，表示自己下周也要去动一动自己的鼻子和下巴。对于家庭中的这些事情，你没有办法视而不见，因为你需要对你爱的人负责。但是你又不能强迫他们去做什么或者不要做什么，因为我们不能打着爱的名义去强迫我们所爱的人。那么，剩下的唯一的办法就是跟他们坐下来谈谈，用我们的谈判技能来谈出家和万事兴。

4. 会谈判的人才是工作中的权威

世界上有两种人，一种是狼，一种是羊，他们是吃和被吃的关系。往往我们看到的狼特别和蔼可亲，这里有一句俗话就是"披着羊皮的狼"，但是世界上所有的羊又在装狼。同时，每个人身上既是羊又是狼，有时候羊会向狼转化，狼也会向羊转化。

——刘震云（北大校友，著名作家）

什么是工作中的权威呢？所谓权威能够让别人自愿地去完成你所交代的工作，并且要按照你所交代的方式。一个公司老板可能会拥有这个公司的所有权，但是真正的控制权并不一定在他手上，除非他掌握了谈判的技能，具有对自己的员工发号施令的权威。

几乎没有员工会当面拒绝老板分配的任务，但是在具体执行时往往不是那么回事。很多老板在布置完工作两周后，督促员工的进度时却得到对方这样的回答："我不知道，我正在严格地按照你吩咐的去做。"对这种现象我们用很多种说法比如"非善意的服从"，或者"消极怠工"来定义。

而处在这种情况之下的老板，就已经丧失了自己的权威地位。奉劝正在经历这种尴尬的老板们，请不要试图辞退所有不听话的员工，然后重新雇佣那些愿意服从命令的员工，并奢望他们会一字不差地按照你的意思去做。其实事情的关键，在于你没有掌握谈判的能力，无法有效地说服自己的员工服从命令。

另一方面，作为一名公司的员工，为了完成工作，你需要同别人进行合作，需要得到上司的帮助和支持。而这些人往往有着不同的想法或工作方式，发挥的作用也许不尽相同。所以，要想达到你的目的，你必须通过谈判来获得各方面的帮助与支持。

当你有一个非常好的企划方案需要老板接受时，你必须让老板知道，你才是这个方面的真正权威。当然，我建议的方法并不是在公开场合与自己的老板叫板，或者组织员工集体罢工。而是需要我们用谈判的方式来确立自己的权威，用某种方式来"包装"我们的思想。

通常情况下，老板是否接受我们的企划方案有两个条件：一是该企划案是否迎合了老板目前的迫切需求；二是是否符合公司目前的迫切需要。很多人虽然具有高超的专业技能，但大多都缺乏能够有效输出他们想法的谈判技巧，从而使他们的一些很好的想法无法得到认同，结果他们经常会感到沮丧，不得不承认自己的失败。

当你掌握了谈判的技巧之后，便不再需要为自己的工作处境而烦恼了。无论你是一个想要跟领导谈加薪的员工，还是一个想让下属无偿加班的老板。只有掌握了谈判的技巧，你才能是工作中的绝对权威。

5. 好的谈判策略，带来好的谈判结果

那么，什么又叫做"坏人"呢？记得鲁迅曾说过，干损人利己的事还可以理解，损人又不利己的事千万干不得。我现在利用鲁迅的话来给坏人作一个界定：干损人利己的事的是坏人，而干损人又不利己的事的，则是坏人之尤者。

——季羡林（北大教授，著名古文字学家，思想家）

在谈判中，交际模式因人而异，谈判策略也变化多端。而选对自己的交际模式，找到合适的谈判策略，是我们必须做的功课。北大谈判专家们建议，人们在谈判前应该考虑两个重要因素：一个是谈判中的实际利益，也就是现在获得这个利益对我们有多重要；另一个就是彼此的关系，也就是我们和谈判另一方的良好关系对我们有多重要。

在谈判过程中，我们往往会自觉或不自觉地采取以下几种交际模式和相应的谈判策略：

第一种，损人利己模式。选择这种模式的人，秉持的是弱肉强食的信念。他们会在谈判中运用自己的权势、财力或者其他有利条件来压迫别人，从而达到自己的目的。

这种人往往选择强硬的谈判策略。由于眼前利益重于彼此关系，他们会想："我才不在乎你怎么想我，即使你不喜欢我也无所谓，反正我就是要这么做。"

第二种，损己利人模式。这种人的信念与第一种模式的人完全相反，他们习惯于委曲求全，为了不伤害别人，或者为了在谈判中得到对方的肯定，不惜牺牲自己的利益。这种人的缺点就是没有原则，过于容易受人左右。

而他们的谈判策略就是屈从。由于彼此关系的重要性大于眼前利益，他们会在心里对自己说："好啦，就让他吧。这次先不赚钱，好跟他维持交情，下次才能有更大生意。"

第三种，独善其身模式。选择这种模式的人既不喜欢与人争斗，又不喜欢被人占便宜，所以选择了逃避谈判的方式，主张各人自扫门前雪，休管他人瓦上霜。

这种人会逃避谈判，因为在他们心中眼前利益与彼此关系都不重要。他们会想："没必要说啦，我要不要都无所谓，跟你做不做朋友也不重要。"

第四种，皆大欢喜模式。这是谈判时可以选择的一种模式，也叫双赢模式。选择这种模式的人在为自己着想的同时，也不会忘记他人的权益，通过推己及人，最后想出一个两全其美的办法。在这种人的心里，生意场是一个合作的舞台，而不是一个你死我活的角斗场。所以，在成全他人的同时，也成全了自己，这才是智者的选择。

这种人可能会采取妥协策略，彼此说："好吧，我们彼此各退一步，我这里让你一点，你那里也让我一点。"或者双赢策略："让我想想有什么办法可以让彼此皆大欢喜的，也就是找找双赢的解决方案。"这会让双方的利益都得到最大化。

6. 成为谈判高手的四块基石

生活中没有小事，每一件事都是值得思考的大事。生活需要认真思考，也值得认真思考。

——北大课堂引用名言

其实，谈判高手的成功往往就在那些不为人们所关注的细节上。而这些细节，虽然看上去并不起眼，却是他们谈判中的重要基石。正是有了这四块强大的基石，才使得他们在谈判中对任何棘手的问题都可以泰然处之，驾轻就熟。

第一，要沉稳。沉稳的谈判者不会随便在谈判桌上显露自己的情绪，更不会逢人就诉说自己的困难遭遇，一有机会就开始唠叨自己的不满。当他们真的遇到困难要寻求帮助时，他们在咨询别人意见之前，自己首先要做好思考。在自己跟别人谈话时，谈判高手不会觉得慌张，而是有条有理。他们知道，在谈判中可以讲得稍慢一点，但不能语无伦次。

第二，要细心。谈判高手都有勤于思考的习惯。对身边常会发生的一些事情，他们总是想方设法弄清楚其来龙去脉；对于那些平时做得不到位的问题，他们总是能发现其中存在的深层次问题，然后想办法解决掉；对于那些平常生活中习以为常的办事方法，他们总是愿意花时间想想还有什么地方可以改进或者更换。

第三，要有胆识。一个人的胆识是构成他成为谈判高手的一个重要的因素，很难想象一个没有胆量和见识的胆小鬼怎样去面对谈判桌上强大的对手？

平日里跟人交谈的时候，尽量不要用那些听起来没有自信的词句；自己决定了的事情就不要变更反悔，如果经常推翻自己的决定，会让人很反感；当遇到困难的时候，试着换一种思维试试，不要一条道走到黑。

第四，要大度。拥有宽厂的胸襟不仅仅是道德的要求，同时也是塑造形象气质的重要途径。大度的人，他们在谈判中自然而然地就会有一种迷人的气质围绕在身边。大度的人不会把合作伙伴变成对手；对别人的小过错也不会斤斤计较。

总之，不管是什么人，如果你想成为名副其实的谈判高手，那么在谈判桌上就应该沉稳、细心，不能毛毛躁躁，同时要尽可能地让自己有胆识，只有这样才能成就优秀的气质，也只有这样才能够获得谈判对手的认可与赏识，让自己在谈判中获得充足的资本。

7. 谈判的回报是用付出换来的

无论你身在何职，都要学着与人分享，因为没有分享就没有合作，分享是合作的前提。

——北大课堂引用名言

在谈判中，付出和回报往往成正比。也就是说，我们在谈判中付出的越多，在将来所能得到的回报也就越大；相反，如果我们什么也不想付出的话，那么将来也很难得到回报。

查尔斯大学毕业后开了一家小店，他不靠任何关系，在两个月内，他的营业额就比其他同行高出一半来，他的诀窍是把最大的折扣点给业务人员和同行，于是所有人都为他工作，业务暴增，奠定了他的基础。

有了小店做基础，查尔斯渐渐地开始接触大生意，他开始接一些大的项目工程，但无论做什么，他所有的生意几乎都是以花钱开始，以赚钱结束的。唯一的一次失误是他在外地接了一个工程，结果那年很多建材价格都暴涨，他一分钱也没有赚到。但查尔斯不是一个小气的人，虽然自己没赚到钱，但他还是按标准完成了那个工程，另外还自己出钱，把当地小学的课桌都换上了新的，因此他离开的时候，受到了当地人民的热情欢送。虽然没有赚到钱，但是他的这一个举动为后来的生意奠定了基础。他说："钱其实是会跑的，你要学会放它出去，它才会给你带来更多的同伴。"

查尔斯的故事告诉我们，无论是对个人还是对企业，花钱的能力比赚钱的能力更重要。因为花钱就是付出，而赚钱则是付出换来的回报。谈判中，总想着从对方那里得到好处的人，很难让自己成为谈判中真正的赢家，因为所有人都会对一个唯利是图的谈判对手进行提防。而一个愿意向自己的谈判对手付出的人，无疑是真正的谈判高手，因为所有人都懂得回报那些曾经在谈判中向自己付出的朋友。

8. 做个受欢迎的谈判者

永远充满激情，相信第一名就是我的！

——北大课堂引用名言

在进入谈判的角色前，高明的谈判者会用自己的方法赢得谈判对手的信任与欢迎。因为只有这样才能在接下来的谈判中打开僵局，为彼此的合作奠定坚实的基础。

从前有一个在节能灯公司工作的小伙子，他专门负责开发客户并与之谈判。有一天，这个小伙子来到了一个养鸡场，这里的老板一看，是一个推销商品的，于是毫不客气地把门关上了。小伙子眼见情形不妙，马上笑道："我不是来向您推销东西，而是来买鸡蛋的。"

老板听说是来买鸡蛋的，自然就不好拒人于千里之外，于是就把头伸了出来，看看究竟是不是真的。小伙子继续笑道："我舅舅开了一个食品店，让我今天帮他们买一些鸡蛋，我听说您这儿的鸡蛋不错，所以特意过来买一箱好鸡蛋。"

老板知道这个小伙子是个推销员，于是怀疑地问道："这一块地方，养鸡场不都是差不多吗？为什么偏偏来我这里买？"

小伙子说："我也知道这里养鸡场多，但是只有您这儿的鸡蛋是棕色的，做蛋糕就需要这种颜色的鸡蛋，我舅舅特意跟我说，鸡蛋要买棕色的。"

于是老板终于走出去和他谈了起来，由于小伙子对于老板的产品和经营方式赞不绝口，所以二人的交谈越来越欢畅，于是老板就带小伙子去参观了养鸡场，并且一边参观，一边为他介绍。

走进鸡舍的时候，小伙子不动声色地问道："这么多灯泡，一个月得用很多电吧？"

"一个月1000元左右的电费。"

"这么多啊，我看您这儿用的是普通灯泡，如果用节能灯的话，可以少用30%的电量，也就是说一个月可以少花300多元，这样算来，一年就可以少花

3000 多元。"

老板一听，顿时大吃一惊，马上就要求换上节能灯。

这个善于谈判的小伙子先是以顾客的身份切入谈判，并用赞美对方的方式赢得了对方的好感，进一步消除了对方的防范心理。在成为了受欢迎的人之后，小伙子才适时地提出自己的真实意图，并站在对方的立场上分析利弊，最终一举赢得了谈判的成功。

在谈判的过程中，不受欢迎的人往往很难取得谈判的进展，因为他们无法走进谈判对手的内心。还有些人赢得了谈判却输掉了朋友，这就说明他们在谈判中采取了不受欢迎的方式。而高明的谈判者会让自己在整个谈判的过程中都是受欢迎的，让谈判对手觉得这次谈判帮助自己解决了问题，如此才是我们应该学习的谈判技巧。

9. 想钓到鱼，就要用鱼的思维方式

任何一个人，包括我自己在内，以及任何一个生物，从本能上来看，总是趋吉避凶的。因此，我没怪罪任何人，包括打过我的人。我没有对别人打击报复，并非我度量大，能容天下难容之事，而是由于我洞明世事，又反求诸躬。假如我处在别人的位置上，我的行为不见得会比别人好。

——季羡林

人总是自私的，在谈判中我们既要克服自己内心的自私，又要说服对方以诚相待。所以，要想在谈判中建立双赢的关系，我们不仅要强调信任与诚信的重要性，更要学会站在对方的角度思考。

首先，要了解对方的文化背景与社会背景。心理学家通过研究认识到，人与人之间能否相互信任，成功交往，主要取决于双方的文化背景和社会背景是否能够相互包容。文化背景主要包括语言、受教育程度、文化素质和文明水平等。如果不了解对方的文化背景，就会造成交往的障碍，比如受教育程度不同的农业专家和农民之间，不但无法彼此信任，甚至连最基本的沟通都存在障碍。虽然悬殊的文化和社会背景差异，必然影响人际间的交往，但是我们也可以通过了解对方的兴趣偏好和思维模式来消除这种差异，得到对方的信任与忠诚。

其次，要有容人之量，才能在谈判中求同存异。每个人都有自己的个性，每个人都不会绝对完美，人们在认知、情绪、行为方式以及个性特征等方面的

不同，形成了他们自己的思维定式。有关人际吸引方面的研究表明，人与人之间能否成功交际，几乎完全取决于双方在个性特征和态度等方面的相似性、在需要和期望等方面的互补性以及出众的能力和仪表等因素。这就要求我们能够在与人交往时放下自己的主观偏见，尊重对方的认知习惯，才可能增进彼此的吸引力，最终建立坚实的合作关系。

最后，我们必须改变自己的思维模式，凡事从双赢的角度出发去思考问题。比如，一般的公司都认为，客户和自己的利益是此消彼长的关系。如果公司对客户让出了利润，那么公司的利益就会受损失。所以，在利益面前，很多公司选择了损害客户而成全自己。然而事实证明，这样的做法是非常狭隘和局限的，这样的公司最终也因为失去了客户而走入了事业的穷途末路。如果换用双赢的思维，大家就会看到，客户是公司赖以生存的基础，如果没有他们，公司将不可能生存。因为，只有客户认可了公司的产品，公司才能长远地发展。

综上所述，我们在谈判过程中，一定要学会推己及人，甚至要舍己从人，时刻站在对方的角度来思考问题。同时，还要对别人以礼相待，真诚尊敬与欣赏对方的人格、观点；多沟通，多倾听，勇于说出自己的意见。用我们的坦诚让对方相信，彼此的合作会使大家都成为最终的赢家。

10. 不要在谈判桌上抱怨

人与人之间，部落与部落之间，种族与种族之间，国家与国家之间，为什么会仇恨？因为利益争夺，观念的差异，隔膜，误会等等。一句话，因为狭隘。一切恨的根源溯源人的局限，都证明了人的局限，爱在哪里？就在超越人局限的地方。

——周国平

北大的谈判课教授曾经说过："怨天尤人的人，是注定要失败的性格，成功的人通常都擅长从自身找原因，总结经验教训，避免下次在同一个地方跌倒。而遇事总习惯抱怨的人，大都只有在失败的圈子里转来转去，却不知改变自己。"

心理专家曾经发起过一个关于"为何要抱怨"的调查，在这项有五千人参加的调查里（多选），有74%的人表示抱怨是为了发泄内心的苦闷；而36%的人表示抱怨是希望有人能关注自己；还有24%的人表示自己已经习惯了抱怨，另外21%的人抱怨只是为了给自己找个逃避的借口。

调查中还有一个奇特的现象：在所有受访者中，有45%的人表示，当有人向自己抱怨时，自己也会受到感染而参与到抱怨当中。也就是说，原本想要发泄糟糕的情绪，结果却引发了对方更多的消极感受；希望对方能够帮忙解决问题，最后却只会为自己增添更多的困扰。

最后的结果告诉人们：抱怨无法改变谈判的结果，反而会让自己痛苦不堪。

抱怨是很多人在谈判中的通病，他们抱怨对方过于苛刻，抱怨自己的队友不够尽力，抱怨好运气从来不眷顾自己。他们却不知道，爱抱怨的人会让人特别反感，不论是自己的谈判对手，还是自己的队友。偶尔的抱怨也许可以看作某种情感的宣泄，但是一旦养成习惯，就会对我们的谈判产生非常消极的影响。因为谈判中的挫折不可避免，而抱怨只会磨灭你的斗志，所以，何不积极地迎接挑战，做个不抱怨的谈判高手呢？

要改变抱怨的习惯，就要在面对谈判中的挫折时，先停下来让自己放松，找出事情发生的主要原因和解决的办法，然后有条不紊地按步骤解决，这样就能从中吸取到经验，避免再次犯错。

11. 沉得住气，方能成大器

定目标，沉住气，悄悄干。

——北大课堂引用名言

沉得住气，方能成大器。不管是面对多么难对付的谈判对手，我们都需要让自己沉得住气。在谈判桌上的较量，主要是看谁能够沉得住气，谁就能守得花开见明月，谁就会是真正的赢家。

关键时刻能沉住气，就会把谈判的导向扭转到对自己有利的一面。北大校长蔡元培就是一个特别能沉得住气的人，为什么这样说？那就要从蔡元培先生的生平事迹谈起。

蔡元培先生自幼开始学习，学问比较深厚，曾经考中过前清的进士，进入过翰林院。到了甲午战争结束后，蔡元培先生又加入了同盟会，投身到改革的事业之中。经历了大风大浪的蔡元培先生，不仅拥有了渊博的学识，并且具有了一种沉稳大气的品质，能够在关键时刻，克制住自己的情绪，所以北大的学生都这样评价蔡元培先生：虽然他是北大校园中权威最高的一位领导人，但是对人却是最谦和的。

在五四运动期间，有很多学生参加政治运动，当时北洋政府逮捕了很多学生。蔡元培先生作为北大的校长，必须要对学生负责。当时，为了阻止大批的学生参加政治运动，蔡元培先生就只身挡在了学校的门口。不幸的是，学生竟然将他推倒在一旁，51 岁的他受到了这么大的侮辱后没有大发雷霆，而是第一个出面营救被北洋政府逮捕的学生，甚至还用辞职的方式来抗争。

后来，学生们终于被蔡校长的这种气度所感动，在以后与校长的谈判中，学生们明显地改变了态度。

通过这件事情，我们就能够明白，为什么蔡元培先生能够赢得与学生的谈判，原因就在于他能够在受到大辱后沉住气，不被自己心中的不良情绪所影响，依然设法营救被逮捕的学生。

难道蔡元培先生对学生推倒他的行为真的不感到愤怒吗？当然愤怒，但因为蔡元培先生身上的这种气质，让他做起事来特别沉着。也正是因为有了这种沉着的气质，最后使蔡元培先生成为北大历史上最有能力、最出色的一位校长，受到了后来北大人的一致称赞。

在谈判中沉着的人看似迟钝，实则思维缜密；沉着的人做事谨慎踏实，不会浮躁冒进。有的人在谈判桌上遇到一些事情，总是急急躁躁、丢三落四，这件事还没完成，又要去处理另外一件事情。这样不沉着冷静的人，怎么能够取得谈判的胜利呢？

12. 体验过失败，才能战胜挫折

我认为，应当恐惧而恐惧者是正常的，应当恐惧而不恐惧者是英雄，我们平常所说的从容镇定，处变不惊，就是指的这个。

——季羡林

一帆风顺是人们对谈判的美好期待，可事实上，在谈判中难免会与一些挫折不期而遇，就好像一艘在海上航行的船只触到了暗礁般，让人束手无策、焦头烂额，甚至懊悔得真想穿越时空回到过去。但是我们必须懂得，谈判高手并非从未遇到过困难，而是因为他们在拼搏的路途中能够勇往直前，能够在失败中得到另一种收获，才有了后来的成就。

从哈佛大学毕业的肯尼迪一直是全美国人的骄傲，同时他也是哈佛的骄傲，为了纪念这位伟大的人物，哈佛大学甚至专门建立了肯尼迪政治学院。然而，肯尼迪总统的成功是与他的父亲对他的教导分不开的。肯尼迪的父亲从小就注意培养肯尼迪坚韧的性格和不怕失败的心态。

有一次父亲赶着马车带肯尼迪出去游玩。在一个拐弯处，因为马车速度快，猛地把肯尼迪甩了出去。当马车停住时，肯尼迪还保持摔倒的姿势躺在地上，因为他以为父亲肯定会下来扶他的。但父亲却坐在马车上慢悠悠地掏出烟斗，开始吸起烟来。

肯尼迪叫道："爸爸，快来帮我。"

"你摔疼了吗？"父亲问。

"是的，我觉得可能我的腿断了。"肯尼迪带着哭腔说。

"那也要坚持站起来，重新爬上马车。"父亲斩钉截铁地说。

于是肯尼迪只好挣扎着自己站起来，摇摇晃晃地走近马车，艰难地爬了上去。

父亲挥舞着鞭子问："你知道为什么我不去帮你吗？"肯尼迪摇了摇头。父亲接着说："以后你要走的路还很长，你的人生将会重复跌倒、爬起、奔跑、再跌倒、再爬起……因此，在任何时候你都不能害怕失败，要学会一切靠自己完成，没人会去扶你的。"

从那以后，父亲对肯尼迪的教育更为严厉，并经常带着他参加一些大型社交活动，教他学习怎样礼貌地向客人打招呼、道别等等。一次，一位客人问肯尼迪的父亲："他还这么小，您这么要求他，是不是太苛刻了？"谁料肯尼迪的父亲回答："哦，我这是在训练他当总统呢！"

肯尼迪的成功，源自他从小就被父亲教导要懂得在失败面前爬起来。学习谈判也是一样，当意外突然降临时，不要慌乱，不要逃避，更不能变得颓废。要知道，上天在磨炼我们的同时，作为回报，还会给我们一种优秀的品质。只有那些体验过失败，从失败中走出来的人，才能最终战胜挫折，成为谈判桌上的佼佼者。

13. 懂得后退，才能在谈判桌上勇往直前

当一个民族，遇到的苦难特别多的时候，对苦难应该有一个态度，如果你用严峻来对付苦难，苦难就化成了铁，鸡蛋往铁上碰的话，鸡蛋就没了。换一种幽默的态度的话，马上这块铁就变成了冰，幽默变成了大海，冰掉到大海里面就溶化了，这是一种生活的态度。

——北大课堂引用名言

谈判的过程是一出复杂的舞台剧，我们身在其中难免会与别人发生磕碰。那么，当你在处理这类事时，就应该想想，是退一步皆大欢喜，还是据理力争毫不退让，因为这两种选择的结果是不一样的。谈判桌上，我们难免会遇到劲

敌，而这时候你就要学会放下固执，同时要有坚强和勇于挑战的心态，否则你将头破血流。

在茂密的亚马孙热带丛林里，生活着一种奇特的鸟类——蜂鸟。它是世界上最小的鸟，也是世界上唯一能倒退飞行的鸟。据说蜂鸟从前是不会倒着飞的。它们的家族很庞大，并且有严格的制度，其中一条就是不准后退，如果有胆小的蜂鸟临阵退缩，就会被围攻而死。而且蜂鸟以前是杂食鸟类，遇到什么就吃什么，这个规矩延续了很多年。

一年夏天，森林发生了火灾，由于蜂鸟不许后退的规矩，它们只能一群群地向烈火扑去，结果全都惨死在烈火中。眼看整个家族就要覆灭，这时有一只蜂鸟动摇了，它试图往后退，蜂鸟王很恼火，它指挥其他蜂鸟向那只退缩的蜂鸟进攻。可是这次，那些蜂鸟却跟着那只蜂鸟往后退去，就这样，这部分蜂鸟存活了下来，并延续了蜂鸟的家族。后来蜂鸟便延续了这个习惯，可以倒着飞，并且性情变得特别温和，生活得快乐自在。

蜂鸟的故事告诉我们，有时候人会陷入一种盲目追求而不知退步的处境，如果能懂得退一步海阔天空的道理，那么就能找到一条新的出路。

刚刚接触谈判的人往往朝气蓬勃，但也容易因为过于纯真而不懂得忍一时之气，这样反而会得不偿失。因此，我们应该学会在谈判中以退为进。退一步不是消极，而是用长远的眼光来看待事情；不是刻意逃避，而是一种处世哲学。如果你在谈判桌上与谁都格格不入，不懂谦让，就好比"两虎相斗，必有一伤"，倒不如退后一步，为自己今后的勇往直前打下基础。

14. 谈判高手的两件法宝：诚意和胆识

一种人不自觉地要显得真诚，以他的真诚去打动人并且打动自己。他自己果然被自己打动了。

——周国平（北大校友，著名作家）

谈判的对手越是陌生，他们的警惕性也就越高。要想打破谈判的僵局，我们就必须用自己的诚意和退让来说服对方，让对方也全身心地投入到这场双赢的谈判之中。但是，向陌生的谈判对手表达自己的诚意是一件有风险的事情，所以，一个人的胆识在谈判中也占有非常重要的地位。

在美国，Zappos 是一个家喻户晓的购鞋网站，这家网站的鞋类品牌超过1000 种，鞋的款式超过 9 万种，而它的销量更是可观，全美国每 38 个人中就有一个人在 Zappos 上买过鞋或其他商品。2007 年，当国内网购还停留在试水阶段时，Zappos 的营业额已经达到 8.4 亿美元，在美国的鞋类网络市场中占四分之一，被称为"卖鞋的亚马逊"。

Zappos 的创始人谢家华是一个传奇，他是美籍华裔商人。在他 25 岁那年，开始经营 Zappos。可由于这个网店在消费者中知名度不高，产品的销售并不乐观。为了改变这一局面，谢家华经过一番考虑后，做出了一个冒险的决定：凡是在 Zappos 买鞋的用户，都免费提供买一双送三双试穿的服务。顾客如果订购了 Zappos 公司的某款鞋子，公司就会寄出三双同款式的鞋子供试穿，等顾客选中其中一双后，再将另外两双鞋退回，而且运费由 Zappos 承担。

在推出这项举措时，谢家华也曾遭到了反对，因为这个主意太冒险。但好在推出后得到了广大消费者的追捧。不过，虽然 Zappos 公司赢得了消费者的赞美，但退货率居高不下。而顾客趁机留下另外两双试穿鞋的现象也不少。一时间，嘲笑、反对的声音此起彼伏，公司员工相继跳槽，但倔强的谢家华依然坚持了下来。

就在 Zappos 濒临倒闭的时候，订单开始快速增长，并实现了翻番。谢家华也因此收获了巨额财富，成了全球最年轻的亿万富豪。

当记者采访谢家华为何敢冒险做出这个决定时，他回答说："我曾经统计过，一个人平均每年要买七双鞋，如果按 70 年来计算，那么就需要买四百九十双鞋。用两双鞋的代价，换来一个顾客终生购买的机会，我想这值得一试。"谢家华的话让所有人恍然大悟，同时也被他敢于冒险的精神和独到的眼光所折服。

Zappos 这种网购模式的成功，完全在于谢家华有足够的胆识，他敢于向陌生的顾客群体表现出自己最大的诚意，结果终于获得了整场谈判的成功。所以，如果我们想要让自己成为掌控全局的谈判高手，那么就应该多在向对方展示诚意上下功夫，同时提高自己的胆识，让自己能够看到最终的成功。

15. 在谈判中，一次只谈一件事情

一个人只要选择了一件事，并能不断地坚持做下去，就能成功。

——北大课堂引用名言

在各种各样的谈判中，我们无法避免地要处理各种琐事、杂事，如果不事先安排好自己的谈判，为自己制订一个切实可行的谈判计划，我们就会被琐事弄得精疲力竭、心烦意乱。

不论是普通人还是谈判高手，每个人的精力都是有限的，而与谈判有关的工作和琐事却是永远无法做完的。哪些事情应该做，哪些事情不应该做，哪些事情可以推迟做，都需要我们制订一种合理的统筹方法，那么给自己准备一个备忘录就成了当务之急。准备一个小本子吧，把每次谈判要解决的事情一一列出，可以为你带来很多好处。

伯利恒钢铁公司的总裁舒瓦普对公司员工的工作效率并不是太满意，于是他找到了效率专家艾维利，希望他能够帮忙提高员工的效率。艾维利说："我给你一样东西，这个东西能至少使你的员工提高50%的工作效率。"于是舒瓦普满心期待着艾维利给自己一件什么提高工作效率的法宝，结果得到的却是一张白纸。

艾维利说："你在这张纸上写下你明天要做的最重要的事情。"

于是舒瓦普照做了。

艾维利接着说："现在，你将每件要做的事，用数字标出先后顺序。"

舒瓦普仍然照做了。

在舒瓦普做好之后，艾维利又说："明天你到公司后，先做上面最重要的那件事，对其他的事情要视而不见。当你完成一件事后，再用同样的方法做第二件事，直到你下班为止。"

舒瓦普同意了，艾维利接着说："你从明天起，每天都这样做。当你认可这个方法的时候，可以在你的员工当中推广，让他们也按这个方法去完成工作，相信这能满足你的心愿。"

几个星期以后，舒瓦普寄给艾维利2.5万美元的咨询费。五年以后，伯利恒钢铁公司用这个方法一跃成为世界上最大的钢铁厂。舒瓦普则运用这个方法为自己赚得了一亿美元。

如果你想提高自己的谈判效率，在谈判中不放过任何有利于自己的机遇，可以尝试把每次谈判中自己要达到的目的逐条记录下来。这样谈判的轻重缓急就一目了然了。按这个计划去谈判，你的谈判就会变得有条理，并且不容易出差错。

16. 没有细节就没有谈判的成功

重复的事情在不停地做，你就是专家，做重复的事特别专注你就是大家。就这么简单。我觉得细节是考量一个民族和一个人做事的特别重要的或者是最重要的标志，而不是大而不当的方面。

——北大课堂引用名言

　　刚刚学习谈判的人往往只想关注谈判中的大事，而不愿意对那些不起眼的小事多付出一点精力。要知道，想在谈判中做大事的人有很多，而愿意把小事做好的人却太少。事实上，每一件大事都是由无数个小细节组成的，就好像一台汽车有上千个零件，要几十家工厂共同生产协作；一辆福特牌小汽车，有上万个零件；一架"波音747"飞机，则有450万个零件，需上百家工厂同时合作，真正的大事不是一蹴而就的，而是在细节中积累起来的。

　　艾拉在大学期间学的是会计专业，因此，她希望能找到一份与之相关的工作。于是圣诞节刚过，艾拉就辞去了这份收银的工作，想找一家更适合自己的公司。

　　幸运的是，艾拉很快就找到了一家满意的公司，并轻松地通过了第一轮测试，和十位求职者同时进入了第二轮测试。可第二轮测试什么时候、在什么地方进行，招聘方却迟迟没有通知。艾拉和其他的应聘者都很焦急地等待着通知。

　　期间，招聘方有人找过艾拉，并给了艾拉50美元让她去商店购买一些办公用品，以备参加第二轮面试使用。然而，艾拉一眼就发现，对方给自己的这张50美元是假币，出于职业习惯，艾拉当即指了出来，并予以拒收。对方见艾拉认真的样子，意味深长地笑了笑，没再说什么。

　　几天后，招聘公司打来电话，告诉她她已经通过了第二轮测试，并让她去公司参加最后一次测试。原来，那次的招聘方是故意给的假币，用这个方法来检测应聘者的职业素质。得知这件事的原委之后，艾拉很紧张，她不知道还有什么无法预知的事情会出现。

　　这次测试的地点在公司的会客厅，艾拉和其他剩下的求职者在屋外等候，等叫到自己的名字了再进去面试。

　　轮到艾拉了。她忐忑不安地进了屋，在主考官面前坐下。主考官说："你以前做过收银员是吗？那么请你说出不同面值的美元后各是什么图案。"这个问题出乎意料，虽然很简单，但却极容易被忽略。还好艾拉比较细心，对生活中的一些小事很留意，于是，她充满信心地回答了面试官的问题。

　　结果不出艾拉的意料，她被录用了。在所有参加面试的人里，竟只有艾拉一人完美地回答了面试官的问题。艾拉成功了，她用细心为自己赢来了职场生涯里的新起点。

　　很多人在谈判中未曾触摸到成功，其实是输在了一些微乎其微的细节上。细节决定谈判的成败并不是危言耸听，而是实实在在的道理。在谈判中，不注重细节、不把小事当回事的人，在工作时也往往缺乏认真的态度，也常常敷衍了事。而那些在谈判中注重细节，不管事情大小都能细心对待的人，不仅能认真地对待工作，将小事做好，并且能在细节中发现机会，从而让自己步入谈判高手的行列。

17. 阅历会帮你赢得谈判

只有你流过的汗水不会欺骗你。

——北大课堂引用名言

阅历是一个比较抽象的词，从字面上理解，阅历就是自己经历过的事情。但是那些你曾亲眼见过或者听说过，或亲自做过的事情，只能被称为经历；当你根据自己的所见所闻，融入自己的思考与理解之后，加上自己的思考与理解，才能称为阅历。帮你在谈判桌上赢得谈判的是阅历，而不是时间。

王永庆被誉为台湾的"经营之神"，他的创业历程给年轻人留下了宝贵的启示。王永庆十几岁的时候，就出去干活挣钱，因为要养活自己。他从米店的学徒，成为"世界50强"之一的企业家，这与他丰富的人生阅历有着密切的关系。

足够的阅历让他敏锐地预测到机遇的到来，从而领先于别人。少年时期的王永庆一边打工，一边细心地观察和思考，丰富的人生经历为他以后的成功打下了基础。他给客户送米时先观察这家有几口人，男女老少分别有几口人，每天大约吃多少米，然后估算着什么时候要添新米。等这家人米差不多吃完，还没有顾得上去买时，王永庆已经把米送到人家门口了。

王永庆给人送米还有一个特点，他并不是一丢下米袋就收钱走人。他还会把米送到对方的储物间，把米缸里剩下的旧米清出来，把新米倒进去。王永庆这个细心的举动，让凡是在他的米店买过米的人，都成了他的固定客户了，不会再购买其他家的米了。

就是这份细心让王永庆积累了丰富的人生阅历，也为他的成功打下了坚实的基础。王永庆曾经说：人生如赌局，没有所谓的正确或错误的方法，更多时候，你要根据自己的社会经验做出选择。

如果你想成为谈判高手，那么在日常生活中就需要学会自己对事物作出判断，以此来积累自己的阅历。但阅历的积累是不能强求的，只能在时间的带领下循序渐进。俗话说"读万卷书不如行万里路，行万里路不如阅人无数"。丰富的阅历能为你带来更多的信息量，让你在谈判桌上发现更多的机遇。

第 2 章

谈判前的准备

1. 做谈判桌上的太阳

热情在必要的时候，是沟通的桥梁。

——北大课堂引用名言

要实现谈判的良性目标，首先要在谈判中采取良性的方法。毕竟谈判中达成的共识往往是你情我愿的事情，没有人喜欢被威胁和强迫。所以，我们在处理谈判中的任何事情，都应该本着与人为善的态度；而不是为达目的，不择手段。只有在谈判中播种善因，最终的谈判方能结出善果。种因不善，何来善果可结呢？

太阳与风争辩着谁的力量更大，争来争去没有结果。这时，一位老先生迎面走来，风就与太阳打赌，谁能让这位老先生脱下自己的外套，谁就是最强的。

风得意地说："我先来，我马上就能把他的外衣脱下来。"说罢，它开始往那位老先生身上猛吹，以为可以靠自己的力量把他的外衣吹掉。可是，风吹得越猛烈，那位老先生反而将外衣裹得越紧。最后风无奈放弃，并扬言说谁也没法让那位老先生脱下自己的外衣。太阳见风放弃了努力，就从云端探出头来，暖暖地照在那位老先生身上。很快，那位老先生就已经满头大汗，于是他就脱下了自己的外衣赶路。这时太阳微笑着对风说道："看到没有，不论何时何地，仁慈、友善终究是要比愤怒和暴力强大得多。"

在谈判中，为了达到自己的目的，我们往往不假思索地选择了风的做法，还总是困惑不解：为什么我们越是批评孩子，孩子越是远离我们的期望？为什么我们越是要求家人，家人越是不能满足我们的心愿？为什么我们越是与同事划清界限，同事越是挑战我们的底线？

其实，只有当我们把自己的内心换成太阳的态度时，我们才能让对方心甘情愿地向我们期望的方向改变。所以，在谈判的心态准备上，首先要告诉自己，我是温暖的太阳，而非凛冽的寒风。

2. 要想成本最小，需换位思考

> 友谊是两颗心的真诚相待，而不是一颗心对另一颗心的敲打。
>
> ——鲁迅（北大教授，著名文学家、思想家、革命家）

我经常要给一些想要掌握谈判技巧的人进行谈判能力方面的培训，在培训之后，他们都取得了不错的成绩，我也感到很欣慰。但是，让我感到最有成就感的还是培训一群根本没兴趣学习谈判技巧的人，比如培训一群律师。

是的，这已经是两年前的事情了，当时我接到一项工作，就是要教会30名律师怎样在谈判中获得自己想要的一切。可是，这些律师并不是自愿来参加我的课程的，因为他们比任何人都明白，如果谈判可以解决一切，还要法律和律师做什么？但是他们所在的律师事务所雇了我，同时强制他们来参加讲座，这给我们都制造了不小的难题。

由于他们是被强迫的，所以他们的心思完全不在我这里。于是我只好改变原来的教学计划，让他们假设一下，如果一个农民的家属发生了医疗事故，他把医院和主治医师告上法庭，那么在庭前和解的过程中，你们会怎样进行谈判。结果我简直不敢相信接下来发生的事情，不论代表农民还是医院的律师，他们都在谈判的一开始就威胁对方，并在整个谈判中表现得咄咄逼人，最后甚至破口大骂。所以，我不得不终止了这项练习，然后转入了授课的正题。

那一天，我所讲述的主要内容就是，如果你真想用最小的成本解决问题，当然，律师们可能并不想这么做，那么你必须避免对抗型谈判。不要在谈判一开始就反驳对方，而是尽量用理解、同情、换位思考的方式来表达自己的观点，这样才能让谈判顺利地进行下去。

3. 谈判的本质是沟通

> 在现实生活中，个别人是透过一层眼镜去认识、了解别人的，这层眼镜就是他主观的参照标准，有时候就是一种成见。甚至常被这种成见左右而不自觉，也就更谈不上设身处地地理解别人了。
>
> ——北大课堂引用名言

"谈判"，首先是谈，也就是双方愿意就共同的问题坐下来谈谈。如果我们为了达到某种目的而采取权力强制或者暴力威胁的手段，那就不是真正的谈判了。要知道，谈判的本质就是通过"说"和"听"的交替过程以实现我们的目的，而这种说与听的交换方式即为"沟通"。

读护士专业的琪琪，最近在医院里实习，每天工作很累。有时，她会向自己的男朋友抱怨医院里的不合理规定，还有同事之间的钩心斗角。琪琪的男朋友学的是管理学专业，他做事认真，对琪琪也很有耐心。每次听完琪琪所讲的来龙去脉后，他都会积极地帮助琪琪想一个解决的办法，给她出很多主意。

有一次，琪琪受了同事的欺负，向自己的男朋友倾诉。她的男朋友对她说："那个同事太过分了，你得去跟主任反映情况，不要忍耐。"

琪琪却说："我怎么去反映情况啊？我一去，人家就知道是我说的了，以后还不更麻烦？再说，那个人是主任的得意门生，最后，还不是自讨没趣？"

琪琪的男朋友觉得琪琪太过懦弱，就接着说："你怎么胆子这么小？主任要是偏心护短，你就再去找院长反映情况，我就不信没办法治他们。"

琪琪开始后悔自己的多嘴，觉得自己不应该跟男朋友说上班的事情。琪琪的男朋友还在口沫横飞地说着，琪琪却委屈地哭个不停。

最后，琪琪的男朋友失去了耐心，生气地说道："我好心帮你，你却不接受我的意见，还说我不懂。要不是为了你，我才懒得浪费口舌呢，真是好心没好报！"琪琪决定再也不跟自己的男朋友说这些话了，因为他永远也不会跟自己进行真正的沟通。

在沟通的过程中，我们首先认真听取对方所说的状况，同时确定对方能够听懂我们的表达方式。比如故事中的争执，完全是因为女生属于感性思维，而男生属于理性思维造成的。双方都没有弄明白对方想要的是什么，也没有用对方可以接受的方式表达，结果自然导致了沟通的失败。

所以，在开口说话之前，必须预先考虑对方所处的状态——尤其是周围情况。当对方正在为工作忙得不可开交时，你却急匆匆地介入他的环境，说完必要的话之后随即转身离去。这样在问题发生后，你怒气冲天地质问对方时，他的回答必然是："我没有听到你的话。"结果，演变成"说了"与"没有说"的无聊争执，甚至必须从头展开谈判的局面。

4. 在谈判桌上节约"口水"，多用耳朵

少说一句，比多说一句好。

——北大课堂引用名言

有人以为谈判的重点在一个"谈"字上，其实谈判中最重要的是一个

"听"字。而且还不是简单地听，需要我们倾听。听与倾听的区别就在于：听是一个人本能的生理行为，只要耳朵没有问题的人，都可以听；而倾听则是一个人的心理行为。所有出色的谈判者，一定都是出色的倾听者；而所有出色的倾听者，都需要掌握以下的三个技巧。

第一，要在内心里尊重对方。

不管我们的身份如何，我们在内心里都应该尊重坐在谈判桌前的每一个人，不论他们是我们的队友还是对手。只有我们相信身边的每一个人都能够提出有用的意见，能够对我们的合作提供帮助时，我们才能够有效地倾听别人。因为，只有尊重别人，才能赢得别人的尊重，从而才能听到来自四面八方的好主意。而真正地尊重别人，并不需要太多的技巧，而是需要足够的诚意。

第二，在倾听时学会引导。

最理想的对话是：80％的时间由对方说话，20％的时间用来自己引导。在引导别人时，可以直接提问，也可以说出自己的看法，甚至只是注视着对方的眼睛，然后点头微笑。但是有一点一定要记住，就是在尊重对方的同时，要让自己说的话有意义。也就是，尽量用20％的时间提起对方继续谈论的兴趣，直到自己弄明白了对方的真正意图。所以，在引导过后，一定要保持安静，学会控制打断别人的冲动。因为，如果总是忙着说，那么就会无法认真地倾听。

第三，不要盲目下结论。

在倾听时，另一个重大的敌人就是在没有完全听懂对方的话之前就盲目下结论，这样难免会给人留下武断、毛躁的印象，从而影响了谈判的质量。一个好的倾听者应该有足够的耐心去让人把话说完，同时应该有开阔的心胸去找出对话中更多的可能性。我们可以通过提问来判断对方的意见，比如问："我理解的您的意思是……我的理解对吗？"或者说："如果我没有理解错的话，你是说……吗？"等等。这样，我们就可以让对方自己来下结论，而不是自己去猜测和推断对方的想法。

5. 说服对方的内心资本

"不可与言而与之言"，即是"知其不可而为之"，一定要有这种人，世界才不寂寞。

——鲁迅（北大教授，著名文学家、思想家、革命家）

在谈判中说服对方并没有我们想象的那么可怕，只是需要一点勇气、一点经验和一定技巧就足够了。但是，在说服别人之前，一定先要让自己的心态放松下来，不然只会在说服别人之前，先被别人说服。

　　海耶斯是美国俄亥俄州的著名演说家，在一次演讲中，他说起了自己年轻时的一个故事。那时候，海耶斯仅仅是一个实习推销员，他对业务并不熟悉，见到顾客就慌里慌张。还好有一位经验丰富的老推销员带着他，让他学会了说服别人的窍门。

　　一次，海耶斯跟着自己的师傅去自己的市场区域推销收银机，他们刚走进一家小型超市的门口，老板就向他们喊道："我对收银机没兴趣，你们还是去别的地方推销吧！"

　　海耶斯当时被吓得慌了神，而那位老推销员却靠在柜台上，大声地笑了起来，好像刚听到的并不是老板的拒绝，而是一个好笑的笑话一样。

　　超市老板莫名其妙地瞪着他，问道："你笑什么？"

　　老推销员半天才停住笑声，充满善意地对老板说："我的朋友，您让我想起了另一家超市的老板，他也这样对我说过，可是后来他却成了我们最好的用户。"接着，这位老推销员开始轻松地介绍起收银机的好处。

　　超市老板仍然不时打断他，表示自己对收银机没兴趣。但是，每次遭到拒绝，老推销员就会哈哈地笑起来，然后又说一个故事，故事的内容都是说他亲身经历的某位先生在表示不感兴趣之后，买了一台新的收银机。

　　年轻的海耶斯站在一边，感到十分窘迫，他一边觉得自己和师傅像个傻瓜一样赖在人家店里被客人笑话，一边又担心超市老板会失去耐心把他们赶到大街上。可是他又不敢阻止自己的师傅，任由他在那里哈哈地笑着，把超市老板的每一次拒绝都转变为他对有趣往事的回忆。

　　令海耶斯没有想到的是，那位超市老板居然被说服了，同意购买一台收银机。于是，海耶斯赶紧出去搬进一台崭新的收银机，并向老板详细介绍了收银机的使用和保养方法。

　　在讲完这个故事之后，海耶斯说道："直到今日，那位老推销员的圆胖身影、哈哈的笑声还在我的眼前、耳旁。正是这个师傅教会我说服别人的窍门，带我度过无数个尴尬的场合，并提醒我轻松地去工作。"

　　故事中的老推销员在进行谈判之前，首先用轻松和幽默使超市老板感受到他不仅是位经验丰富、业务精湛的推销员，而且是一位轻松幽默、和蔼可亲的朋友。这就是我在谈判中说服别人的秘诀。

6. 谈判中的四个要领

性格决定命运，气度影响格局。

——余世维（北大客座教授，管理培训专家）

谈判是一场十分考验人的活动，我们必须在谈判的全过程全神贯注，哪怕是最不起眼的环节，也绝不能马虎带过。因为，某个细小问题的处理不当，就很可能会导致谈判的整体失败。为了避免这些不必要的损失，我们应该在准备阶段就熟悉谈判中的各种要领。

1. 说服的要领。谈判的目的当然就是说服对方接受我们的条件，而对方往往也有自己的如意算盘。所以，首先我们就要掌握说服对方的要领，让他改变自己原来的想法或打算，而甘愿接受我们的意见与建议，也就是要给对方洗脑。怎样洗脑最有效呢？我们一方面要向对方阐明，一旦接纳了自己的意见，将会有什么样的利弊得失；另一方面还要不断向对方强调双方合作的必要性和共同的利益。这样，对方就不觉得你是在说服他，而是觉得你在为他着想。

2. 表达的要领。在谈判中，我们经常要向对方表述我们的观点和实施方案等。要想表达清楚，首先应该保证我们的话对方听得懂；其次要保证我们的话对方愿意听。所以，在谈判中尽量不要谈与主题关系不大的事情，所说的内容要尽量与资料相符合，而数字的表达则要确切，千万不能使用"大概、可能、也许"等词语。

3. 提问的要领。如果谈判的双方在谈判中只顾自说自话，那么就不是一场真正的谈判了。为了表示我们在认真听取对方的意见，或者为了维护我们自己的利益，我们可以通过提问来引导对方的思路，控制谈判的方向。不同的提问会帮助我们解决不同的难题，比如可以用反问的方式，使对方重新解释我们听不清或模棱两可的话；还可以用引导性问话来吸引对方按照我们的方式思考，从而探听到对方的内心思想；我们还可以用二选一式的提问来将对方套入圈套，迫使他产生选择意愿。

4. 倾听的要领。这是在谈判中看似最普通，但是最有技术含量的一个要领了。良好的倾听不但可以帮助我们挖掘谈判中的事实的真相，而且可以帮助我们探索对方的动机，从而及时调整自己的应变策略。所谓"听话听音"，我们在倾听时要认真分析对方话语中所暗示的用意与观点，以及他要从什么方面来给我们施加混乱。在倾听的同时，我们还要考虑如何向对方展开语言攻势，包括我们语言的角度、力度、明暗程度等，这些都要通过对方表达中所带来的信息进行决定。

所以，谈判显然是一项充满挑战的交际活动，不是每个人在毫无准备的情况下都可以应付得了的。因为它要求谈判人员在复杂多变的谈判环境中，能辨明真相，认准目标，同时可以引导对方，达成目的。掌握以上的一些要领并在谈判中灵活运用，可以帮助我们更好地维护和争取自己的利益。

7. 摸清对方的底牌

　　有的人能左右逢源，有的人能游刃有余，是因为他们总能够掌控好做人的度，掌控好对待每个人的火候，他们总是能够达到平衡。他们在吃透人性的前提下，总能够恰如其分地处理好每个人的需求，总能理顺与每个人的关系。

——北大课堂引用名言

　　在谈判中，如果我们能够知道对方手里都掌握了哪些资源，以及想达到什么目的，那么就可以根据这些情况去与对手博弈，在谈判中见招拆招。

　　1880 年美国想在巴拿马开凿一条运河来连通大西洋和太平洋。可是，法国的一家公司已经在 19 世纪末首先与当地政府签订了开凿运河的合同，展开了巴拿马运河的开凿行动。由于法国先下手与哥伦比亚签订了条约，美国十分懊悔。

　　后来，法国人在开凿运河的过程中遇到了困难，资金短缺。于是负责运河开凿的代理人布里略访问美国，向美国政府兜售巴拿马运河的开凿授权，并开价一亿美元。当时，美国早已对运河开凿权垂涎三尺，知道法国要出售运河的开凿权更是欣喜若狂。可是，当时任美国总统的罗斯福却掌握了法国的底牌，他知道对方急于拿到资金，于是故作姿态。罗斯福指使美国海峡运河委员会提出报告，证明在尼加拉瓜开运河更省钱。报告指出，在尼加拉瓜开运河的全部费用不到 2 亿美元。在巴拿马开运河的直接费用虽然只有 1 亿多，但另外要付出一笔收买法国公司的费用，这样，开巴拿马运河的全部支出将达 2.5 亿美元。

　　布里略看到这个报告后大吃一惊。因为，如果美国拒绝谈判，那么法国将一分钱也得不到。于是他马上表明法国公司愿意削价，只要 4000 万美元就行了。

　　接下来，罗斯福又掌握了哥伦比亚政府的底牌。他指使国会通过一个法案，规定美国如果能在适当时期内同哥伦比亚政府达成协议，将选择在巴拿马开运河，否则，美国将选择尼加拉瓜。这样一来，哥伦比亚驻华盛顿大使马上找美国国务卿海约翰协商，同意以 100 万美元的代价长期租给美国一条两岸各宽 3 公里的运河区，美国每年另外付租金 10 万美元就可以了。

　　在整场巴拿马运河的开凿和使用权的谈判中，美国因为掌握了法国和哥伦比亚两个谈判对手的底牌，而赢得轻松漂亮。可是在许多情况下，对方的底牌很难摸清楚，可以用分析和推断来把把对方的脉。一旦我们摸清了对方的底牌，那么我们就可以在谈判中随时随地将对手掌握在自己的手里。

8. 绝不因表象而接受任何事物

我在我的办公室，经常讲四句话：商场中朋友很多，伙伴很少；办公室里可爱的人很多，可靠的人很少；行销计划，漂亮的很多，可行的很少；机会来了，看到的人很多，抓住的很少。

——余世维

外在的事物永远都不能代替实质性的事实，作为一位聪明的谈判者，我们应该核实所有事物。在谈判的各个阶段，我们不得不对对方的情况加以多种假设。而在确定这些假设准确无误之前，绝对不要轻易相信它们。你必须不断地检验你的每一个假设，以找出其正误与否的范围。这是每一个谈判者必须做到的谈判的基本规则之一。

因为，你获得的有些信息并非如其表面所显示的那样，实际上它们可能半真半假。诀窍就是，从一开始就把对对方的所有假设与估计都统统当作错误的，然后再慢慢去惊喜地发现其中某些信息是正确的。

要有怀疑的态度，这意味着你不能相信任何人吗？当然不是！你要在谈判与讨论的过程中建立互信并且评估各方面的真实性，但永远不要先入为主地相信表面现象。

"事物往往并不像它们看上去的那样，泛黄的乳脂下面其实是纯白的牛奶。"是每一个谈判者都应该牢记的一句话。任何建立在你听到的、看到的、推测出的以及被告知的基础上的假设，都可能是完全错误的。

一个浑身上下都穿着名牌的人，不一定说明他有钱。一个开着名车的男人也许他仅仅是有钱人家的司机。我曾经在地铁里看到过很多乞讨者，他们衣衫褴褛，瘦骨嶙峋，有的甚至有残疾在身。可是你细看就能发现跪在地上要钱的脏妇人，杂乱的头发缝里露出金耳环，或者看上去很可怜的大爷怀里兜里放着一堆钱，只要有人看他，他都是捂着胸口，装作很痛的样子，当他附近没人了，通常会自己偷偷地数着钱。这就是除去牛奶表面泛黄的乳脂。

9. 谈判也要讲人情

不近人情者总是不好的。不近人情的宗教不能算是宗教；不近人情的政治是愚笨的政治；不近人情的艺术是恶劣的艺术；而不近人情的生活也就是畜类式的生活。

——林语堂

比起那些咄咄逼人的谈判狂，人们更喜欢坐在谈判桌前的是个和蔼可亲的合作伙伴。尤其是对方犯了错误又没有意识到，或者在我们面前不断地为自己辩解时，那么我们也要退让三分，维护住彼此之间的人情。

约瑟芬是一家工程公司的安全协调员，她的任务就是每天在工地上转悠，提醒那些忘记戴安全帽的工人们。开始的时候，她表现得非常焦躁。每次碰到没戴安全帽的人，她就会大声批评，看到他们一脸的不高兴，她还会说："我这还不是为你好，对你负责，对你的家人负责？"工人们表面虽然接受了她的训导，但却满肚子不愉快，常常在她离开后就又将安全帽摘了下来。

公司的一位经理看到了这种情况，就偷偷建议约瑟芬，不如换个方式去跟工人们谈判。于是，当她发现有人不戴安全帽时，就问他们是不是帽子戴起来不舒服，或有什么不合适的地方，然后她会以令人愉快的声调提醒他们，戴安全帽的目的是为了保护自己不受伤害，建议他们工作时一定要戴安全帽。结果遵守规定戴安全帽的人愈来愈多，而且也不再像以前那样出现不满或抵触情绪了。

其实，对任何一个人来说，承认自己的错误都是一件令人难为情的事情，尤其当着很多人的面，会更让人感到尴尬，甚至受伤害。我们在谈判中指正他人错误的真正目的并不是彻底地打败对方，而是为了彼此之间更好地合作。

如果我们在别人的错误面前趾高气扬，那么对方只会怪罪于你，甚至会对你进行反击，来证明他的正确，以维护他的自尊。我们只有时刻把人情记在自己的心里，才不会赢得了谈判，输掉了伙伴。

10. 把握好自己的两根"线"

谈判中要把握好自己的"上线"和"下线"。有"上线"，让我们懂得见好就收；有"下线"，让我们不至于盲目让步。

——北大课程引用理念

关于谈判的学习进行到这里，相信你已经打算充满热情地把自己投入到谈判中，并且准备跟谈判的另一方好好聊一聊感情了。可是，在这里，我要提醒你，不要把谈判想得太人性化，毕竟商场如战场，不论是谈判桌上还是谈判桌下，到处都暗藏着让你意想不到的杀机。要想在刀光剑影的谈判中毫发无损，那么最好先确认自己在谈判口的两根线。

在进入谈判的战争之前，我们必须先确认自己在谈判中想要得到的是什

27

么，也就是我们希望对方至少要做好哪些项目。为了提前确定这些内容，免得到时候被对方牵着鼻子走，我们需要进行如下两步：第一步，把我们的最根本的目的确定好，这是我们的一根底线，如果对方胆敢逾越半步，那么我们当时就叫停谈判，法兰西斯·格林巴克教授把这根线称为"基本目标"；第二步，就是确定我们心中最理想的谈判结果，我把这根线叫作"上线"，当然，上线并不是越高越好，因为在制定上线的同时，你一定要考虑对方的底线。在有了这两根线之后，我们就可以坦然地面对任何谈判了。正所谓他有千条妙计，我有一定之规。不论对方如何在谈判桌上布下埋伏，我们只要把谈判的结果控制在两条线之间，就不会被对方逼入绝境。

现在让我们看看杰克是怎样利用两条线说服营业部门主管，使他答应由营业部负责主办新产品展销会的。展销会不由总公司的干部负责，而改由直接与客户接触的营业部负责，这是杰克首先必须强调的"底线"，除此之外的时间、地点、人员调配等则列为可视情况退让的条款，经过这番确认后，杰克开始了与营业部主管的谈话："这一次的产品展销会，公司希望由营业部主办。日期自 3 月 15 日起持续展出 3 天，地点在纽约的帝都大厦会馆，至于人员方面，由营业部负责调派 5 名女性职员担任现场咨询服务。"当然，这些条件都是杰克的上线，如果营业部主管想要把展销会的时间缩短一下，或者从别的部门抽调几个人员都可以，但是最终他们必须负责去主办新产品的展销会，这是杰克在一开始就暗示给营业部门主管的不容谈判的谈判底线。

所以，我们在谈判开始之前，首先要预先告知对方我们的"上线"，并暗示给对方我们的底线。当然，在谈判开始的时候，不要提及下降位置，必须等到我们触及对方的"底线"时，我们才可以向下调整自己的"上线"。在此之前，即使对方有意表示想要知道，也应缄口沉默，严加保留。

11. 做专家，不做菜鸟

所有的人都是凡人，但所有的人都不甘于平庸。我知道很多人是在绝望中来到了新东方，但你们一定要相信自己，只要艰苦努力，奋发进取，在绝望中也能寻找到希望，平凡的人生终将会发出耀眼的光芒。生命，需要我们去努力。年轻时，我们要努力锻炼自己的能力，掌握知识、掌握技能、掌握必要的社会经验。

——北大课堂引用名言

在很多时候，谈判的结果往往与一个人掌握的知识和经验有关。比如我们去医院的时候，不论医生为我们开出什么样的药方，我们都没有质疑的权利，只好照方吃药。如果你胆敢跟医生谈判说："亲爱的医生，我觉得我的病症里没有发炎的反应，这些消炎药是不是可以不需要吃了？"医生就会怒吼道："你是医生还是我是医生？"结果这场谈判就已经不需要再谈下去了，因为医生大人已经用自己的专家地位取得了压倒性的胜利。

有两位来自美国的游客到欧洲旅行，他们分别向法国街头的同一个画家买画。

第一个美国人来到画家面前，问道："请问，这幅画要多少钱？"

画家说："15 欧元。"说完后发现这个美国人没什么反应，画家心里想，看来他对行情一无所知，于是接着说："15 欧元是黑白的，如果你要彩色的是 20 欧元。"

这个美国人还是没有什么反应，于是画家又接着说："如果你连框都买回去的话，一共是 30 欧元。"最终，这个美国人把一幅彩色的画连相框一起买了回去，并给了画家 30 欧元。

当第二个美国人来问价时，画家也说 15 欧元。可是这个美国人却立刻大声喊道："隔壁才卖 12 欧元。你这是敲诈吗？"

画家立刻改口说："这样好了，15 欧元本来是黑白的，既然你是行家，15 欧元卖给你彩色的好了。"不料美国人继续抱怨说："我刚刚说的就是彩色的价钱，谁要一张黑白的画干什么？"结果画家招架不住这样权威式的发问，最终以 15 欧元的价格卖给了他一张彩色的画，同时赠送了相框。

这个案例当然不是告诉我们谁更蛮横谁更容易在谈判中取得有利结果。而是说，谁掌握了更多的行情，更像一个专家，当然包括在讲话语气上那种只有专家才有的蛮横，谁就更容易赢得整场谈判。而菜鸟在谈判中，总是惶恐不安地被人批评，怎么可能左右谈判的结局呢？

12. 亮出实力，切忌自夸

你可以说自己是最好的，但不能说自己是全校最好的、全北京最好的、全国最好的、全世界最好的，所以你不必自傲；同样，你可以说自己是班级最差的，但你能证明自己是全校最差的吗？能证明自己是全国最差的吗？所以不必自卑。

——北大课堂引用名言

在谈判中有一句俗语说："人誉我谦，又增一美；自夸自败，又增一毁。"意思是在谈判桌上，我们应当永远保持一颗谦和的心，如此才能够增加自己的素养，并赢得别人衷心地敬佩。如果在谈判中只是通过自吹自擂来表达自己的成就，那么往往会使自己陷入一个尴尬的境地。

苏格拉底是古希腊著名的哲学家。有一天，他又约弟子们在一起聊天谈心，正当大家聊得开心时，其中有一位出身富有的学生按捺不住了，开始趾高气扬地向其他同学夸耀，说他家在雅典拥有一望无边的肥沃土地。

当他口若悬河、大肆吹嘘的时候，一直在其身旁不动声色的苏格拉底拿出了一张世界地图，然后问他："你能在这张地图上找到亚细亚吗？麻烦你指给我们看看。""这一大片全部都是啊。"这位学生指着地图，洋洋得意地回答。"很好，那么你再指一下希腊在哪里？"苏格拉底又问。这一次，学生好不容易才在地图上将希腊找出来，和亚细亚比起来，希腊的确是太小了。"你再看看，雅典在哪儿呢？"苏格拉底又问。"雅典？这就更小了，好像是在这儿。"学生指着地图上的一个小点说。最后，苏格拉底看着他说："现在，请你再指给我们看看，你家那块一望无边的肥沃土地在哪里呢？"

学生尴尬得满头大汗，当然还是找不到。他家那块一望无边的肥沃土地在地图上连个影子也没有。他很尴尬又很觉悟地回答道："对不起，我找不到！"

在世界的地图上，那位学生所说的一望无际的土地是微不足道的，就好比茫茫沙漠中的一粒细沙。在谈判中，我们所代表的公司不论多么成功，在世界五百强的企业中很可能榜上无名。所以，不论我们在谈判中拥有如何有利的资源，都只不过是浩瀚宇宙中的沧海一粟。在谈判中亮出自己实力的同时，切记不要过于自夸。

13. 决定谈判成败的四个要点

要做一桌丰盛的宴席，素材的搜集是必不可少的，你准备了什么样的料，决定着你将获得一席什么样的菜。所以我作为资料的搜集者，任务也是比较艰巨的。

——北大课堂引用名言

《孙子兵法》中说："夫未战而庙算胜者，得算多也；未战而庙算不胜者，得算少也。多算胜，少算不胜，而况于无算乎！吾以此观之，胜负见矣。"所谓的庙算，就是先在家里想一想自己的胜算有多大。在谈判的庙算中，有四个重点，对于谈判是起决定性作用的，对于它们的掌握关系着谈判的成败。

第一个重点：你对自己的谈判能力以及资源优势了解多少？

第二个重点：你对对方的谈判能力以及资源优势了解多少？

第三个重点：对方对你的谈判能力以及资源优势了解多少？

第四个重点：对方对于自己的谈判能力以及资源优势是否有正确而客观的

评估？

在谈判中，决定我们成败的往往不是我们知道了什么，而是我们不知道什么。很多谈判者因未能掌握与谈判有关的完整而正确的事实，结果遭遇了意想不到失败。这种失败，就如同在沙滩上盖房子一样，即使房子盖得再好，大浪一来，顷刻间也会化为乌有。缺乏对于以上四个要点掌握的谈判，只要对方拿出一件我们没有掌握的事实来，我们苦心架构的一切，就会在瞬间成为泡影。到了那个时候，再想回头重新收集资料，力挽狂澜时，谈判的主动权早已落入对方手中，胜败已分了。

14. 谈判者要有"自知之明"

深深地了解自己，而对自己有办法，才得避免和越出了不智与下等。这是最深渊的学问，最高明的最伟大的能力或本领。

——北大课堂引用名言

对于谈判时起决定性作用的第一个重点是：你对自己的谈判能力以及资源优势了解多少？所以，在进行谈判之前，我们先要了解一下自己的实力，看看自己是占了优势，还是处于劣势。

A 公司是一家制造汽车零件的公司，想要把自己的零件卖给一家制造汽车的 B 公司。而 B 公司正与很多家汽车零件制造公司接洽承购零件事宜，其中当然也包括 A 公司。于是，A 公司负责谈判的代表开始进行自己实力的分析：首先，我们公司制造汽车零件的历史很长，技术也很成熟。假设其他零件制造公司所开出的价格无法与我们竞争，那么我们一定可以战胜所有的竞争对手。其次，B 公司也正与我们公司积极地展开交涉，希望能购买到我们公司所生产的零件。在这种情况下，我们公司是占绝对优势的。所以，我们完全可以在谈判中坚持自己所提出的交货时间、付款方式以及其他有利于自己的条件，甚至还可以要求 B 公司，如果不接受所提出的条件，谈判便就此一刀两断。以 B 公司所处的"挨打"地位来看，除了乖乖接受外，是别无选择的余地了。

由此我们可以看出"了解自己的实力"是何等重要了，如果案例中的 A 公司低估了自己的实力，就不取完全坚持有利于自己的立场，那么，谈判所达成的协议就很难说对谁有利了。

15. 巧探家底，不留痕迹

古人云："心者，行之端，审心而善恶自见；行者，心之表，观行而福祸自知。"这其实告诉我们，一个人只有读懂人心，才能把事情做得恰到好处。

——北大课程理念

如果对谈判的对方不了解，可以通过各种方式来了解对方的一些背景情况，比如说不露声色地闲聊，或者是旁敲侧击地询问，对谈判对方了解得越多，就越有利于谈判的成功。

松下幸之助是日本松下电器公司创始人，在他刚刚出道的时候，曾经跟一家公司进行合作谈判。结果不小心被对手探明了自己的底细，于是对方趁机压价，松下幸之助的利润被压缩殆尽。

当双方到达谈判会场之时，刚一见面，对方就友善地跟松下幸之助打招呼："我们是第一次打交道吧？以前我好像没见过您。"这句话其实是想利用寒暄来探对手究竟是生意场上的老手还是新手。

由于松下幸之助年纪轻轻，十分缺乏经验，中了对方的圈套，直接而恭敬地回答道："我是第一次来东京，什么都不懂，还请你们多多关照。"

听到这样的回答，让对方心中暗喜，明白了对方原来只是一个愣头青，于是，对方接着问："你打算以什么价格出卖你的产品？"

松下幸之助又如实地告知对方："我的产品每件成本是 20 元，我准备以 25 元的价格卖给你们。"

对方听了就更高兴了，因为他知道松下幸之助在东京人地两生，却又急于为产品打开销路，才故意说这么低的价格，于是他们趁机杀价："你首次来东京做生意，刚开始应该卖得更便宜些，不然怎么能打开销路呢？每件 20 元这个价格你看怎么样？"

尽管没有赔本，但是松下幸之助在这次谈判中吃了大亏。

松下幸之助之所以在谈判中吃了大亏。就是因为，那位老奸巨猾的对手通过几句无关紧要的闲话探到了松下的虚实，以此在谈判中赢得了主动。而松下先生由于涉世未深，缺乏警惕性，结果暴露了自身的底细，从而导致了被动与失利。

16. 不妨"高估"谈判对手

大胆地假设，小心地求证；认真地做事，严肃地做人。

——胡适（北大教授，文学家，哲学家）

了解谈判对手的实力是非常重要的。如果不能完全了解，则无法拟定有效的战术和技巧，以化解对方的攻势。

谈判中，我们应该警惕那些坐在谈判桌上多年的谈判高手，因为他们对于别人所运用的种种策略或小动作了如指掌，而且经常能够反败为胜。当我们摸不清对方的虚实时，宁可高估，也不要低估了自己的谈判对手。

假如我们在谈判中为了某项商品的交易价格而僵持不下。对方认为我们商品有缺陷，应该降价出售；可是我们却坚持不肯退回已收受的订金，想要以此来要挟对方让对方接受我们的价格。最后谈判破裂，对方决定用法律手段解决问题。

这个时候，是否了解对手的实力就很重要了，如果我们低估了对手，觉得对方不过是嘴上说说的，真正打起官司来他们既没人又没钱，我们反而可以借着打官司的事情来拖垮对方。可是，真实的情况是，对方拥有雄厚的财力，这笔诉讼费用对他们来说，不过是九牛一毛而已。总之，不管诉讼的结果如何，我方都将陷于不利的局面，而这就是低估了对方实力的后果。

如果我们在开始时就把对方的实力高估一些，谈判又会演变成什么样的局面呢？既然对方财力雄厚，那么，就算诉诸法律，我们也无法获得什么好处。基于这样的认识，在谈判中就会采取较温和的态度，如此一来，即使谈判失败，损失也不会太大。

由此可见，预先"高估"对手，谈判的局面尚还存有回旋的余地；但若低估对方，一旦发现有误，则一切都将难以挽回了。所以，不论对手的真正实力到底如何，在谈判正式开始之前，我们不妨先高估一下对手的实力，让自己做好最充分的准备。谈判就像玩跷跷板，双方上上下下，要使自己保持"在上"，使对方"在下"，就要看你如何削减对方的实力了。

17. 让对方感受到你的诚意

人要抓住机会让别人了解你有什么本事。

——北大课堂引用名言

　　如果双方愿意拿出宝贵的时间来谈判的话，那么说明彼此之间都存在着一定的合作意图。但是，在正式确定这种合作关系之前，谈判的双方又对彼此心存疑虑。所以，为了接下来的谈判能够更顺利地进行，那么我们在正式合作之前就应该让对方看见我们的诚意。

　　查德是一位技术一流的铁匠，他铸造出来的铁器是镇上公认最好的。在农夫们眼中，没有人比查德造出的犁具更耐用；在工匠眼中，没有人铸造的工具比查德造出的更结实。

　　这天，几个木匠来到查德的铺子，请他给每人做一把最好的锤子，因为他们将一起到邻村做木匠活儿。"你们是要最好的铁锤吗？"查德问木匠们，他们齐声回答道："是啊，否则也不会特意来你这里了。"查德听了笑了笑说："我保证给你们每人做一把最好的锤子。"

　　在木匠们的帮忙下，铁锤很快做好了。木匠们拿在手里试了试，果然十分好使，于是付过钱之后高兴地走了。几天之后，又有人找上门来要求查德给他做几十把"最好的锤子"，而且他还特别强调，一定要比前几天来这里定做铁锤的那几位木匠的铁锤更好。他还说，只要能够做得出更好的锤子，他愿意支付更多的金币。

　　听完这个人的话，查德笑了笑说道："我已经不可能做出比他们手中更好的铁锤了。"可眼前的这个人不以为然地说："他们一共才要几把铁锤，我要的数量比他们更多。我付的价钱也比他们高得多，难道你要将到手的金币拒之门外吗？"

　　查德回答："我当然不愿意这样，可是当我给他们做铁锤时已经耗费了我所有的技艺和能力，我现在没有办法做出更好的铁锤了。无论你给我多少钱，无论你是谁，凡是我做的工具，必定会尽我所能做到最好。也许等我好好休息一番，还能做出更好的工具，但是现在，我没办法满足你的愿望。"

　　听到查德如此诚恳的话，这位趾高气扬的人无话可说，但他仍旧决定让查德为他做几十把铁锤，而且还决定将以后所有需要的工具都交给查德来做。

　　在很多谈判中，一个客户往往会接触许多供应商，而在众多前来参加谈判的供应商中，胜利者往往是讲真话的人。诚意与自己的实力、规模无关，但是，诚意往往比实力、规模更能赢得自己的谈判对手。所以，在进行谈判之前，聪明的谈判者应该仔细思考一下，自己可以在哪些方面表现出自己的谈判诚意。

　　在这里，需要强调的是讲究诚意并不仅仅是为了获取利益和财富，而是一种处世风格，一种自身的品性。俗话说，假的真不了，真的也假不了，要想让对方真正感受到我们的诚意，那么就必须保证自己的诚意是发自于我们的内心。

18. 藏好自己的底牌

每个人都争取一个完满旳人生。然而，自古及今，海内海外，一个百分之百完满的人生是没有的。所以我说，不完满才是人生。

——季羡林

在谈判中，如果自己阅历不深，谈判经验不足的话，除了主动地去了解别人之外，同时还要进行自我防卫，尽量不让对方看到自己的底细。那么在谈判说话的时候，就要努力做到以下几点：

首先，说话不要举止轻浮。从你的言谈举止中，对方就可以看出你这个人的修为和水平，如果举止轻浮，喜欢锋芒毕露地炫耀自己，或者态度不端正的话，对方就会觉得你这个人没有经验，随时准备宰割你这只新鲜的羔羊。

其次，说话不要紧张。许多性格内向的谈判者，尤其是没有经验的年轻人，第一次与人谈判，由于心情紧张，在面对谈判对手时，手足无措，尤其是面对高鼻梁与蓝眼睛的外国人时总是自惭形秽、唯唯诺诺、缩手缩脚。要记住，外国人也是人，没什么可怕的。不知说什么好，结果弄得对方也很不自然。谈判者必须力克紧张情绪，否则就会让人看出你没有经验，会对你进行主动地进攻。

所以，如果我们想要避免在谈判中被对手看穿，完全处于劣势，那么，除了学会看穿对方的底牌之外，更要学会藏好自己的底牌，不要让对方在第一次见面时就知道我们的深浅。

19. 无论如何，要稳住阵脚

情绪本身是生活的颜色，我们的生活之所以丰富多彩，其实是因为我们有各种各样的情绪，如果你处理不好，对我们的学习、恋爱，还有工作的影响是巨大的。

——北大课堂引用名言

如果你在谈判桌上遇到了蛮不讲理的对手，他不但煞有介事地叫嚣不停，甚至还通过拍桌子、抬屁股等方法百般威胁，那么请你偷偷为自己庆祝一下，因为这一类人通常不是虚有其表的纸老虎就是不够成熟的谈判菜鸟，他们如此表演的目的，无非就是想要通过虚张声势来获得谈判的优势。只要你稳住阵脚,他们的表演就会不攻自破了。

此外,有些谈判对手因自视过高、目中无人,不但会提出很多无理的要求,甚至还强迫别人无条件地接受这些要求。如果不是对方抓住了我们的死穴,那么这就间接地表明了,对方并不真正了解自己的实力,一个连自己有几斤几两都搞不清楚的谈判对手,我们又何必害怕他的空穴来风呢?可悲的是,当谈判对手表现出盛气凌人,以及极度自信的高傲姿态时,很多人都会莫名其妙地选择屈从。当然,我们也不能把自己的姿态也和对手摆得同样高,这样的话谈判就无法继续进行了。也不能够当面向对手指出:"恐怕你的能力,其实并不像你自己所认为的那么好吧",这时,对方很可能因此恼羞成怒,谈判也就难以继续了。

当公司重新订立聘用契约时,一位能力突出的员工所要求的待遇,却比公司方面原定付出的要高出许多。这位员工颇自信地表示:"我对公司的贡献是无人能及的。所以,如果公司不能给予我合理的待遇,也就是我所要求的薪酬,那么我就要考虑其他公司了。"

公司方面当然也不否认这名职员的表现,可是,根据测评的结果,这位员工所要求的待遇确实偏高了些。如何在承认这名职员对公司的贡献,但又不损及其自信心的情况下,使双方达成协议呢?公司的人事主管最终告诉这名职员:"目前为止,公司方面还负担不起这么高的待遇,因为你要求的待遇几乎超过了你的主管。但是只要你愿意留下,在公司的发展中,一定会提升你的待遇。"

所以,如果对方过于自信,我们首先要稳住自己的阵脚,千万不要被对方牵制。接下来就是想办法委婉地挫挫对方的锐气,让他明白自身能力的极限,这样,一切都可迎刃而解了。在对方高估了自己实力的谈判中,委婉地说明与温和的态度,是使对方的"过分自信"无用武之地的最好方法。

20. 你收集的信息真实吗?

理论是一回事,实践又是一回事;收集到的信息是一回事,事实真相又是一回事。

——北大课堂引用名言

在谈判之前,我们要针对决定谈判的四个要点收集信息。为了说明这四个要点的重要性,让我们再次强调,决定谈判成败的四个要点是:

第一个要点:你对自己的谈判能力以及资源优势了解多少?

第二个要点：你对对方的谈判能力以及资源优势了解多少？

第三个要点：对方对你的谈判能力以及资源优势了解多少？

第四个要点：对方对于自己的谈判能力以及资源优势是否有正确而客观的评估？

可是，在实际操作中，许多人往往因为时间仓促，或者不够用心，结果忽略了信息的真实性，做出了错误的判断。既然我们可以故意"透露"一些信息给对方，对方为什么不会故意"透露"一些信息给我们呢？在虚虚实实的谈判中，要想获胜，必须保证信息的真实性。

如果我们在谈判中，列举了一项并不存在的"事实证据"，那么后果将会非常严重。首先，我们基于这个"事实证据"所要争取的权益肯定是鸡飞蛋打了；此外，我们的信誉也会从此一落千丈，在接下来的谈判中处处被动。

在高手过招的谈判中，谈判的双方都会放出大量的烟幕弹，判断失误就会被不真实的信息所误导，以致在谈判中背离了事实，让对方抓住把柄。所以，不要把收集到的信息和事实混为一谈，这是谈判的守则。否则，如果为了一件子虚乌有的"事实"而从谈判中败下阵来的话，那就得不偿失了。

21. 想清楚你要跟谁谈判

无论做什么事，找准目标很重要。

——北大课程理念

如果你在一个垄断的市场里，那么你没有选择跟谁谈判的权利。但是，今天的情况是我们在大多数时间都可以自由地选择自己的谈判对手。那么，我们到底应该跟谁谈判呢？我的答案是，在没有做出充分的调查和比较之前，先不要急于下结论。

比如，当你想租用一套公寓时，不要跟自己见到的第一家公寓老板去谈判，而是简单了解一下情况，然后去其他公寓看看；当你想要买下一辆汽车时，不要跟自己见到的第一辆汽车主人去谈判，而是简单了解一下情况，然后去其他车行对比一下；当你想购买一件家用电器时，不要跟自己见到的第一个电器商人去谈判，而是简单了解一下情况，然后去其他电器店进行一番调查；当你准备引进某种机器零件时，不要跟自己见到的第一个厂家去谈判，而是简单了解一下情况，然后去与几家供应商进行沟通。

也就是说，在我们想清楚自己要跟谁进行谈判之前，我们先要对整个市场行情有一个了解。如果一个卖家的报价比另一个卖家的底价还低，而我们在比较过后，又发现双方的质量没有什么差异，那么当然是选择报价低的卖家作为自己的谈判对手。所以，在迎接谈判时，必须做好也能够与其他对手进行交易的准备。切记不要盲目进行谈判，因为不管是何种交易，在这个世界上，你都会面临着多种选择。而选择与谁进行谈判，往往决定了我们最终能够在谈判中获取多大的利益。

22. 谈判中的力量

要有吃苦耐劳的体力，纯洁高尚的道德，广博自由能容纳新潮流的精神，也就是能在世界新潮流中游泳、不被淹没的力量。

——鲁迅

在我所认识的大多数人中，他们对学习谈判并不是十分感兴趣。当我向他们强调谈判可以帮助他们得到一切时，他们会一脸厌恶地回答说："怎么得到？从别人手里抢过来吗？"在这些人心中，谈判就是一场较量，而谈判中的力量对于他们来说，简直就是一种暴力。

人们之所以不喜欢"力量"这个词，是因为他们觉得力量暗含着一种强迫的因素，是由一方支配着另一方去做一些他们不愿意的事情。我曾经对不喜欢"力量"的人进行调查，结果发现他们的原因大概分为两种：

第一，他们觉得"力量"有失公平。因为在强调力量的使用中，往往是强的一方强制着弱的一方。因此，强大的一方如果滥用自己的力量，往往会给这个社会带来严重的后果。

第二，他们觉得"力量"无法彻底解决问题。如果一个人想要达成的目标非正义或者是带有侵略性质的，那么不论他的"力量"多么强大，最终还是无法彻底解决问题。就像几千年前发生在周厉王时代的故事一样，"防民之口甚于防川"。

但是，这并不能让我们在谈判中放弃对于力量的使用。如果对方选择了开始博弈，那么我们所能做的就是按照游戏规则进行下去，而不是躲在一边，然后不停地抱怨。至于说到力量的性质问题，我觉得这就像我们讨论风、电等自然资源是好的还是坏的一样，问题本身就不具有讨论的价值。毕竟我们不能因为有人受过电击，就说电是有害的东西；也不能因为台风的出现，就"谈风变色"。所以，力量只不过是我们在谈判中达成目的的手段，希望每一个谈判者在开始谈判之前，不要背上沉重的心理包袱。如果你的谈判目的是好的，那么越强大的力量，就越会帮助你谈出美好的结局。

第 3 章

谈判礼仪课

1. 不修边幅的人在谈判中没有影响力

好修养是一点一滴积累起来的，它不仅包括你的气度、胸怀，还包括你的外在装扮，然而，这并非是小事一桩。

谈判礼仪的第一项，就是要做好自己的外包装，让自己穿得像个有资格坐在谈判桌旁的人。谈判专家们都一致认为，谈判者整洁的外表是引起对方愿意谈判、尊重自己的先决条件。美国一项调查表明，80%的顾客对推销员的不良外表持反感态度，如果要是去调查一下谈判者的话，那么这个数据恐怕就要变成100%了。

不仅仅是在谈判中，无论是在什么样的社交场合，我们都要保持清洁大方的着装，要从视觉上聚焦客户或潜在客户的注意力。不修边幅的人在谈判中绝对不会有任何影响力，而一种得体的打扮，一套职业的服饰，能让你看起来神清气爽、精神饱满。因此，不妨花一点时间来注重一下自己的着装，这是你对自己应有的、也是绝对值得的投资。

台湾的企业家徐立德曾对自己的下属说："你们不要忽略了谈判中的一些细节。我去餐厅用餐时，如果我没有穿西装，就先在餐厅门口观望一会儿。如果我看见有客户在里面，我就离开，因为我不想让他们看到我很不职业的样子，这样很可能会失去他们的信任。"由此可见商业人士对衣着的重视程度。

所以，正式坐在谈判桌前的第一件事就是从最简单的穿着打扮开始做起：出门之前，先把自己装扮得光鲜亮丽起来。这时的你，看着镜中神采奕奕的自己，不妨激励自己："我是最有魅力的，我有能力征服对手！我肯定我自己、我相信我自己！"

只有穿得像个谈判专家，你才能在谈判中让别人相信你的职业素养。而不修边幅的人，在谈判还没开始之前就已经失掉了自己的影响力。

2. 谈判桌上穿出自己的"魅力"

凡是积极主动的人，都比较容易成为出色的谈判者。

——北大课堂引用名言

"佛靠金装，人靠衣装"，恰到好处的着装可以在谈判中大大提升自己的谈判能量。公然违背着装规则会被视为对权威的挑战。在谈判桌上，无论是女人穿超短裙，打扮得珠光宝气，还是男人经常敞着衬衫领口，穿运动夹克衫，给人留下的印象可能都是："对工作不严肃。"不过，即使是办公楼里着装最佳人士有时也会左右为难：因为在穿得中规中矩之外，同时还要避免给人留下仅仅对衣服感兴趣的印象。那么，怎样着装才能在谈判中充分体现你的个人魅力呢？从一般的原则分析，以下三点最能展现出服饰的风采：

第一，整洁是服饰美的首要条件。

无论在何种场合、穿何种衣服，我们都要保证服装整齐洁净。只有如此，才能保证服饰有美感。否则，无论你穿何种品牌、质地、式样、颜色的衣服，都会给他人留下不洁、不好的形象，也就无所谓服饰美了。

第二，协调是服饰美的艺术特征。

一个人在谈判桌上穿什么衣服，怎样打扮，都必须与个人的性格、气质、职业、年龄以及穿戴的环境、季节相协调，才能与审美要求相符，才能符合社交礼仪规范，才能给他人以美的感受。

第三，着装还要与周围的环境相协调。

与你工作环境不相适应的着装可能是叛逆的标志。在我的公司里曾经有一位年轻、美丽的行政助理，自从她开始与摇滚乐手约会，便逐渐改变了端庄的穿着和职业女性的发型。改变装束是为了在下班后会男友时不必再换衣服。而不幸的是，正当她在事业上渐具竞争力时，却破坏了自己的职业形象。无疑她的优势地位也伴随着她的职业形象一起消失了。

所以，在走向谈判桌前，一定要多了解点谈判桌上的穿衣之道。如果实在拿不定主意，那么最基本的工作正装就是最好的选择。黑的西服套装和一丝不苟的白色衬衫向对方传达着这样的信息："我属于这里"，"我有独特的判断力和高雅的品位"。

3. 像胜利者那样走路

形象如同天气，无论是好是坏，别人都能注意到，但却没人告诉你。

——北大课堂引用名言

在谈判中仔细观察你会发现，每个人的走路姿势都不相同，有时候我们常常可以通过走路看出一个人的性格修养。因此走路虽然是小节，我们还是要对此多加注意。那么理想的行姿立该是怎样的呢？

我的回答是：让自己像个胜利者那样走路。行走姿势的基本要求是"行如风"，起步时，上身略向前倾，身体重心落在前脚掌上。行走时，双肩平稳，目光平视，下颌微收，步幅适当，一般应该是前脚的脚尖与后脚的脚后跟相距一脚长。跨出的步子应是全脚掌着地，膝和脚腕不能僵直，行走足迹在一条直线上。

男士在谈判时一般会穿西装，所以应当走出穿西装的挺拔、优雅的风度。穿西装时，后背保持平正，两脚立直，走路的步幅可略大些，手臂放松伸直摆动，手势简洁大方。而女士则以穿裙装为主，这样更能显出女性身材的修长和飘逸美。行走时要平稳，步幅可稍大些。转动时，要注意头和身体相协调，调整头、胸、髋三轴的角度。

穿高跟鞋的走姿。女士在正式应酬场合经常穿着黑色高跟鞋，行走要保持身体平衡。具体做法是：直膝立腰、收腹收臀、挺胸抬头。膝关节不要前曲，臀部不要向后撅。一定要把踝关节、膝关节、髋关节挺直，行走时步幅不宜过大。

特别需要注意的是，在行走时，男士不要左右晃肩。女士髋部不要左右摆动，穿高跟鞋应注意保持身体平衡，以免摔跤。如果谈判中是男女两人同行，女士步幅较小，男士步幅较大，男士应适当调整步幅，尽量与女士同节奏、步幅行走。

同时，在行走时不要左顾右盼、左摇右摆、大甩手，也不要弯腰驼背、歪肩晃膀、步履蹒跚，不要双腿过于弯曲、走路不成直线，更不要走"内八字"或"外八字"，因为这些都不是成功者应该有的步姿。

协调稳健、轻松敏捷的行姿会给人以朝气蓬勃、积极向上的印象，使人对你自然产生好感。总而言之，行姿也是社交行为的一部分，优美的行姿可以提升你的社交魅力，所以千万不能轻视它。

4. 注意自己的形象

事业长期发展优势中，视觉效应是你的能力的几倍。

——北大课堂引用名言

谈判中，我们经常用姿态来进行沟通。比如，当我们面对身份较高的谈判对手的时候，出于紧张，或是对对方的尊重，经常会"正襟危坐"；当我们听到自己感兴趣的话题时，我们会身体向前倾；当我们对他人不屑一顾的时候，我们会摆出"用鼻孔看人"的姿势。这里，谈判者需要注意的是，平时生活中的姿势代表着一个人的形象和修养，一定要在谈判中注意自己的形象。

表情，一般指的是面部表情，是另一个可以信息沟通的身体语言途径。从一个人的面部表情可以看出他的肯定与否定、接纳还是拒绝、厌恶还是高兴等。任何一种面部表情都是由面部肌肉整体功能所致，但面部某些特定部位的肌肉对于表达某些特殊情感的作用更明显。

微笑是一种积极的面部表情，它带来快乐，也创造快乐。微微笑一笑，双方都从发自内心的微笑中获得这样的信息："我是你的朋友""我是善意的""我喜欢你"等。所以，要处理好人际关系，就需要经常微笑——对自己微笑，对他人微笑。

身体动作是最容易被发现内心世界的一种肢体语言，因为身体动作更容易引起人们的注意。比如一些聋哑人通过自己的手势语言，实现了与人的沟通；当你躲闪某个事物的时候，可能是感到害怕，或是厌恶；当你拥抱他人的时候，表示你对他人的喜爱、同情或是感激；当你不由自主地拍拍自己的脑袋的时候，往往代表着你有某种自责，或是懊悔情绪；等等。

触摸则是谈判沟通中最有力的一种方式。因为每个人都有被触摸的需要。心理学的研究表明，人们不仅对舒适的触摸感到愉快，而且会对触摸对象产生情感依恋。如果你谈过恋爱，你会发现，你和恋人关系的进步往往取决于身体接触的一瞬间，哪怕是牵手的一瞬间，你们的情感也会发生质的变化。

在谈判中，每个人都有表现出心口不一的时候。因此，我们在观察他人的身体动作与口头语言是否协调的同时，也要多关注自己，尽可能使自己的言行举止保持一致，才能够在谈判中赢得对方的信任。

5. 谈判中的魔鬼就藏在细节中

完美体现在各个细节之处。

——北大课程理念

为了获得谈判的成功，我们必须掌握肢体语言的细节，因为魔鬼往往就藏在这些细节之中。

第一，我们要将自己的手从口袋里拿出来。因为，只有当我们感觉不舒服或不自信的时候，才会不知不觉地将手插入口袋中。这是因为，当我们感觉紧张的时候，就会本能地藏起双手。另外，双手插进口袋还容易给人留下懒散的不好印象。所以，我们一定要将自己双手置于口袋之外，以充分显示我们的自信。

第二，要管住自己的手脚，不要做小动作。因为，过多的小动作是一种很明显的焦虑信号。当我们不断摆弄自己的双手，或者不停地抖动自己的双脚时，就会显示出我们的焦虑和轻浮。所以，我们要明确地告诉自己的双手，保持冷静，并且时刻处于大脑的控制之中。同样地，当我们坐下来以后，还要管住自己的双脚，让它们不要像失去控制一样快速地抖动。这样可以给对方留下成熟、稳重的好印象。

第三，要挺起自己的胸膛和脊柱。因为，当我们驼背时，不但显得懒散和不自信，而且体态也十分不美观。只有挺起自己的胸膛和脊柱，才能在交流中充分展示自己的挺拔与自信。所以，当我们行走或站立时，应该集中注意力使自己的身体保持正、直，同时注意回收自己的双肩。我们可以试着在镜子前保持挺胸抬头的动作，这会让我们自信倍增。

第四，要让自己在走路时自信而优雅。因为，不论是"疾步乱窜"还是"缓缓爬行"，都不会给人留下好印象，而"偷偷摸摸"或"鬼鬼祟祟"的步态，则让我们的形象在别人心中大打折扣。所以，为了保持"行如风"的自信步态，我们在走路时可以把步子迈大些，这会让我们看起来更具有果断性，也可以很好地展示出我们内心的平静，和处事不惊的优雅。

第五，握手时要强劲有力。在交际中，人们很讨厌握到一双苍白无力的"死鱼手"。因为，见面介绍后，相互握手时的软弱无力，表明这个人没有交往的热情，缺乏自信。初次见面时，我们在握手时应该充满自信，而且要有一定力度。而与曾经见过面的人握手时，不妨使用双手，一只手握住对方的手，另一只手则可放在其肘部，这会显得我们更加热情。当然，握手毕竟不是掰手腕比赛，没有必要因为力度过猛而捏痛对方的手，握手时间也不宜过长。

第六，不要在胸前交叉双臂。因为，只有当我们感觉寒冷、紧张或戒备的时候，才会双臂交叉合抱于胸前。而这种防御性动作所传递的信息也是封闭、消极、不想与人交流，或者掩饰不满、焦虑等非常负面的心态。所以，为了给别人留下更加开放和随和的印象，我们在社交活动中应适当放松，热情地张开双臂。

第七，要勇敢地与人进行身体接触。因为，身体接触动作可以有效地表达善意和亲密。比如当我们轻拍对方的后背时，可以表达出我们对别人的欣赏和支持，给对方留下友善的好印象。所以，为了让别人充分感受到我们的热情，我们必须勇敢地与别人进行身体接触，在相互接触中拉近彼此的距离。

其实，在与陌生人交往时，我们还没有开口说话，就已经泄露了自己内心的很多相关信息。这是因为，一个人要向外界传达完整的信息，语言成分只占7%，声调成分占38%，而另外55%的信息都需要身体语言来传达。而且身体语言通常是一个人下意识的举动，所以，它更容易被别人所相信。为了取得谈判的成功，我们必须掌握肢体语言的细节，不断强化练习，最终在举手投足间展现我们的魅力。

6. 对手听得出你的诚意

热情和诚意都是一种能量，一个人若缺了这些，任何事情都难以完成。
——北大课堂引用名言

在不能成为谈判专家的人当中，有99%的原因在于他们忽略了自己的声音在谈判中的意义，他们不愿意花时间去修饰一下自己的声音。他们不知道在谈判过程中，不同的声调会让人产生不同的感觉。比如柔和的声音让人感到坦率和友善，略为低沉的声音则表示内心的同情。无论何时一定要克制自己声音的颤抖，这是恐惧交际，缺乏自信的表现；更不能用鼻音哼声，这是傲慢冷漠或者恼怒和鄙视的声音。这些都是声音在谈判中的具体表现，千万不要小瞧声音在谈判中的作用，善于控制自己的声音，可以让自己更容易感染对方，在谈判时轻松获胜。

意大利著名悲剧演员罗西就是善于运用声音的代表。有一次，他与几位外国朋友一起吃饭。席间，许多客人想要一睹他的演技，要求他表演一段悲剧。于是罗西用意大利语念了一段"台词"，尽管这些外国朋友听不懂意大利语，并不知道他讲的是什么内容。但是，席间的每个人都被他凄凉悲壮的声音感动了，大家不由自主地流下了同情的眼泪。

这时，一位意大利朋友看着大家的反应却忍俊不禁，自顾自地趴在桌子上大笑不止。人们都感到很诧异，以为罗西会大发雷霆时，罗西却微笑着说没什么，原来这位悲剧明星念的根本不是台词，而是桌子上的意大利文菜谱。

对于善于利用声音的罗西来说，一张简单的菜谱足以催人泪下。因为一个人的语音语调配合上他的表情，确实可以达到深入人心的魅力。富有磁性的、有力、响亮而又柔和、深沉的声音，能够帮助我们在谈吐中增加更多的权威感和感染力，在谈判中让自己掌握充分的主动权。

7. 想驾驭对手，先驾驭你的声音

一个好的演讲者和糟糕的演讲者的区别是能否让听众舒服地入眠。

——北大课堂引用名言

大多数谈判者由于忽略了声音在谈判中的意义，而不付诸实践去驾驭自己的声音。为了更好地进行谈判，我们不妨自己随便说一段话，或者将自己打电话时的声音录下来，然后反复播放，听听自己的声音到底存在着哪些问题。如果发现自己的声音存在某方面的毛病，那么就要反复进行改正和练习，在以后与人讲话的过程中，也要时时提醒自己注意，最终掌握正确的发声技巧。

首先，我们必须用胸腔发音，一定要避免嘴唇僵滞。因为，用胸腔发音可以保证我们说的每一句话字正腔圆，吐字清晰。而嘴唇僵滞的人，往往会出现口齿不清，声音嗫嚅的情况。有些人因为过于害羞还紧张，经常出现声音过低，省字连词的情况。这样，不但对方听不清楚我们所讲的内容，甚至会怀疑他们的个人能力和生活态度。但是，也不要过于夸张，不自然的字正腔圆会让人产生滑稽的感觉，好像是在看话剧表演一样。

其次，我们必须让自己的声音听起来柔和，避免太粗或太尖。太粗的声音给人的感觉像是用鼻子说话，而一般情况下，鼻音很重的人总是给人一个脾气暴躁、性格很固执的坏印象。而过于尖锐的声音比沉重的鼻音更加难听，那些又高又尖的声音，往往让人联想到遭受惊吓或刺激的女人，或者装腔作势的男性。所以，如果我们存在着声音过低或过高的问题，一定要通过练习来克服掉。

再次，要调整好我们说话的速度，让别人听起来舒服。控制自己的语速并不像想象中的那么简单，即使是一些职业的演说家也常常把握不好自己说话的速度。但是，语速对于赢得谈判来说却是十分重要的。如果我们说话过快，会给人一种急躁的感觉，别人很可能因为听不清而遗漏一些信息，最后导致别人误解我们的意思；如果我们说话过慢的话，又会让别人产生倦怠感，对于我们的讲话根本无法坚持听下去，最终达不到说服对方的效果。而适当的说话速度应该做到不紧不慢，大约每分钟说 120 到 160 个字最佳。

最后，要避免说话中的坏习惯，去掉口头禅。如果一个人在谈判中思维不够连贯，就会经常出现"嗯、啊、那个、然后"之类的词语，这些我们在说话中反复使用的词语，就是口头禅。也许我们自己都没有注意到，但是与我们谈判的人对这些口头禅会十分敏感。而在谈判中不断重复地出现口头禅，会令对方感到烦躁不安，也会让我们的讲话变得单调乏味。我们可以在谈判之前放松心情，想清楚自己究竟要表达的意思，然后顺利表达，减少不必要的坏习惯。

8. 要谈生意，先谈微笑

一个人脸上的表情比他身上穿的更重要。

——北大课堂引用名言

在两个人开始谈生意之前，我们首先需要让对方看到的就是我们脸上的微笑。因为微笑不但可以表现一个人良好的心境，还可以让我们快速充满自信。在与人谈判时，微笑能够反映出我们心底坦荡，使人自然放松，不知不觉地缩短了心理距离。尤其是在与陌生人的谈判中，没有什么东西能比一个灿烂的微笑更能提升你的个人魅力，更能打动人心的了。

戴维·约翰逊是美国一家小有名气的公司总裁，他还十分年轻。他几乎具备了成功男人应该具备的所有优点：他有明确的人生目标，有不断克服困难、超越自己和别人的毅力与信心；他雷厉风行，办事干脆利索、从不拖沓；他的嗓音深沉圆润，讲话切中要害；而且他总是显得雄心勃勃、富于朝气。他对于生活的认真与投入是有口皆碑的，而且，他对于同事们也很真诚，讲求公平对待，与他深交的人都为拥有这样一个好朋友而自豪。

但是，他每次谈判都会让气氛陷入结冰状态，初次见到他的合作伙伴对他几乎没有任何好感。这令熟知他的人大为吃惊。为什么呢？仔细观察后才发现，原来他在谈判中几乎没有笑容。他深沉严峻的脸上永远是炯炯的目光、紧闭的嘴唇和紧咬的牙关。即便在轻松的社交场合也是如此。而事实上，戴维·约翰距离谈判成功只是缺少了一样东西，就是一副动人的、微笑的面孔。

因为微笑是一种宽容、一种接纳，而这位总裁紧闭的嘴唇、咬紧的牙关则是向人们传递了这样一条信息：烦着呢，别靠近我。试想在这样的情况下，谁还愿意同他接近？

所以，懂得微笑法则的人就不会在谈判对手面前板起面孔。因为他们知道：微笑是一种世界性的交际语言，可以在不同国界的人之间建立交际的桥梁；微笑是极具感染力的交际语言，可以在最短时间内缩短我们和他人的距离；微笑是最美的世界语言，可以轻松地为我们取得谈判的成功。

9. 记住名字，赢得信任

一个人只要一张口，我基本上就能了解他。

——北大课堂引用名言

名不正则言不顺，言不顺则事不成。卡耐基也曾说："一种既简单但又最重要的获得好感和信任的方法，就是牢记别人的姓名。"所以，要想在谈判中赢得对方的信任，就应该在初次见面时牢牢记住对方的名字，这样会让对方的自尊心得到满足，产生无限的好感。

有一家旅馆的经理十分聪明，当他得知了记住客人的名字对于客人的重要性之后，便规定相关工作人员必须牢牢记住曾经入住的每一位客人的名字。这个看似无关紧要的规定，使旅馆赢得了大量的老客户。

有一次，一个再次入住的客人刚刚走到服务台办理住宿手续，负责登记的小姐就说道："张先生，欢迎您再次光临，我们现在刚好有一间海景房，跟您上次住的房间是一样的价钱。"

这位姓张的客人听到之后，没有想到这家旅馆的服务人员还记得自己的名字，感到十分惊讶。瞬间仿佛来到了朋友家里一样，感到自己受到了人家的重视。从此以后，只要到这个城市出差或者旅行，他都会毫不犹豫地选择这家旅馆，并且推荐自己的亲人朋友都来这家旅馆住宿。

一个旅馆经理通过规定自己的员工认真熟记顾客的名字，为顾客营造出了一种真正的"宾至如归"的感觉，我们也可以通过牢记谈判对手的名字给对方留下美好的深刻印象。当我们在谈判桌上喊出对方的名字时，不仅体现了我们的尊重和重视，也同时跟对方建立了情感的联系。

10. 三招把对方的名字印在脑子里

姓名本来只是个符号，但它却蕴含了一个人的尊严、地位和荣誉。尊重一个人莫过于尊重他的名字。

——北大课堂引用名言

当人们的名字被遗忘、被搞混，不管你是有意还是无意都会带来不良影响。轻者让人产生反感，重者损害彼此感情。因此，我们一定要牢记谈判对手的名字。

从一定意义上说，记姓名是一种廉价然而有效的感情投资。记住他人的姓名就等于把一份友谊深藏在心里，记忆时间越久，情谊就越深，如同一瓶陈年好酒，越久越醇。在谈判中记住对方的姓名，可以增加亲切感、认同感，加深彼此的感情。那么怎样才能牢牢记住别人的名字呢？这里有三条建议，大家不妨试一下：

1. 要用心记他人的名字

有的人博闻强识、过目不忘，见一次就可以记住。这自然是最好。但是，大多数人没有这样的能力。所以，用心记名字就成了必要。我们在谈判中应该对别人的名字表现出特别强的注意力。据考察，在一般记忆力基础上，注意力越集中，重视程度越高，就会记得越牢。甚至记忆力较差的人由于重视友谊，对于同他打过交道的人的姓名会特别用心去记，同样能记得十分清晰，多年不忘。

2. 经常翻翻他人的名片

对于记忆力不太好的人来说，不但要用心去记而且还应动动笔。这里用得着一句名言："好记性不如烂笔头。"不管老朋友还是新朋友，在打过交道之后都应把姓名记在小本上，或者保存好对方的名片。有时间就要翻一翻，借此回忆往事，加深印象，这样就可以获得名字与友谊长久记忆的效果。

3. 忘了名字要想法补救

如果在谈判桌上突然忘了人家的名字，那就应想办法搞清楚，记在心里。有一次，我与一位多年不见的战友见面了，一时竟想不起他的姓名。分手时，我主动拿出纸来把自己的名字、电话、通信地址写下来，然后把笔交给他，说："来，让我们相互留下自己的名片，今后多多联系。"对方也写下了他的名字、住址、电话。此后，对方的名字就镌刻在我的头脑中，再不曾忘记。

能够记住谈判桌上对方每一个人的名字，是一种很重要的人际交往能力。即使你和对方只有一面之缘，但你若能准确无误地喊出他的名字，就是对他最大的恭维和赞赏。

11. 选择正确的寒暄话题

什么事情最容易——向别人提意见。

——北大课堂引用名言

如果想在谈判中用寒暄打开局面，那么话题的选择就显得十分重要。许多人只会干巴巴地说"您好""见到您很高兴"之类的客套话，之后就直奔主题或者无话可说，这样很难点燃对方的热情。

那么，在第一次见面时，我们并不知道对方的兴趣爱好，应该选择一些什么样的话题切入正文呢？

　　明智的选择是从一些很随意的话题入手，比如天气和周围环境。虽然这些貌似可有可无的废话，但是却可以消除暂时的尴尬，为进一步交流做好铺垫。

　　当然，我们也可以从对方的名片中找话题。根据对方名片上的头衔、职位、地址等寒暄几句。或者从对方的房间、公司内部环境引出话题，就像亚森先生在与乔治·伊士曼先生谈判时所做的那样。或者从自己在报纸、刊物或电视、广播中听到或见到的关于对方或对方的公司的有关消息展开话题。这些资料，在会客前一般是经过精心查找和准备的。还有一种比较理想的寒暄方式，就是以介绍人为话题。这样可以利用介绍人来和对方拉关系，使对方有"一见如故"的感觉。

　　再比如刚上映的电影、流行的音乐，或者最新的股市动向、国际要闻等，几次交锋之后，我们就可以轻松找到对方感兴趣的话题，从而引导对方娓娓道来，我们只有认真倾听，和不时插入一些议论和提问就可以了。

　　如果话题选择得当，那么谈话就会像打乒乓球一样，有来有往。双方也会在交流中产生情感的共鸣。

12. 怎样避开谈判桌上的"雷区"

　　遵守规则，话出口，记在心，行于世。

——北大课堂引用名言

　　虽然良好的话题可以帮助我们在谈判寒暄中快速拉近与对方的距离，但是，在选择话题时一定要避开陷阱，因为并不是所有的话题在任何时间、任何地点都适合拿来公开谈论。如果不小心选择了不宜谈论的话题，不但会使双方陷入尴尬，而且会影响到谈判的结果。

　　需要避开的话题陷阱包括：

　　1. 避免谈论对方的"敏感事件"和"隐私"。俗话说："当着矮人不说短话。"一个人的情感遭遇，或者身体缺陷等，都需要我们回避。因为这些都属于别人较为敏感的隐私，谈论这些话题会被对方视为不明事理或者举止粗鲁。在失去互相尊重的交流中，显然无法获得让人满意的结果。

　　2. 避免谈论别人的错误或背后的谣言。富兰克林在谈到他成功的秘诀时曾说："我不说任何人的坏话，我只说我所知道的每个人的长处。"所以，不论是背后还是人前，我们都要杜绝议论他人的短长。与人交谈时，不说其他人的坏话，也不传播无聊的谣言，自然会得到别人的尊重。因为谣言止于智者，君子不在背后论人是非。试想，一个喜欢在你面前搬弄他人是非的人，到了他人面前，怎么会对你口下留情呢？

3. 与女士交谈时，避免谈论对方的美丑与年龄等。当我们与女士交谈时，需要格外小心。因为赞美固然是与女士交谈的第一要领，但是也要真诚而适度。如果我们不小心谈论了对方敏感的话题：比如身材或者年龄，那么对方很可能将对自己的不满变成对你的不满，这样，就很难再回到融洽的气氛之中了。

4. 与陌生人交谈时，避免谈论对方衣服的质量与首饰的真假等。当我们与陌生人闲谈，已找到感兴趣的切入点时，一定不要拿对方的衣服饰品来开刀，因为如果问及对方衣服价钱、首饰真假等问题，会让别人难以回答，最后将自己陷入尴尬难堪的境地。

5. 避免谈论有争议性的话题。比如宗教、政治、党派等话题，不适合在交情尚浅时谈论，因为这些话题很容易引起争论，最后导致双方僵持不下。尤其在少数民族朋友面前，不要过多地谈论风俗习惯和宗教信仰；在外国朋友面前，不要过多谈论对方国家的政治和制度。

6. 避免哗众取宠的话题。有些人喜欢用荒诞离奇、耸人听闻甚至是黄色淫秽的话题来引起对方的注意，其实，这样只会降低自己的身份，从而失去真正的朋友。尤其在第一次见面的异性面前讲黄段子的人，在今后的交往中将很难得到对方的尊重。

7. 避免谈论无聊的话题。莎士比亚说："第一个把女人比喻成鲜花的人，是天才；第二个这样做的人，是白痴。"如果我们总是谈论那些老生常谈的话题，那么对方就会在心里想"又来了"，然后马上找机会离开。因为没有人喜欢在无聊的话题上浪费自己的时间。

所有的话题陷阱，都会在谈判中引起对方的不愉快而陷入尴尬；而所有合适的话题，都会让对方内心舒畅，侃侃而谈。希望大家可以在谈判中借助寒暄的助跑，成功跳跃到自己想去的地方。

13. 永远的女士优先

没有女子的世界，必定没有礼俗、宗教、传统及社会阶级。世上没有天生守礼的男子，也没有天生不守礼的女子。假定没有女人，我们必不会居住千篇一律的弄堂，而必住在三角门窗八角澡盆的房屋，而且也不知饭厅与卧室之区别，有何意义。男子喜欢在卧室吃饭，在饭厅安眠的。

——林语堂

如果你的谈判对手是有着西方文化背景的女士，那么你就要适时地展现出自己的绅士风度。什么是绅士风度呢？当然不是做出一副道貌岸然的样子，更不是简单的衣冠整洁就可以了。而在西方，判断一个男子是否够绅士的标准，就是看他是否懂得尊重妇女，是否遵守"女士优先"的原则。

女士优先原则的核心精神是要求成年男士在任何时候、任何情况下，都要在行动上从各个方面尊重女士、照顾女士、帮助女士、保护女士。要是望文生义地把女士优先原则理解为女士先行，那就未免太狭隘了。在谈判的礼仪中似乎公认女士享有"优先"的特权，谁不遵守这一成规就会被看作失礼。

在西方社会中，女人一向备受礼遇，不管是女性主管、女同事或家庭主妇，男人一样表示尊重。而过去的东方人则恰恰相反，典型的大男子主义，男人处处要占上风，无论在什么场合，男人的地位总是至高无上，丝毫不容侵犯。不过，现在这种情况已经大大改观了。一个有身份的男人在与女士相处时，不注意礼貌是无法得到认可的。

例如，乘车时，让女士先上车；陪同女士到某处去，抢先一步为她开门；进入室内后，为她脱外套、立座椅，此外，当你想抽烟时，除征询她的同意外，应先向她敬烟、点烟。这些动作绝非装腔作势，故意卖弄，实在是必要的礼貌，不过做时态度要自然大方，才不会弄巧成拙。

此外，在搭乘火车或其他交通工具时，如果遇见女性携带行李或较重的包裹，也应代为取放，因为女人力气较小，提取不方便，男人力气较大，轻而易举之事，何不效劳？而陪同女士上街时，则应走在道路外缘保护她，或帮她提较重的物品。如遇下雨时，更应替她撑伞。走在泥泞的路上，也应让女伴挽住你的手臂，以免滑跌或摔跤。人群拥挤时，则应先行一步，为她开路。

所以，在谈判中有一条经常被忽略的重要礼仪就是女士优先。尤其是对方是有着西方文化背景的女士时，我们一定要在谈判时反复对自己强调：永远的女士优先。

14. 拒绝对方时不要忘了礼貌

我小的时候如果被人家骂缺少家教，要让我妈听到了，回去要吊到树上打啊！

——北大课堂引用名言

在谈判中，双方都要争取自己的利益最大化，所以，我们难免要拒绝对方的条件。但是，我们这里讲的并不是谈判中的正常交锋，而是对方提出了一些不合理的条件，如果直接拒绝会伤害到对方的心理和彼此的感情，那么，在拒绝之前可以先进行诱导，让对方自己明白自己的要求是无法被满足的，从此达到拒绝的目的。

美国总统罗斯福曾经在海军里担任过重要职务，这也让他面临很多麻烦，因为他的朋友们总是对海军里的事情感兴趣。如果他满足了朋友的好奇心，就会对不起自己的职责；如果他拒绝了朋友的请求，又会得罪了朋友。有一次，又有人向罗斯福打听海军在加勒比海一个小岛建立潜艇基地的计划。罗斯福故意向四周看了看，然后压低声音问道："你能保密吗？"

那位朋友看罗斯福如此举动，便马上说道："当然能。"

罗斯福却微笑地看着他说："那么，我也能。"

罗斯福的成功诱导既顾全了朋友的面子，又维持了两个人之间的友情。由此可见，在通过诱导拒绝别人时，幽默的语言往往能使对方心领神会，从而避免尴尬，让一切在笑声中轻松化解。这样的拒绝既不失礼仪，又能够让对方知难而退，是谈判中非常重要的技巧。

15. 你会坐电梯吗？

好举止是那些不起眼的细节组成的。

——北大课堂引用名言

商务会谈往往在酒店或者写字楼里进行，电梯成了上下楼必须乘坐的交通工具。而电梯间虽然是一个狭小、密闭的场所，但是，狭小意味着我们和电梯里的人缩小了距离；而密闭，则意味着电梯里的交往无法逃避。所以，这两个特点合在一起，就把电梯间变成了一个人际交往空间，而在狭小密闭的电梯间里，也有着庞大、复杂的学问。

小莉是一家外企的业务代表，在商场中摸爬滚打多年。一次，她陪同老板到国外的一家星级酒店谈判，对方的代表是一位头发花白、言谈恳切的老年绅士。整个谈判进行得非常愉快，直到双方的代表走到电梯前，小莉面临了自己职业生涯中的第一次尴尬。

对方的代表，那位年长的绅士首先按了电梯，并微笑着请小莉先进去。小莉心想，与自己同行的，一个是老板，一个是长者，自己怎么也不敢迈步。这时，小莉的老板似乎看出了她的心思，于是也做出了女士优先的手势。在两位男士的坚持下，小莉只好忐忑地走进了电梯。在电梯里短短的几秒钟，小莉却感觉无比的漫长，因为她实在是不知道自己应该怎样做才算得体。更糟糕的是，在接下来的会谈中，他们还要进出会场数次，也就意味着小莉还要和两位代表一起迈进迈出电梯好几次。于是，每一次走到电梯门前，小莉都表现得很不自然，纵横商场多年的小莉本来落落大方，可是，却被一个小小的电梯搞得慌手慌脚。

在回办公室的途中，小莉忍不住问自己的老板，在今天的情况之下，到底应该谁先进电梯。老板笑笑说："当然是你，因为女士优先嘛。而且，这个规则与职位高低、年龄大小毫无关系，通常进出电梯的次序是：年长女士，年轻女士，年长男士，年轻男士。虽然我是老板，但有个事实谁也改变不了。因为我是男人，你是女人，你自然应该享受和接受这种尊重。"

但是，当小莉记住了老板教给她的顺序没多久，就又在电梯门口遇到了不知所措的情况。这次是国内的一个代表团来与小莉的公司洽谈业务，当双方的代表进电梯的时候，小莉礼貌地请对方代表团的领导先进，而那个代表看到小莉的老板比他年长，所以，坚持请小莉的老板先进。这时，小莉的老板也不知所措了，他也不知道该让女士优先，还是该让客人先进了。于是，大家在电梯口让了半天，最后小莉急中生智，她抢先走进电梯间，并微笑着说："我来按电梯。"

虽然进入电梯间的顺序是一件小事，但是，如果搞错的话，也会造成尴尬，甚至被人笑话。而且，由于东西方文化不同，所以，在很多时候，我们要学会变通处理。在中国，人们比较习惯于尊重领导和长者，所以，在电梯门口，一定要让领导和长者优先；而在西方人的文化里，女士优先的习惯根深蒂固，所以我们一定要尊重对方的绅士风度。

除了进入电梯的顺序之外，在电梯间里的交际也是我们纵横商场的一次考验。当然，如果一起乘电梯的是非常熟悉的朋友或同事，也都没有什么可尴尬的。但是，如果同乘一部电梯的刚好是不怎么熟悉的谈判代表，甚至是对方高高在上的公司领导，那么，很多人就会产生明知道该说话，却又不知道说什么的尴尬了。因为，如果不说话的话，会因为沉默而尴尬；如果没话找话说，又会因为陌生而尴尬；最可怕的是找了话对方没回应，此时真是无比的尴尬。

16. 小电梯里的大学问

无论做什么，都要乐于和善于做小事，形成严谨务实的工作作风。

——北大课堂引用名言

与谈判对手在电梯间里的时间一般也就十几秒，多的也就三四十秒。可是，这十几秒钟的时间却经常让人感到焦躁和尴尬。但是，只要我们能够保持礼貌、尊重和微笑，基本就可以轻松过关。

1. 要学会察言观色。如果对方有交流的欲望，就会与我们寻找目光接触，这时，我们就可以勇敢地与他攀谈；如果对方想要安静，就会看着地板，避开别人的眼光，这时，我们最好不要打扰对方。

2. 要大方热情。当别人想要开口，又不好意思主动打招呼的时候，我们就可以微笑着说声"你好"，然后聊一聊天气或者交通之类的问题。如果对方主动打招呼，我们千万不能保持沉默，或者一副爱答不理的样子。

3. 要交谈适度。毕竟电梯是个封闭的小空间，大说大笑不但影响别人，而且有损自己的形象。在电梯间里一定不要主动谈论与生意有关的话题，毕竟隔墙有耳。

当然，如果能够多花心思了解一下自己的生意伙伴，在电梯里碰到了能够直接喊出对方的姓名、职位，保证选择对方感兴趣的话题，那么，关于电梯间里的学问已经基本达到了高年级水平，另外在掌握一些使用电梯的基本礼仪，就可以成功毕业了。

第一，进电梯前站在电梯的两侧，先下后上。中间下人，两边上人，进去后选完楼层如果人不多问别人需要到几层，帮忙选层。

第二，如果进入电梯后你站在门边又零散有人进入的时候应该按住操纵盘上的开门按钮来防止门关上夹到人，而如果是和朋友亲人同事一起坐的话就用手挡住门的一侧来防止门关上，因为用手挡着看着更为亲切一点，而实际上电梯都有安全触板或光幕，很安全的。

第三，进来人多首先应该选完楼层后向角落退去，腾出前面的空间，如果下的楼层比较近，可以选择站在另外一边没有操纵盘的位置。

第四，进入电梯后不要背对着门，因为在狭窄的空间一般陌生人彼此之间喜欢面朝一个方向，如果你和他们面对面大家会很不自然。

第五，如果电梯超载超重报警的时候是不能运行的，那么如果你正好站在门边的话要主动下去，减轻负荷让电梯正常运行。

其实，商场中的电梯是一个很自然地接触对方领导并且让他记住自己的机会，同时也是一个自然地化解谈判对手间原有尴尬误会的机会。商务会谈中大家都有一层角色的壳，有时明明想解释，也没有合适的时机。电梯恰恰提供了这样的场所和机会。处理得好，误会化解不说，还可能让关系更进一步。当然，合理应对电梯时间，把握电梯里决定性的机会还需要我们把工夫放在电梯之外。

17. 接电话的五条军规

连电话都打不好的学生，我觉得跟他沟通起来是很困难的。

——北大课堂引用名言

在谈判中，手机是必备的工具，为我们的谈判提供了很多的方便。但是，使用手机也要注意礼仪和方法，这样才能让我们的谈判事半功倍，游刃有余。

那么如果谈判对手打来电话，我们应该怎样接电话呢？出于谈判礼仪，我们要注意以下六点：

1. 不要让响铃超过三声。

当我们的手机铃声响起时，最好能够在第三声时接听。因为，如果在铃声刚响时立即接听，会让对方出乎意料，觉得过于唐突；如果在响铃超过三声以后再接听，又会让对方觉得我们缺乏效率，感到不耐烦和焦急。

当然，有些时候我们没有办法及时接听手机，比如手机不在身边，或一时有事走不开，不方便接听。那么，在接听电话之后，应该先向对方表示自己的歉意，并作出适当的解释，这样也就可以得到对方的谅解了。

2. 前三句话要说对。

在接通手机通话之后，首先应该礼貌地问候对方，然后自报家门，同时礼貌地询问对方是谁。问候的话要简洁礼貌，一句"你好"就足够了。自报家门则是为了提高效率，让对方一下就知道有没有打错电话。而礼貌地询问对方是谁可以说"请问您是哪位？"这样对方就知道该自己讲话了。

接听手机时，一定要把这开头的三句话说对，这样不仅能够体现对对方的尊重，而且也反映出公司的高效率和严管理。

3. 对话时要明确对方的称呼。

如果通话的是需要记住号码的新朋友，那么一定要问清楚怎么称呼对方，以便在存号码时正确输入。当对方说出自己名字之后，也要问清每个字的写法，这样对方也能感受到充分的尊重。

如果通话的是老朋友，那么最好在一开口时就听出对方的声音，然后准确地称呼出对方的姓名或者职务。这样会迅速拉近彼此的关系，给对方留下特别受到重视的良好印象。

4. 接到错误的电话时要礼貌。

有时候，接听手机之后，发现对方打错了。这时，很多人因为紧张或者不耐烦而忽略了礼貌，甚至语言很粗鲁。

其实，很多错打的电话都不是偶然，有时可能是业务上的重要伙伴，因为不小心打错了电话。或者，哪怕是完全陌生的人打错了电话，我们也要耐心地说明情况。毕竟礼貌是一个人一生的修养，而不是一时的虚伪表现。

5. 谁先挂电话。

一般的情况下，当对方说了"再见"时，我们也应该说"再见"，然后等对方挂断电话以后再挂电话。如果不等对方把话说完就马上挂电话，对方会以为我们不喜欢与之交谈，或者我们很不礼貌。但是，也会遇到双方都不肯先挂断电话的情况，大家一直这样僵持下去也不好。那么，在挂电话的顺序上，一般是领导、长辈优先，平辈中女士、先打电话的人优先。这样，在僵持的时候，我们只有礼貌地请对方先挂断电话，就可以避免尴尬了。

18. 打好谈判电话的四要素

拿起电话，尽量先笑起来，让你的声音在电话里传达你的笑容。

——北大课堂引用名言

当我们在谈判中主动打电话给对方时，应该注意以下几点：

1. 要选择合适的时间。

在打电话之前，首先要考虑自己选择的时间是否合适。如果对方不方便接听电话，那么一次通话过后，很可能变成不受欢迎的人。一般而言，我们拨打对方的手机的时间应该避开早晨 8 点以前，和晚上 10 点以后。因为，这往往是对方的吃饭和休息时间。同时，最好不要在中午 12 点到下午 2 点之间打电话给对方，因为很多人都有午睡的习惯。另外，如果是商业上的业务往来，最好不要在周一和周五联系，因为周一时，刚刚经过一个周末，大家要处理的公务会很多；而周五时，为了总结一周的工作情况，很多公司都会有一个小会议要开。当然，在对方快要下班的前几分钟打电话，也是不太适合的，因为每个人都希望下班之后马上回家，不希望被工作上的事情耽误了私人的时间。

此外，在给对方打手机时，尤其是那些身居要职的忙人，一定要注意从听筒里的回音来鉴别对方所处的环境。如果很静，对方把声音压得很低，那么很可能是在开会；如果周围很嘈杂，对方把声调提得很高，那么应该是在逛街或者参加宴会；如果听到了开车的隆隆声，那么说明对方在路上，也不方便被打扰。

所以，在打电话时一定要注意选择合适的时间，最好由对方来决定是否通话。在自报家门之后，问一句"您现在通话方便吗？"是一种十分安全的做法。

2. 前三句话要说对。

与接听电话一样的，在拨打电话时，也要礼貌地问候对方，然后自报家门，接下来再说具体的事情。有些人喜欢让对方猜自己是谁，这是非常惹人反感的一种做法。因为，即使是非常熟悉的人，往往不容易通过手机里的声音来判断我们的身份。另外，直接将你的身份告诉对方，也算是礼貌地询问对方是否愿意继续通话，这是使用手机时最基本的礼仪。

3. 做到简明扼要。

在自报家门之后，为了避免过久地占用对方手机线路和工作时间的失礼行为，我们应该简明扼要地说明通话的目的，并且尽快结束交谈。

一般而言，一个业务电话的最长时间是三分钟。如果需要交流的内容超过三分钟，最好改换其他的交流方式，或者在通话前准确地说明大概需要占用的时间，礼貌地询问对方此时是否方便长谈。那种总是说"只要两分钟"，然后通话半小时的行为是被人们普遍反感的。

4. 请求对方为自己留言。

有些时候，接听手机的人并不是我们要找的人。那么我们在礼貌地询问对方的身份之后，可以请求对方代为转告，也就是请求对方为自己留言。在留言时，一定要说清楚自己的姓名、单位、电话号码和留言的内容等。在对方记录下这些内容后，要记得核对一下对方记录的内容是否正确，同时再次确定对方的身份。

如果是比较紧急的情况，也可以向接听手机的人询问自己要找的人有没有其他的联系方式？但是，一定要谨记，不管对方是否提供了其他的联系方式，我们都应该礼貌地表示感谢，并说声"再见"。

19. 谈判时管好你的手机

重要的人物是不带手机的，有带手机吗？

——北大课堂引用名言

在谈判中，手机是必备的工具。但是，对于很多人来说，却不懂得注意使用手机的礼仪和方法，结果在谈判中引起了许多尴尬。

1. 要注意手机的摆放位置。手机在不使用时，一定要放在合适的位置，无论是拿在手里或是挂在上衣口袋外，都是不合礼仪的。有些女士因为自己的手机美观、小巧，所以喜欢挂在脖子上，这样的举止也有失雅观。

2. 在双方面对面坐在谈判桌前时，手机最好放在固定位置，这样使用方便，也便于寻找；如果自己有时需要离开，最好将手机随身携带，不方便随身携带的话，最好将手机交给自己的助手，以免别人看见自己的隐私；在拜访别人时，应该把手机放在随身携带的公文包里，或者自己上衣的内袋里，但最好不要放在桌子上，特别是不要对着正在与自己交谈的人。

3. 要注意手机彩铃的设置。

随着人们越来越喜欢显示自己的个性，于是人们也就开始不再满足于来电时单调的"嘟嘟"声，各种各样的彩铃进入了手机的生活。

但有，如果是用来联系业务的手机，最好在设置自己的彩铃时谨慎三思，以不哗众取宠为宜。试想，在严肃的会议上，我们的手机不分场合地响了，而且铃声又是十分前卫与夸张的一段彩铃，那么大家就算嘴上不说，内心也会觉得我们涵养不够，礼貌缺乏。所以，在设置自己的来电铃声时，最好选择简洁的和弦或者优雅的音乐为佳，搞笑的铃声或者流行歌曲只会让自己跌了身价。一般公司都会有自己的专门彩铃，用以介绍自己的业务情况等。如果公司没有自己的彩铃，那么让彩铃空着也胜过随意地设置。

4. 要注意手机的使用场合。

虽然手机大大方便了我们的工作和生活，但是使用手机时也应该注意场合。比如有些公共场合，特别是电梯内、公共交通工具内等地方，在使用手机时一定要把自己的声音尽可能地压低，千万不要旁若无人地大声谈笑，引来侧目。

在图书馆、电影院、剧院等公共场合，不但不应该接打手机，来电的铃声也是不礼貌的。所以，最好关机，或者调成振动状态，然后采用静音的方式发送短信说明情况。和别人进行商务洽谈的时候或者在重要的会议上则一定要关机，这样才不会打断发言者的思路，表现出足够的礼貌。在开车时和乘坐飞机时，关闭手机则是为了自己和他人的安全着想，也是对法律法规的尊重。

20. 餐桌礼仪有学问

在中国，酒是文化，是礼仪；菜是风俗，是交情。所以，酒桌也就成了另一个名副其实的谈判桌。

——北大课堂引用名言

对于刚刚接触谈判的人来说，到了餐桌上总是不知道自己该干什么，该说什么，结果闷头喝酒怠慢了远道的客人，主动敬酒抢占了领导的风头，真是进退两难。

其实，餐桌上的学问复杂却有规律可循，所以，只要明白了规矩，那么应付起来也就可以游刃有余了。

首先，要明白酒桌上座位的顺序。

中国人最讲究礼仪和规矩，所以，酒桌上座位的顺序也是十分讲究的。

所谓客随主便，所以，我们首先要确定主人的座位。一般面朝宴会厅的出入口的地方就是主人的座位，这里既可以纵观全局，又可以让客人一进宴会厅就可看见主人。

接下来，宴会主办方的第二角色一般坐在主人的对面，他们背向出入口而面朝主人。这样既可以方便他们听从主人安排具体事宜，也方便招呼客人。

再接下来就要安排宾客的位置：主宾一般安排在主人的右侧，这样的座位可以与主人自由交谈，方便被主人照顾。副主宾一般安排在第二角色的右侧，也是同样的道理。如果主宾偕夫人出席，那么，既可以把主宾的夫人安排在主宾的边上，也可以把她安排在主人夫人右侧的位置。

最后，要把身份地位相近的客人和接待人员安排在一起，方便交流。一般会按照身份的重要级别安排在主人的远近两侧，越重要的客人就会坐得离主人越近。

就座时，一般由主人或者第二角色引导着进入宴会厅，然后从椅子左边入座，当然遵循女士优先的原则，让女性比男性先入座。

等主客全部入席，坐定之后，就开始点菜了。一般是要推让一番，然后由主人先点，然后是主客和其他客人依次点菜。上菜时，也有一定的顺序，一般会先上佐酒的冷盘，让主客慢慢饮酒叙谈；然后上热炒、大菜，整个宴会进入高潮，大家轮番敬酒；最后是点心和汤，宴会也进入尾声。

需要注意的是，如果不是传菜员直接把菜摆上桌，那么我们在摆放菜肴时，要先摆在主人的面前，然后转向主客，让大家顺序品尝。在上整鸡、整鸭或整鱼时，不能把鸡头、鸭尾或鱼尾朝向主宾，而要将肥而多肉的部位献给客人，以示尊重。

21. 在酒桌上谈判须知的饮酒文化

你如何进餐，你的礼节，你与刚相识的人交往，你如何在特定的环境中表现，都最能说明你这个人。

——北大课堂引用名言

在酒桌上谈判，最重要的主角自然是酒，所以，下面主要论述一下饮酒时需要注意的地方。

首先是斟酒。一般在入席后，主人会首先为客人斟酒。酒瓶应当场打开，右手持酒瓶，左手持酒杯，或者将酒杯放在桌上。斟酒时应站在客人身后右侧，距离适中，姿势端正。如果是啤酒的话，斟酒时速度要慢，让啤酒沿着酒杯的边缘流入杯内，以避免产生大量泡沫，所谓"杯壁下流"是也，直到倒满为止。倒红酒时，则以三分之一为宜，按照饮者的酒量和要求而定。别人为自己斟酒时，应单手扶杯或一只手的食指和中指微屈，需要对方停止时，可以轻叩桌面以示谢意。

关于斟酒的顺序，一般从主客开始，按顺时针方向依次斟酒。如果客人拒绝饮酒或者要求用其他的酒水代替，那么，我们要充分尊重客人的要求。

其次是祝酒。一般在饮第一杯酒前，主人会主动致祝酒词，要求大家同饮一杯。有时并不碰杯，而是互相致意，有时需要碰杯，那么应该由主人和主宾先碰，然后再与其他客人一一碰杯，无论如何，千万不能交叉碰杯。

再次是敬酒。敬酒也要主人和主客带头，依次敬酒。千万不能在主人、主客没有敬酒之前，自己先去敬酒，这是极其失礼的行为。同时，在向对方敬酒时，还要目视对方致意，同时说一两句敬酒辞，没有缘由地敬酒是不被接受的。此外，在敬酒时还有照顾到对方的身份和文化背景。一般情况下，可以多个人一起向一个人敬酒，但是不可以一个人向多个人一起敬酒，除非是领导向自己的下属致意。西方人一般只祝酒，不劝酒；只敬酒，不真正干杯，喝与不喝，喝多喝少随个人便。而有些人则讲究"感情深，一口闷；感情铁，喝吐血"。所以，我们在敬长辈、领导或者女士酒时，一定要双手持杯，先干为敬，并示意对方随意。此外，如果在敬酒中不碰杯，那么喝多少可视乎情况而定，但也不可以比对方喝得少，因为毕竟是我们敬别人。如果碰杯，那么也要先干为敬，如此能显示出自己的豪爽大度。

再次是代酒。当自己的领导或者长辈不胜酒力，需要我们代劳时，一定要挺身而出。只有充分展示出我们的豪爽和诚意，才能让对方心里踏实、感动。但是，切记不要主动给别人代酒，要受到明确地委托之后，还有根据自己的酒量和状态，向对方解释清楚，然后才可以行使代酒事宜。

最后是拒酒。有些人虽然不得不出入酒场，可是自己偏偏不胜酒力，或者有其他原因不能饮酒。这时，一定要注意礼貌拒酒，不要把"我不会喝酒"挂在嘴上，以免扫了大家的兴致。更不要在别人给自己斟酒时，乱推乱躲，或者将酒杯倒扣，这些都显得过于小家子气。如果自己实在不能饮酒，可以提前声明，用充分的理由说服大家，然后以饮料代酒，也可以倒一些酒在杯里，但是自己不喝。如果是不胜酒力，又碰到有人敬酒的情况，一定不要拒绝，但也不要强行饮酒，以免酒后失态。这时，可以态度诚恳地向对方说明自己不能多喝，然后适当喝一些，或者找人代酒，相信明白事理的人一定会体谅我们的苦衷。

在酒席间左右逢源，才能在谈判中左右逢源，在生意场上立于不败之地。

第 4 章

谈判口才课

1. 练好口才，赢得谈判好结果

现代人每天平均说 4100 句话，但其中只有 10 句是真话，管用，其他的都是假话和废话。

——北大课堂引用名言

谈判，是一场表达和妥协的表演。而在整场演出之中，口才都起着举足轻重的作用。口才出众的谈判高手一定可以赢得良好的谈判结果，因为他们懂得在合适的时候，准确、有分寸地表达自己的想法，让对方乐于接受自己的观点和想法。而不懂得口才重要性的人，在谈判中说了不该说的话，或者没有表达清楚自己的真正意思，那么肯定无法达到预计的效果，让谈判陷入尴尬。

会说话的谈判者要具有丰富的知识，以便随时拿出来应付眼前的谈判。想要丰富自己的知识就要做一个"有心人"，随时留意周围所发生的事，世界著名的语言艺术家费尔特先生曾经说过：你应该常说话，但不必说得太多，最好贴切而简短，总之比不讲要好。

好口才，能帮助我们在谈判桌上拥有良好的人际关系，还能拓宽自己的交际范围。而掌握一定说话技巧，能使我们更好地与人沟通，甚至能化解谈判中我们与对方之间的矛盾。通过语言与他人维系的融洽的关系，就能与人保持良好的人际关系，而这些往往能够使我们在谈判中如鱼得水，在赢得谈判的同时也收获更多的快乐。

2. 倾听是最优美的谈吐

先学会听，会学会说。

——北大课程理念

　　从我们来到这个世界的那一刻起，在最开始的一年或者更长的时间里，我们无法开口说话，倾听是我们理解事物的一种方式。当我们逐渐长大后，似乎忘记了"倾听"这种初始的沟通方式。我们急于表达自己的意见，忙于述说自己的得意，却忽略了一个事实：在谈判桌上，倾听才是最优美的谈吐。

　　周六，我在家看电视，漫无目的的换台之后，发现一个娱乐频道正在播放一段访谈节目，一个女主持人正在访问一名小女孩，问她："你长大了有什么愿望呢？想成为一个什么样的人呀？"小女孩天真地回答："我要当一名飞行员！"女主持人接着问："如果有一天，你的飞机正飞到大海上空，所有引擎都熄火了，燃料燃尽了，你会怎么办？"小女孩想了想说："我会先告诉飞机上的人都绑好安全带，然后我背上降落伞就跳下去。"

　　当现场的观众笑得东倒西歪时，女主持人继续注视着这个小女孩，没想到，小女孩被观众的笑惹急了，她有点恼怒地低下头，不再说话。女主持人觉得小女孩的话似乎还没说完，便问她："你为什么要这么做呢？难道你不管那些还在飞机上的乘客了吗？"小女孩的回答既幼稚又真实："我是去拿燃料的，我还会回来的！"

　　这位女主持人真的很与众不同，她能耐心地让女孩把话说完，并且在现场的观众用笑声打断小女孩的话时，仍保持着倾听的姿态，保留了一份亲切、一份耐心，让这名小女孩说出了最善良、最纯真的心语。如果不是女主持人的耐心倾听，也许观众就听不到小女孩那份最真挚的语言，只会认为这是一个自私的小女孩。如果没有主持人的耐心倾听，也许女孩会在观众的笑声中受到伤害。因此，学会倾听是一件很重要的事情，无论是对小孩，还是对同龄人。

　　上帝给了我们两只耳朵，却只给我们一张嘴，其实就是让我们学会多听少说。学会倾听别人的话其实是谈判桌上一种高雅的素养。因为在你认真倾听的时候，体现你对说话者的尊重，而人们往往会把那些尊重自己的人视为可以信赖的朋友。正如波兰的管理大师彼得·德鲁克所说："沟通中，最重要的不是听对方主动说出口的话，而是要去听那些话中隐藏的东西。"

3. "闲聊"其实并不"闲"

　　一个人不会听话，通常都不会讲话。一个人只会讲话不会听话，叫作强暴辩。一个人会听话才会讲话，叫作善于思考。

——北大课堂引用名言

　　在谈判中涉及利益问题时，若一开口就直奔主题，往往显得有些唐突，不但自己有些不好意思，也会让别人感到有些突然，不利于谈判的成功。如果先避开主题，先进行一番寒暄，然后慢慢说到主题上去，往往就比较容易成功。

一个杂志的编辑想向一位作家约稿，不过这个作家比较有名，一般人都请不动他。于是这个编辑就想了一个法子，亲自上门进行拜访。

见到作家之后，编辑没有说明自己的来意，而是谈着一些其他的事情，比如如何养生，如何锻炼身体，如何安排休息时间，过了好一阵子，才慢慢向正题靠拢，说道："对了，我最近听说您的一部作品，被人翻译为英文在美国出版了，是吗？"

作家听了略感诧异，朗声回答道："对的，那是好久以前的事情了。"

编辑担忧地问道："我觉得那种独特的文体，用英文翻译，不知道到底能不能翻译好？"

作家回答道："没错，这也正是我所担心的事情。"

于是两人就渐渐谈起了作家的写作之事，气氛也变得越来越融洽，彼此也越来越轻松，到了后面，编辑自然而然地说："您有时间帮我写一篇稿子吧，我们杂志非常需要像您这样作家的稿件。"

经过一番由远而近的谈话，这位令人难以对付的作家，最后爽快地答应了编辑的请求，并且说道："以后要是有什么地方用得上我，就直接给我打电话就行了，这是我的名片，上面有我的电话。"

这个编辑一开始没有直奔主题，提出要求请作家帮他写篇稿子，而是先从闲聊开始，从如何养生到如何锻炼身体，再到如何安排休息时间转了一大圈，很长一段时间之后，才回到主题上来，在和谐的气氛中，让人觉得这位编辑对自己了解很多，更像是一种读者朋友的沟通，最后终于获得了作家的肯定。

4. 谈判就是开门、关门的学问

机会，需要我们去寻找。让我们鼓起勇气，运用智慧，把握我们生命的每一分钟，创造出一个更加精彩的人生。

——北大课堂引用名言

在很多人眼里，谈判离我们的生活很遥远，似乎只有国家领导人，或者商业巨头们才需要西装革履地在红木的谈判桌旁坐下来，身后是一群智囊和助理；或者又有很多人觉得，谈判对我们的智力要求很高，似乎我们在谈判桌上所说的每一句话，都关系到自己利益的得失存亡，协议中的每一个标点都充满了玄妙莫测的博弈陷阱。

对于持有以上观点的人，我可以负责任地告诉你们，这些看法完全是对谈判的误解。谈判其实就像开门、关门一样简单。当我们为了得到某种利益，或者达到某种利益而与别人谈判的时候，首先必须给对方开一扇门，让对方认为谈总比不谈好；而同时，我们还要在对方面前关上一扇门，让对方知道我们在某些方面坚守立场的决心。当然，在开门与关门之间，如何拿捏尺度与方法是有学问的。比如我们在开门时，必须一直操纵着这个希望，永远为对方留一条后路，保证谈判可以继续下去；同时，我们在关门时，必须通过制造时间限制及最后期限等压力，让对方尽快做出决定，不要讨价还价。所以，正是在这一开一关之间，双方的共识就逐渐形成了。

周末的晚上，时钟已经敲响了10点的报时，五岁的儿子却依然沉浸在电视里的童话世界中。当你再次催促他早点睡觉时，儿子再次痛快地答应了，并说，妈妈，我看完这一集就去睡了。于是你严厉地说，不行，在上一集的时候你就是这么说的。于是儿子哀求说，现在真的很关键，我必须看下去。当你发现儿子根本没打算去睡觉，而且催促无济于事时，你要用一用谈判中开门和关门的学问了。

首先，你要为孩子打开一扇门，心平气和地对他说，儿子，让我们来谈谈下周去游乐场的事吧。小家伙立时眼睛放光，说道："是的，游乐场，下周我要去游乐场玩好多好多游戏！"这时你该给他关上一道门说："可是，儿子，恐怕我们去不了了。""为什么？"小家伙一定会迫不及待地问。"因为妈妈今天要等你睡了才能睡，所以明天只好请假在家里把晚上没睡的觉补回来。而明天请的假只好用下周末我们去游乐场的时间补回来了。因为要加班，所以我就不能带你去游乐场了。"这时你再次关上了这道门，而孩子脸上沮丧的表情表示他马上要被这个坏消息弄哭了，于是你马上再给他打开一道门："但是，如果你现在马上去睡觉，我想我就可以不用加班，我们还是可以去游乐场的。"为了让这道打开的门更有吸引力，你可以补充说："其实我特别想去游乐场，因为听说他们新开了一个水上乐园的项目，超级有趣的。"此时最终的结果已经没有悬念，就在你与孩子谈判的开门、关门之间，孩子已经乖乖地走向了自己的卧室。

这就是谈判中开门与关门的学问，掌握了这门学问，我们就可以在谈判中更好地发挥自己口才的威力了。

5. 同样的话，不同的说法，不同的效果

学会与人交流和沟通，不大喊大叫而使人信服，显然十分重要。

——北大课堂引用名言

　　谈判桌上，要讲究表达的技巧。一句话在出口之前，要考虑到听话者的内心感受，如果觉得自己的说法不妥，但是这件事情又不得不说，那么不妨换个说法。同样的话往往有很多种不同的说法，而说法不同，最终达到的效果也会有天壤之别。

　　明太祖朱元璋出身贫寒，曾经做过牧童、乞丐、和尚。后来，他打败了元朝和其他的起义武装，在南京做了皇帝，消息马上轰动了他的家乡安徽凤阳。朱元璋在贫贱时有过交情的伙伴也都异常兴奋，想要从皇帝那里得点儿好处。

　　曾经跟朱元璋一起放过牛的一个伙伴来到南京，要求觐见朱元璋。朱元璋总算不忘旧情，在皇宫里设宴款待了他。席间，朱元璋难免回忆自己贫苦时的往事，来人就对朱元璋说：“万岁，不知您可否记得，当年微臣随驾扫荡庐州府，打破罐州城，汤元帅在逃，拿住豆将军，红孩儿当关，多亏菜将军。”朱元璋听罢，不禁回忆起自己当年的一件件往事，历历在目。又看看自己如今的荣华，不禁感慨一番，顺便提拔了眼前的这位故人。

　　这件事情很快传到当年的其他伙伴耳朵里，其中一个人听了心里十分不平衡，心想：他说的不就是小时候一起偷豆子吃的事情吗？当年自己也在场，还救过朱元璋的命呢！于是也连忙上京，到处找门路要见朱元璋。朱元璋知道了老朋友前来，照样设宴款待。酒至半酣，这位朋友不免有些飘飘然起来，当着许多大臣的面说：“万岁，如今您富贵了，可是，您还记得从前吗？那时我们替地主家放牛，整天挨饿。有一次，我们在芦花荡里偷了一把豆子，然后放在瓦罐里煮。还没等煮熟，大家忍不住就抢，最后把罐子都打破了，撒下一地的豆子，汤也泼在泥地里。你当时饿极了，抓起一把地上的豆子就往嘴里送，结果连红草叶子也吃进去了。红草叶子梗在你喉咙里，差点要了你的命。后来，还是我抓了把青菜叶子给你吞下去，才救了你的命。”

　　皇帝听着，脸上一会儿发青，一会儿发紫，最后宴会只好不欢而散。那位当年救过皇帝一命的朋友不但没能得到封赏，反而被赶回了老家。

　　故事中一前一后的两位朋友，都是朱元璋的故交，说的是一样的往事，叙的是一样的旧情，得到的却是不一样的下场。这完全是因为对听话者的身份认识有别，对说话尺度的把握不同。所以，我们在谈判中一定要注意自己的表达方式，让自己的话能够把谈判引导到最有利于我们的结果上去。

6. 忠言不必逆耳，良药不必苦口

不要永远只用一种方法去管理所有的人。

——北大课堂引用名言

婉转的表达方式是能够让你把你的真实想法说出来，但又同时能够让对方接受的一种十分有效的谈判技巧。有些时候，你的语气过硬，也许会招来对方的抵触情绪，语气太柔弱又会达不到你要达到的效果，也许对方根本就没有在意。那么怎样把握这个婉转的程度很重要，有这样一个很有名的故事：

在一个山上住着一位胡子雪白的智者，谁也说不清他到底有多大年纪。他非常受人尊敬，许多人不管遇到什么大事小情都来找他，请求他提些忠告。但白胡子的智者总是笑眯眯地说："我能提些什么忠告呢？"这天，有一个年轻人来求他给个忠告，智者仍然婉言谢绝，但年轻人苦缠不放。智者无奈，拿来两块窄窄的木条，两撮钉子，一撮螺钉，一撮直钉。另外拿来一个榔头，一把钳子，一个改锥，要年轻人用这些工具把两块木板钉在一起。年轻人先用锤子往木条上钉直钉，但是木条很硬，他费了很大劲，也钉不进去，倒是把钉子砸弯了，不得不再换一根。一会儿工夫，好几根钉子都被他砸弯了。最后，他用钳子夹住钉子，用榔头使劲砸，钉子总算弯弯扭扭地进到木条里面去了，但他也前功尽弃了，因为那根木条也裂成了两半。智者拿起螺钉、改锥和锤子，他把钉子往木板上轻轻一砸，然后拿起改锥拧了起来，没费多大力气，螺钉就钻进木条里了，两块木板紧紧连在一起，天衣无缝。智者指着两块木板笑笑："忠言不必逆耳，良药不必苦口，人们津津乐道的逆耳忠言、苦口良药，其实都是笨人的笨办法。那么硬碰硬有什么好处呢？说的人生气，听的人上火，最后伤了和气，好心变成了冷漠，友谊变成了仇恨。我活了这么大，只有一条经验，那就是绝对不直接向任何人提忠告。当需要指出别人的错误的时候，我会像螺丝钉一样婉转曲折地表达自己的意见和建议。"

"忠言不必逆耳，良药不必苦口"，在谈判中，要学会像螺丝钉一样婉转曲折地表达自己的意见和建议。这样，谈判桌上的气氛才可能和谐，我们也可以为自己争取到更大的利益。

7. 以理服人，让对方心服口服

惟有人间大道，才能使人为之折服。

——北大课堂引用名言

　　当谈判双方形成一种矛盾关系之时，如果你理直气壮地要求对方这么做或者那么做，对方恐怕绝对不听你的话。如果我们能够后退一步，表现客气一些，礼让一些，让对方取得一种心理上的优势，同时进行有理有据的劝说，反而更能够说服对方。

　　一家大工厂接了一个紧急的单子，因为产品数量多而时间紧，就把一些部件外包给一个小工厂生产。可是，等部件生产完毕送到总厂验收的时候，发现生产的产品竟然不合格，总厂的负责人要求小厂抓紧时间重新加工，可是小厂的负责人不干，因为他们是按照总厂的规格要求来生产的。

　　双方争执了很长时间，谁也没有说服谁，无奈之下，只有把这件事情报告给了总厂的厂长。

　　总厂厂长了解到这个情况之后，对小厂的负责人说：“我想这件事情一定是我们的设计人员出错所致，让你们辛苦了好一段时间，幸亏你们把产品送了过来，让我们及时发现了问题。不过事情到了这个份上，咱们只有尽最快的速度把产品改进投入市场，才能给我们双方带来最大的利益，所以还是劳烦你们再花些时间，将产品进行完善一下。”

　　听了厂长的一席话，小工厂的负责人心里舒服了很多，想想为了日后的合作，斟酌一下就答应了。

　　前面的一个负责人不懂得后退一步，义正词严地要求小厂重新生产，好像完全是对方犯了错误，让他们感到难以接受，所以拒绝了要求。可是厂长就非常礼貌和有担当，首先把责任给担了下来，并且还指出对方立了功，让对方产生一种心理上的优势。然后再对他们进行调解和劝说，并且晓以利害，成功地说服了对方。这就是谈判中以退为进的说服方法，这种方法往往能够让对方心服口服。

8. 懂得拒绝的人，才真正懂得谈判

做什么人，都不要做烂好人。

——北大课堂引用名言

在谈判桌上懂得拒绝的艺术是为了不让自己陷入两难的境地，要学会拒绝别人，同时也要学会避免被人拒绝。

谈判是一个相互交流和沟通的过程，在这个过程中，我们往往为了达到自己预期要达到的目的而采取一些方法，有些时候，难免要拒绝对方的一些条件或者要求。那么怎样才能达到一个既不同意对方的要求，又不损害对方面子的拒绝效果呢？

我们在拒绝别人时要注意两个方面：

第一，态度上要深思熟虑，不卑不亢，不狂妄，要镇定，懂得自我换位。

第二，行动上干练利落，主动分析造成分歧的因素，并尽快找出解决方案。

充分地分析对方的优劣势，把对方可能遇到的问题以及难处整理下来。然后自我换位，看看自己面对这样的事情时，怎样解决才会满意，不伤和气。

当然，在谈判中集思广益找出解决的方法才是解决冲突的第一要务。所以，我们在拒绝时切不可自私自利，假装看不到冲突而一味强迫对方让步。

同时，在谈判中了解人性也很重要，我们要知道凡是人就都希望被理解、被赞美、被包容。恰当地包容和理解会让对方也适当地让步，达到双方谈判合作的共赢。

9. 巧妙拒绝，舌头打弯化解尴尬

直接拒绝是伤人的利器。

——北大课堂引用名言

在谈判中，有时我们必须拒绝对方提出的无理要求。但是，如果我们直接拒绝的话，就会引起对方的抵触和愤怒。为了维护自己的利益，同时保证谈判气氛的融洽，我们必须学会巧妙地拒绝对方，让自己的舌头打弯来化解谈判桌上的尴尬。

甘罗是战国时代著名大臣甘茂之孙，他从小聪明过人，十二岁就做了秦国的丞相。

在甘罗的爷爷做秦相时，秦王提出了一个让人匪夷所思的要求：他命令满朝文武去找一枚公鸡蛋来给他吃，并限期三天，如果三天内找不到的话，满朝文武都得受罚。眼看期限将近，甘罗发现爷爷散朝之后愁眉苦脸，不停地叹气。于是甘罗问道："爷爷，您有什么烦心的事吗？"做宰相的爷爷说出了事情的原委，并说出了心中的苦恼："我们做臣子的，又不能拒绝大王的要求；可是，不论我们怎么想办法，也不能满足他的愿望。这可如何是好啊？"甘罗想了一想，安慰爷爷说："您先别着急，明天我替您去上朝，我自有办法。"

第二天早上，甘罗穿戴整齐，走进了秦王的宫殿。秦王一眼就看见下面的小孩子，便不高兴地说："一个小娃娃到我这里捣什么乱？你的爷爷呢？"甘罗不慌不忙地说："大王，我爷爷正在家生孩子呢，所以托我替他上朝来了。"满朝文武听了甘罗的话，都哈哈大笑起来，秦王也笑着说道："你这娃娃胡言乱语！男人怎么能生孩子呢？"甘罗也笑着回答说："既然男人不能生孩子，那么公鸡又怎么能下蛋呢？"秦王马上明白了甘罗的用意，马上取消了自己的无理要求。

故事中的甘罗，用自己的勇气和智慧，得体地拒绝了秦王。秦王不但没有怪罪于他，反而感叹道："孺子之智，大于其身。"由此可见，当谈判对手提出一件让我们左右为难的任务时，为了不让对方有损颜面，同时把道理讲清楚，我们可以采用旁敲侧击的办法，说出一件与此类似的事情，让对方主动放弃自己的无理要求。

此外，拒绝对方的动机也很重要。如果是为了推诿和逃避责任，那么，不论多么高超的拒绝技巧，多么诚恳的拒绝态度，都最终会被对方识破。只有处于公心的拒绝，真正地为谈判的双方着想，这样的拒绝才能给自己加分。

10. 婉转地批评你的谈判对手

人的情绪主要根源于自己的信念以及对生命情境的评价和解释。

——北大课程理念

谈判中，我们不得不针对谈判对手的一些错误做法提出批评，警告他们下不为例。但是，没有人愿意听批评、指责的话，正如心理学家席莱所说："我们极希望获得别人的赞扬，同样地，我们也极害怕别人的指责。"

这是因为，被人批评、埋怨、指责时，人在本能上会产生一种抵触、防御、反抗的心理。所以，在跟自己的谈判对手相处的时候，我们一定不要忘了，他们不只是纯理性和纯逻辑的人物，而是有感情有自尊的人。随意批评、埋怨、指责对方，常常会损害对方的自尊心，伤对方的面子。所以，约翰·华纳梅克尔说："责备人家，那是天下最愚蠢的事。"因为，当你批评别人、指责别人时，就是在冒一种风险，非常可能伤害对方的自尊。

在我的谈判生涯中，因为不懂批评的艺术而引起的羞愤非常之多。经常有些谈判人员因为受到对方的批评而情绪大为低落，并且对应该矫正的事实一点儿益处也没有。这是因为每个人的心理都是这样，如果你想指责或者纠正对方，他们都会为自己辩解，甚至反过来攻击你。假如你想引起一场令人至死不忘的怨恨，你只要发表一点刻薄的批评即可——无论你自认为这种批评有多么的公正。

所以，让我们记住，我们所谈判的对象，并不是绝对理性的生物，而是充满了情绪变化、成见、自负和虚荣的人类。批评人是危险的导火索，一种能使人自尊的火药库爆炸的导火索。这种自尊的爆炸，有时能置人于死地。在不得已而批评别人的时候，一定要讲究方法，用赞扬和爱来化解对方心中的怨恨，那么，即使是批评也可以让对方心怀感激。

11. 幽默的谈吐无往不胜

幽默没有旁的，只是智慧之刀的一晃。

——林语堂

在谈判桌上谈吐幽默的人大多对人生秉持乐观态度，愿意积极地与人交往，喜欢尝试新鲜的事物。所以，对于谈判对手来说，幽默无疑是一种优美的、健康的品质。它不仅能使严肃的谈判充满情趣，更能够帮我们在笑声中打破尴尬，让谈判顺利进行下去。

可以说，哪里有幽默，哪里就有活跃的气氛；哪里有幽默，哪里就有成功的谈判；哪里有幽默，哪里就有欢乐的笑声。这就是谈判桌上无往而不胜的"幽默效应"。

其实，在整个谈判过程中，我们难免会遇到尴尬。这时，逃避无法成为我们的救命稻草，只有通过幽默的语言和睿智的思维，才能帮助我们成功化解尴尬，走出交际的困境。所以，学好谈判中的幽默口才，才能帮助我们在谈判桌上无往而不胜。

12. 赞美为谈判锦上添花

要知道，生命总是反向运作的，你要让自己快乐，你就得先接受别人的快乐。

——北大课堂引用名言

在谈判桌上赞美对方无疑可以帮助我们更好地深入人心，但是并不是所有的赞美都能够有效。有效的赞美绝不是阿谀奉承、溜须拍马，那样只会得到别人的鄙视和厌烦。因为人在渴望被赞美的同时，也有相当的自知之明。所以，只有名实相符的赞美，才能把话说到对方的心里去。

曾国藩被后人尊称为"曾文正公"，不仅因为他的功绩卓越，更因为他为人正直。一天晚饭过后，曾国藩与几位幕僚闲谈，不免提起时事与当今天下的英雄。

曾国藩说道："彭玉麟、李鸿章都是大才，为我所不及。我可自许者，只是生平不好诳耳。"曾国藩谦虚地说，自己比不上彭玉麟和李鸿章，但是自己有一个优点，就是不喜欢别人溜须拍马。

于是，一个幕僚接口说道："各有所长，彭公威猛，人不敢欺；李公精明，人不能欺。"幕僚的意思是，彭玉麟用威严使人不敢欺骗他，李鸿章靠精明让人没法欺骗他，唯独没有谈曾国藩。

曾国藩就开口问他说："那么，你们以为我是什么样的人？"

幕僚们一时不知道该如何回答，因为曾国藩刚说过自己不喜欢溜须拍马，如果直言赞美，会马屁拍在马腿上；可是如果不能突出曾国藩的优点，反而显得曾国藩不如彭玉麟、李鸿章这两个晚辈。于是大家都低头沉思，默不作声。

这时，忽然有一个声音说道："曾帅是仁德，人不忍欺。"大家看过去，只见是一个管抄写的年轻人，众人听了他的议论，无不拍手叫好。

曾国藩脸上也露出了欢喜的神色，并连忙谦虚地说："不敢当，不敢当。"

等年轻人退下后，曾国藩向他的幕僚问道："刚才那个答话的年轻人是谁？"

幕僚回答说："这个年轻人祖籍扬州，平时办事也还算谨慎。"

曾国藩点头说："此人有大才，不可埋没。"

后来，曾国藩升任两江总督，派那个年轻人到扬州当了盐运使。

所以，我们可以说，在谈判中，赞美是无往不胜的武器。但是，要想真正发挥赞美的威力，我们必须了解对手内心的真正需求，让自己的赞美发挥出应有的效力。

13. 赞美强于狡辩

情商是什么？情商就是女人与男人打交道，还能让男人喜欢的能力。

——北大课堂引用名言

当谈判双方产生矛盾之时，很多人都知道是自己理亏。但是他们往往觉得如果不辩上一辩，就会让对方抓住把柄，自己会吃大亏。但是，狡辩只会让对方更加生气，后果可能更加不堪设想。这个时候聪明的谈判者会在谈判中努力地赞美对方，因为他们知道：赞美强于狡辩。

1671 年，以布勒特为首的一个犯罪团伙溜进了伦敦的马丁塔，偷走了英国国王的皇冠，但是当这伙人逃出伦敦塔的时候，被卫队给围住了，全部束手就擒。

查理二世对这些胆大包天的人充满了兴趣，于是亲自去审问为首的布勒特，说："听说你在克伦威尔手下的时候诱杀了艾默思，换来了上校和男爵的头衔？"

布勒特说："我只是想知道，这个人是否配得上您所赐的那个地位，如果他很容易地被我给干掉，那么您就能挑选一个更适合的人来接替。"

"没有想到你的胆子变得越来越大了，这下子居然偷起我的皇冠，简直就是胆大包天。"

布勒特说："我也知道这个举动实在是有点太狂妄了，但我也只是想借此机会来提醒陛下关心一下生活没有着落的老兵。"

查理二世问："可你并不是我的部下，需要我关心什么呢？"

布勒特说："我从来都没有与陛下进行过对抗，现在天下太平了，所有的人当然都是陛下的臣民，我当然也是您的部下。"

查理二世说："你说说吧，我应该如何处置你？"

布勒特说："从法律上来讲，我知道应该被处死，但是我们总共五个人，如果处死的话，对于每一位，至少有两个亲人为此流泪。如果从陛下的立场来看，与其让十个人去流泪，还不如让十个人来赞美你。"

查理二世完全没有想到他会如此回答，微微地点了点头，又问道："你觉得自己是个勇士还是一个懦夫？"

布勒特说："自从陛下的通缉令发布之后，我就没有一个安身的地方，在去年为自己举办了一次假出殡，希望借此让人们相信我已经死了，从而不再追捕我，这肯定不是一个勇士的行为。所以说，我在别人面前是勇士，但是在陛下的面前却只是一个懦夫。"

查理二世听了这番话后，不但免除了布勒持的死刑，还赏给他一笔数目不小的财物。

布勒特本来是犯了死罪，但是在查理二世面前，却进行了一番巧妙的辩解。最终让自己免除了处罚。他首先恭维了查理二世，所有的人当然是陛下的臣民，自己也是他的部下，这就让查理二世有了点好感。在中间插了一段得失分析之后，又恭维了查理二世一番，说自己在别人面前是勇士，但是在陛下的面前却只是一个懦夫。这样一说，就让查理二世高兴起来，也麻痹了对方的意志，最终不但没有受到惩罚，反而得到了许多好处。

14. 借力打力，反驳对方

哪怕是最没有希望的事情，只要有一个勇敢者去坚持做，到最后就会拥有希望。

——北大课堂引用名言

在谈判桌上，总有人喜次使用荒谬的逻辑来攻击或责难我们，让人感到非常生气和可恶。其实，当你遇到这种情况的时候，大可不必生气，完全可以利用他的这种逻辑，依葫芦画瓢，进行同样的推演，通过反问对方，让他理屈词穷、俯首认输。

在 20 世纪 30 年代，英国一位商人向中国的一个皮箱厂购买了 3000 只皮箱，在交接货物的时候，英国商人在里面摸一摸，在外面瞧一瞧，说道："这个皮箱里面有木板，这不是真皮箱。"并向法院提起了诉讼，要求皮箱厂赔偿损失。

在法庭上，英国商人显得义正词严，法官也支持英国商人，这时候辩护律师罗文锦掏出一块金表问道："请问法官先生，这是一块什么样的表？"

法官回答说："这是一块金表。这跟本案有任何关系吗？"

罗文锦继续道："不忙，你确信这是一块金表吗？"

法官说："是的，这的确是一块金表。"

罗文锦道："那么你能确言它里面所有的部件都是金子做的吗？"

法官终于听出了罗文锦的意思，于是只好缄口不言了。

于是罗文锦说道："金表的部件不会是全部用金子做的，同样皮箱所有的部件也不会是皮子做的，原告实际上是存心敲诈，故意找茬。"

这场官司表面上看起来是皮箱厂产品质量的问题。实际上，它不是一个简单的假冒伪劣问题，而是涉及到一个行业的制造问题。英国商人的逻辑是，皮箱就应该是用皮子做的，里面有木板就属于伪劣产品。罗文锦为了驳倒对方，就以同样的逻辑，指出按照他们那样的逻辑，那么金表就应该全部是用金子做的，显然这是不符合事实的，使得他们接受行业制造的事实。

像上面这种事例，可能不是恶意地使用荒谬的逻辑来责难人。但是在现实中，更多的时候是故意使用荒谬的逻辑打击人，这个时候我们更要奋起反击，让他搬起石头砸自己的脚。

15. 谈判中既要说理，又要说情

有人说，我顺从了别人，别人赢了，我就输了，别人得到了，我就失去了。其实不然，因为赢的意义十分有限，历史上多数人都为了争一个"赢"字而失去了生命，至少是失去了自由。

——北大课堂引用名言

有的谈判对手可以通过道理说服，有的谈判对手可以通过说情感动。而情理并用的说服方式，就像两种武器同时对一个人进行攻击，如果一种武器不能伤到对方的话，那么加上另外一种武器，就可以杀伤对方。

孙叔敖本来是楚庄王的宰相，去世之后，孙叔敖的儿子就靠上山砍柴为生。有一次，楚庄王身边的一名戏子优孟看到孙叔敖的儿子在山上砍柴，感到非常诧异，没有想到孙叔敖这般贤良，死了之后，自己的儿子居然落到这般田地，于是想让楚庄王开恩帮忙。经过一番考虑之后，优孟制作了一套孙叔敖平时常穿的衣服，并且模仿孙叔敖走路的样子，准备练熟之后就去找楚庄王。

这日，楚庄王要在宫中款待群臣，优孟也要演戏助兴，他就穿着制作的衣服来了，而且一步一趋都跟孙叔敖一模一样，当楚庄王看到这番情景的时候，不觉得大吃一惊，认为孙叔敖还没有去世。一直到优孟走到他的眼前，才知道这并非孙叔敖本人。

这时候，楚庄王就想起了孙叔敖以前为自己立下的功劳，十分感慨地道："要是你有孙叔敖这样的才智，我马上就拜你为相。"

优孟摆出一副不屑的姿态说道："为相有什么好的，连自己儿子的生活都保障不了。"

楚庄王问他为什么，于是优孟就把孙叔敖儿子的事情说了。楚庄王听完之后，感觉的确是对不住孙叔敖，于是马上下令，让孙叔敖的儿子前来觐见，终于让他过上了舒适的生活。

优孟为了说服楚庄王照顾孙叔敖的儿子，首先通过演戏的方式，触动楚庄王的心理，先在情上说动了楚庄王。然后又跟楚庄王讲道理，提出应该照顾有功之臣的后代，不能让功臣之子无所依靠，成功地说服了楚庄王。

所以，情理并茂这种说服方法，可以说是双管齐下，为成功说服加了一套保险。这种方法，说理要说得充分，让人信服，讲情要讲得真诚，让人感动。

16. 怎样在谈判中说服一群人

身行万里半天下，眼高四海空无人。

——胡适

在大型的谈判中，有时我们需要说服的不是某个谈判代表，而是一群人。这时，我们必须运用谈判中演讲的技巧，让自己的演讲口才成功地征服谈判对手的内心。

每当看到一个人站在高台上，对着一群谈判对手侃侃而谈，激扬演讲时，我就会想到，他们的这种才能并不是天生的。几乎每个在台上挥洒自如的人，都是从在台下的扭扭捏捏走过来的。正是强大的勇气和坚持的练习，让他们克服了自己的"演讲恐惧"，最终成了在谈判中让众人瞩目的谈判高手。

"演讲法则"告诉我们，克服演讲时的紧张很容易，只要把台下的谈判对手都当作自己的朋友，就可以完全放松，侃侃而谈了。对着一群陌生人演讲，就像与一个陌生人聊天一样简单，不过就是对着更多的人说话罢了。

所以，我们完全没有必要因为第一次在谈判中登台演讲而紧张，相反的，我们应该感到高兴才对。因为从现在开始，我们将用自己的口才，在谈判中一次性说服一群人。

17. 让"紧张"与"恐惧"见鬼去吧

为了不让生活留下遗憾和后悔，我们应该尽可能地抓住一切改变生活的机会。

——北大课堂引用名言

有的人害怕抛头露面，总是害怕在听众面前演讲，甚至对演讲有一种天生的恐惧。甚至在走上台之前都紧张得直打哆嗦。对于这种人，克服恐惧和紧张是演讲的第一要务。

要想克服演讲中的紧张情绪，除了对紧张有一种坦然的认识之外，我们还可以采取一些能够帮我们消除紧张的具体方法，在演讲中起到克服紧张的作用。

第一种，熟悉演讲内容。要克服紧张，就先要对自己的演讲充满信心，因为你要对自己的演讲内容非常熟悉，所以你必须努力背诵你的演讲内容，然后对着镜子反复地进行一遍又一遍的练习，直到你能够将演讲顺利进行完毕。这就为消除紧张打下了一个坚实的基础。

第二种，在演讲的时候，要学会想象。首先是要把自己想象成一个伟大的成功人士，想象他们在演讲时的从容，想象他们在公众面前指点江山的挥洒自如。同时把下面的听众想象成自己的熟人朋友，因为人之所以会紧张，就是因为站在陌生人面前说话，如果是站在熟人朋友面前就不会紧张。

第三种，自我暗示。不断地用语言进行自我暗示。语言的暗示也是多种多样的，它包括自我暗示和他人暗示。一般来说，没有别人来帮我们暗示，那么就在演讲之前，进行自我暗示，你可以这样暗示自己："今天听众都很熟悉，都是我的朋友，没有必要紧张。""我准备得很充分，演讲稿我都能背诵了，很有信心。""今天我一定能行，我们等着为你的精彩演讲喝彩。"通过各种语言的暗示，从而消除紧张的情绪。

第四种，转移注意力。为了消除演讲前的紧张，可以有意识地把注意力转移到某一个具体的物件上。而不要总是看着听众，比如你可以欣赏会场的布置，也可以与人闲谈，或者是走动走动，以冲淡紧张的情绪。

第五种，深呼吸。在演讲之前，运用深呼吸，具体做法是垂直站立，全身放松，长长地吸一口气，然后再慢慢地呼出去，一个呼吸至少一分钟，保持节奏舒缓，不要强求自己。注意呼吸的深度和完成程度，并使身体放松。

18. 演讲中的"老调新弹"和"旧瓶新酒"

肚子里有"料"比口头上有"料"更重要！

——北大课堂引用名言

那么，在精彩的开头之后，演讲的内容就要以观点取胜，因为"演讲法则"告诉我们，观点才是演讲的灵魂，而"喜新厌旧"则是听众的特性。所以，只有深刻的观点才能够抓住听众，而深刻的观点也需要通过加工来变得更有吸引力。

1. 老调新弹

正确的观点总是相似的，但是演讲高手在阐述正确观点时却各有各的特点，在他们的舌吐莲花之下，我们往往被一个普普通通的道理迷住，不知不觉间被演讲者带动了情绪，如痴如醉。

联想集团的总裁柳传志曾在演讲中说：联想集团培养人的第一个方法叫作"缝鞋垫"与"做西服"。意思就是说，培养一个战略型人才和培养一个优秀的裁缝有相同的道理，我们不能一开始就给他一块上等毛料去做西服，而是应该让他从缝鞋垫做起，鞋垫做好了再做短裤，然后再做一般的裤子、衬衣，最后，才能做西服。

培养人才需要循序渐进，不能揠苗助长，这是再普通不过的道理了。但是柳传志却用"缝鞋垫"与"做西服"来比喻，深入浅出，让人听了之后，既佩服其中的道理，又不得不为他的语言魅力所折服。

2. 旧瓶新酒

旧瓶新酒与老调新弹保留原始观点，组织新的语言形式刚好相反。对于有些深入人心的成语、俗语、谚语，我们要保留它们的形式，却赋予新的内涵。如此一来，听众会感到似曾相识但又眼前一亮。

比如一位朋友在讲到自己保持婚姻幸福的秘诀时，曾经说道：在我们家里，夫妻双方都要遵守"三从四德"。我的老婆要三从，第一从不洗衣，第二从不做饭，第三从不拖地。而我作为老公要四得，第一老婆化妆要等得，第二老婆花钱要舍得，第三老婆发脾气要忍得，第四老婆生气要哄得。

如此"三从四德"自然与儒家的传统观点完全风马牛不相及了，但是，演讲者用这一招"旧瓶新酒"说得听众开怀大笑，同时表达了夫妻双方要互相包容的深刻内容。

当然，"旧瓶新酒"不能故意哗众取宠，需要演讲者能够自圆其说，而且要言之有理才行。如此，才能让听众突破传统的思维方式，在认识上与演讲者达成一种新的共识。

19. 用停顿给演讲带来力量

当我沉默着的时候，我觉得充实；我将开口，同时感到空虚。

——鲁迅

演讲的时候之所以要停顿，就是让演讲者的话语信息更加有效而巧妙地得到传达，让听众有时间去深入思考去回味演讲的内容，让自己的演讲在当时就产生切实的效果。其次，还带有一定的悬念，它可以提高听众的注意力，而且还会激起人想急切听下去的愿望。同时，这样的停顿还能让你的演讲条理清晰，一个意思一个意思地表达完整。总之，停顿也是演讲的艺术，恰到好处的"停顿"对于一次成功的演讲具有重要意义。

乔布斯演讲从不急于求成，他赋予演讲以生命，让它"自由呼吸"。当他阐述一个关键点时，他时常缄默数秒钟，从而达到出人意料的演讲效果。

2008 年的 1 月份，苹果创始人乔布斯在向大众介绍 Mac world 时说道："今天，我们将向大家推出第三类笔记本电脑。"

说到这里，他就停顿了几十秒钟，然后接着说道："这就是所谓的 Mac-Book Air 系列。"

于是，他又停顿了一下，然后抛出了自己的关键话语："它就是世界上最薄的笔记本电脑。"

有的人之所以不会使用停顿，而且演讲的语速非常之快，很多时候就是因为他们的阅读资料准备得太多，没有时间来停顿。因而要学会停顿，首先，你要精心排练你的演讲，计算好你的时间，让你有足够的时间放慢速度、恰到好处地停顿，让听众准确地接收你要传达的信息。

停顿的时间究竟以多长为好？一般来说，如果是要让人进行深思的话，往往在一分钟的样子，最好不要超过一分钟，因为停顿时间太长了，大家的注意力可能就从你的演讲中跑掉了，不利于听众接受你的信息。一般的停顿最好控制在 10 秒到 30 秒左右的时间。

20. 感动自己才能打动他人

感动自己要比感动他人困难得多。

——北大课堂引用名言

演讲的时候，你一定要用自己的激情去感染别人。一个没有激情的演讲，只会让人觉得很不给力，听了之后，内心无法涌动出激情，甚至昏昏欲睡，等不到你的演讲结束，人家就已经不耐烦听下去了。激情演讲让人内心激情澎湃，产生空前的震撼，或是让人振作，或是让人悲叹，甚至是让人流泪，与你产生极大的共鸣。

苹果公司的创始人乔布斯在演讲的时候，总是充满了极大的热情，当他站到舞台上的时候，他的气场像旋涡一样有力，他的声音充满了激情，他的手势也充满了激情，乃至他的肢体语言无一不透出权威、信心和能量，给人以极大的感染力。

如何做好充满激情的演讲，可以从以下几个方面来进行努力。

第一，面对听众，要散发出你的热情，表现出对大家的欢迎和热爱，要把听众当作自己的老师、同学或者朋友、亲人，而不是当作与自己毫无关系的陌生人。你要在内心深处接纳听众，对听众有足够的兴趣，反过来，听众才会对你产生兴趣与热情。

第二，每句话都发自肺腑，也就是要对自己说的话充满绝对的信心，每句话都要从自己的内心喷薄而出，融入自己的感情，击打到听众的内心。

第三，在讲话的时候，要完全地放开自己，该生气的时候，要怒气冲冲；该发怒的时候，要大发雷霆　该惋惜的时候，要捶胸顿足；该伤心的时候，要悲叹唏嘘；总之，要让自己的感情充分地流露出来。

21. 演讲中打动人心的方法

清醒者总是处处小心，随时随地睁大眼睛看世界。

——北大课堂引用名言

在演讲中介绍自己的产品时，往往由于价格问题让一般人难以接受。无论你怎么说，对方听到高而不下的价格，往往都不假思索地进行极力抗拒。这个时候，究竟该怎么说呢？聪明的谈判者会在演讲中告诉顾客，如果你不买这款新产品，那么你就会相对损失多少钱，然后想办法把这个数字放大，让损失的数字让顾客感到心痛。

一个公司生产了一套革命性的烹饪设备，培训了一批推销员去各地推销。其中一个推销员赶往一个集会现场，他一边操作示范，一边讲解它如何节省费用，不一会儿就煮好了一盘食物，于是把做好的食物散发给大家品尝。

当别人问这套设备要多少钱的时候，推销员说："一套 400 美元。"

这时，一个人接过推销员的食物，一边吃，一边说："这台机器做的东西的确是不错，不过我想告诉你，即使你说它再好，人们也是绝对不会买的，400 美元买一套做饭的东西，简直就是笑话，有哪个傻瓜会这么浪费？"

推销员听了之后，没有立即回答，而是从容地从身上掏出了一张 1 美元，然后当着大家的面将它撕成了两片，然后问这个说话的人道："把钱给撕碎了，你心疼吗？"

这个人哈哈一笑道："撕的是你的钱，又不是我的钱，我为什么要心疼，应该是你自己心疼才是。"

推销员一本正经地说："我可以负责任地告诉你，我所撕碎的的确是你的钱，你想知道为什么吗？"

这个人感到莫名其妙，笑道："那你解释一下，你怎么就是撕的我的钱？"

推销员问道："您今年结婚多长时间了？"

此人回答说："我结婚有 20 多年了。"

推销员解释说："我就跟你以 20 年计算，一年是 365 天，我也只算 360 天，如果你用这套设备来做饭，那么一天就可以节省下来 1 美元，一年就是 360 美元，在过去的 20 年里，如果你没有使用这套设备，你就损失了 7200 美元，这不就相当于撕掉了 7200 美元吗？你今天还没有使用这套设备，不就是撕掉了 1 美元吗？"

这个人听了之后，感觉非常有道理，内心不由得一动，仿佛这个推销员抢走了自己的 7200 美元一样，默默地一句话也说不出来。

推销员看到一下把他给说动了，于是马上又补上一句："如果你现在还不买这套设备，明天就又要损失 1 美元，那么在今后的 20 年里，你还要继续损失 7200 美元吗？"

最后，这个人虽然有些舍不得手上的 400 美元，但是想到那 7200 美元，于是把心一横，立即就买了一套。

这个顾客觉得一套烹饪设备需要 400 美元，价格高出平时的烹饪工具很多，所以一开始完全就没有购买的打算。但是当推销员说出，就是因为他没有用这台设备就损失了 7200 美元的时候，就显得心痛了，所以最终还是买下了这套设备。

22. 给你的谈判演讲"瘦身"

绅士的演讲，应当像女士的裙子，越短越好。

——林语堂

很多时候，我们在谈判中需要向不具备专业知识的陌生听众讲清楚一件很专业的事情，这时候，用最通俗的语言说明最高深的学问，才是真正的演讲高手所需要做的事情。那么，化繁为简对于一个演讲者来说，就显得尤为重要了。

曾经有一个年轻人问爱因斯坦："尊敬的爱因斯坦先生，我读了关于您的很多书，但是你所发明的相对论到底说的是什么意思呢？您能不能用最简单的方式给我说明一下？"

爱因斯坦看着年轻人笑了笑，说："相对论的意思就是时间的长短对于我们来说其实是相对的，比如你坐在一个烧红的炭炉边一分钟，就会觉得时间已经过了一个小时；而当你坐在一个美女身边一个小时后，却会觉得时间只过了一分钟而已。"

爱因斯坦没有列出复杂的物理公式，也没有引用难懂的物理证明，而是用生活中的两件小事，就轻松解释清楚了相对论的内涵，这就是伟人的伟大所在。所以，当我们的演讲目的不是为了让人迷惑的时候，最好能够把自己的内容化繁为简，因为只有简单的，才是属于大众的。

而对于一场成功的谈判演讲来说，如果我们的演讲不是按时间或字数收费的话，我们一定要让自己的话简洁精练，千万不能让我们的谈判对手在下面感到不耐烦。

美国的莱特兄弟是世界上公认的飞机发明者。在 1903 年时，他们成功地驾驶着世界上第一架飞机飞上蓝天，从此开启了人类征服天空的历史。

在庆功的酒会上，大家一致要求莱特兄弟发表演讲。再三推辞之后，哥哥说道："据我所知，鸟类中会说话的只有鹦鹉，而鹦鹉是飞不高的。"说完鞠躬下台，接下来是经久不息的掌声。

莱特兄弟中的哥哥的演讲可谓言简意赅，他用一句话就表达了低头实干胜于高谈阔论，而且说得应情应景，直到今天还让人回味无穷。在谈判中，一定要让自己的演讲"瘦身"，这既是一种礼貌，也是一种明智的选择。

23. 谈判高手懂得把危机变成机遇

企业的经营即使对一个成功者来说也不是一帆风顺的，你今天是一个成功者，你明天如果不加防范的话可能就会变成失败者。

——北大课堂引用名言

一个谈判高手一定是一个优秀的演讲者，他除了懂得通过"演讲法则"让自己的演讲充满魅力之外，更需要学会应对演讲过程中的种种意外。因为意外在演讲中无法提前准备，却难免出现几回，它正是体现一个演讲者功力的试金石。

诗人莫非有一次在北京大学演讲，当他上台后才发现自己把演讲稿落在台下了。他不得不走下讲台，回到自己的座位上拿演讲稿，当他返回讲台时，因为脚下不稳，险些摔倒。这时，台下的听众们发出一阵笑声。

莫非并没有表现出尴尬，而是转过身子，对大家说："你们都看到了，上升一个高度多么不易！生活中是这样，写诗也是这样！"

台下顿时安静了，沉默过后是潮水般的掌声。当莫非在讲台前站稳之后，接着说："暂时的失败没有关系，我们应该继续努力。"然后开始了自己的演讲。

莫非的反应，不仅体现了他机智的应变能力，更向听众们揭示了一条重要的人生哲理：首先，通向成功的每一步都是艰难的；其次，在一时的失败之后，也不要被绊住了前进的脚步。所以，在处理突发情况时，除了临阵沉着冷静之外，更要有脱口而出的妙语，如此才能让自己成功地化解意外，更能够让意外给自己的演讲加分。所以，真正掌握了谈判中演讲法则的人能够把演讲中遇到的危机，变成展现自己的机遇。

24. 谈判演讲中，当糊涂时需糊涂

人活着，聪明也好，愚蠢也罢，有才也好，无才也罢，重要的是要有一颗"宽容的心"，人生自然就会多出诸多的快乐来。

——北大课堂引用名言

在谈判演讲中，有时会遇到对方的刁难，提出一些敏感的问题，除了可以采用就虚避实的方法进行回答之外，有的时候，我们可以装傻，故意曲解对方的意思，明明知道他指的是哪个问题，但是我们故意把它理解为是别的问题，并且不容分辩地进行快速解答。

在一次演讲中，英国首相威尔逊就遇到了十分尴尬的情景。当他的演讲刚刚进行到一半，台下的听众就开始对这位首相的演讲内容进行疯狂谩骂："狗屎，垃圾。"众人的声音甚至超过了威尔逊的演讲声，眼看就要使演讲陷入僵局。

这时候，威尔逊略微停顿了一下，随即道："请大家不要着急，我马上就要谈到你所提出的问题。"

此话一出，让谩骂者哑口无言，演说也顺利完成。

本来是在咒骂威尔逊，但是威尔逊却故意说他是在提出问题，让谩骂之人都感到十分惊诧，一个要当首相的人怎么会如此之笨呢？却不知道这是一个智者在封自己的嘴巴。

人们常说，人生难得糊涂。我们说该要清醒的时候就一定要保持绝对清醒的头脑，如果需要糊涂，那么也不妨装作一无所知。其实，无论清醒也好，糊涂也罢，都是为了保护自己，为了让自己的谈判演讲更加顺利。

25. 不要在谈判桌上说谎，也不能太实在

听说，李嘉诚戴电子表，人家都戴电子表，我们怎么好意思说戴的是浪琴、劳力士？我们只能拿圆珠笔画一块，对不对？

——北大课堂引用名言

俗话说"打人不打脸，揭人不揭短"，我们在谈判桌上固然不能说谎，但是也不能过于实在。而是应该懂得避开对方的"雷区"，不能为了自己的私人感情，而在大庭广众之下让人难堪。

爱丽丝是一个爱说实话的人，什么事情她都照实说，从来不加修饰，也不顾身份。所以，不管到哪儿，她总是不受欢迎。就这样，她终于变得一贫如洗，无处栖身。

一天，她来到一座修道院，希望好心的院长能收容自己。修道院院长见过她，问明了原因以后，认为应该尊重这位"热爱真理，敢于说实话"的人。于是，把她留在修道院里，让她做一些简单的活，爱丽丝总算在修道院安顿了下来。

修道院里有几头牲口已经年老体衰，不中用了，院长想把它们卖掉，可她又不敢派手下到集市去，怕他们把卖得的钱私藏腰包。于是，她就叫爱丽丝牵了两头驴和一头骡子到集市上去卖。

而爱丽丝在买主面前只讲实话："缺尾巴的这头驴很懒，还喜欢赖在稀泥里打滚。有一次，院长想把它从泥里拽起来，一用劲，却把尾巴给拽断了；这头矮一点的驴子特别倔，它不想走的时候，你就别想让它走，所以院长就抽它，因为抽得太多，毛都掉完了；而这头骡子，说真的，它又老又瘸。如果它还能干活的话，院长也不至于要把它们卖掉啊！"

结果集市上的人们听了爱丽丝的话转身就走，而且她所说的话还在集市上传开了，谁也不来买修道院的这些牲口。于是，傍晚的时候，爱丽丝只好把这些牲口赶回了修道院。

院长很纳闷，不知道是怎么回事，于是爱丽丝便将她在集市上的话又重复了一遍。院长很生气，她说："爱丽丝，那些讨厌你的人是对的。我不应该收留你这样的笨蛋！虽然我喜欢诚实，可我却不喜欢跟我的腰包作对！所以，请你离开吧！我不允许你再待在我这儿了！"

就这样，爱丽丝再一次被赶了出去。

爱丽丝是一个诚实的人，但她的过于实在却给她带来了麻烦，所以她无法在修道院继续生存下去。谈判是一种关于口才的艺术，懂得这门艺术的人应该是一个有涵养、懂进退的聪明人。他们在谈判桌上说话时不会用谎言去欺骗自己的谈判对手，但是也不会把自己的所有情况和盘托出，让自己陷入谈判的被动之中。

26. 说话面面俱到，谈判十方周全

如果为失去一件事情而懊悔苦恼，那么，失去的不仅仅是那件事物，还有心情、时间和健康。

——北大课堂引用名言

在谈判中能够把话说得灵活周全的人，一定不是等闲之辈。因为这不但需要阅历与智慧，而且要有超越是非的心胸和周全上下的技巧。

武则天时，有一位叫作苏味道的宰相曾经说过："处事不欲决断明白，若有错误，必贻咎谴。但模棱以待两端可矣。"他也因而博得了"模棱手"的雅号。在谈判中说话、做事灵活周全当然不是模棱两可地推卸责任，但是一定要把相互对立的矛盾统一起来，达到让谈判十方周全的目的，却也需要一定的智慧。

徐祯《剪胜野闻》有一则做事周全的故事，是说明太祖朱元璋让一位叫作周玄素的宫廷画师在自己宫殿的墙壁上画一幅天下江山图。这可让周玄素左右为难了，因为前不久朱元璋命画师给自己画像，有好几个人因画得太像而掉了脑袋，这江山图比人像更加难画，若是犯了皇帝的忌讳，自己马上就要脑袋搬家。可是如果不遵皇命，那么结果也是同样可怕。所以这位周画师不敢动手去画，也不敢说自己不画，便回答皇帝说："臣不曾遍游九州，不敢奉诏。请陛下先草创一个规模，臣然后稍作润色。"

这位放牛出身的皇帝朱元璋虽然小时候没有读过什么书，但是当了皇帝之后也常常在闲时吟诗作画以为消遣，听自己的画师这么说自然雅兴大发，当即挥毫泼墨。一会儿工夫，天下江山的草图构出，大势初成，朱元璋一面退后数步自我欣赏，一面对周玄素说："可为朕润色之。"周玄素则马上跪下回答说："陛下山河已定，岂可动摇？"所有皇帝都希望自家的江山能传之千秋万代，永不改姓。所以朱元璋听了这话龙心大悦，尽管知道他耍滑头，也不加罪，反而给了周玄素很多赏赐。

故事中的周玄素可谓说话、做事周全灵活的高手，高就高在他不但巧妙地避开了眼前的陷阱，同时也没有得罪对方，反而得到很多赏赐。

但是，我们在谈判中灵活和周全的同时，一定要记住一个根本：那就是为人诚实，诚信为本。试想如果我们面对一个不但在处事上圆滑，而且在为人上也虚伪的谈判对手，那么我们怎么会对他放心呢？

27. 讲真话才是好口才

人与人交往的不二法则：用你的真诚去换别人的真诚。

——北大课堂引用名言

关于谈判有一个很常见的错误认识，有很多人觉得要想赢就要学会欺骗。实际上要想做一个成功的谈判者，首先就要学会说真话，否则你永远不可能在谈判中脱颖而出。

将心比心，我们自己在谈判桌上灵活和周全的同时，还要做一个踏踏实实的老实人。一方面，我们要让自己保持适度的弹性，把握说话的分寸，学会婉转和含糊，以保持平衡的谈判关系；另一方面，也要重视自己的品行，与对方进行真心实意地交流，时刻记住谈判的目的是与人为善。如此才是真正的十方周全，不至于落入无度的滥交泥潭。

尤其是涉及金额较大的谈判，更是需要说真话，因为大桩买卖的交易风险比较大，很多人宁愿多花点钱向一个人品好的人去购买，也不愿少花钱去向一个不熟悉的人购买。如果你在谈判中能够深得别人的信任，那么人家遇到需求的时候就会自动找上你。

张天宝在一家房地产公司做销售，有一次分配任务的时候，他要负责销售一块在木材厂旁边的地，这块地有个缺点是每天都受到木材厂电锯的噪音的影响，而优点是这里靠近火车站，交通比较便利。

一个顾客前来买地的时候，说要一个交通便利的地方，张天宝对这个顾客说："这个地方的交通的确十分便利，而且要比其他地方的价格便宜很多，便宜的原因就是因为它靠近一个木材厂，平时有一些噪音。如果不在乎那些噪音，那么不管是地理条件还是价格，对于您来说都是符合的。"

听到有噪音，顾客心里有些不满，但还是想去看一下。去现场看了以后，没有想到噪音远远没有自己想的那么大。就对张天宝说："你上次说到这里有噪音，我还以为噪音有多大，比起我以前住的那个地方，这根本就不算什么。"

本来让张天宝感到非常烦心的任务，没有想到就这么顺利完成了。

有的谈判者，总是认为大宗的买卖能够卖出去一单就是一单，遇到这种情况，往往是把有噪音这回事加以隐瞒，只说这块地的优势，结果等到别人发现噪音的问题时，则会觉得幸亏自己亲自看出了这个问题，否则就被人骗了。但是张天宝老老实实地把优点和缺点详细地摆出来，让人觉得这个人可信可靠，不会有什么样的陷阱。正是这个原因，才最终促使顾客买了这块地。

28. 妙语"堵"住对方的请求

自己才是一支箭，要它坚韧，要它锋利，要它百步穿杨、威力无穷的都只是自己。

——北大课堂引用名言

如果我们在谈判对手提出不合理的请求之前，已经知晓情况，那么就可以通过堵住对方嘴巴的方法加以拒绝。因为当对方提出要求之后再行拒绝总会显得有些不好意思，也显得难以开口。而提前进行"封堵"就可以免于直接的拒绝，彼此不伤和气。

诸葛亮才智超群，对东吴是一个严重的威胁，如果能为东吴效力，则不但为东吴减少了一个祸患，还大大增强了东吴的实力，于是周瑜就让诸葛瑾去劝诸葛亮到东吴来。

诸葛瑾是诸葛亮的哥哥，见了诸葛亮就痛哭流涕，叙述兄弟之情："一看到弟弟你，我就想起了伯夷和叔齐，想想他们，活着的时候总是待在一起，就是死了也死在一起，而我们也是兄弟，却各自在自己的地方忙自己的事情，长时间都不能遇到一次，想来真是惭愧。"

诸葛亮听出了诸葛瑾话里的意思，知道哥哥马上就要劝说自己去为东吴效力，于是灵机一动道："我有一个好办法，可以让我们兄弟天天相见。"

诸葛瑾问："有什么好办法？"

诸葛亮说："咱们都是汉家的臣子，现在刘皇叔是汉景帝的玄孙，你如果能够放弃东吴的官职，来跟我一起辅佐刘皇叔，那么咱们家就算都尽忠了。而且咱们父母的坟墓都在江北，你回来后就能祭祀拜扫，也可以尽孝，不但能够忠孝两全，而且咱们兄弟还能朝夕相处，岂不是再好不过？"

诸葛瑾听了之后，顿时就疲软了，本来是要来劝说弟弟去东吴，没有想到反而先被他劝说去蜀汉，他只好放弃了自己的想法。

对于同样的建议，要是让哥哥诸葛瑾先提出来的话，诸葛亮不好拒绝；而弟弟诸葛亮先提出来，诸葛瑾同样不好拒绝。所以彼此只能默默无语，还是安于现状。说到底，经过诸葛亮的一番解说，诸葛瑾还显得有些理亏。

在谈判中堵住对方的请求，实际上是要让对方知难而退，不要白白浪费唇舌，即使你提出来了我也没有办法满足你的请求，让对方彻底死心。

29. 说"不"的同时，顾全对方的尊严

先管住，再理顺！主要是管人——给人以足够的认可（面子），自主发挥潜力。

——北大课堂引用名言

在谈判桌上，每个人都有自己的自尊，在我们的文化里叫作"面子"。不

谈判的人在很多时候为了照顾别人的面子，而无法说出自己的真实想法，结果把自己陷入了进退两难、骑虎难下的境地。

其实，给别人留面子固然重要，但是，在照顾别人面子的同时也不能委屈了自己。很多时候，只要我们学会了说"不"的方法，就可以把事情办得两全其美：既顾全了别人，也成全了自己。

三国时的华歆十分有才华，曾经在吴国的孙策手下任职。后来，孙策的弟弟孙权接替了孙策，但是他并没有孙策的抱负，只想偏安江东，不图安定天下。与此同时，曹操掌握了北方的兵权，挟天子以令诸侯，积极招揽天下的人才，华歆更是曹操盛情邀请的人才之一。于是，华歆决定离开江东去投奔曹操。而他的朋友、同事听说他要高升，纷纷登门拜别，并且带着厚重的礼物。前后加起来，大概有数千人之多，仅是馈赠的黄金就有数百斤之多。华歆的心里一方面不想接受这些礼物，因为自己无功不受禄；一方面又不好当面拒绝，因为这样会让朋友们觉得自己不近人情。于是，华歆选择了来者不拒，将朋友们所赠送的礼物一概收下。等客人走后，他就让自己手下的家人将送礼人的姓名写在礼物上，原封不动地收起来。

正式出发的日子到了，华歆家里热闹非凡，亲朋好友都来送行，华歆则隆重地设宴款待。等到酒宴接近尾声的时候，华歆对所有的客人说："我本来不敢拒绝大家的好意，却没想到自己竟然收到了这么多的礼物。可是，考虑到我这次单车远行，带着这么多贵重的物品，恐怕太危险了。所以，各位的好意我心领了，至于这些东西嘛，还是请大家各自带回吧。"

众人听了华歆的话，知道他是为了顾全大家的面子，于是只好将自己的礼物带回，并且都颂扬华歆的高德。

华歆因为要保持道德的高尚，所以不想接受亲友的礼物；但是为了顾全亲友的面子，又不能直接拒绝。于是，他转了一个弯子，含蓄地拒绝了众人的礼物，大家不但没有责怪他不近人情，而且都对他的做法敬佩有加，这就是古人拒绝的艺术。我们今天在谈判桌上也要注意自己说"不"的态度，既不能唯唯诺诺，又要在拒绝对方的同时　给对方留足面子。

30. 一言败事，一言成事

领导不会错，如果领导有错那是我看错；如果不是我看错，那肯定是我的错。总之领导没有错。

——北大课堂引用名言

很多人认为，谈判谈的是实力，是资源，而谈判口才在谈判中最多也就是锦上添花罢了。其实，谈判的成功是来自方方面面的，但是，要想让谈判失败，那么有时候只需要一句话。

深冬时节，在一个小镇上有一对父子为了补贴家用，自己摆摊做点小买卖。但是，他们卖的东西有些尴尬，是人们夜间小便用的便壶。为了招揽更多的生意，父子俩决定分头行动，父亲在南街卖，儿子在北街卖。

没多久，儿子的地摊已经围拢了一些顾客，他们左看看，又摸摸，就是没有人问价。这时，其中一个人自言自语道："这便壶太大了，用起来不太方便啊。"卖货的儿子见有人发表意见，马上接过话茬说："这位大叔，便壶大了好哇，大便壶装的尿多。"这一句话说得那些顾客的心里都很不受用，特别是那个问话的扭头就离开了。

一会儿工夫，那个被儿子一句话说走的顾客又来到了卖便壶的父亲那里，他上前看了看，又自言自语地说了句："这便壶大了，用起来不太方便啊。"忙着招揽生意的父亲听了之后只是不经意地接了一句："这位老弟，大是大了些，可您想想，冬天夜长啊！"这位顾客听后会心一笑，马上成交了生意。在一旁的其他顾客听罢，也都会意地点了点头，继而掏钱买走了便壶。

故事中的父子两人所卖的产品相同，面对的顾客相同，但是结果却迥然不同。究其原因就两个人在谈判口才上存在着差异。儿子的话虽然实在，但是缺乏水平，令人听了心里不受用；而父亲的话则看似无心，实则充满了智慧。面对顾客的挑剔，他只委婉地说了一句"冬天夜长啊"，这句看似离题的话颇具深意，那意思是：冬天天冷夜长，夜解次数多且又怕冷不愿意下床是自然的，便壶大正好派上用场。这设身处地的善意提醒，顾客不难明白。卖者说的在理，顾客买下来也就是很自然的了。

由此可见，谈判中实力、资源等因素确实重要，但是谈判口才的作用也不容小视。因此，我们在谈判中要根据不同的场合，不同的对象，不同的事件，从不同目的出发，用不同的方式说话，这样才能收到理想的谈判效果。

第 5 章

谈判流程课

1. 典型的谈判流程

　　遇事必须深思熟虑。先考虑可行性，考虑的方面越广越好。然后再考虑不可行性，也是考虑的方面越广越好。正反两面仔细考虑完以后，就必须加以比较，做出决定，立即行动。如果你考虑正面，又考虑反面，之后再回头来考虑正面，又再考虑反面，那么如此循环往复终无宁日，最终成为考虑的巨人、行动的侏儒。

——季羡林

　　谈判的流程在很多方面和下象棋很像，典型的谈判程序也包括开局、中局和终局。如果你喜欢下象棋，那么你就会知道，几乎所有的棋手都有自己的一套策略，就如同谈判高手都有一套自己的谈判风格一样。通常情况下，那些能够选对适当的时机和适当的策略的人，可以把自己在谈判中的风险降到最低，同时把收益提到最高。

　　一般来说，谈判的开局策略通常是为了创造一个良好的谈判氛围，为谈判确定一个明确的方向。而中场的谈判策略则主要是为了保证谈判的方向不发生变化，同时为自己争取更多的利益和降低自己的成本。而在中场过后，双方进一步了解彼此的意图和争取自己的条件时，谈判往往会陷入僵局，此时，我们必须用灵活的思维方式、剑走偏锋来挽回我们的谈判。而谈判的终局策略，则是在我们准备结束谈判或是结束交易时，为了获得最终的谈判成果而采取的一系列谈判策略。

　　当然，谈判和下象棋之间匕存在着一定的区别。比如在谈判的过程中，你的对手往往并不了解谈判的规则，双方在博弈的过程中，也是慢慢建立认同共同规则的过程。

我将结合谈判的典型程序，谈到每一阶段的注意事项和赢得这一阶段的具体策略。你会了解到什么是开局策略，也就是你在和对手初步接触时所采取的策略，从而确保你的谈判会有一个成功的结局。随着谈判不断向前推进，你会发现，你在谈判过程中所取得的每一步进展都取决于你在谈判早期所营造的气氛，开局策略基本上可以决定一场谈判的成败。所以在确定开局策略之前，你一定要对你的谈判对手、当前的市场情况以及谈判对手所在公司的情况做出准确的评估。

然后我会讨论中场策略，告诉你应当如何保证整个谈判按照有利于你的方向发展。在中场阶段，有很多因素都会陆续发挥作用。谈判双方各自所采取的策略会在双方周围形成一股强大的压力旋涡，并把他们推向不同的方向。在这一部分当中，你将学会如何应对这些压力，并继续控制整个谈判的进程。

最后，我将讨论一些结束谈判的策略。最后几步也是极为关键的，就像赛马一样，整个过程中真正重要的只有一条线，那就是终点线。作为一名优势谈判高手，你将学会如何有效地控制整个谈判过程的每一个环节，直到谈判结束。

当你了解了谈判的基本程序之后，对手的每一步行动都已经在你的预料之中。这并不是夸大其词，事实上，许多年来，成千上万名学员与我分享了他们的谈判经历。从他们反馈回来的情况来看，在掌握优势谈判的方法之后，我们大都可以事先判断出对手会做出怎样的反应。当然，这种方法并非万无一失，但它成功的概率非常高，所以我相信，与其说谈判是一项艺术，还不如说是一门科学。

2. 时间＋目标＋努力＝成功

每个人都要有自己的人生奋斗目标，但目标不要太大，认准了一件事情，投入兴趣与热情坚持去做，你就会成功。人是不能一天没有目标、没有梦想的，没有目标，人生就会迷茫、失落，心理就会脆弱。一辈子的目标要定得高远，但每个阶段的目标就要现实一点，要永远比周围人做得好一点。目标与能力成正比，目标要一点点积累，每一天、每一阶段的目标实现了，最后成就的就是远大的目标。我从自己不断攻克目标的经验中总结出了这样一个公式：时间＋目标＋努力＝成功。由此可见一个人要想成功，目标是多么的重要。

——北大课堂引用名言

没有人会把自己的经历投入到一场没有意义的谈判中去，所以，在谈判之初，我们就应该明确我们的谈判目标，这样的谈判才能获得它应有的意义。而谈判的"目标"必须非常明确，通常是可以用一句话来表达的。比如"我们认为谈判目标是在保证成本的情况下卖给对方一万件货物"，或者说："我们的谈判目标是在预算内购进对方三十吨原材料"。只有在这些目标明确了之后，我们才能着手开始制订达到这些目标的具体计划。

但是，有时候目标不见得要和谈判方向完全一致。因为对方也有自己的目标，他们很可能在谈判中引导我们走上另一条路，这样我们就难免会偏离自己的目标。

所以，我们在制订谈判计划时，首先应该开拓思路，对于对方可能采取的谈判策略想出各种应对办法，然后逐步地制订出己方的谈判方向，最后制订谈判议程表。有了谈判议程表，我们每天所谈的主要内容就可以确定了，也就不会轻易偏离了自己的谈判目标。值得注意的是，谈判议程表最多不要超过四个，因为议程太多难免会模糊重点，还有可能会偏离目标。

如果必要，我们可以把次要问题作为附属议程列在主题之下。最后，我们要为谈判人员提供一份可以放在谈判上的文件，上面清晰地记录着我们的谈判目标和如何达到这些目标。所以，这份谈判议程应该文字简洁、易记，能对谈判人员起提示的作用，使他们在全部精力投入谈判的同时，能够把握住谈判的最终目标。

3. 确定明确目标

流程的作用不是干活干慢一点，相反地是为了干活更快，因为知道怎么做一件事情，不用太多地琢磨和思考以及讨论。

——北大课堂引用名言

在确定谈判目标时，我们一定要从自己的实际情况出发。尤其不能盲目追求高目标。只有我们在谈判中学会知足常乐，让自己的内心保持纯净，我们才可以保证自己计划的可行性。

有几个年轻人，相约去附近的岸边垂钓，旁边有几名游客在欣赏海景之余，也在岸上围观他们钓上岸钓鱼，口中还不时称奇。

只见一名钓者把竿子一扬，没过几分钟钓上了一条大鱼。那条鱼约三尺来长，落在岸上，那条鱼的身体还在腾跳不已。钓者冷静地用脚踩着大鱼，解下鱼嘴内的钓钩，然后将那条鱼丢回了海中。一时间，周围围观的人群响起一阵惊呼，这么大的鱼都不能让他满意，可见钓者的雄心之大。

就在众人屏息以待之际，钓者又把鱼竿一扬，没过几分钟，他又钓上来一条两尺长的鱼，钓者仍是不多看一眼，解下鱼钩，又将这条鱼放回海里。游客开始为他叹息，早知别把那条大鱼放走了，但钓者却没有一点懊悔的样子。

接着，钓者再次扬起钓竿，这次费了九牛二虎之力，才钓上来一条不到一尺长的小鱼。围观的人以为如此小的鱼，钓者一定也会再次将它放回大海。可是，钓者仍然像前两次一样，不紧不慢地解下鱼嘴内的钓钩，然后小心地把它放进了自己的鱼篓中。

这让众多游客百思不得其解，有一个人终于忍不住了，问钓者："你为何舍大鱼而留小鱼呢"？钓者经此一问，微笑着回答道："因为我家里最大的盘子也只能够放一条一尺长的鱼，太大的鱼钓回去，盘子也装不下……"

这则故事让我们知道，"舍大鱼取小鱼"其实就是谈判中的一种大智慧。它能够帮助我们确定一个切实可行的谈判目标，同时根据这个目标制订出一个言之有理的谈判计划。如果我们自己都不知道自己要在谈判中钓一条多大的鱼，那么难免就会犯下好高骛远的错误，最终把自己的谈判引入歧途。

4. 用心思考你的计划

一个人如果不能主宰自己，那也永远只能趴下当奴隶。

——北大课堂引用名言

在确定了自己的谈判目标之后，接下来就应该用心思考自己的谈判计划了。用心思考阶段分两个步骤：

第一步，把与谈判有关的想法，统统写在纸上；不只是自己的想法，团队中所有人的想法都可以写下来，不论这种想法多么无稽或者边缘化。这就是所谓的"头脑风暴"。

第二步，用另一张纸记下自己对于对方的判断和了解。这些方面包括他们在干什么；他们在哪里；他们的哪些个人情况是我们所了解的；目前所知他们在谈判中期望的是什么；以及我们还需要掌握些什么情况等。同样地，把这些有关对方的一些问题的想法及时记录下来。

在用心思考谈判计划的阶段，如果我们把有关谈判的临时主意和有关对方情况的估计与猜测，列成两张表写在纸上，我们头脑就清楚了，把它们放在一起，不仅可以为谈判的准备工作提供参考；我们的谈判计划也就会慢慢浮出水面了。

在具体着手拟定谈判计划时，还要再次强调"谈判目标"。因为它是谈判者谈判的主导思想。我们应该在自己的备忘摘要中，用最多 15 到 20 个字来记下自己的谈判目标。如果太冗长，那么就证明我们的脑子里对于为什么来进行谈判，没有一个很清晰的概念。因此，如果我们还没有一个明确的谈判目标，那他就必须整理一下思绪了，要对原来的谈判方向进行删减和修改，直到最多用 20 个字就能完全表达出来为止。

5. 拟定谈判计划

做好一个企业，要有一个清晰的目标、使命，强大的文化，还要有流程制度，公司的流程是世界级的，做事情将更高效。

——北大课堂引用名言

如果我们想要开车到达一个陌生的目的地，那么我们一般会先查好路线再出发。而谈判也是一样的道理，在谈判之前，我们先要制订一个简明、具体而又有弹性的谈判计划。

每当我把自己摆在谈判桌上之前，都会首先收集许多对手和自己的情况，阅读大量的文件和专业书籍。同时尽量与这次谈判有关的人员交换意见，因为他们的见解往往会各不相同，如果谈判团队内部不能形成合力，那么谈判中就很难将自己的对手打倒。最后，当我坐着汽车或飞机前往谈判的路上，还要利用这段有限的时间，把对方的情况理出个头绪，然后跟我的团队成员再一次确认一会儿大家的分工。当然，不一定每个人的谈判计划都按照这样的顺序来制订，但是在制订谈判计划时，应尽量遵循以下三个原则：

第一，谈判计划应该尽可能的简洁。因为，每个谈判团队中的人员都有自己的工作要做，所以，为了能够让他们记住整个计划的主要内容，我们在表述自己的计划时必须简洁。这样才可以使计划的主要内容与基本原则能够清晰地印在他们的大脑里，进而使他们能得心应手地与对方周旋，而且能随时与计划进行对照应用。

第二，谈判计划必须是具体的内容。我们的计划固然要简洁，但不能只求简洁而忽略具体。如果我们在谈判之前告诉我们团队中的成员："这次谈判的计划就是尽可能地压低对方的价钱"，那么这个计划等于和没有一样。

第三，谈判计划还必须具有一定弹性。因为谈判中很多事情都是瞬息万变的，我们确定了自己的价格底线，也是在一定范围内的底线。如果对方忽然增加或者减少了订货量，那么原本的价格底线也就不再是唯一的了。所以，我们的计划必须给谈判团队中的人员留下足够的弹性空间，让他们在遇到突发情况时能够灵活地对计划加以调整。

6. 为自己设定位置

"急不择言"的病源，并不在没有想的工夫，而在有工夫的时候没有想。

——鲁迅

在开始谈判之前，我们必须先确认自己的要求是什么，也就是我们希望对方至少要满足我们的哪些条件。

要想成功地在谈判之前为自己设定位置，那么我们应该从以下两点做起：

第一，我们要把谈判合同中的内容分成必须坚持执行的条款和可视情况有所让步的条款两种。如果我们自己都搞不清楚合同中哪些条款是必须坚持的、哪些条款是可以让步的，那么我们在谈判中就会变得盲目。

第二，制订谈判中的"最高上限"与"最低下限"。"最高上限"也就是我们的最高限度可能得到什么样的好处，并在谈判中尽量去争取这个目标的实现；"最低下限"则是我们最低限度可让步至何种程度，如果超过这个程度我们将毅然退出谈判。

有了这两点作为基础，我们就可以在这个位置上再进入谈判了。当我们坐在谈判桌上时，应先时刻记住自己之前设定的位置，并告诉对方我们的最高上限，然后开始谈判。

当然，对手不可能完全满足我们的条件，于是双方的博弈开始。但是，在谈判开始的时候，千万不要提及自己的最低下限，因为这样会让对手知道我们还有多少后退空间。如果对手在谈判中步步紧逼，我们已经妥协到不可能再妥协的时候，这时才可说出自己的"最低下限"。这样，虽然我们在谈判中可能会处于被动，但是至少在谈判结束时还是可以保证自己留在了原来预先设定的位置上。

7. 模拟谈判场景

对人事可疑处不疑，对原则不疑处存疑。

——胡适

为了更好地应对谈判，我们可以在谈判开始之前先模拟一下双方首次进行谈判时，最可能出现的场景是什么。

比如，正常情况下双方首先会互相问候，然后开始某种形式的对话。接着会各自入座，开始对谈。这时，我们除了对对方有一个初步印象外，他还会产生某种预感。比如在心里小声嘀咕："说不定这次谈判会很棘手"；或者："天啊，我可得留神对方这些人'。当然，也可能是积极的反应，比如："看来这次谈判准会有个不错的结果。"

实际上，我们在谈判时六脑所接收的信号已远超过了我们看到的表面现象。人的大脑不仅反映出对方走路的样子及速度、说话的语气声调等等，甚至在会谈开始时，双方随意谈及的问题，都会让我们产生某种预感。比较典型的一种形势是当时至少一方感到谈判前景不妙，有一种担心、怀疑甚至具防范的心理。

因此，为了在谈判中避免这些第六感式的麻烦，我们必须在心中消除首次谈判中的陌生感。行之有效的方法就是在心中反复地进行谈判常见模拟。这样，我们就可以在正式谈判的时候避免大脑的第六感给我们造成的消极影响，从而让自己更好地掌控谈判的氛围。否则，这些不利因素会使谈判"出师不利"，我们会败在自己的毫无心理准备上。

8. 渲染谈判气氛

环境可能造就一个人，也可以毁掉一个人。

——北大课堂引用名言

在正式进入谈判之前，我们必须先确定到底需要建立怎样的一种谈判气氛。一般而言，大多的谈判者都希望能在和谐的气氛中"达成共识"。而这样的谈判气氛通常具有以下特点：真诚、配合、和谐、认真。

要想取得这样的谈判气氛，我们必须要花足够的时间进行渲染，就像画家一遍一遍地给自己的作品上色一样，我们也要经过多个回合的相互协调，才能营造出一种良好的谈判气氛。

第一回合，我们要选择一个比较轻松的话题，比如最近的热门球赛、股市的小道消息，甚至早上的新闻摘要等。总之是一些让人轻松愉快的话题。

第二回合，我们要选择一些比较私人的问题。这样可以表现出我们很关心对方的近况，比如："这个周末我钓鱼去了。我很喜欢钓鱼，你周末是怎么度过的?"当然，这些话题不能太过私人，同时也不能带有任何的威胁性语调。

第三回合，对于彼此有过交往的谈判对手，我们可以先叙谈一下以往经历和共同获得的成功。这样的寒暄可以使双方找到共同的话题，为心理沟通预先做好准备。

实际上，在谈判开始前的闲聊中，双方也同时在传递一些无声的信息，它同样具有很强的感染力。在短暂的接触中，我们就可以了解对方是开诚布公还是躲躲闪闪的，是以诚相待还是怀疑猜测的。我们在前面的章节中已经介绍了如何在谈判中给对方留下良好的第一印象，把握住其中的关键点，可以帮助我们渲染出良好的谈判氛围。

9. 从"破题"到"入题"

不是因为这些事情难以做到，我们才失去信心，是因为我们缺乏信心才使这些事情难以做到。

——北大课堂引用名言

在谈判的破题也就是开场白阶段，不管是讲话速度还是无声的印象，都会为谈判奠定了基调。而双方入座之前，站在谈判桌前的时候，正是谈判做开场白的最佳时刻。

原因在于，站着时比较容易改变和对方的接触角度，它可以自己调节距离对方的远近。而坐定在某一个地方就很难做到这一点，况且坐在椅子上，经常要与对方两眼相视。另外，假如我们在寒暄时就已经建立起很好的谈判气氛，那么由站立转为坐下，还可以被用来强调下面将从一般性寒暄转入正式的业务谈判，从而应该把精力投入到正式工作中了。

开场白过后，就是"切入正题阶段"。由于谈判即将进行，双方都会感到有点紧张，因而，需要一段沉默的时间，以调整与对方的关系。如果我们准备进行1个小时的谈判，那么最好能留出3分钟左右的时间让彼此进入角色;如果准备持续几天进行谈判，那么最好在开始谈判前的某个晚上一起吃一顿饭，以此来让双方进入角色。

切入正题也不需要太多的过度，只需在看到对方已经准备好了之后，直接拿起事先准备好的谈判议程开始介绍，或者就谈判中的某一具体事项进行说明就可以了。但是，在进入正题之后，先谈什么，后谈什么，却有着一定的学问。

10. 先谈共同基础，后谈对立问题

生活中其实没有绝境，绝境在于你自己的心没有打开。你把自己的心封闭起来，使它陷于一片黑暗，你的生活怎么可能有光明！封闭的心，如同没有窗户的房间，你会处在永恒的黑暗中。但实际上四周只是一层纸，一捅就破，外面则是一片光辉灿烂的天空。

——北大课堂引用名言

当我们已经设定好了自己的位置，那么进入谈判之初，我们必须先引导对方谈一下双方能够达成一致意见的共同基础。因为，如果上来就谈对立问题的话，谈判很可能因为双方的僵持不下而进入全面瘫痪的状态。甚至可能因此而造成更尖锐的对立，带来无穷的后患。

在生活中，我们都知道从最简单的地方着手去做艰巨而复杂的工作，才是正确而聪明的做法。谈判也不例外，我们应该从双方最容易达成一致的地方入手，比如强调一下合作给彼此带来的好处，供货时间的及时性，之后还希望有更长远的合作等。努力从一些有共同基础的地方保持双方意见的一致，就可以引起对方内心想法的共鸣，从而缩短谈判双方的距离。

如果在谈判中有些条款对方一时无法接受，那么我们不妨先将它搁置一旁，先就其他事项沟通两三次，建立共同基础以后，再重来一次。等到双方已经找到了很多共同基础之后，一些对立问题也自然就可以和解了。

11. 准备打一场持久战

所以在成长过程中，既要想清楚利弊，又要能够经受各种精神困苦，要扛得住压力，同时要排除诱惑，才能做成功。

——北大课堂引用名言

即使是谈判高手也不可能一出手便能立刻与对方达成满意的共识。事实上，大多数的谈判过程都是十分耗时耗力的，谈判双方必须一谈再谈，对同样一件事情反复讨论才能达成协议。所以，我们必须做好克服困难的准备，在心理上不怕打一场持久战。

尤其是有些谈判牵涉的层面太过复杂，或者因为谈判双方关系的不正常，更会使行进的过程倍加困难。

埃及和以色列的和平谈判，就是十分典型的例子。从谈判的复杂程度上来看，两个国家都是石油的主要产地，如果这两国进入战争状态，战火将会蔓延到中东各地，导致世界各国发生石油危机，甚至成为第三次世界大战的导火线。这也就造成了谈判的旷日持久，如果没有充足的心理准备，很可能会在谈判桌上被对手拖垮。

所以，不管我们在谈判中有什么困难或障碍，一定要有勇气、有耐心坚持下去。为了打赢这场持久战，我们应该做到以下三点：

第一，我们要在观念上放弃一次性完成谈判的假设。因为，稍微正式一点的谈判都会分为几个阶段。谈判初期的主要目标是与对方建立起亲密的关系；而关系建立之后，也就开始深入谈及其他较复杂的问题。

第二，在谈判时绝不放松，时时警惕。即使谈判再持久，也不要忘了留意对方的目标和情况。如果我们在谈判中失去了耐心、放松了警惕，那么很可能就会给对方留下可乘之机，或者让到手的机会白白溜走。

第三，尽量掌握谈判资料，让自己在谈判中没有死角。如果我们手中握有足以支持自己想法的证据时，即使谈判要进行很久，我们也不会出现盲点或者没有应对办法的局面。这就好比战争中的后援，谁的粮草更充足，谁就更有可能赢得整场战争的胜利。

12. 别轻易放弃自己的合作伙伴

我们要求每一个员工都是可依赖的，都是有能力做所做的事情。与此同时，可依赖和可信赖也有区别的，可依赖是有感情因素的，如果遇到困难的话，有一个组织是可以依赖的，大家愿意帮助你，这就是有感情色彩存在，所以说不是每个人各自为战，做好了交出去就不管了，而是说如果遇到困难，很多人会补位。

——北大课堂引用名言

"二战"之后，由于经济危机，进而严重影响了日本经济的发展，日本国内的失业人数在不断增加，各个工厂的效益也都很不好。其中，有一家食品公司面临着倒闭的危机。为了能够渡过这次难关，公司领导想到了裁员。领导将裁员的范围锁定在了三种人身上：清洁工、司机和仓库管理人员。

经理分别找这些员工到他办公室中谈判，向他们说明了公司裁员的原因，但是受到了他们的集体反对。其中，清洁工首先说出了他们的理由："我们很重要，如果少了我们，公司的卫生问题就失去了保证，那么就会失去良好的工作环境，其他人在这样的环境中也很难全神贯注地工作。"司机们的理由是："我们也很重要，如果没有了我们，公司的这么多产品靠谁快速地销往市场呢？"最后轮到了仓管人员，他们的理由是："我们也很重要，受到了战争的影响，让很多人失去了温饱，要是没有我们看管仓库，公司的这些食品怎么能够有安全保障，或许早就被街头的流浪汉偷光了！"

领导觉得他们的话都有道理，于是放弃了裁员的想法，重新调整了公司的政策，还在公司门口悬挂了一块写有"我很重要"四个大字的大匾。每天上班，职工们都会看到这几个十分醒目的大字，这令他们感觉到这是公司领导对他们的重视。因此，每一个员工都用自己的最大努力来回报公司。正是这四个字极大地调动了公司全体职工的工作积极性，短短的几年时间就使得这家食品公司迅速崛起，一度成为日本战后最先崛起的公司之一。

这家食品公司的领导并没有因为公司困难而放弃任何一位员工，因为他明白了员工是公司成功走下去的基础。同时，这位领导的做法也让员工明白了，他们是公司中不可或缺的一部分。于是，所有员工都用自己最大的努力使即将濒临倒闭的公司又重新振作起来，并迅速发展。

北大的教授在谈判课上曾经这样说道：在谈判中，要做一个真诚的谈判者不容易，因为真诚就意味着不能轻易放弃自己的合作伙伴，同时要在合作中实实在在地付出和奉献。但是，这样的谈判高手往往能够获得意想不到的成功。因为，面对一个处处为他人着想、不为个人利益放弃合作伙伴的人，人人都会真诚接纳他，并愿意和他合作，最终帮助他渡过难关和创造更大的利益。

13. 增加谈判次数，缩短谈判时间

一个人，应该自信而不自负，执着而不僵化。

——北大课堂引用名言

　　有些人喜欢在谈判中用疲劳战术，一次性把所有问题都解决掉。但是，我个人比较喜欢多次谈判，在这个过程中，我们可以通过多次的见面来增加彼此之间的熟悉感，在谈判结束的时候，双方也就成了不错的朋友。

　　著名心理学家查荣茨曾经提出过一个叫作"多看效应"的心理效应。查荣茨博士向参加实验的人出示一些人的照片，但是每张照片出现在人们眼前的次数并不相同。有些照片出现了二十几次，有的出现十几次，而有的则只出现了一两次。之后，查荣茨博士请看照片的人评价他们对照片中每个人的喜爱程度。结果发现，参加实验的人看到某张照片的次数越多，他们对照片中的人也就越喜欢。人们更喜欢那些看过二十几次的熟悉照片，而不是只看过几次的新鲜照片。这样的实验结果证明了"多看效应"的原理：一个人与另一个人的见面次数会增加彼此喜欢的程度。

　　之后，心理学家又做了另一个实验来验证"多看效应"，实验的内容是：他们在一所大学的女生宿舍楼里随机找了几个寝室，并发给寝室里的女生不同口味的饮料。然后要求这几个寝室的女生，可以以品尝饮料为理由，在这些寝室间互相走动，但是有一个要求，就是彼此在见面时不能够进行交谈。

　　一段时间之后，心理学家通过调查每个女生的感觉来评估她们之间的熟悉和喜欢的程度。实验的结果表明：女生们见面的次数越多，她们相互喜欢的程度越大。虽然彼此之间都没有经过语言的交流，但是常见面却让陌生人变成了朋友。

　　由此可见，如果我们能够在谈判中增加谈判的次数，多安排与对方的谈判人员见面，那么在谈判结束时就可以把陌生人变成熟悉的朋友。所以，我说与其跟谈判对手一次谈很长时间，倒不如每次谈判短一点，谈判次数多一点，这样反而能够取得更好的效果。

第 6 章

分配价值之前先创造价值

1. 掠夺价值还是创造价值

不忙的时候，主动帮助别人。

——北大课堂引用名言

之前我们讲过，谈判的目的是双赢，让我们再次重温一下关于双赢谈判的故事：

有两个孩子得到了一个橙子，为了公平起见，两个孩子决定，由其中一个负责切橙子，另一个先选橙子。于是，橙子被公平地切成了两半，两个孩子拿着自己的一半橙子，高高兴兴地回到了家。

到家之后，第一个孩子想用自己的半个橙子榨果汁，于是他把橙子的皮剥掉后，就扔进了垃圾桶，用橙子肉榨成了果汁。另一个孩子则想用自己的半个橙子烤面包，于是他把橙子的果肉挖了出来，扔进了垃圾桶，把橙子皮磨碎后混在面粉里，烤成了蛋糕。

在这样的谈判之下，谈判双方就等于是掠夺了彼此的价值，而不是创造了价值。那么创造价值的谈判应该怎样做呢？两个孩子应该先坐下来，然后讲一讲自己得到橙子之后想要做些什么。接下来一个人拿走所有的橙子皮，一个人拿走所有的橙子肉。这样的结果就等于彼此之间都得到了最充分的利益，这样的谈判中，等于说谈判为双方创造了多出一倍的价值。

2. 掠夺价值最终掠夺的是自己

"争"则两败，"和"则共赢！

——北大课堂引用名言

在弱肉强食的谈判时代，有一些人信奉强横制胜的谈判策略。但是，随着时间的推移，这种思维方式显然已经过时。因为在谈判中掠夺对方的价值，只能给我们带来短期的经济利益，而要想让自己获得更大的发展，就应该着眼于在谈判中与对方一起创造长期的共同价值。

20世纪90年代后期，随着可口可乐的风靡全球，饮料行业成了整条产业链的最强权者。而欧洲的饮料巨头则开始利用自己的强权，连续几年在谈判中大肆打压自己的玻璃瓶供货商，通过不断压低对方的价格来掠夺利益。结果就是，过低的价格最终导致了玻璃瓶供货商的倒闭，饮料巨头的这一次掠夺价值策略给自己带来了适得其反的效果。

几个月后，由于饮料市场的需求猛增，而这个饮料巨头却由于玻璃饮料瓶供应受限，无法应对市场需求，最终被另一家饮料公司击败，市场份额退居第二。也许有人觉得，第二也是不错的成绩啊，可是当时的饮料产业在欧洲只有三四家公司。而这家饮料公司在那一年蒙受的经济损失比公司在前几年透过压缩采购成本而掠夺来的利益总额还要高得多。

由此我们可以知道，在谈判中掠夺利益，通过压低对方价格的方式固然能非常迅速地取得成效。但是，这终究不是长久之计，掠夺者最终要为自己的行为付出一定代价，到那时他们才会发现，自己多年来在谈判中掠夺的其实正是他们自己。

3. 让对方看到利益

先会考虑"给"，而再想到"得"的人，是一个成熟的人。

——北大课堂引用名言

人与人之间的关系，很多时候看重的都是一种利益关系，要想在谈判桌上说服别人，往往就得相应地给人家带去一定的利益。可是有时候，并不能马上给人带去现实的利益，但至少也要让人看到自己的利益，或者是许诺给对方以利益，这样才能更好地求动人。

法拉第是发电机发明人，没有他，英国第二次工业革命就很难掀起狂潮，也就没有今天繁华光亮的世界。而他之所以成功，与他争取到政府的资助关系重大。

那时候，法拉第由于没有足够的经济来源，在研究发电机的过程中，遇到过严重的经济危机，如果没有人资助他，那么研究就只好放弃了。他想了好久，最后决定向政府寻求研究资助。

当他带着一个发电机的雏形，求见了英国首相史多芬，向他满腔热情地讲述着这个划时代的发明时，对面的史多芬，反应始终非常冷淡，对他的发明创造没有表现出丝毫的兴趣。

法拉第知道不能说动史多芬，没有政府的资助肯定就没戏了。眼看他对这种科学研究没有兴趣，于是他灵机一动，就说起了这种发明将会带来的收益说："首相，这个机械将来如果普及的话，必定能大大增加全国的税收。"

史多芬听到能够增加政府的税收，于是马上就来了兴趣，开始认真地询问这个发明的不相关内容。就凭那一句话，首相改变了初衷，最后拨给了法拉第一笔不少的研究费用，让他完成了这个改变世界的发明。

法拉第求助史多芬，费尽心思也没有能够把他说动，但是让他看到资助自己将会取得政府的巨大收益后，终于成功地获得资助，否则也就不会有法拉第的成功，也不会有英国工业革命的成功，更没有整个世界的辉煌发展。

4. 在危机中看得更长远

年轻人要有一点理想，甚至有一点幻想都不怕，不要太现实了。一个青年太现实了，没有出息！

——任继愈（北大教授，著名哲学家，国家图书馆名誉馆长）

每当危机降临，人们通常所做的不是放长自己的眼光，而是抱怨自己的命运。就好比在谈判中有很多人希望通过谈判来把自己的危机转嫁给对方，从而使大家都很紧张。在经济危机之中，每个企业都会担忧自己的年度业绩不理想，因而想方设法在自己的谈判对手身上开源节流。可是，这种做法在获取短期利益的同时牺牲了长期价值，倒不如把眼光放得更长远些，这样才能看到危机的真相。

从前有一个老天使带着一个年轻的天使到人间来修行。第一晚，他们借宿在一个富有的家庭。这家人虽然富有，但是并不慷慨，对他们也并不友好。在两位天使的苦苦哀求之下，才在冰冷的地下室给他们找了一个角落，让他们在里面过夜。

当两个天使在铺床时，老天使发现地下室的墙上有一个洞，于是就顺手把那面墙修补好了。年轻的天使本来对这户人家的做法非常不满，看到老天使竟然还帮他们修补坏墙，十分不解，就问老天使为什么要这样做。老天使回答说："有些事并不是你所看到的样子。"

第二晚，两个天使借宿在一个非常贫穷的农民家庭。这户人家的夫妻俩虽然十分贫穷，但是对待客人非常热情，把自己仅有的食物都拿出来款待客人，晚上又让出自己的床铺给两个天使睡。

第二天一早，年轻的天使被外面的哭声吵醒了，当他走出屋子，发现原来是农夫和他的妻子正在哭泣，原来这对夫妇仅有的一头奶牛死了，而这头奶牛是他们生活的全部来源。

年轻的天使对于自己路途中所遇到的事情十分不满，他知道这一切都是年老的天使在操控着，于是就质问老天使："为什么要这样对待世人？第一个家庭富有而吝啬，你没有惩罚他们，还帮助他们修补墙洞。第二个家庭尽管如此贫穷，夫妇两个还是热情款待我们，而你却没有阻止他们奶牛的死亡。"

"有些事并不是你所看到的样子。"老天使重复着上一次的回答，并进一步解释道："当我们在第一户人家的地下室过夜时，我从那个墙洞看到，墙洞里面堆满了金块。因为那家的主人被自己的欲望所迷，不懂得分享财富，所以我把那个墙洞填上了。而昨天晚上，死神来到了我们现在借宿的家，他要带走农夫的妻子，我跟死神说，这是一户善良的人家，应该得到好报的，于是就让奶牛代替了她。"

在危机中，我们与其抱怨，倒不如做出一点自我牺牲。因为，在经济危机中一味打压供货商的价格会对双方的合作关系带来无可弥补的伤害。这样虽然可以暂缓燃眉之急，却破坏了多年来在合作伙伴那里建立起来的相互信任。而且，就算对方没有放弃与我们的合作，如果供货商的利润被严重削弱，那么他们将停止创新和升级，放松质量的监控。最终的结果就是，我们因为自己的短视，在谈判中没有看清危机以及我们行为的真相。

5. 和对手一起出海

如果你今天能站在围墙上去看围墙外面的问题，你就会发现，顾客在外面，不是在你家里面！

——北大课堂引用名言

如果我们和自己的谈判对手同时坐在一条船上，一起在大海中漂泊。淡水和食物都是有限的，谁也不知道什么时候才能够靠岸，这时候我们应该怎么做呢？是杀死自己的对手以独占船上的所有资源，还是和对手一起合作，向着远处的小岛出发？为了帮助大家更好地思考这个问题，我需要告诉大家一个关于共同创造价值的故事：

从前，有两个饥饿的年轻人来到海边，他们遇到了一位善于钓鱼的老人。

老人对他们说："我手上有两件东西可以让你们填饱肚子，一个是我的鱼竿，一个是这一篓活鱼。但是究竟能不能活下去，完全取决于你们自己的选择。"

其中一个年轻人毫不犹豫地选择了那篓鲜活的鱼，并开始马上生火，大吃起来。而另一个年轻人则选择了老人的鱼竿，因为他觉得，自己可以靠这根鱼竿得到更多的鱼。

没过多久，那个得到鱼竿的年轻人因为继续忍受着饥饿，最后还没等走到海边，就一点力气也没有了。于是他只能带着无尽的遗憾撒手人寰。又过了一些日子，那个得到一篓活鱼的年轻人也把自己得到的馈赠吃个精光，最后，连鱼汤都喝完了，只能饿死在空空的鱼篓旁。

后来，又有两个饥饿的年轻人来到海边，老人给了他们相同的选择机会，而两个年轻人也是一个选择了鱼竿，一个选择了活鱼。但是，得到馈赠的两个年轻人并没有各奔东西，而是一起商量着接下来谋生的办法。于是，最后两个年轻人决定，每次一起出去钓鱼，在钓到鱼之前，每天煮一条鱼共同分享。

最后，两个年轻人开始了自己快乐的渔民生活，并盖起了自己的房子，有了各自的家庭、子女，一直在互相支持中不断发展壮大着自己的事业。

同样的处境，同样的资源，前两个年轻人却因为不愿合作而双双饿死，后两个年轻人却因为愿意付出而获得了双赢。所以，不论是掠夺自己的对手，还是对自己的合作伙伴冷漠，最终的结果都是以悲剧告终的。真正能够征服商海的人，一定是那些愿意与自己的对手一起出海的谈判者。

6. 谈判中创造价值的技巧

创造价值的人才有权利分配价值，只知道索取的人最终将成为孤家寡人。
——北大课堂引用名言

很多人懂得在谈判中战胜对手的技巧，却不懂得在谈判中创造价值的技巧。其实，最优秀的谈判高手都是能够在谈判中创造价值的人。他们身上具有很多高超的谈判技巧，包括拥有很强的时间观念，同时具有耐心和冒险精神，还要怀有一种正视困难和挫折才能拥抱成功与胜利的心态。当然，他们在谈判中的聆听能力也是至关重要的，同时能够通过自己的聆听从各个层面提出更多的问题，评估各种备选方案的可行性和合理性。他们也有着极强的表达能力，在谈判中了解对方立场的同时阐明自己的立场。

但是，这些都不是最重要的，最重要的一点是，他们能够在谈判中表达自己的诚意，知道攻击别人不如战胜自己。

曾经有一位跆拳道高手，跟着自己的师父苦练十年，然后下山参加一场国际跆拳道大赛，他自以为稳操胜券，一定可以夺得冠军。

十年的工夫果然没有白费，他一路披荆斩棘，很快杀入决赛。但是在最后的决赛中，他遇到了一个实力相当的对手。看得出对方也是经过长时间勤学苦练的高手，于是双方都不敢怠慢，竭尽全力攻击对方。比赛十分激烈，形势也渐渐明朗起来。这位苦练十年的跆拳道高手慢慢意识到，自己根本找不到对方招数中的破绽，而对方的攻击却往往能够突破自己防守中的漏洞。

最终的结果是十年工夫没有让他一举成名，而是败在了另一个高手之下。失败之后的高手异常冲动，因为自己的十年心血就这样白费了。他连夜回去找到自己的师父，向师父说明了自己的遭遇，并决心报仇雪恨，希望师父帮他找出对方招式中的破绽。他决心根据这些破绽，苦练出足以攻克对方的新招，这样就可以在下次比赛时，打倒对方，夺回冠军的奖杯。

师父看着他一招一式地将比赛的过程重现出来，一直笑而不语。最后，见徒弟比划完了，师父在地上画了一条线，并且告诉徒弟，如果他能在不擦掉这条线的情况下，让这条线变短，那么他就学会了战胜对手的新招式。

这位徒弟自然是百思不得其解，首先不知道画一条线和跆拳道招式有什么关系，其次也实在不知道怎么能让那条已经定格的线变短。他苦苦思索了三天三夜，最后也没有什么办法，就再次向师父请教。

师父见他诚心求教，就领他到原来画线的地方，慢慢地在原先那道线的旁边，又画了一道更长的线。两者比较，原来的那条线，看起来确实显得短了许多。

徒弟还是有所困惑，不知道这和战胜对手的招式有什么关系。于是师父开口道："你下山去与人比武，失败以后就心怀愤怒，希望利用对方的破绽来报仇。可是你却没明白，夺得冠军的关键，不在于攻击对方的破绽，而是努力使自己变强。正如地上的线一样，你只有把自己变长了，对方才能在相比之下变得较短了。如何使自己更强，才是解决问题的根本。"

此外，能够在谈判中创造价值的谈判高手们还懂得，一次谈判的失败并不代表谈判的彻底失败，他们总是能够在自己的失败中寻找未来合作的可能。对于他们来说，成功是一扇永不关闭的大门。

7. 别急着给自己的谈判下结论

我一直在跟我们的投资者和董事会讲，百度现在是一个青苹果，看起来是青的，吃起来不好吃，要等到变红。

——北大课堂引用名言

在谈判开始之初，很多人喜欢提前做出定论：有望成为长期合作伙伴的就采取合作性谈判策略；如果是一次性的合作就采取竞争性谈判策略。我认为这样做过于草率，因为它低估了谈判者可能改变合作关系的能力。

在英格丽•褒曼很小的时候，她的母亲就去世了，是她的叔叔抚养她长大的。15岁时，在一次学校的演出中，她发现了自己的表演才华，在心中为自己树立了成为一名优秀演员的理想。但是，她的叔叔是个很保守的人，并不支持英格丽•褒曼的梦想。在叔叔的眼里，当演员没什么出息，他觉得自己的侄女应该找个售货员或秘书之类的职业。

18岁时，英格丽•褒曼想报考斯德哥尔摩的皇家戏剧学校，但是首先要征得叔叔的同意。当她向叔叔说明了自己的想法之后，英格丽•褒曼的叔叔对她说："我只给你这一次机会，如果考不上，你就得按照我的安排去做。"她十分高兴地答应了，因为叔叔能够给她一次机会，已经做出了巨大的让步。于是，英格丽•褒曼开始精心地为考试做准备，自己在家里反复排练，甚至连做梦时都在练习自己的节目。

考试的日子终于到了，英格丽•褒曼早早地来到了考场。当轮到她上台表演时，她发现自己只演了一半，台下所有的人就开始不停地相互议论，同时用手指指点点，根本没注意她的表演。这让英格丽•褒曼很焦躁，她觉得自己失去了唯一的机会，做演员的梦想肯定没戏了。正在慌乱的时候，评判团的主席对她说："谢谢你的表演，现在请下一个人上来表演吧。"

英格丽•褒曼不得不走下台来，她知道自己永远地失去了这个机会，于是懊悔和忧虑占领了她的内心，她想一死了之。当天晚上，她整理好了自己的东西，并写好了遗书。按照她的计划，她打算第二天去药店买一种药水来结束自己的生命，离开这个让她绝望的世界。

第二天早上，当英格丽•褒曼正要出门去买药水的时候，她遇到了邮差，并接到了一封来自皇家戏剧学交的信件。当她打开精美的信封时，摆在她眼前的竟是录取通知书。这一切都像是在梦里一样，为了弄清事情的真相，英格丽•褒曼拿着录取通知书就跑到了学校，找到了考试的那个评判团主席，问道："我昨天表现得那么差，你们对我那么失望，可为什么今天还录取了我呢？"

评判团主席被她问得莫名其妙，回答说："你昨天的表现相当出色啊！在昨天所有的考生中，你的表现是最好的，虽然你上来演了没几分钟，我们大家便在下面纷纷议论，都认为你有出色的表演天赋，都为你高兴。当时，有个评委说这样的能力就不用再演了，直接录取吧，于是我就让你停下，换下一个上来。"

知道了真相的英格丽·褒曼内心又是惊喜，又是后怕。她想，如果自己因为忧虑而结束了自己的生命的话，那么自己就真的永远失去了这次机会！于是，从那以后，她选择彻底放弃自己的忧虑性格。在学校时，她勇敢地尝试；毕业后到电影厂，她大胆地表演。终于凭着勇气和勤奋，成为了光芒四射的国际巨星。

由此可见，我们在谈判开始之前一定不要急于做出定论。因为谈判就好比约会，和一个女生约会并不意味着一定要和她结婚，就好比和一个企业谈判并不一定就能够达成合作。但是谁也无法准确地预测未来，只要我们不断努力争取，那么很可能在共同利益的驱使下，双方一起在未来的合作中创造共同价值。所以，在谈判中创造共同价值的最重要技巧就是，绝不轻言放弃，在谈判中一步步征服对手。

8. 怎样把你的谈判对手变成伙伴

唯诚可以感人，唯虚可以接物。

——马一浮（北大教授，思想家）

当我们明白了在谈判中创造价值的重要性之后，让对方从咄咄逼人的谈判策略转变为以创造价值为导向的谈判策略并非易事。那么，我们应该如何引导对方把注意力集中在创造价值上呢？

第一，我们要通过观察来评价对方的人品。如果对方行事光明磊落，讲究诚信，是我们心仪的合作伙伴。那么，我们就可以在接下来的谈判中努力表达自己的诚意，让彼此成为商业上的利益共同体。

第二，在谈判之初就表达自己的诚意。对方如果确实想要找一个可以共同创造价值的合作伙伴，那么他也会努力观察我们的人品。所以，我们要做的就是在谈判桌上光明磊落，用自己的诚意说服对方。

第三，把谈判的注意力放在共同价值上。我们在谈判中应该先强调自己能够提供的优越条件，同时要求对方更好地创新，更及时地交货，更优化自己的存货量，更提高自己的商品质量。而更优惠的价格则要放在最后，这样双方才不至于把各自的强势带到谈判桌上来。

这样，对方也不会把谈判的注意力集中在价格上，我们也无须支付过高的价格来赢得供货商。我们可以通过创造价值的方法来满足自己的谈判对手，比如共同投资创新项目，一起开拓全新的市场等。这些利益不是从谁的手里夺来的，而是双方一起联手创造的。

9. 善待谈判中的伙伴

善才是最高的智慧，善是一切智慧的根本。善能吸引善，种善果，是幸福的前提，而种恶果，则是噩梦的开始。

——北大课堂引用名言

北大谈判课中曾有人提出："良好的谈判关系不是物质换来的，而是心灵'流'出来的。"这句话很有哲理，它告诉我们，在谈判中要想创造更高的价值，就要学会以诚待人，事事要以自己的心灵为准则，用一颗真"心"来度量。我们既然有幸成为合作伙伴，为何不把这种宽厚待人的美德留给后来人呢？

洛克菲勒年轻时曾经一无所有，过着流浪的生活。不过，洛克菲勒是带着一个伟大的梦想在四处流浪。为了实现这个梦想，洛克菲勒首先来到一个离自己家很远的偏僻小镇。

在这个小镇上，洛克菲勒结识了镇长杰克逊先生。杰克逊先生在这个小镇上生活了很多年，虽然这个小镇谈不上繁华，但却能够给他亲切感。他担任这个小镇的镇长已经很多年了，镇上的人们也从没提起过要选举新的镇长。他们觉得杰克逊是担任镇长的最佳人选。因为他和蔼可亲、心地善良。无论是当地人还是来到这个小镇上的人，只要与杰克逊有过一定接触的，都会深切地感受到杰克逊的热情和善良。

那时候，洛克菲勒住的小旅馆离杰克逊家不远。每天清晨，当洛克菲勒站在旅馆旁的大门前向远方遥望时，都会看到杰克逊家门口那片长满各色鲜花的花圃。每次遇到洛克菲勒时，杰克逊都会停下脚步问这个独在异乡的年轻人有什么需要帮忙的地方，还时不时让家人送来一些日常用品和好吃的点心。

在小镇上住了一段日子，洛克菲勒感到一无所获，于是决定离开这个小镇。离开小镇之前，他要去感谢镇长这段日子给予他的关照。就在他准备向镇长告别的前几天，小镇迎来了连续几天的阴雨天气，使洛克菲勒不得不在这儿多留了几天。

这一天，天还下着雨，当洛克菲勒走出旅馆大门时，看到镇上来来往往的人们把镇长家门前的那个花圃践踏得不成样子。洛克菲勒为此感到气愤不已，于是站在那里指责那些路人的行为。

可是第二天，路人依旧踩踏镇长家门前的那片花圃。洛克菲勒更没有心情继续在这儿待下去了，他受不了这些路人的举动，于是想冒着雨离开这里。

到了第三天，洛克菲勒拎着行李离开时，却在半路碰到了镇长，只见镇长一手拿着一袋煤渣，一手扛着一把铁锹，来到那段泥泞的道路上。他首先用铁锹把袋子里的煤渣一点点地铺到路上。

洛克菲勒对镇长的行为感到很不解，于是他走上前去问镇长："您这是在做什么呢？"镇长笑了笑，说："我想用这煤渣铺好路，这样的话，那些路人就再也不用踩着我家花圃走过泥泞的道路了。善待别人就是善待自己嘛！"洛克菲勒终于有点明白了。

"善待别人就是善待自己。"善待自己谈判中的伙伴，而不是总想着怎样从对方身上获得好处，这是谈判中创造高价值的最有效方法。因为，主动给别人创造更多的方便，别人就不会算计我们的利益，而是会用同样的心态来回报我们。更何况合作本身就是将两个利益个体变为一个利益主体，只有大家齐心协力的话，谈判换来的合作关系才能发挥最大的效力。

10. 提醒对方注重整体利益

提醒对方注重整体利益，也就是让每个人都养成一种团队合作的习惯。

——北大课堂引用名言

谈判的双方本就属于不同的利益团体，之所以能够坐下来谈判，是因为彼此之间存在着共同的利益。要想让谈判成功地继续下去，并最终取得一个成功的结果，那么一定要在谈判中反复提醒对方注意整体的利益。

"没有永远的敌人，也没有永远的朋友，只有永远的利益。"这是在商场上打拼的人都知道的一句话。那么，怎么把敌人变成朋友，让朋友保持忠诚呢？那就只能保证双方的整体利益永远是一致的。纵观世界历史，我们会发现，两个国家的结盟往往是在面对共同的敌人，或者侵略共同的猎物时，而两个国家的战争往往是因为敌人已经被消灭，彼此之间开始了新一轮的利益争夺。所以，如果对方在谈判中开始与我们进行利益争夺时，我们不妨提醒他们小心一下我们背后共同的敌人，同时让他看到我们联手所能得到的猎物。这样，就可以保证谈判和合作的顺利进行了。

有的时候，同一个利益团体内，因为部门不同，相关利益也不同，严重时甚至会互相对立。如果其中的一方一味采取自我本位，不顾全局利益，那么势必将无以顾全整个团体的目标。所以，杰出的谈判者应该超越"部门"的立场，以使整个团体获得更大的利益为目标。若能经常考虑这一点，同时提醒自己的同事也考虑这一点，那么就不会产生对立情形。整个谈判都会在融洽的氛围中达成一致。

11. 双赢谈判的四块基石

自己生存，也让别的动物生存，这就是善。只考虑自己生存不考虑别人生存，这就是恶。

——季羡林

那么要赢得谈判，我们要讲一下赢得谈判有哪些基本原则：

1. 拟定一个双赢的谈判计划

任何谈判计划，只有以'双赢"为核心，才能促成签约。这份计划的谈定是满足各方的利益，也是避免各方面利益冲突的关键。谈判中守住自身的利益固然很重要，但是考虑到对方的立场也是很重要的。

2. 要善于倾听对方的意见

优势的谈判者非常善于倾听对方的意见，一方面你可以从对方的谈话中抓住对方的破绽，洞悉对方的弱点；另一方面优势的谈判者能够从对方的角度出发，以双赢为目标，充分考虑对方的意见看法，促成谈判。

3. 从对方的角度出发

即便是对抗性的谈判，也需要时刻以对方的真实需求为基础，从对方的立场促成合作，你只有找到最适合对方的产品或者服务，你才能激发对方的欲望同你合作，也就能实现你要达到的双赢。

4. 追求双方共同的利益

所有谈判的双方都存在着共同的利益，这种共同利益就是促成双方谈判的根本原因，而追求这一共同利益的过程就是双赢的过程，双赢的目的不仅仅可以联系双方的关系，同时也推动着谈判顺利进行，当我们遇到了冲突，不妨从双方的共同利益下手，寻求互惠互利的解决方案。

12. 为自己创造筹码

山东口音也确实难改，因为它是孔子、孟子、墨子、孙子的口音，历史的积淀太厚重了。

——北大课堂引用名言

谈判就是筹码竞赛，所以，要想在谈判中获得主动地位，谈判者一定要牢记"创造筹码"这四个字，不断地找出筹码。

能够给对方带来压力的条件才可称为筹码，如果条件无关痛痒，那就不是筹码。创造筹码要反应敏捷，要随着环境的转变随机应变，找出能够给对方施加压力的条件。节约成本是创造筹码时要兼顾的一个问题，应尽量用低成本换来大利益。

下面是一个关于如何创造筹码的案例，通过这个案例你可以看出，施加压力是筹码必不可少的条件，同时，节约成本好处很多。

一个四岁的小男孩同样可以通过为自己创造筹码的方式为自己赢得谈判的胜利。

当妈妈带小男孩去逛百货公司时，小男孩看到卖玩具的柜台里摆满了各种玩具，于是他一眼就看中了其中一个玩具。可是妈妈本来没有打算给他买玩具，于是，小男孩想了一个方法来赢得自己与妈妈之间的谈判，那就是为自己创造更多的谈判筹码。

小男孩仰起脸来问妈妈："妈妈，我今天乖不乖?"妈妈笑着摸摸他的头说："宝贝今天很乖。"谈判的第一回合结束，小男孩为自己赢得了第一份筹码。

接下来，小男孩提出了自己的谈判条件，他接着问道："那么，妈妈会不会给我买一个玩具呢?"妈妈这才明白自己上当了，果断回答说："不会。"

小明大声喊道："你是全世界最好的妈妈，给我买那个玩具吧!"

玩具柜台周围的人都回头看着他们。

妈妈红着脸说："好吧，那就买一个吧!"

案例中的小男孩可谓是一个谈判高手了，为了达到买玩具的目的，他用了两种办法。首先他想用自己一天的良好表现来打动妈妈，但是没有成功。紧接着，他利用了群众的力量向他的妈妈施加压力，赢取了谈判的胜利。

小男孩采用的第二种方法非常节约成本，比一般的大哭大闹要好得多。小明还具有一个谈判高手必须拥有的勇气，提出一个筹码被否决后，马上又提出另一个，最终取得了成功。

第 7 章

看穿对手才能赢得畅快

1. 准确把握对方心态

言人之所言，那很容易；言人之欲言，那就不太容易；言人之不能言，就更难。我就要言人之欲言，言人之不能言。

——马寅初（北大教授，著名经济学家）

当我们在谈判中需要说服对方的时候，先要从对方的心理世界出发。了解了对方的心理，我们才能在谈判中让自己立于不败之地。

曹操在统一北方之后，于始把自己的注意力放在了南部的江山。于是，刘备的军队被打得东躲西藏，东吴的内部也是人心惶惶，年轻的孙权刚刚从兄长孙策手中接过重担，他既没有经验，又缺乏自信，所以对于是战是降一直拿不定主意。

这时，诸葛亮应鲁肃之邀，过江来说服孙权，联合孙刘两家的军队，一起抗曹。在路上，鲁肃再三叮嘱诸葛亮，千万不要让自己的主公孙权知道曹操兵强马壮，实力雄厚。否则，孙权很可能会选择张昭等人提出的投降策略。

诸葛亮笑而不答，只说过江之后，自己会随机应变。在舌战群儒之后，诸葛亮面见了孙权。孙权毫不客气地问："你辅佐刘备与曹操数次交手，不知胜负情况如何？"诸葛亮如实回答说："我家主公的兵力不过几千人，大将不过三四人。新野又是小城，粮草缺乏，所以我们根本不是曹操的对手。"孙权一听诸葛亮所说与自己掌握的情报相符，于是进一步问道："那么，曹操一共有多少兵马呢？"诸葛亮说："曹操先是破了吕布，后来又灭了袁绍，接着收了北番，定了辽东，新近又平了刘琮，所以，他现在的军队已经是百万之众了。"

鲁肃在一旁直向诸葛亮使眼色，孙权听后也大吃一惊，因为他手下也只有精兵五六万，根本无法对抗曹操的百万大军。于是，他对诸葛亮说："曹操怎么会有这么多兵马呢？你不是在乱讲吧？"

面对孙权的质疑，诸葛亮平静地说："曹操的军队何止百万，我刚才还是故意少说，实在是怕吓到您呀。曹操在兖州时就有青州军四五十万；平了袁绍，得兵四五十万；又在中原新招了二三十万的兵力；如今得到荆州的兵力，也有二三十万。如此算来，曹操的兵马不下一百五十万。"孙权听诸葛亮所说有理，定了定神，接着问道："那么，曹操手下的将领又如何呢？"诸葛亮笑着说："曹操手下足智多谋之士，能征善战之将，至少有一两千人！"

此时的鲁肃已经被吓得脸上变色了，孙权也开始重新审视自己与曹操的力量对比，却又不愿意在诸葛亮面前表现出来，于是又把球踢给了诸葛亮，嘴上不禁问道："那么，依先生看，我东吴对曹操应该是战是和呢？"

诸葛亮说："您刚刚继承了东吴的基业，自然应该谨慎而行。现在曹操军权在握，挟天子以令诸侯，大有席卷天下之势。只有我家主公不识时务，现在已经惨败。所以，我奉劝您不如早早投降，既可以免除江东生灵涂炭，也可以保全自己的性命。"孙权听后默然不语，随即觉得诸葛亮的话像是讽刺，于是问道："既然如此，那么刘备为什么不投降曹操呢？"诸葛亮长叹一声，说道："齐国的壮士田横尚且能够坚守道义而不屈服，何况我家主公是汉室宗亲，英才盖世。曹操名为汉相，实为汉贼。就算我家主公被曹操打败，也是宁为玉碎不为瓦全，岂有向汉贼屈膝的道理？"孙权听后，觉得诸葛亮分明是在瞧不起自己，于是拂袖而去。

鲁肃看诸葛亮说服孙权抗曹失败，就上前埋怨诸葛亮说："我早就让你不要惊吓我家主公，如今却惹得我家主公拂袖而去，你我都没办法完成使命了。"诸葛亮看看鲁肃，故意高声说道："这事也怪不得我。要怪就怪你家主公为什么不来问我如何对抗曹操，却来问我是战是降呢？曹操虽有百万雄兵，却是虚张声势，只要孙刘两家联合，举手之际，就能让曹操的百万之众灰飞烟灭。"

鲁肃闻言大喜，马上跑到后堂去再次请出孙权。孙权听说诸葛亮有对抗曹操的办法，于是又走出来说道："刘备势单力薄，尚且与曹操顽抗到底；我坐拥江东十万之众，又怎么能不战而降。只是不知刘豫州新败之后，还能不能共当此难。"诸葛亮听孙权如此说，知道他已经决心抗曹，于是说道："我家主公虽然新败于新野，但是关羽手下，还有精兵一万，刘琦手上也有江夏士卒一万。而曹操虽然人多势众，但他们远道而来，已经是疲惫不堪了，正所谓'强弩之末，势不能穿鲁缟也'。又况且曹操的士卒都是北方人，他们不习水战。

而投降曹操的荆州官兵，虽然精于水战，却并不能为曹操卖命。如此说来，只要孙刘两家同心协力，联合抗曹，一定可以大获全胜，匡扶汉室江山。"

孙权听罢大喜，更加坚定了抗曹的决心，说道："听了先生的话，不禁让我顿开茅塞。吾意已决，即日起兵，与刘豫州联手，共灭曹操！"后来，曹操的百万之众，在孙刘两家的联手之下，果然"樯橹灰飞烟灭"了。

我们知道，诸葛亮过江谈判的目的就是要说服孙权联合抗曹，但是，此时孙权的内心却在犹豫不定，而且十分怀疑诸葛亮的动机。如果他苦口婆心地劝孙权抗曹，喋喋不休地贬低曹操，反而会引起孙权的戒心与反感，最后恐怕要无功而返了。

但是，诸葛亮先是站到了自己的相反立场上，对曹操的实力盛赞不已，并且不停地向孙权施加压力，让他不战而降。直到孙权产生怀疑，问他刘备为何不降时，诸葛亮才说出刘备的气节，故意激怒孙权，其目的就是要激发孙权抗曹的勇气和决心。

当孙权上钩之后，诸葛亮才开始认真地替他分析双方的实力，告诉孙权，只要两家联合，还是可以击败曹操、胜券在握的。如此一来，既加强了孙权抗曹的决心，又加强了东吴取胜的信心，最后才能取得赤壁之战的绝对胜利。

其实，在整场谈判中，孙权内心的一举一动完全被诸葛亮掌握了。因此，诸葛亮也就可以在谈判中收放自如，游刃有余地说服了孙权。由此可见，只要掌握了人心，就可以对于谈判中的各种问题应对自如，见招拆招，直至对方完全满足了我们的要求。

2. 察言观色，才能看准对方

一个成熟的人，他会从狭窄的观念思维里抽离出来。

——北大课堂引用名言

在商业谈判中，每个人都有自己独特的动机，作为谈判高手，就要善于观察，根据对方的动作、神色和言行，准确把握顾客的内心，清楚他们是怎么想的，然后因势利导，促成谈判的成功。

一个老板开了个服装店，由于非常善于察言观色，生意做得非常红火。有一天，来了一家三口人。其中一位是六十多岁的老婆婆，一位是戴着眼镜打着领带的青年男性，一位是穿着入时打扮得体的年轻姑娘。

老板见三人走进店来，连忙打招呼道："你们想买些什么？"

老婆婆对两位年轻人说："这里的衣服多，你们好好选选，看看自己究竟喜欢什么样的，要买就买自己满意的。"

老板一听，于是清楚了，原来这还不是一家三口，而是一位未来的婆婆带儿子来给自己未来的媳妇买衣服。

于是老板领着他们说："看看这些样式，这里全都有货，你们选选看，喜欢哪一种，我拿出来给你们看个明白。"

可是三个人都不说话，而老婆婆总是望着那些比较便宜的100元左右的裤子，而姑娘则总是围着200元左右的裤子在看，而男的则是一会儿看看老婆婆，一会儿又看看姑娘，显得有些不安。

于是老板明白了，这个老婆婆显然是想节约一点钱，买比较便宜一点的。而姑娘显然是追求时尚，想买尽可能时髦一点贵一点的，可是两个人都不好意思直接开口。而男的既不愿意开罪妈妈，也不愿意让女友不高兴，所以只好一声不吭地站在一旁。

看出他们各自的心思，于是老板就帮他们打圆场，他走到老太太身边道："像您看的这种100元左右的，是用一般的面料做的，价格便宜，比较经济，平时穿穿倒是比较合适，如果是一些特殊的场合或者要求稍微高一点，那么就不太令人满意了。"

说着老板又转到姑娘身边道："这些呢，看起来的确是比较流行和时尚，但是颜色都比较深，年轻的姑娘穿了多少显得有些老气，所以我觉得对你不太合适。"

说完，老板取出一件150元的衣服，说道："看看这件，样式是最新的，手工和质量都非常不错，年轻姑娘穿起来显得充满青春活力，而且落落大方，现在很多年轻女孩都喜欢买这种，看我订了五十多件，现在就只剩下这么几件了，我觉得您可以试一下，应该非常不错。"

老婆婆一看，比之前的200元的要少了50，顿时脸色也舒展了不少，姑娘看着也比老婆婆看的那几件要好看，于是三人都开始翻看这件衣服，彼此都说不错，于是很快就付钱买走了这件。

这个老板的确善于观察，敏锐地捕捉到了这三个人之间的关系，以及各自的消费心理，知道老婆婆就是想买比较便宜一点的，姑娘就是想买比较贵一点的，于是老板就帮他们采取了一个折中的方案，既不买低价格的也不买高价格的，就买价格靠中间的，击中了他们各自的心理，几个人都能接受，顺理成章地完成了这笔买卖。

3　做个称职的观察者

所谓聪明，不过就是换个角度，变个说法。

——北大课堂引用名言

既然在谈判中看穿对手如此重要，那么我们如何才能在谈判中洞悉对方的内心活动呢？显然对方不会像面对自己的心理医生那样，把自己内心的想法娓娓道来，这就需要我们成为一个称职的观察者。

如果我让你在谈判中塞上自己的耳朵去聆听别人讲话，你一定觉得我疯了。因为如果我们听不到任何信息，那么我们将完全无法了解对方在说什么，尤其是在谈判中这样做，是件十分愚蠢的事。但是，在谈判中塞上耳塞其实对你并没有太大的影响，因为谈判者的嘴里很难听到一句真话，但是你一定不能在谈判中戴上眼罩，也就是说，你一定要在谈判中仔细观察你的对手，因为他们的肢体语言从来不说谎。

遗憾的是，很多人在面对谈判对手时不会塞上耳塞，可是在观察对手的肢体语言时往往就像戴上了眼罩，根本注意不到对方身体所发出的信号。正如福尔摩斯对他的搭档所说的那样："你看见了，但是你没有注意观察。"为了说明人们疏于观察，我曾经在学员中做过这样一个试验：首先，让他们在最热闹的商场集合，然后让一个穿着大猩猩服饰的人从他们面前走过，当然，这个时候学员们正在讨论接下来的一些活动。结果，当我测试他们的观察结果时，几乎有一半的学员没有注意到他们中间的这只大猩猩。

在授课过程中，我总是听到一些这样的抱怨：

"昨天我的妻子竟然提出要跟我离婚，可是我之前竟然一直没觉得我们的婚姻有什么问题。"

"今天我的秘书告诉我，我们正在接洽的公司一周前就已经和我们的对手把合同签了，但是我竟然一直都不知道。"

"当时我正在跟我的一个朋友争吵，可是他竟然突然就动手打了我，我之前一直没有察觉到他有动手的意思。"

"我一直以为老板对我的工作很满意，可是让我没想到的是，昨天他竟然把我解雇了。"

来倾诉的人各种各样，他们的问题也是方方面面，相同的是，当问题出现时他们都觉得非常震惊，出乎他们的意料，这是他们从来不曾仔细观察的结果。在谈判中，一个人手脚的动作很可能与他的思想或目的大相径庭，但是，这些细节却很少有人发现，大多数人都习惯于用自己的耳朵，而不是眼睛去判断我们的谈判对手。

幸运的是，我们在接下来的课程中将会学到如何通过观察和解读谈判对手的身体语言来了解他们的真实想法，这样，我们就再也不用一生都过得糊里糊涂了。

在开始学习这些技巧之前，你需要做的是让自己的眼睛发挥出它本来的作用，让观察成为你生活的一部分。当然，用心观察要利用你的所有感官，而不只是眼睛。有时候，我们甚至需要用我们的鼻子进行观察，每次我走进对方的办公室时都会深吸一口气，如果闻到"异常"，我会格外留心。有一次，我走进一个陌生人的办公室里发现屋里回荡着一种古巴雪茄的浓厚味道，于是我就在谈判中跟他聊起了雪茄，结果这位经理马上觉得自己遇见了知音，最后还请我一起品尝了他的珍藏。

所以，无论什么时候，只要你是一个称职的观察者，那么你就已经向优秀的谈判者迈出了非常重要的一步。

4. 常见的身体语言

一个人最重要的能力是判断力。面对快速变化的外部环境和快速发展的产业，如果能及时准确地把握产业机会，就可能规避风险并快速获得成功，这一切都取决于一个人的判断力。

——北大课堂引用名言

当我们对自己的谈判对手进行观察时，首先应该注意的就是观察他们身上常见的身体语言。因为这些身体语言是所有人的共性，不但没有男女之分，甚至于国籍和文化背景都不会影响这些身体语言的准确性。比如，有时候你的谈判对手会紧闭双唇，看其的嘴巴似乎变成了一条僵直的线段。这时你就应该意识到，他们遇到了麻烦或是什么棘手的问题，你们的谈判一定有什么地方是对方不满意的。因为他们嘴上虽然没有说，但是他闭紧嘴唇的动作在告诉你："我觉得这件事情有待商榷。"

有一次，我代表一家旅游公司去和一家英国的航运公司谈判，在整个谈判过程中，我都坐在谈判对手的正对面，目的就是看清他的一举一动。谈判进行得很顺利，因为双方都会在这次谈判中获得不错的收益，而且建立了新的合作伙伴。当谈判进入最后的签合同阶段时，我建议他们最后将合同中事项一条条列明，然后双方做最后的讨论，一项一项达成共识。这样，我可以更近距离地观察对方公司的谈判人员，从而获得更多对谈判有帮助的信息。

当我的助手念出合同的某一条款时，这家跨国公司的首席谈判代表马上闭紧了他的嘴唇。这项条款涉及到价值几百万美元的建筑工程，而对方的身体语言告诉我，这一条内容不合地的胃口。于是我马上打断了我的助手，并询问对方，对于合同的这一条款是不是还有什么问题，如果还有问题的话，应该趁大家都在的时候再仔细讨论一下。结果对方马上说出了自己内心的顾虑，在最后签字的时候，我们的合同已经没有任何遗留问题，而那项单独拿出来探讨的条款，至少都帮我们省下了一百万美元。

当然，除了闭紧双唇之外，还有很多常见的身体语言是我们需要掌握的，比如对方双臂交叉在胸前表示拒绝和隔离，在讲话时摸鼻子或舔嘴唇表示他言不由衷或者在说谎，不停地搓手指或者抖脚尖表示对方已经感到不耐烦，或者试图在压抑自己内心的兴奋。只要注意观察，这些常见的肢体语言就会给我们在谈判中带来巨大的收益。

5. 对方的身体语言在表达什么

古人云："心者，行之端，审心而善恶自见；行者，心之表，观行而福祸自知。"这其实告诉我们，一个人只有读懂人心，才能把事情做得恰到好处。

——北大课堂引用名言

曾经一位伟人说过："人无法只靠一句话来沟通，总是得靠整个人来沟通。"在一些社交场合，使用得体的肢体语言，能够加强口头语言的表达效果，帮助对方快速理解你所要表达的意思，营造出和谐美好的社交环境。肢体语言与口头语言保持一致，有助于我们的沟通更为通畅；相反，与口头语言相矛盾的肢体语言则会阻碍我们的沟通与交流。

在莱温斯基绯闻事件的曰理中，美国前总统克林顿向陪审团提供证词时频繁地摸自己的鼻子。有人注意到，他摸鼻子达到 26 次之多。某身体语言专家由此得出结论：克林顿所提供的证词并不可信，他在撒谎！因为人在撒谎的时候，会频繁地摸鼻子，频率比平常要高得多。

在谈判中，如果发现对方不停地摸鼻子拉耳朵，则表明他对你的话不够了解，这时你可以把前面所说的话重复说一遍；对方如果用手指反复敲打座椅的扶手或桌面，则表明他对你喋喋不休的谈话表示厌烦；如果对方双臂交叉抱在胸前，表示他对你怀有戒备心，对你不够信任，有本能的排斥心理；如果对方看似随意地向下皱了皱眉头，则表明他对你的话并不认同，或是没有听清楚，如果是向上皱眉头，则表示你的话让他感到十分惊讶；如果对方坐立时上半身前倾，站立时昂首挺胸，双手背后，不时翻动外套领子，则表示他对自己充满自信；如果对方表现出坐立不安，使劲地绞手，则表示他内心惊恐紧张，等等。

6. 特殊的身体语言

任何人都无法保守他内心的秘密。即使他的嘴巴保持沉默，但他的眼神却会喋喋不休，甚至他的每一个毛孔都会背叛他！

——北大课堂引用名言

对于每个人来说，常见的肢体语言几乎都是一样的，这对我们在谈判中抓住对方的特点并没有太大的帮助。所以，要想真实地了解对方的内心想法，我们还要善于捕捉谈判对手身上的特殊身体语言，它是一种专属于某一个人的身体信号。想要识别这些特殊的身体语言，我们首先要建立观察对方的"基线"。

所谓"基线"，也就是对方在正常情况下的身体行为，包括对方的坐姿，手和脚放置的位置，以及面部表情，甚至包括他们放置自己物品的位置，如通常会把合同放在哪里。这是为了帮助我们分辨对方的"正常表情"和"重压下的表情"。就好像我们去医院检查自己的身体时，如果医生告诉你，你的嗓子疼痛是由扁桃体发炎引起的，你的原本只有核桃大小的扁桃体现在已经肿得有鸡蛋那么大了。核桃大小就是你的扁桃体的"基线"，当它变成鸡蛋大小的时候，你就应该知道你的扁桃体正面临着非常特殊的情况，这就是扁桃体自己的"特殊身体语言"。

在一次谈判中，我要和另外的两家公司签一个三方协议合同。在之前的谈判中，另外两家公司的代表都给我留下了非常好的印象，他们为人坦诚，待人热情，比如每次握手时，他们都会主动伸出手来，同时用力地握上一阵子才会松开。这是我对于他们观察时发现的基线，在接下来的谈判中，这些基线将会派上大用场。

当我们三方代表同时在一个宽阔的会议室见面时，我发现了非常反常的一幕：原本待人热情的双方代表，竟然只是象征性地握了握手，而且笑容显得有些尴尬。在接下来的谈判中，他们开始在自己的条款中含糊其辞，原来开诚布公的影子完全不见了。

于是我意识到，这两个人之间一定存在着什么误会。当天晚上，我的助手就发来了最新的资料，原来双方的谈判代表曾经在同一家公司就职，当时还是上下级的关系。后来因为其中一个人跳槽，原来的上司对此很不满，所以才造成了谈判的僵局。于是我马上联系其中的一家公司，建议他们更换谈判代表，最终保证了谈判的顺利进行。

所以，在谈判一开始的时候，你就要注意观察对方的"基线"和一些特殊的身体语言。因为，你对一个人越了解就越容易发现他身上的异常举动。比如，当你发现自己十岁的儿子最近经常有挠头或咬嘴唇的举动，再过两天就是他参加期末考试的日子时，你就应该知道他可能对于期末考试十分紧张或还没有做好充分的准备。因为这样的特殊身体语言是他在缓解压力时的招牌动作，以后每当你看到他做这样的动作时，你就会知道：我的儿子又有麻烦了。

7. 眼神中的秘密

控制风险，最重要的就是居安思危。

——北大课堂引用名言

通过眼睛来分析人的心理由来已久。一个人的心理所表现最显著、最难掩的部分，不是语言，不是动作，也不是态度，而是眼神。因为我们的谈判对手也许经受过专业的训练来掩盖自己的言语动作，但是只有眼神是无法假装的。

如果你的谈判对手眼神沉静，那么说明他早已成竹在胸，稳操胜算。只要在谈判中开诚布公，双方就会达成良好的协议。

如果你的谈判对手眼神散乱，那么说明他内心还是毫无把握。你得平心静气地将他引入谈判的正轨。如果过于着急，只会增加他六神无主的程度，这时是你显示自己谈判能力的机会。

如果你的谈判对手眼神生涩，仿佛有刺，便可明白他异常冷淡。如果你在谈判中有什么请求的话，那么现在可不是最佳时机。不如退而研究他对你冷淡的原因，再谋求把谈判拉回正轨的途径。

如果你的谈判对手眼神阴沉，那么你应该明白这是凶险的信号。他很可能正在你的背后盘算着如何对付你。如果你不是早有准备想和他见个高低，那么最好从速鸣金收兵。

如果你的谈判对手眼神流动异于平时，便可明白他是心怀诡计，想给你苦头尝尝。这时你应该步步为营，不要轻易相信他的甜言蜜语，这是钩上的饵，是毒物外的糖衣，要格外小心。

如果你的谈判对手眼神呆滞，唇皮泛白，那么说明他对于当前的问题惶恐万状。尽管他口中可能会说不要紧，但是他的心里却已经是六神无主了。这时如果你有什么条件或者解决方案，应该向他提出，并表示有几成把握，多半会赢得对方的同意。

如果你的谈判对手眼神恬静，面有笑意，那么说明他对于这次谈判非常满意。你不妨多说几句恭维话，你要有所求，这也是个好机会，相信一定比平时更容易满足你的希望。

如果你的谈判对手目光游移，神不守舍，便可明白他对于你的话已经感到厌倦，再说下去必无效果，你不如赶紧告一段落，或乘机告退，或者寻找新话题，谈谈他所愿听的事。

如果你的谈判对手眼神凝定，那么说明你的话题谈到点子上了，他认为你的话有一听的必要。这个时候你应该照预订的计划，婉转陈说，只要你的见解不差，你的办法可行，他必然是乐于接受的。

如果你的谈判对手眼神下垂，甚至低下头来，那么说明他此时心有重忧，万分苦痛。你不要向他说得意事，那反而会加重他的苦痛，你也不要向他说苦痛事，因为同病相怜越发难忍，你只好说些安慰的话，并且从速告退，多说也是无趣的。

如果你的谈判对手眼神上扬，那么很可能是因为他并没有把你放在心上，觉得你只是个小角色，根本不屑听你的话。这时，无论你的理由如何充分，你的说法如何巧妙，还是不会有期待的结果。

总之，如果我们坐在谈判桌后面自信观察的话，就会发现对方的眼神有散有聚，有动有静，有流有凝，有阴沉，有呆滞，有下垂，有上扬。这些眼神的变化，无时无刻不在向我们诉说着对方藏在心里的秘密。只要仔细参悟，我们就可以发现对方藏在眼神中的秘密。

8. 用座位画一张"人心地图"

在善察者看来，每个人的脸都是一张反映其内心心理活动的"显示器"。

——北大课堂引用名言

在谈判中，对方坐什么座位，怎样坐，都反映了一个人的深层心理。所以，有些时候，我们甚至可以单凭座位的选择就可以勾画出一个人的"人心地图"。

首先，谈判对手坐什么位置可以直接反映出他的地位，我们可以通过他们的座次判断出这次谈判的主攻对象，以及他身边副手的实力如何。

其次，是所有的人都有一个"身体范围"。通常，人是互不侵犯这种范围的，通过座位之间的物理距离也可以判断出对方与我们的心理距离。

比如在一个会议室里，如果有人想积极参与讨论，那么这些人大多数会选择坐在会议室前面的位置上。反之，有些人虽然不得不参加这次讨论会，但是他选择了距发言人较远的位置，那么显然他是不希望参加这次讨论的。

最后，对手选择的座位方向意味深长。通常在谈判中，对手只有两个方面的座位可以选择：一个是坐在我们的正对面，另一个就是坐在我们旁边的位置。如果对方选择与我们对面而坐，那么表明他在心里有一种距离感，这时，彼此之间有一张桌子之类的障碍物隔开会感觉比较舒服。此时双方都处于可以观察对方的最佳位置上，同时也会有一种对峙的感觉。而选择坐在我们侧旁的对手，则会与我们朝着同一个方向，注视相同的对象。在这种情况下，很容易产生某种连带感。

不难看出，对一个人坐的位置、坐姿进行标记、分析，简直就可以画出一张人心的"地形图"来。所以，我们可以通过他们坐的方向来推测别人的心理活动和与之相关的信息，这样你若想采取什么行动就有了对策。

9. 坐姿中隐藏的秘密

一个人的神情都反映了其内心心理活动的变化。

——北大课堂引用名言

对于所有人来说，最适合活动的状态是站立着。而一旦坐下，那么就表示这个人需要考虑自己要在这里坐多久。比如有些谈判对手选择在椅子上采取浅坐，说明他随时准备离开。当然，也有的人是因为紧张而处于随时采取行动的状态里，所以才会只坐在椅子的边缘。

而我们的谈判对手一旦松懈下来时，那么他就会坐稳在椅子上，同时伸出脚，这表示不会立刻站起。由此我们可以知道，在谈判中喜欢深坐的人在精神上占有优势，至少他希望自己有一种居高临下的气势。而浅坐的人则经常在谈判中感到不安，由此也显示出他在谈判中处于一种屈居劣势的状态。

为了更清楚地说明这一点，我们可以从狮子和马身上来看一看：狮子非常凶猛、强大，几乎是食物链的最高层。所以它可以悠闲地睡觉，不必担心自己突然遇到什么危险。而马这种食草动物经常受到狮子的攻击，所以它们就只好整天很神经质地站着，随时准备逃脱被吃掉的厄运。浅坐的人就好比草原上的马，他们在无意识中表现出一种服从对方的心理，在这种谈判对手面前，我们千万不要显得过于强大、傲慢，因为他们的内心会产生抵触情绪。

除了在椅子上坐得深浅之外，我们也可以根据一个人的坐姿来判断他深层的心理情况。比如有些人一坐下来就会跷起二郎腿，如果这是一个经验老到的谈判者，那么他的坐姿则显示了这种人的深沉和不服输精神。而一个初出茅庐的谈判者虽然也想通过翘起二郎来让自己看上去更自信一些，但是他们不时抖动的脚尖会出卖他心中的不安。

如果谈判对手是女性的话，她大胆地跷起二郎腿则表明了她对自己的容貌或衣着服饰相当自信。因为这样的坐姿，很有把握吸引男人的注意，同时也表示她有表现自己的强烈欲望。这样的女性对手自尊心很强，通常情况下她们都是强势的女人，在谈判中一定要注意迎合她的意思。

10. 不放过重要的细节

> 无论做什么，都要乐于和善于做小事，形成严谨务实的工作作风。
>
> **——北大课堂引用名言**

在谈判中，我们要想成功地看穿自己的对手，那么就不能放过对方身上的每一个细节。有时候，一个看似不起眼的细节，往往能够决定一场谈判的成败。

塞西尔是一个艺术中心的销售代表，这里的艺术品动辄五六百万一件，因此销量并不是很大，但塞西尔却总能取得不错的成绩。

那天，一些参观者组团来参观塞西尔所在的艺术中心，销售代表们个个摩拳擦掌，准备为自己的业绩添点光彩。他们的观察能力都很强，只需要瞧瞧来者的私家车，再瞅瞅来者的穿着，就大概猜到对方的经济实力了。参观团来时，销售代表都抢着去接待她们认为的潜在客户，而一位中年男士却被晾在了一边，他是坐公交车来的，而且身上也没有其他客户身上那种咄咄逼人的气势。

塞西尔正准备接待一位开私家车来的客户，忽然一个细节吸引了他，那位男士在不经意中看了看手表。正是这个细小的行为，令塞西尔立刻改变了主意，转而和那位男士开始交谈起来，并且把最好的一套艺术品介绍给了他。

这笔生意做得出奇的顺利，男士爽快地签下了合同，上百万元的购物款没几天就悉数到账了。这位男士是这批参观团中唯一出手的客户，塞西尔顺利拿到了三万元的提成奖，这让其他销售代表羡慕不已。

"他无非是看了看表，你怎么就知道他会买呢？"有同事好奇地问塞西尔。"他戴的是最新款的欧米茄贵族表，这款表价格至少在六位数以上，这足以说明他的经济实力远大于那些开着私家车来的客户。事实证明我没有猜错，他有一辆奔驰跑车，只是当天出了点小故障，他才坐车来的。"塞西尔说。

"你的运气可真好。"同事羡慕地说。"机会对大家都是平等的，只是我抓住了。当然，我也为此付出了很多心血。为了能更好地了解客户，我在业余时间看了无数杂志，浏览了许多时尚网站才记住了几乎所有奢侈品的式样和价格。如果没有平时的积累，即使那块表摆在我的面前，我也认不出来啊！"塞西尔感慨地说。

在谈判中的重要细节可以帮我们判断出对方的实力，也可以让我们在谈判中掌握先机。所以，当我们与自己的谈判对手第一次接触时，就要进行一次全方位的观察，以此来看穿对方的实力、诚意、性格、爱好等，为我们在今后的谈判中掌握先机打下坚实的基础。

11. 了解对方的诚意

除非内在的眼睛打开，除非你的内在充满智慧之光，除非你能够看到你自己，除非你知道你是谁，否则不要认为你是清醒的。

——北大课堂引用名言

在谈判中，最怕的就是对牛弹琴，那就等于瞎耽误工夫。比如你有一个很好的构想，想为公司开创新市场，于是你把自己的构想告诉了部门主管。可是，你的主管虽然不得不说一些场面话，但他从没有真正地考虑过你的建议。这是因为，许多时候人们的思维习惯不但懒，而且喜欢躲躲藏藏。就好像我们有时候也不会直截了当地告诉上门推销的业务人员，我们没有兴趣，或我们已经和别人签了合同。在对方不断地采取不抵抗策略，以及不断地接受我们的免费午餐，并不断地说他们还没有做最后的决定的时候，我们就应该考虑一下，也许他并不是你的菜。

谈判对手在谈判中缺乏诚意，我们就说他不是你的菜，起码现在不是。比如他们会在你督促成交的时候含糊其辞，或者是在该做决定的时候"踢皮球"。在公司中，有许多人会避免做决定，甚至避免决定由谁做决定。于是，你的问题就像一个皮球一样，被大家踢来踢去。

所以，在谈判开始前，你必须先搞清楚谁是你的菜，谁不是你的菜。如果你发现对方在谈判中缺乏兴趣，或者没有权力来做决定，此时，你最好去找其他的人来继续你的讨论。比如你可以这样说："琼斯先生，我了解我现在的提议不是一个人可以决定的，我也了解你想建议你的其他同事处理此事。既然这不是件寻常的建议，我想知道，当此事再次提出讨论时，可否安排我在场？"当然，这种方法也不是百试百灵的，毕竟你的谈判对象根本不热心为你传话。但是把话说回来，要求了总比沉默要强，而且至少你已经弄明白了，这家伙根本不是你的菜。

12. 从衣服中看出对手的性格

一个高情商者，能从别人的举手投足之间看透其心意，从别人的小习惯、小细节中识别其才干和为人，从眼神和话语中判断出隐含的动机。

——北大课堂引用名言

懂得谈判礼仪的人都不会随便穿上一身衣服就坐在谈判桌上的，他们在谈判当天所穿的衣服一定经过精挑细选，而在他们选择衣服的过程中，无疑也透露了他们自己的性格。虽然我们本来都是赤裸裸地来到这个世界上的，但是为了隐藏自己的真面目，所以大家都要穿衣服。而人们对于衣服的选择，包括颜色、质地、款式等，则会把自己的性格毫无掩饰地透露出来了。

如果我们在谈判桌上发现我们的谈判对手总是穿着引人注目的华丽服饰，那么我们初步可以判断他有很强烈的自我表现欲，同时他对于金钱的欲望特别迫切。因为衣着华丽者大多爱出风头，所以当你看到这类谈判对手时，你就应该多多夸奖他们的服饰，并跟他谈一谈金钱方面的问题。这样不仅是满足他的表现欲的一个好办法，还可以马上把你的谈判对手化敌为友。

如果你的谈判对手穿着朴素，不爱穿华美的衣服，那么我们可以判断出他缺乏主体性格，对自己的信心不足。这样的对手通常希望对别人施予威严，以此弥补自己自卑的感觉。由于衣着朴素者缺乏自信，喜欢辩论，所以我们在遇到这种谈判对手时，千万要避免与他们争执不休。越是自卑的人，越想掩饰自己的自卑，越会与人喋喋不休地争吵，这时候我们承认他的观点，反而会取得意想不到的效果。

如果我们的谈判对手完全不理会自己的身材和肤色，只以流行为嗜好，那么我们可以判断出在他的心底里常有一种孤独感，情绪常波动。由于喜欢追求时尚的谈判对手情绪经常波动不安，我们一定要在谈判中多表现对他的认同，以此来安慰他内心的孤独感。

如果你发现谈判桌对面坐的是一个对于流行时尚毫不关心的谈判对手，那么你在接下来的谈判中就会对他的强硬性格留下深刻的印象。因为这种人拒绝跟别人同调，他们常常以自我为中心，经常弄得大家索然无味。所以，在谈判中你要把自己的观点变成对方能接受的形式表达出来，这样你们之间的谈判才能够顺利进行。

13. 洞悉对手隐藏的表情语言

谎言往往披着美丽的外衣，我们要时时提防。

——北大课堂引用名言

在谈判桌上大多数对手不愿意让别人看出自己的内心活动，不论是喜是怒，他们都会努力把自己的表情语言隐藏起来。如果我们单从表面上看，往往就会判断失误。

比如，有些谈判对手并不满意我们给出的条件，但是由于处于劣势，所以他们只能敢怒不敢言。这时他们的脸上经常会装出一副毫无表情的样子，显得毫不在乎，但是，其实他们内心的不满很强烈。这时，如果你仔细观察他的表情，就会发现他的鼻孔放大，嘴唇闭紧。如果你在谈判对手脸上看到这种表情，最好马上停止自己的攻势，避免正面交锋。或者选择其他的时间，开诚布公地与对方交换意见，这样就可以圆满解决彼此之间存在的隔阂了。

再比如，当一个人的内心愤怒悲哀或憎恨至极点时也会微笑。通常人们说脸上在笑，心里在哭的正是这种类型。由于每个人都会顾及自己在谈判桌上的形象，所以纵然坐在谈判桌另一面的对手满怀敌意，但他表面上也会装出谈笑风生，行动也落落大方的样子。如果你仔细观察，你就能够看出对方的真实感情。比如愤怒的时候虽然脸上在笑，但是眉头会皱起来，眉梢则会微微向上；而悲哀的时候眉梢会向下，脸上的笑容也是苦笑；如果我们说到一个对方憎恨的人，对方表面上会做出微笑的表情，可是嘴角却会轻轻抽搐，露出一副鄙视和不屑的神情。

由此可见，我们在谈判桌上如果不能洞悉对手隐藏的表情语言，就会产生判断失误。满天乌云不见得就会下雨，笑着的人未必就是高兴。很多时候，人们在谈判桌上把苦水往肚里咽着，而脸上却是一副甜甜的样子。反之，当对手脸色沉下来，大喊自己吃亏的时候，说不定心里在笑呢。

14. 时刻嗅出对手的"松懈信号"

第一次犯错是不知道，第二次是不小心，第三次一定是你故意的！

——北大课堂引用名言

时刻留意对手的身体语言所传达的有用信息，而不是完全把精力放在对手的语言和合同上，有时更有利于我们获得谈判的成功。如果我们无法判断出对手身上的"松懈信号"，那么一直谈下去也不会得到我们想要的结果。以下是对手身上常会出现的一些"松懈信号"。

1. 松懈的人：在谈判中有些人不好好坐直、不够专注、一副垂头丧气的样子，这是再明显不过的松懈信号。这个时候，使对手紧张、严肃一点的方法是用眼神的接触。当我们在谈判中谈到一些要点时，可以运用眼神的接触来确定对方是否同意，不管是如何松懈的人，几乎都会对眼神接触有所反应的。

2. 紧张的人：有些人在谈判中焦躁不安、甚至身子僵直，同时他们的谈话过于僵硬、不自然，这说明他们被这种面对面的谈判搞得十分紧张。此时你能做的是，放松对手的心情，让他有宾至如归的感觉。你可以建议比较舒适的座位安排，或者采取主动，松解你的领带，卷起你的袖子，来表示一切会很舒适轻松的。

3. 抖脚的人：与抖脚的人谈判总是令人无法集中精神，甚至会产生挫折感。你必须让对方的脚尖停止抖动，具体的方法是：让他站起来，去吃顿午饭，喝点饮料或散散步提提神。我们完全可以在散步、走路时完成交易，美国国务卿亨利·基辛格是运用此技巧的佼佼者，也是"走路谈判"的大力提倡者。

4. 擦眼镜的人：当你的谈判对手在摘他的眼镜，开始擦拭时，这是他在仔细考虑某一论点的信号。所以，当擦拭开始时，不要再施加压力，让你的对手有足够时间考虑，等眼镜再挂上鼻梁时，再重新谈判。

5. 抽烟斗的人：喜欢抽烟斗的人通常运用烟斗作为谈判的支持物，当他们伸手取火柴点烟时，我们应该停止谈话。等他点好烟开始吞云吐雾时，再继续谈话。所有烟斗终究会熄灭的，必须暂时放在烟灰缸或烟斗架上，在对方有重新拿起烟斗的冲动之前，给他一页数字、一本小册子，或任何能令他参与你的谈话的东西，这样你就可以在接下来的谈判中不再被他的烟斗干扰了。

其实，嗅出对方"松懈信号"的关键还是关心我们的对手，注意他的行为举止，如果事情似乎不顺的话要有所警觉。如果对方的松懈是所谈的内容造成的，我们就必须试着从其他方式、角度来阐述自己的论点。如果对手的反应是因为其他因素，比如我们阐明自己主张的方式或者态度不适当，导致对手忧虑咳嗽、弹指、转笔以及其他不耐烦和紧张的信号时，你必须对此做出适当的反应，以利于谈判的顺利进行。

15. 听其言，辨其意

当一个人还在把事儿往深入里说的时候，就证明他还没有达到深入的阶段。真正达到深入境界的人，就开始把话往家长里短说了。就好像一个人从来没有登过这个山顶，他肯定老是说这个山顶无比美妙，什么什么特别好看，咱俩啥时候去吧。但是真正登过山顶，站在山顶上的人，他开始说山下的鸡鸣和炊烟了。

——北大课堂引用名言

有句俗话说：言为心声。在大多数情况下，闻其言便可知其人。不过，谈判中的对手十分复杂，常常出现例外。有时候，很动听、很漂亮的话很可能不是真话，而是假话。因此，在商场上与人打交道时，切不可根据一面之词就信以为真，那样就会上当受骗。我们应注意听其言，辨其意，透过语词，分析动机，做出准确判断。

一次，街上有两家推销饮水机的商人在叫卖，都说自己的产品是正宗品牌，但两者价格相差不少。刘先生听罢这家又看那家，拿不定主意。这时，售价较高一家的推销员说："我们的产品质量高，保证售后服务到家。如果不信，这是我与厂家签定的销售合同书，这是我的身份证。那里有长途电话，你马上可以与厂家联系核实，电话费由我出。"听罢此言，刘先生没有打电话，而是下决心买了他的产品。有人问刘先生，为什么要买较贵的这一家？刘先生道："我分析他说的是实话，是真的。"显然，刘先生不是盲目的，他从对方的话语中判断出了真假，才下定决心。

实际上，每个商场中人都有自己的利益，为了维护自身的利益，在言谈上并不一定直抒胸臆，往往要说一些言不由衷的话、带有潜台词的话，甚至是言此意彼的话。如果仅仅以其言词为依据进行判断，八成会造成判断失误。

所以，在谈判中千万不要"听风就是雨"，偏听偏信，片面判断。要注意认真倾听对手说了什么，再想一想他为什么这样说，动机本意在哪里，这样再行判断，就可能抓住要领，较为准确了。

16. 通过语言看穿对手

语言是一种"穿透力"极强的交流工具。

——北大课堂引用名言

如果你在谈判中仔细倾听，你会发现谈判对手的感情或意见都在他的话里表现得清清楚楚。也许这些并不包含在他所说的内容里，但是一定包含在他的说话方式中。只要仔细揣摩，我们就可以通过对方的语言，看穿自己的谈判对手。

1. 通过说话速度的快慢看破谈判对手的深层心理。

如果谈判对手心怀不满，或者持有敌意态度时，他们的说话速度就变得迟缓，让人听起来有一种顿挫的感觉。如果我们的谈判对手心中有愧或者言不由衷时，他们的说话速度自然就会快起来。

2. 通过音调的抑扬顿挫看破谈判对手的心理。

当你的谈判对手被你问到某个敏感问题，他打算向你说谎时，他说话的语调不仅会加快，而且会慷慨激昂，好像他的话绝对是值得信赖的，不容许别人有半点质疑。

如果在谈判中两个人意见相左时，对方提高说话的音调，即表示他想压倒你。如果你在谈判中碰到一个说话时有意地抑扬顿挫的对手，其实他是想制造一种与众不同的感觉，他心里有一种吸引别人注意力的欲望。这样一来我们就可以看穿他的心理，因为对方的自我表现欲已经隐隐约约地透露出来了。

3. 通过对方的倾听方式看破对方心理。

如果对方很认真地听我们说话，他大致会正襟危坐，视线也一直保持在我们身上。那么说明我们所谈论的内容正合对方胃口，他对这笔生意或者这个条款非常看重。反之，如果我们在说话时对方视线散乱，身体也在倾斜或乱动，那么说明他心情厌烦，我们得马上换一个能够抓住对方的话题。

有些谈判对手会仔细倾听我们的每一句话，等到我们快说完时，他们才会说出自己的意见。千万不要对这样的谈判对手掉以轻心，因为他们有着坚强的意志和异乎寻常的耐心。

为了更好地通过语言看穿我们的谈判对手，比如你想套出某方面的消息，那么你应该从一个平常的话题切入，然后认真倾听、提问、倾听。这样才不会引起对方的警惕，最终达到自己看穿对手的目的。

17. 有些谈判的功夫在谈判之外

一些人从来不需要服从条例，因为他们已经创造了巅峰。

——北大课堂引用名言

有经验的谈判高手不仅在大的方面关注对手，而且十分留意其举止行为的细枝末节之处，从中发现和洞察其内心世界。经验证明，人们的举止动作往往带有习惯性，它通常是经历、职业、爱好、心理等内在因素的自然流露。因此，我们可以从小小的动作、表情，洞悉一个人为人处世的品格和思想面貌。

有位外商到内地寻找合作伙伴，他到一个工厂考察，在听了厂长介绍，参观了工厂设施之后，虽有合作意向，但还是下定不了决心。中午厂长设午宴招待他，宴会结束时，厂长把剩下的饭菜打包提走了，这在内地官场上是很少见的。就凭这个小动作，这位外商感到他遇到了一个务实的、讲效益的企业家，当即决定与之合作，签了合同。后来的事实证明，这个合资企业办得很成功。

有些时候，我们除了要在谈判桌上得到自己的利益之外，更重要的是在谈判桌上找到一个值得信赖的伙伴。但是，在西装革履之下，每个人都表现得举止得体，对自己的信誉也是百般承诺。可是，去哪里了解对方最真实的一面呢？那就要把工夫下在谈判桌之外了。比如酒桌上，酒品如人品；再比如牌桌上，牌风似作风。其实，除了谈判桌以外，我们有太多的地方可以了解我们的对手。他们的一举一动都传递着大量的信息，尤其是这些举动越是在下意识中做出的，传递出的信息就越是真实。唯有能够读懂这些细节的人，才能在谈判桌上成为最终的赢家。

18. "理想价格"和"走开价格"

只有知道如何停止的人才知道如何加快速度。

——北大课堂引用名言

在关于价格的谈判中，我们必须知道的两个概念就是"理想价格"和"走开价

131

格"。所谓"理想价格"，就是对方心中理想的成交价格。而"走开价格"则是对方心中的价格底线，当我们叫出这个价格时，对方会马上中止谈判，抬腿走人。

比如你看上了一件商品，或者正在跟对方谈一项购买合同，当对方给出报价之后，双方都心知肚明这是第一轮交锋，接下来才是讨价还价的好戏。关键是，我们应该如何进行第一轮压价呢？

很多人的做法是马上抛出自己的"理想价格"，比如对方报价 70 万，而我们希望以 50 万的价格成交，就直接还价 50 万。这样做是很危险的，因为这让对方一下看清了我们的底牌。通常我会选择另外的做法。在听到对方的报价之后，我会做出为难的表情说："很感谢你所做的介绍，但是，让我们直接一点吧，你们能接受的最低价是多少？"

这时对方很可能会说，50 万吧，不能再低了。但是我知道，这是他心中的"理想价格"，如果我此时成交，他会在谈判之后和最好的朋友躲在办公室里一边喝香槟庆祝，一边大声说道："天啊，我简直不敢相信，他就这样接受了。50 万啊！这次我们赚大了！"所以，我还是做出一脸为难的样子，对他说："这个价钱我们还是接受不了，让我们坦诚些吧，最低是多少？"我会这样不断地反复试探，直到对方显得不耐烦了，因为我知道，这时候已经逼近了他的"走开价格"。于是我会找准机会成交，而此时的成交价，往往优惠得出乎我自己的意料。

是的，价格谈判的重点就是试探出对方的"走开价格"，只有在把对方逼到底线的时候，才是我们应该出手的时候。

第 8 章

先声夺人的开场策略

1. "能量交火"要在开口之前

空谈之类，是谈不久，也谈不出什么来的，它始终被事实的镜子照出原形，拖出尾巴而去。

——鲁迅

在谈判没有开始之前，双方在见面时已经开始了"能量交火"。要想让自己在接下来的谈判中站稳脚步，首先就要注意开口之前的"能量交火"，这个过程包括五步：

第一步：敞开心扉。对于谈判，我们必须拥有一个正确的积极态度。从自己的方面讲，你要自信、肯定自己，当然，也不能过于狂妄、盛气凌人。从对方的角度讲，你要坦诚、表现自己，让对方看到真实的你，用外向、开放的态度和对方进行交流。

需要强调的是，在这个过程中你一定不要用手或胳膊遮挡自己的心脏部位。因为这样会让对方觉得，你的心是秘密的，它只属于你自己。另外，如果有可能，你还可以解开西服或大衣的扣子，张开双臂来欢迎对方，这是一种心胸开放的表示。

第二步：传递眼神。目光接触是谈判中真正的接触，有的人害怕别人的目光，不敢正视别人的眼睛，这样就会让自己在接下来的谈判中处于被动。我们可以用谈判对手的照片进行练习，盯着照片中的眼睛看，然后运用到生活中。看着对方的眼睛，不但能表明我们关注对方，正在用心听对方说话，而且也可以用我们自己眼神中的坚定，让对方知道我们是不容易妥协的人。

第三步：面带微笑。如果我们很严肃地看着对方的眼睛，那么会让人产生一种畏惧感。所以，我们还要主动微笑。我们挂在脸上的善意而且自信的微笑，可以帮我们在赢得了对方注意的同时，给对方潜意识中留下良好的印象，让对方觉得我们是一个坦诚真挚的人。

第四步：简单问候。问候一定要简单，同时用愉快的语调。介绍自己一定要主动，不要等着对方问"你是谁"。

第五步：用心握手。握手应该坚定有力，以示尊敬，千万不要让对方握到一只有气无力的"死鱼手"。否则对方就会疑惑，就会感觉有什么不对劲。

完成了这五步之后，你虽然还没有正式和对方交谈，但你已经用自己的"能量"向对方"开火"了。在这短短的几秒或者几十秒中，你已经把自己良好的沟通意愿传递给了对方，双方的"磁场"已经发生了碰撞，一个良好的沟通就要开始了！

2. 微笑是谈判成功的良好开端

与人相处，"阳光原则"是高情商者所遵循的第一原则。

——北大课堂引用名言

美国密歇根大学的一位心理学教授在谈人际交往时的微笑，是这样说的：那些常常满面笑容的人，在管理、教育和谈判当中会更容易获得成功，更容易感染所有和他们接触的人。笑容比愁眉苦脸能更友好地传达一个人内心的状态，这也正是为什么要鼓励用微笑取代惩罚的原因。

安东尼是镇上的一位兽医，由于医术高明并且为人亲切，他的诊所里总是挤满了前来给宠物看病的人。有一年冬天，他的兽医候诊室中像往常一样挤满了人，他们都带着准备注射疫苗的宠物。大家不约而同地沉默不语，全都烦躁地等着医生喊自己的名字，也许每个人都在想也许该干些什么，而不是呆坐在那儿浪费时间。

就在大家等待的时候，进来了一位女士，她带了一个婴儿和一只小猫。她坐在一位女士的旁边，而这位女士因为等待太久正一脸的不悦。幸运的是，当她朝旁边看时，发现女士怀里的那个婴儿正注视着他，并天真无邪地向她笑。

这位女士的反应和所有人一样，她对那个孩子也笑了笑，然后就跟那位母亲聊了起来，谈到了她的孩子和她的孙子。很快，整个候诊室的气氛开始变得活跃起来，大家也都相互聊天，之前令人心烦的等待也变得可爱起来。

婴儿的微笑改变了候诊室的气氛，这就是微笑的魔力。在气氛严肃的谈判中，微笑是最富有感染力、是放之四海皆准的谈判开场高招。曾经有一家大型百货商场的经理说："我宁愿高薪聘请一个没有文凭但脸上总是挂着可爱微笑的女孩做员工，也不愿请一个高学历但整天板着脸的女孩。"由此可见，在谈判一开始就用微笑感染每一个参与谈判的人，那么谈判的结果一定会朝着对我们有利的方向发展。

3. 只叫"名字"不叫"姓"

高情商者都是能时刻站在他人的角度看问题的人。

——北大课堂引用名言

名字不仅是一个人的身份标志，从别人对你的称呼中，还可以看出你们之间的关系。当人们在谈判桌上提到对方的时候，往往是连名带姓一并称呼。如果在称呼谈判对手的时候，只提"名字"而不叫"姓"，则会加深彼此之间的关系，深化彼此之间的友谊。

2003 年，陶姜在北京师范大学毕业之后，顺利进入了顺义区的白杨中学担任一名语文老师。为了尽快认识班上的学生，就让班长按照座位排列顺序抄下全班同学的姓名，一有机会，陶姜就会刻意进行对号入座的记忆。

才过了不到三天的时间，陶姜就能叫出班上同学的姓名，第一次上课提问，陶姜就说道："戚谢龙，你能谈谈你对这句话的理解吗？"

戚谢龙吃了一惊，不知道老师是如何知道自己名字的，没有想到老师如此重视自己，顿时就感到非常的得意。每当陶姜叫出其他学生名字的时候，他们都感到非常的亲切和意外。全班同学对老师感到非常亲切，师生关系处理得十分融洽。

过了不久之后，再叫学生名字的时候，陶姜就只叫名字不叫姓了，比如叫戚谢龙回答问题，就直接叫"谢龙"而不再叫"戚谢龙"了。当同学们听到老师这样叫他们的时候，都会看到从眼睛里面流露出的一种非常欢喜的目光，马上就缩短了师生之间的距离，让严肃的师生关系变成了朋友关系。

从此以后，学生们都把陶姜当作自己的亲密好友，每当学生遇到什么问题或者困难，哪怕是一些非常私密的问题，都会去跟陶姜讲。

陶姜的确是个聪明的六学生，为了搞好自己与学生之间的关系，首先通过记住大家的名字，表示对同学们的关注，让大家对自己产生好感；紧接着就不再连名带姓地叫，而是直接称呼名字，更缩短了彼此之间的心理距离，使学生都把自己当成了好朋友。

我们也可以在谈判中运用这个办法，记住对方的姓名，进而只称呼对方的名字，而省略掉对方姓，会给我们的谈判对手留下一种十分亲切的印象。

4. 一开口就征服对方

重要的不是你说什么，而是台上台下的人有没有兴趣听。

——北大课堂引用名言

美国的第三十二任总统罗斯福以知识渊博、善于交谈著称。无论是政治家、外交官还是牛仔、骑兵，罗斯福都能够找到恰当的话题与对方交谈。那么，罗斯福的善于交际是来自于他的天赋还是渊博的知识呢？其实，都不是。真正的答案是，当罗斯福要接待客人时，总是让秘书找来客人的资料，在充分了解对方的兴趣爱好之后，他会选择对方最感兴趣的话题与之谈论，往往让对方产生一种知音难求，相见恨晚的感觉。

在谈判中，我们也应该提前做好功课，除了关于谈判的信息之外，还要找到对方感兴趣的话题来让谈判愉快顺畅。这样，不但避免了一见面时的尴尬，更可以在短时间内用人格魅力征服对方。

耶鲁大学的教授威廉·菲尔普斯小时候十分喜欢帆船，甚至到了痴迷的程度。一次，他到自己姨妈家过周末，遇到了一位中年人。小菲尔普斯并不认识这个人，但是这位客人在跟姨妈寒暄过后，就主动和菲尔普斯聊了起来。那时的菲尔普斯只生活在帆船的世界里，很少同陌生人交流。但是，这位中年人却让小菲尔普斯一改往日的羞涩，竟然同陌生人滔滔不绝地交谈起来。原来，在交谈中，小菲尔普斯觉得这位中年人似乎对帆船也十分喜爱，所以两个人一直以帆船为话题，很快就成了忘年交。

当小菲尔普斯依依不舍地送走自己的新朋友之后，他对姨妈说："真希望能够快点再见到他，他和我一样，如此地热爱帆船。"

姨妈笑着对菲尔普斯说："其实，他是一位纽约的律师，而且，对帆船并不是十分感兴趣。"

菲尔普斯大惑不解，问道："怎么可能呢？他一直都在跟我谈论帆船呢。"

姨妈摸着他的头说道："那是因为他是一位十分绅士的先生。当他觉得你对帆船感兴趣时，就会谈一些使你高兴的事。"

菲尔普斯恍然大悟，一直记得那位懂得交流的绅士，慢慢自己也成了应酬达人。

在谈判中，一开始的寒暄就会让对方判断出我们的人品、意图。有些人一开口就可以征服对方，因为他们很容易就给对方营造出一种他乡遇故知的氛围。在简短地交谈之后，简直就成了终身交往的朋友，而朋友之间谈起事情来，也就自然简单得多了。所以，谈判一开始的寒暄并不是浪费时间，我们不但能够从选择话题中看出一个人品位的高低，更可以通过选择合适的话题，创造良好的交谈氛围，快速拉近彼此的感情，一开口就征服对方。

5. 未谈生意，先谈感情

不对别人感兴趣的人，他一生中的困难最多，对别人的伤害也最大。所有人类的失败，都出诸这种人。

——北大课堂引用名言

贝尔纳是一个飞机推销员，准备去印度向印度航空公司推销飞机，但是打电话给决策人拉尔的时候，他的态度显得十分冷淡，并且只许诺给贝尔纳十分钟的见面时间。虽然机会非常渺茫，但是只要有一线希望，贝尔纳也不愿意放弃。

可是十分钟的时间的确是太短了，如果按照正常的推销方式的话，那么就连介绍飞机的性能都不够，于是贝尔纳首先考虑的问题是如何延长时间。

当他走进办公室以后，完全就没有谈飞机的事情，而是满面笑容地说道："我要向您表示我衷心的感谢，您给了我一个非常难得的机会，让我在我生日这天，又回到了自己出生的地方。"

拉尔一听，疑惑地问道："你是在我们印度出生的吗？"

贝尔纳说："对啊，我是 1929 年的 3 月 4 日在加尔各答出生的，我爸爸那时候是密歇尔公司驻印度代表，我们全家人都得到了印度人的照顾。我还记得在我小的时候，一位印度阿姨送给我一件好玩的玩具，至今都没有忘记。"

十分钟不知不觉就过去了，拉尔也被他绘声绘色的解说完全吸引住了，丝毫没有结束谈话的意思，眼看不久就要吃中午饭，于是说道："真没有想到今天是你的生日，我想请你待会儿与我一起用午餐，我帮你庆祝生日。"

在通往餐厅的车上，贝尔纳从包里面取出一个相册，递到拉尔眼前，拉尔一看不觉惊讶地道："这难道是圣雄甘地？"

贝尔纳说："不错，旁边那个小男孩就是我，那时候我刚刚四岁，那次我一家人坐船回国，恰好与圣雄甘地乘坐了同一艘船，这张照片就是在那次照的，这也是我们一直珍藏的宝贵礼物，我这次来印度也要特别去参观他的陵墓。"

拉尔听到这里，高兴地说："那我就代表印度人感谢你对圣雄和印度人的友好感情。"说完还跟贝尔纳紧紧地握了握手。

谈话进行得非常融洽，当午餐结束的时候，这桩买卖就谈好了。

贝尔纳在谈判的一开始，就是采用了"乡情"介入其中，通过自己的介绍，故事的回忆，以及照片的展示，来影响对方的情感，并最终让自己达到了谈判的目的。

6. 在谈判桌上树立威信

让对方觉得你配坐在他面前。不管什么人，部长也好，普通老百姓也好，所谓"配"，就是让对方感到"你懂我说的话"，不因为他是高官就仰视他，心态要平和。这样，在日后的采访中，能让别人把你当回事，还是一个"配"字。你更加"配"，他就会更重视你，采访出来的东西就会更客观、更准确。

——北大课堂引用名言

管理学家研究发现：成功的谈判者是因为他具有99％的个人威信和1％的权力行使。一个人之所以愿意接受对方的条件，绝大多数的原因，是对方拥有个人威信，像磁铁般征服了大家的心，最终使谈判双方达成协议。

威信是一个谈判者通过自己的品格、才能、学识、情感等对自己的谈判对手所产生的一种非权力影响。人们常常把谈判者的威信视为"无言的号召，无声的命令"。一个人如果在谈判桌上没有威信，那么他无疑就是失败的。因为，威信不高的谈判者在谈判中会如同"逆水行舟"，时不时遇到人为的阻力与压力，常常会陷入"说话无人听，利益无人问"的尴尬境地。而威信高的谈判者会得到自己谈判对手的信服，他们在谈判中如鱼得水，一呼百应，甚至可以左右整个谈判桌上的风向。

那么，如何才能在谈判桌上树立自己的威信呢？

1. 做遵守合同的榜样。再有权力的谈判者也不可以凌驾于合同之上，如果我们带头遵守合同，那么其他人怎么敢放肆呢？

2. 肯定谈判对手。优秀的谈判者应该尽量肯定和表扬谈判对手的才干和成就，要尽可能地把荣誉让给对方，遏制自己的虚荣心。我们越是把自己摆在后面，对方越是会觉得我们值得信任。

3. 言必信，行必果。谈判者对于自己的承诺一定践行，对于答应帮忙的事情一定做到，不要开空头支票，否则别人不会信任你。

4. 培养人才。除非你致力于培育人才，不然你自身是不会得到发展的。一个优秀的谈判者最大的成果就是能够为组织培养出一个优秀的谈判团队。而这些自己亲手栽培出来的人才，日后也会成为你的心腹。

5. 勇于承认错误。人非圣贤，每一个谈判者都可能会有犯错误的时候。直截了当地承认自己的错误，不仅显示出了自己的大家风范，而且往往能够赢得大家的尊重。

所以，谈判高手都十分珍惜自己在谈判桌上的威信，他们注重保持与对方的密切联系，注重树立良好的自身形象，练就高尚的人格力量，形成独特的谈判风格。他们有的严于律己，宽以待人；有的雷厉风行，作风过硬；有的亲和豁达，公私分明；有的勤恳扎实，不务虚华；有的锐意进取，敢为人先。凡此种种，谈判者在谈判中树立自身威信的方式方法、风格特点各有不同。

7. 在谈判中放开心灵

在做项目的时候，应该想到，你拥有的不仅仅是自己部门的资源，身边很多其他部门的资源都可以为我所用；而在你的日常工作中，也应该随时想到，自己的工作是否可以为身边的其他同事或团队提供帮助。当组织的每一个成员都这样做的时候，这个组织的整体效率就会是最高的。

——北大课堂引用名言

每个人都希望别人在谈判中以一颗真诚的心对待自己。但是，如果你想要得到他人的诚意，那么自己首先要用一颗真诚的心去对待他人。就像香港首富李嘉诚所说："你必须以诚待人，别人才会以诚相报。"的确是这样，只有诚心才能换来诚心。以小见大，我们可以说，正是李嘉诚身上的这种真诚成就了他的事业，并且帮助他在各宗商业谈判中取得了成功。

杰克·韦尔奇被誉为"世界第一 CEO"。他在通用电气集团一待就是 20 年，取得了辉煌的成就。韦尔奇是通用电气集团的历史上最喜欢开会的 CEO，一到开会时间，公司的所有高级主管们都会相聚在佛罗里达，和别家集团不同的是，开会的内容并不是由韦尔奇等高级主管们随意拟定的，而是根据下属的反映和提议拟定出来的。在韦尔奇的大力倡导和鼓舞下，通用的全体员工都非常愿意为公司发展出谋献策。韦尔奇对员工的每一个提议都会认真考虑，并给予足够的重视。曾经就有一个工人向韦尔奇提出了一个建议，这个建议就是：用压缩厂的设备来生产冰箱。韦尔奇考查了这个建议的可行性，并很快就采纳了，结果这个非常有创意的提议大大降低了通用电气生产冰箱的成本，就这样成功地建成了世界上最低成本的冰箱生产线。即使在面临倒闭的情况下，也使通用电气渐渐地恢复了它的实力，不断地发展壮大起来，逐渐跻身于世界五百强的前列，最终成为一家超级跨国公司。

这个故事告诉我们，只有真诚地对待身边的每一个人，给予他们一种源自心灵深处的尊重，让他们深深地感觉到我们的真诚，才能有助于保持我们和谈判对手的良好关系，有助于更好地开展谈判工作。

美国著名人际关系学大师戴尔·卡耐基曾经也说过："在人与人交往的过程中，如果能让对方从你的言谈举止中感受到真诚，那么他就会对你产生好感和信任。"比如，当你去商场买衣服的时候，销售人员真诚地向你问好，并且用真诚的态度热情地招待你，尽管他卖的衣服价格比较昂贵，你也有可能会舒心地买下那件衣服；再比如你到一家餐厅吃饭，结果销售员看人下菜，戴着有色眼镜看待你，并且态度非常傲慢，你就会觉得特别不舒服，即使餐厅的菜既美味又价廉，你也会毫不犹豫地走出来。

8. 在开价时占得先机

处理冲突最好的办法，就是避免冲突。

——北大课堂引用名言

亨利·基辛格曾经说过："谈判桌上的结果取决于你的要求夸大了多少。"换句话说，如果你是谈判中第一个叫价的一方，那么你一定要在一开始开出一个足够高的价格。因为对方会在接下来的谈判中，以你开出的价格为基础进行讨价还价，而你的叫价越高，你的成交价格也就对你越有利。

有一次，一位先生走进了一家高档服装店，看中了其中的一套西装。于是一边的导购小姐看出了他的心思，主动走上来说："先生，您真是好眼光，这套西装是今年的最新款，纯羊毛面料，意大利手工剪裁……"在一连串的夹杂着恭维和专有名词的介绍之后，这位先生终于找到插话的机会，问道："那么，这套衣服要多少钱呢？"导购小姐马上停住了滔滔不绝的介绍，依旧和蔼可亲地说道："只要5万块。"当时这位先生倒吸了一口凉气，心想：5万块，还是只要。但是这位先生真的很喜欢这套西装，在软磨硬泡之下，又办了店里的会员卡，这套西装最终以 2.5 万的优惠价格成交了。这样的半价成交对于这位先生来说，是一次不错的战果，这着实让他兴奋了一阵子。直到两个月之后，这位先生再次走进那家服装店时，导购换了一个新来的年轻姑娘。当他再次询问那套服装的价格时，她直接报价说 1 万元，这位先生才知道，当时以为占到了便宜实际上是吃了亏。

在谈判中开价高可以给我们制造一定的谈判空间。这样我们就可以在接下来的谈判中轻松地降价，让对方有一种获胜的成就感。

但是，较高的叫价需要一定的基础，比如对方的成交欲望很强烈，再比如我们的铺垫工作做得很到位。就好比一瓶矿泉水，在路边只能卖 1 元，在大型购物商场就可以卖 3 元，而到了五星级酒店里面，最起码要标上一个 10 元的价签。这不是敲诈，因为五星级就是酒店叫价高的资本。

9. 将价钱底线坚持到底

人生的奋斗目标不要太大，认准了一件事情，投入兴趣与热情坚持去做，你就会成功。

——北大课堂引用名言

在开始本节的学习之前，让我们先来做一个测试：

假如在狮子大开口之后，你已经在谈判中取得了 500 万元的优势，在接下来的谈判中，你要向客户做出 200 万元的让步，那么在接下来的谈判中，你会如何做呢？

A. 一次性降价 200 万，在接下来的谈判中坚守底线。

B. 开始时不作任何让步，直到对方准备放弃时一次性降价 200 万，促成成交。

C. 客户要求一次便把价格降低一次，而且每次降价的数量一样。比如分四次降价的话，就是每次降 50 万。

D. 降价幅度逐渐提高，比如分四次降价的话，每次降价金额分别是 10 万，30 万，60 万，100 万。

E. 降价幅度逐渐减小比如分四次降价的话，每次降价金额分别是 100 万，60 万，30 万，10 万。

答案解析：

A：开始即降很多，筹码尽失

B：坚持到底才降价，守口如瓶胆识足

C：要求一次降一次，显现软弱

D：愈降愈多，有失坚定立场

E：愈降愈少，减少期待

由此可见，在正常情况下的最佳降价策略是 B，将价钱坚持到底。当然，我们强调了是正常情况，也就是对手完全被我们的狮子大开口唬住了的时候。如果第一招狮子大开口露出了破绽，在接下来的谈判中还是选择坚持，那么就会让对方感到缺乏诚意了。

在谈判的讨价还价中，如果双方都不知道对方心中的预期价格，那么胜利往往属于更加坚持的一方。因为你的坚持已经在慢慢影响对方的心理预期，直到他彻底妥协。

10. 谈判的局势掌握在坚定者手里

要成为硬汉，就得有底气、豪气、骨气和浩然之气的。

——北大课堂引用名言

在谈判中一味地妥协、一味地讨好，是不能够取得谈判的胜利的。谈判者的态度应该是不会为了自己的利益而漠视一切，也不会为讨好对方而一味地妥协。他们都是兼顾对方的立场，坚定自己的立场，争取最大的利益。当然同时你让对方感觉赢了这场谈判，你才是谈判桌上的真正赢家。

在此我们不得不谈到"二战"时期的英国首相内维尔·张伯伦。在战争迫在眉睫、一触即发的情况下，还能找阿道夫·希特勒去谈判，费尽心思地想要避免战争的爆发。愿意牺牲捷克斯洛伐克一个国家的利益让希特勒把注意力转移到东欧，企图保全英伦三岛。也许当时希特勒觉得张伯伦就是一个傻瓜，可是人算不如天算，没过多久，历史验证了张伯伦的确是患有妄想症，还是一个十足的大傻瓜。

作为一个谈判高手来说，他会大胆坚持自己的条件，同时照顾到对方的要求，如此才能真正地让双方都得到一个满意的谈判结果。所以你的态度决定着你的谈判结果，在谈判前首先就应该确立的，只有做到心中有数，才能够更好地确定你的立场，从而把控你的谈判局势。

11. 第一时间万万不能"见好就收"

每个人的潜能都是来自于自我强迫中，你不强迫自己工作，你永远也不知道自己有多能干。

——北大课堂引用名言

如果你是谈判中的买方　当对方直接给出了一个理想的价格之后，千万不能在第一时间"见好就收"。我曾经跟很多朋友讨论过这样的问题，而那些第一时间同意成交的人，在之后的很长一段时间里都在用同样的问题折磨着自己，那就是：是不是他们的产品有问题？或者其实我可以做得更好的？为了在谈判中避免这样的失误，我建议大家在谈判中就反复地问自己这两个问题。

举个简单的例子：当你的车需要更换，而你又不想买一辆新车时，你只好用周末的时间，领着你的妻子到二手车市场碰碰运气。由于你们并不了解二手车的行情，于是你们做了一个预算，就是这次购车打算从存款里拿出 20 万的积蓄来成交。

当你们来到了二手车市场，老板是个和蔼可亲的中年人，得知你们的来意之后，为你们推荐了几辆不错的车作为选择。而且这些车都是九成新的，擦洗得跟新车一样光亮。当你询问价格时，老板给出的报价让你们大吃一惊，原来如此漂亮的车只要 15 万，远远低于你们的预算。这个时候，千万不要急于成交，先问自己第一个问题：他们的产品是不是有问题？于是你开始问老板，15 万的价钱是税后吗？老板说，是的，除了这 15 万之外，再不会收取其他的任何费用。于是你接着问，这辆车没有出过车祸吧？于是老板鼓励你亲自开出去试试。在开着车子转了一圈之后，你发现它不但没有问题，而且动力十足。你的妻子已经准备去跟老板签合同了。这时，你要问自己第二个问题了：我可以做得更好的。是的，你马上跟老板说，车子没问题，可是我们的预算没有那么多，希望老板便宜些。经过新一轮的讨价还价之后，最终你们用 13 万买到了自己理想的新车，而且价格比预算节省了 7 万，比报价节省了 2 万。

这就是为什么我告诉大家不要在第一时间"见好就收"的原因，因为，如果你盲目地收了对方的商品，那么接下来很可能发现，原来优惠背后隐藏着严重的质量问题，或者不断后悔　自己本来可以做得更好。所以，哪怕对方给出的条件高于我们的心理预期，我们也要按捺住心中的喜悦，继续和对方拉锯几个回合再做成交。

12. 找对的人、说对的话

智慧是一种透视，一种反省，一种远瞻；它是人生含蕴的一种放射性；它是从人生深处发出来的，同时它可以烛照人生的前途。

——北大课堂引用名言

相信大家在谈判中或多或少都遇到过这样的情况：当我们一要求降价的时候，对方就说自己没有这个权限；当我们一要求赔偿的时候，对方就说这件事不归自己负责。所以，在谈判中我们一定要找到对方掌握着决定权的人，如此我们才能够充分发挥出自己在谈判方面的知识与技能。

我在装修自己的新房子时，遇到过这样一件事情。我的整个装修预算是 10 万元，所以，我一开始就告诉工程队："这次装修我一共出 10 万元，你们看着帮我把房子装修得好一点。"但是，工程队的负责人没过几天就告诉我说："你们家的墙面情况比较特殊，地下的管线也很复杂，估计最终可能得 12 万才能搞定。"而且，在接下来的装修过程中，他们不断劝说我："既然是自己住，还是修缮一下屋顶吧，不然过一阵子漏雨就麻烦了。""自己家的房子，墙壁如不使用隔热材料是不行的，夏天怎么过得去呢？"同时，他们还告诉我，如果不进行这些工程，对房屋可能会造成很大的损伤，房屋的性能也会下降。

最终的结果就是，我不得不一再追加新的工程，最终支付了 15 万的装修费用。事后我总结了一下教训，我这个谈判专家之所以败给一个装修队的包工头，完全是因为我不应该自己亲自出马。试想，如果我让自己的夫人去传话，告诉工程的负责人自己的预算。虽然我们家的财政大权确实不在我的手里，但是我的夫人完全可以对外如此声称。她可以告诉那个精明的包工头："我没有增加支出的决定权，我们家的事情都是我丈夫说了算的。不过，我丈夫说过不能超过 10 万元的。你们还是想办法在 10 万元以内完成工程吧。"

如果包工头提出要找我谈谈的话，我的夫人还可以告诉他们："我的丈夫很忙，没有时间来处理家里的事情。"而此时包工头对没有决定权的夫人劝说什么，都是徒劳。工程队自然会放弃增加费用，想办法在 10 万元以内完成工程。

所以，自从经历过这件事情之后，我通常都会首先去找到对方能够掌握决定权的人进行谈判，然后在谈判中尽我所能地说服对方。因为我知道，只要搞定他，也就等于搞定了整个谈判。

13. 学会对第一次报价感到意外

我凭什么当面对他讲话。他是谁？

——北大课堂引用名言

在很多时候，坐在谈判桌前的人都是十分出色的演员。而获得谈判优势需要我们经常演出的一个剧目，就是学会感到意外。

可能你身边的人都是些永远不会感到意外的人，毕竟他们不是专业的谈判专家。比如我的妻子，她就从来不会对商场中的标价感到意外，即使在心里觉得意外也不会表现在脸上，因为在她看来，感到意外是一件很没面子的事。

记得有一次，我们一起去逛一家商场，她问店员："这件大衣多少钱？"店员回答说："2000 美元。"我的妻子接口说道："嗯，一点也不贵。"当时我就站在她的旁边，听到这话，我觉得自己的心脏病就要发作了。于是我在回家的路上给她讲了谈判中的一些心理技巧。比如，当对方在给出报价的时候，他往往会盯着你的表情，因为他想知道你的反应，然后选择接下来的策略。如果你对他的报价并不表示意外，那么他就会在接下来的讨价还价中坚持自己的价格，因为他知道，这个价格远没有触及你的心理底线。但是，按照我的专业知识，不论对方第一次给出什么样的报价，我都会故作惊讶地说："什么？你不是开玩笑吧？"我知道这么说可能会显得我很没有见识，但是这会帮助我赢得接下来的谈判，因为对方不得不站在我的立场上考虑问题。比如对于这个让我难以接受的价格，他会选择让步。

现在，我的妻子已经学会了这一招的要领，每次我们逛商场的时候，她都会在店员给出报价之后，故作震惊地张大了嘴巴，盯着对方说道："什么？你不是开玩笑吧？"然后呢，她往往用自己意想不到的优惠价格得到了自己想要的商品。

14. 不要被对方的情绪左右

伟大的心胸，应该表现出这样一种气质——用笑脸去迎接悲惨的厄运，用百倍的勇气去应付这一切的不幸。

——鲁迅

在前面的课程中我们已经学习过了，在谈判中要学会演戏，当对方第一次给出报价时，我们要学会惊讶。但是如果对方也使用同样的策略呢？此时我们应该如何应对来自对方的压力呢？

罗先生在担任房地产公司的总裁时，他的公司曾经打算购买某一集团的地皮。那块地皮上大约有10栋大楼，每栋3个单元，这块地皮的所有者是一群不动产的投资商，他们的报价是2000万，但是罗先生很清楚，公司要盈利，就一定要把价格压到一个远远低于2000万的水平，一家不动产经纪公司提出可以帮忙购买这块地皮，于是罗先生就把第一次报价让不动产经纪公司帮他提出来，如果他们之间谈不成，罗先生还可以直接找上门谈判。

当那位经纪人听到罗先生的第一次报价是1500万时，他非常紧张，感觉实在是太低了。而且还是经纪人主动找的投资商到他的地方谈，首先让对方掌握了控制权。经纪人用不到半天的时间回来了，并且垂头丧气的，说对方发了很大的火，怒气冲冲结束了谈判。但是还说价格最低不能少于1700万，否则没得谈。罗先生很高兴地和对方说："很好，你在短短的时间里就把价格降低了300万啊！"这个结果罗先生很满意。

从这件事中，我们可以清楚地看到，在谈判的过程中，人们总是受对方的行为或情绪的影响，而不是集中精力思考当前的问题。你要知道一个全职的专业谈判高手，会因为对方的挑衅行为而勃然大怒或者终止谈判，极少部分会愤然离席，但是这只不过是谈判的技巧而已。

谈判中，其实很多人提出的方案并不是他们真的是要这么做，这并不是他们的底线，就是为了要看到你的反馈是什么，如果你不惊讶，人家就会坚定第一次提出的方案和立场了。

所以，在谈判中你要让他们看到你最严重和最夸张到恐怖的表情。记住语言学家的建议：说什么不重要，一是看你说话的重音在哪里，再看你怎么说，你的肢体动作，你的态度、重点预期、视觉等这些来影响你的决心的东西，他们都是相信所看到的。

15. 抓住谈判对手的好奇心

这世间所有的问题，都可以还原成心的问题。

——北大课堂引用名言

有些时候，我们的谈判对手往往没有耐心听我们把话说完就做出了结论，这对我们十分不利。为了让谈判继续下去，我们不得不学会"卖关子"，在谈判对手的好奇心上做文章，如此才能为自己的陈述争取时间，为谈判的成功争取机会。

秦朝末年，天下大乱，西楚霸王项羽带领江东三千子弟逐鹿中原，向秦朝的都城——关中进军。由于项羽勇不可当，身先士卒，所以他们一路攻城略地，凯歌连连。但是，项羽本身却是个性格残暴的将领，每当他攻下一座城池之后，往往放纵手下烧杀抢掠，甚至还会把城里的百姓都杀掉。

有一次，项羽在率兵进攻外黄城时遇到了顽强的抵抗，这位常胜将军对此十分恼火，他在进城后下令把城里十五岁以上的男子全部活埋，以免他们再抵抗自己。眼看全城百姓危在旦夕，有一个少年挺身而出，决定孤身去说服项羽。

但是，他一个毛头小子怎么可能见到三军统帅呢？于是他对负责警卫的士兵说自己是项羽的儿子，现在有要事求见父亲大人。警卫不知是真是假，只好如实禀报。项羽听后又生气又好奇，因为自己第一次来到外黄城，怎么现在突然冒出这么大一个儿子来呢？为了一探究竟，他马上接见了这名少年。一见面，项羽就气势汹汹地问道："你好大的胆子，竟然敢冒充我的儿子，难道你就不怕我杀了你吗？"

少年不慌不忙地回答说："大王反抗暴秦，拯救人民于水火，所以大王就是人民的父母，小人就是大王的儿子。父母又怎么会杀掉自己的孩子呢？"

项羽觉得这个少年说得巧妙，就示意他接着讲下去。少年话锋一转，说道："外黄城百姓突遭彭越攻袭，无奈投降。今大王赶走彭越，百姓感恩戴德。现在有谣言说，大王要把十五岁以上的男子全部活埋，我觉得为了赢得天下的人心，大王不应该这样做。"

项羽一听这个孩子见识不凡，就说："你倒说说看，我为什么不能这样做？"

少年接着说道："彭越守城士兵众多，但因为不得人心才被大王打败，连夜逃走。彭越一走，外黄城的百姓就马上开城门迎接大王，可见大王深得人心。可是，如果大王现在对投降的百姓过于残暴却会失去民心，以后大王到了其他地方去，那里的人们就会拼死抵抗大王，进而影响到大王统一天下的大事啊。"

项羽听了这名少年的话，觉得确实有道理，于是马上撤销了屠杀城内人民的命令，并重重地赏赐了这名少年。

一个普通的少年竟能与西楚霸王谈判，并最终挽救外黄城数万民众的生命，很重要的一点就是因为他引起了项羽的好奇心。这位聪明的少年正是以项羽儿子的身份出现，才得到了召见，并以此为话题赢得了项羽的好感，并进一步替项羽分析局势，完成了拯救城内人民的任务。由此看来，当我们在谈判中遇到强硬的对手时，不妨在一开场先引起对方的好奇心，然后顺水推舟，让谈判一蹴而就。

16."不谈之谈"的妙用

人只有及时地清空自己，才能更清醒地认识自己，看清自己的内心。

——北大课堂引用名言

谈判难免要涉及金钱和利益，但生活中，多数人都不喜欢功利心太重的人，遇到这样的人，如果能够从生活现实谈起，说到对方所感兴趣的事情，往往不需要通过直接的谈判，就能达到自己谈判的效果，这便是"不谈之谈"的妙用。

原著名的柯达公司创始人伊斯曼，在事业蒸蒸日上之时，便捐献巨款在罗彻斯特建造一座音乐堂、一座纪念馆和一座戏院。

当时，许多建筑商为了承接室内的桌椅板凳，便纷纷与伊斯曼谈判。但是这些找伊斯曼谈生意的商人，一个个都是高兴而来败兴而归。后来，"伏美座位公司"的经理亚当森也想去和伊斯曼谈判，于是前去会见伊斯曼，希望能够得到这笔价值9万美元的生意。

但是，亚当森一开始就没有提到生意合作的事情，当亚当森被引进伊斯曼的办公室后，看见伊斯曼正埋头工作，于是就静静地站在那里仔细打量起这间办公室来。

过了好一会儿，伊斯曼发现办公室来了人，于是抬起头来问道："先生来此有何指教？"

这时亚当森没有急于谈生意，而是说："伊斯曼先生，在我等您的时候，仔细观察了一下这个办公室。我本人长期从事室内的木工装潢，但从来没见过装修得这么精致的办公室。"

伊斯曼回答说："不是您的提醒，我还真忘记了这件事情，这间办公室是我亲自设计的，当初刚装潢好的时候，我可是喜欢极了。但是后来由于太忙，一连几个星期都没有时间仔细欣赏一下这个房间。"

亚当森走到墙边，用手在木板上一擦，说："我想这是英国橡木吧，意大利橡木的质地可不是这样手感。"

伊斯曼高兴地站了起来，饶有兴致地回答说："是的，那是从英国进口的橡木，一位专门研究室内细木的朋友专程去英国为我订的货。"

伊斯曼心绪极好，说着便带亚当森仔细地参观起办公室来，并且一边看，一边把办公室的所有装饰一件一件地向亚当森作详细的介绍，从木质谈到比例，又从比例谈到颜色的搭配，从手艺谈到价格，然后又详细地介绍他的设计装潢经过。

亚当森微笑着聆听，显得饶有兴趣，直到亚当森将要告别之际，俩人都没有谈到生意的事情。可是到了最后，亚当森不但得到了大批的订单，而且还与伊斯曼结下了终生的友谊。

亚当森就是去和伊斯曼谈判的，目的就是为了得到那笔生意，但是一开始并不是马上谈生意，而是说起了办公室的装修，然后一直紧紧围绕伊斯曼所熟悉的木材说事，从头到尾几乎没有谈生意上的事情，但是最后却奇迹般地获得了成功。

这种方式之所以能取得成功，主要是不以利益为重的处事方式，给了别人探究的兴趣。并且，还表现得比别人从容，给人的感觉就是比一般人的境界要高，所以，对方愿意与你进行交谈。其实，在交谈中，彼此可以了解和感受，尤其是当谈话投机的时候，更是容易让对方接受你。很多时候，愿意与一个人做生意，实际上就是愿意与你交往。

17. 点燃谈判对手的热情

唯有满腔的热忱才会点燃心中的热望，唯有热忱才能驱使你朝向心中的理想全力奋进。热忱是一种神奇的要素，吸引所有走在成功路上的人。

——北大 10 博士给优秀学子的人生求学计划书

有些谈判对手因为掌握了绝对优势，所以往往喜欢在谈判桌上摆出一副冷若冰霜的面孔，对什么事情都不痛不痒。对于这样的对手，我们不妨从他的兴趣入手，点燃他的热情。因为每个人都有自己感兴趣的东西，比如有的人喜欢体育运动，有的人喜欢谈论军事，有的人对书法绘画感兴趣。总之，每个人都有一项自己感兴趣的事情，当我们以此为切入点时，再冷漠的谈判对手，也会变得积极热情起来。

温妮是一家广告公司总裁的公关助理，奉命聘请一位有名望的园林设计师为一个大型园林项目做设计顾问。但这位设计师已退休在家，并且此人性情清高孤傲，一般人很难请得动。

为了完成公司的任务，温妮认为，首先自己要博得老设计师的欢心，于是她对此做了一番调查。通过调查温妮了解到，老设计师平时喜欢画画，便花了几天时间读了几本关于美术方面的书籍。这天，她来到老设计师家中，当她说明自己的来意后，情况跟预料的一样：老设计师的态度很冷淡。

温妮见状，就装作不经意的样子，欣赏起老设计师的工作室来。她发现老设计师的画案上放着一幅刚画完的国画，便边欣赏边赞叹道："老先生的这幅丹青，景象新奇，意境宏深，真是佳作啊！"这番夸奖使老先生升腾起一股愉悦感和自豪感。

接着，温妮又说："老先生，您的画风跟清代的山水画家的风格很像啊！"老设计师来了兴致，他热情地给温妮介绍起自己画画的感受来。果然，经过一番聊天，老设计师的态度发生了180度的转变，话也多了起来。温妮便趁机提出了自己的请求。

最后，因为老设计师对温妮的表现很满意，便答应了担任公司设计顾问的邀请。

在谈判桌上的每个人都在寻找一种叫作"重要感"的东西。要想得到对方的认可，就要先认可对方。温妮之所以能请到那位固执的老先生，是因为她懂得，从对方的兴趣说起，这样一来就能拉近互相之间的距离。在与人谈判的时候，你是滔滔不绝地讲自己感兴趣的事情，还是认真地听对方说话，说一些对方感兴趣的事情呢？谈判高手当然会选择后者，因为这样才可以在开场时就点燃对方的谈判热情。

18. 事例是最有力的武器

有几分证据说几分话，有七分证据不说八分话。

——胡适

谈判桌上，双方都想要用自己的三寸之舌说得对手心服口服。可是，彼此都对另一方给出的结论充满怀疑，犹豫不决。那么，为了增加我们在谈判桌上讲话的分量，我们必须学会用实例来证明我们的观点，而不是光凭个人感情的渲染。

如果对方质疑我们的价钱太贵，那么我们不妨给他算一算原材料、运费、人工的成本，然后告诉他们，我们其实只是要了一个成本价；如果对方怀疑我们的产品质量，那么我们不妨领他们到车间去转一转，让他们知道我们用的是最上等的原材料，最先进的机器设备和训练有素的工人。总之，与其空口无凭地侃侃而谈，倒不如拿出实例为证，让对方心服口服。

在谈判中，对我们有用的事例包括：

1. 数据资料：如果在谈判中涉及产品的介绍，那么具体的数字和比率要比很多、非常好、遥遥领先等字样要有说服力得多。而且，当我们引用数据资料时，一定要保证数据的正确性，否则就会给对方留下反击的把柄。另外，还要引用最新的资料，不能总拿十几年前的资料说事。

2. 用户反馈：借别人的嘴来夸自己就避免了给人留下"王婆卖瓜，自卖自夸"的印象。每个人都有从众心理，如果我们在谈判中用其他用户的积极反馈来证明自己的实力，那么对方就会更加相信这次合作可以给自己带来好处。正所谓"金杯银杯不如大家的口碑"。

3. 威望和荣誉：我在谈判中介绍自己的产品时，常常喜欢说："我们公司的产品是业内最好的，没有之一。"然后，我会拿出我们在各种比赛和评比中的一等奖证书来给对方看。这一招在谈判中屡试不爽，因为每个人都希望自己得到的东西是最好的，关键是你拿什么来证明。

所以，谈判中实例才是我们最有力的武器。为了更好地征服对方，我们要在谈判之前把自己的武器准备好。

19. 永远比对方多想一步

我在美国最大的大学俄亥俄大学演讲时，3000 名学生曾起立给我鼓掌了 3 分钟，如果我的工作使外国人认为我的祖国是美好的，就是我的幸福和荣耀。

——北大课堂引用名言

谈判中的谋略，在很多时候都是先给对方设一个圈套，然后将对方一网打尽。就好像我们去森林中打猎一样，高明的猎人会把自己的圈套设置在猎物一定会出现的地方，同时非常隐蔽，这样才能保证自己的猎物会乖乖地走进来。

我的谈判老师曾经给我讲过这样一个案例：一家齿轮制造厂希望把自己的产品卖给休斯敦的一家大型推土机制造商。两年来，他们一直在给这家公司打电话，希望有机会亲自上门拜访，可对方似乎根本不打算换掉当前的供应商。

可是有一天，推土机制造商的采购员忽然转变了态度，给了齿轮制造厂一个很大的订单。但是这个订单中有一个附加条件，就是对方必须在三个月内把货送到指定的地点。其实，谈判的双方都很清楚，标准的送货日期是四个月，而三个月的时间内根本不可能完成这份订单。

于是齿轮制造厂负责谈判的人与生产部门的同事交换了看法，结果得到的答案是：对方如此数量的订单，就算四个月都不一定能完成任务。而且如果对方不再继续下订单的话，公司还要额外负担3万美元的固定成本。

于是齿轮制造厂的谈判代表在接下来的谈判中告诉对方：齿轮的价格是30万美元，同时对方需要支付3万美元的固定成本，即便如此，最快的交货日期也需要四个月。而那边的采购员坚持要求在三个月内收到货，只有这样，他的公司才能在规定时间里完成一个重要的项目。双方都很有诚意达成这笔交易，可似乎根本找不到任何解决方案。

最后，推土机制造商的采购员说："我和我们物流部门的人商量一下，看看他们有什么办法。我马上就回来。"说完，他离开了办公室，过了30分钟才回来。而齿轮制造厂的谈判代表脑子里是一团乱麻，想的都是失去这笔订单的后果。

当采购员回来时说道："现在有办法了，但我需要你的帮助。我这边的人说我们可以把齿轮空运到阿根廷，但如果这样的话，我们就会增加一笔报关开支。所以我希望你们可以把价格稍微降低一些，然后由你们出钱把轴承空运到休斯敦。"

就这样，谈判成交，而在这场谈判中齿轮制造商让掉了3万美元的固定成本，同时还答应承担5000美元的空运成本，但是无论如何他得到了一笔大生意。

在听完案例之后，我问我的老师，这个案例的意义何在呢？他告诉我说，在六个月之后，当齿轮制造厂的谈判代表坐在达拉斯一家酒店的咖啡厅，和一位曾经与那家推土机制造商打过交道的朋友聊天时才知道事情的真相：那是一家规范的公司，他们总是会留出至少六个月的富余时间。他们不可能急需供应商三个月内交货。所谓的送货日期，其实只是一个借口而已。对方采购员之所以在交货时间上大做文章，就是为了迫使自己减去固定成本和运输费用。

故事中那个中了对方圈套的谈判代表就是我的老师。最后，他告诉我说，这就是谈判中圈套的作用，我付出了很大的代价才学来的谈判策略。但是，我在之后的运用中通常不会让别人知道自己中了圈套，这样我的圈套就可以一直用下去。

第 9 章

切中要害的中场攻势

1. 谈判中把握说话的尺度

一个人，应该自信而不自负，执着而不僵化。

——王选（北大教授，计算机专家）

在谈判进入到中场阶段的时候，一定要注意把握说话的尺度，尽量避免因为滔滔不绝带来的失误。中国人一向不喜欢多说话，所以我们有"话多不如话少，话少不如话好"的俗语。

当然，在谈判桌上少说话并不代表不说话，而是要用精练的语句充分表达自己的想法；在谈判桌上多交流也不是说闲话，而是懂得言多必失的道理，让自己把话说得恰到好处。只有我们能够不落入三缄其口，或喋喋不休的两边错误时，我们才真正懂得了把握谈判中说话的尺度。

曾经有一位记者向美国的第二十八任总统——托马斯•伍德罗•威尔逊问道："准备一份十分钟的演讲稿需要花费您多少时间呢？"

威尔逊答道："大概两个星期吧。"

记者又问道："那么，准备一份一个小时的演讲稿呢？"

威尔逊回答说："一个星期应该足够了。"

记者再次问道："那么，准备一份两个小时的演讲稿呢？"

威尔逊笑笑，说道："那就不需要准备了，我随时可以开始。"

很多人也许对这位总统的回答感到莫名其妙，其实道理很简单：说得越少，越需要字斟句酌，用有限的时间讲清楚每一个细节，并且条分缕析，主次分明，是一件很难的事情。而说得越多越不需要动脑筋，只要随性而为就好了。这也是为什么，在谈判中说得多不如说得少的原因所在。

所以，我们在谈判桌上不但要学会精练语言，尽量少说，更要学会把握尺度，因人而异。因为谈判对手的身份阅历不同，他们对于谈话内容、形式的要求也就各有不同。有时，即使是与同一个人说话，也要考虑到他的身份和心情，这样才能做到充分地把握谈判中说话的尺度。

2. 谈判中需要注意的"回答"问题的方式

天生健康者容易彼此理解，天生病态者之间往往互相隔膜。

——周国平

谈判桌上，回答问题也是有许多讲究的。北大口才训练课指出，在谈判桌上，回答问题需要做好以下三点：

1. 不轻易作答。

在谈判中，许多提问者都会"要心眼"，提出一些模棱两可或者旁敲侧击的问题，意在摸清你的底牌。面对这一类的问题，我们一定要清楚地了解对方的用意。否则，过于轻松随意作答，很可能会落入对方的陷阱，造成己方的被动。

例如，当对方说出有些迷惑的问题，你不妨反问一句："这个问题很有意思。在回答前，我想先听听你的意见。"对方为了身份，必然会做出回答，让你明白他的企图。这样，尴尬就会被轻松化解。

2. 无须过早地暴露自己的实力。

谈判桌上，最忌讳的便是过早地暴露自身的实力。面对对方咄咄逼人的提问，我们最好不要直接应答，而是先说明一件类似的情况，再拉回正题，这样就可以给自己留出一定的余地。例如：你可以这么说："是的，我猜想你会这样问，我可以给你满意的答复。不过，在我回答之前，请先允许我提一个问题。"

3. 要学会放弃那些不值得回答的问题。

谈判桌上，面对对手的提问，我们有回答的义务，同样也有拒绝的权利，尤其是那些不值得回答的问题，比如在谈判中，有些谈判者会故意提出一些与谈判主题无关的问题，这个时候，我方就应当站出来提醒对方的问题"似乎已经跑题了"，并拒绝做出回答。甚至，我们还可以一笑了之，这同样是语言能力的一种表现。

3. 点一点对手的"穴道"

伟大人格的素质，重要的是一个诚字。

——鲁迅

　　任何一个谈判者，要想在谈判中切中对手的要害，那么不仅要知道自己想得到什么，更应该弄清楚自己的对手到底想要得到什么。因为谈判并不是一方牺牲自己去满足另一方的博弈，而是谈判双方彼此利益、需要的交换。所以，当谈判进入中场的时候，最重要的或许就是发现对手的需要，有的时候甚至是要以有意识的行动创造对手的需要。

　　有一次，我和一位来自欧洲的老板谈判。开始比较顺利，但是到了具体价钱的探讨时，我们双方开始僵持不下。后来，我们具体分析了一下当时的形势：在全球经济危机的情况下，这家欧洲公司是急需资金周转的，如果我们在资金方面提供一些便利，那么价钱方面应该可以争取到更大的优惠。

　　于是，在第二天的谈判口，我们再次谈起了这家欧洲公司的历史。而这位欧洲人也开始自豪地介绍起了自己祖辈开创公司的艰辛与成就。我们趁机说道："阁下一定也不希望这家有着近百年历史的公司在自己的手上遇到当下的金融危机，可是，以现在的情势来看，好多百年历史的公司也都纷纷倒闭了。"这时，我的谈判对手脸上露出了哀愁的神情，我们抓住机会，点中了他的穴道："如果贵方可以在价格上每件让步10％的话，我们愿意马上为贵方提供度过危机的资金。"最终，欧洲的老板完全接受了我们的条件。

　　所以，在谈判中要能随机应变，抓住对方的弱点给予打击，有气功中点穴手段的奇妙效果。当然，有些弱点是我们已经事先掌握的，而有些弱点则是在对招之中我们自己发现的，比如示例中的问题。要想成为一个出色的谈判高手，那么就要培养自己寻找对手弱点的能力。一旦对方露出了自己的穴道，那么我们就要抓住机会，狠狠一点，譬如釜底抽薪，使对方的锐气顷刻消逝，束手就范。这处穴道可能是对方论点上的错误、论据上的缺失、论证上的偏颇或其本身性格、行为、感情上的各种局限。总之是我们抓住之后，就可以让对方做出让步的地方。在谈判中点一点对方的这些穴道，可以让我们轻松取得整场谈判的胜利。

4. 请将不如激将

　　情商是一种能力，是一种准确察觉、评价和表达情绪的能力，一种接近并产生感情，以促进思维的能力，一种调节情绪，以帮助情绪和智力发展的能力。

——北大课堂引用名言

　　在谈判中，如果我们面对一个经验老到的谈判对手，而对方又对我们的谈判攻势油盐不进，那么这时我们不妨采用"激将"的谈判策略。当然，在激将之前，先要做好铺垫，让对方的兴趣和自尊心被充分调动之后，再一语中的，使谈判进入我们原来设定的发展方向之中。

　　冯唐是西汉时期的名臣，他在文帝时做了中郎署长，当时已经一把年纪了。一次，汉文帝在官署里遇见了冯唐，看他一把年纪，就惊讶地问道："您老人家怎么还在做郎官？家是哪里的？"

　　冯唐回答说，自己原来是赵国人，后来迁徙到了代地。代地正是汉文帝没有做皇帝之前的封地，于是文帝感慨说："我在代郡时，有人多次跟我提起赵国将领李齐的才能，说他在巨鹿城下英勇指挥。现在我时常想起巨鹿之战中的李齐。不知您老人家认识这个人吗？"

　　冯唐恭敬地回答说："李齐虽然有才能，但还是比不上廉颇、李牧的本事。"

　　汉文帝忙问："这话怎么说呢？"

　　冯唐回答说："我的祖父曾在赵国领兵，和李牧将军有些交情。我父亲曾经做过代相，和李齐也有过交往，所以我能够知道他们的为人，判别他们的优劣。"

　　汉文帝听冯唐这样说，不禁感慨道："可惜我偏偏得不到廉颇、李牧这样的人做将领。如果我能有这样的将领，何愁匈奴侵犯呢？"

　　冯唐却回答说："万岁的话我不敢苟同，恐怕陛下即使得到廉颇、李牧，也不会任用他们的。"

　　汉文帝觉得冯唐是在侮辱自己，所以不欢而散，起身回宫去了。到了宫里，文帝越想越觉得需要问清事情的究竟，就又召见冯唐，责备他说："刚才，你为什么当着那么多人面羞辱我呢？"

　　冯唐赶紧跪下来道歉说："我实在是个粗人，不知道什么叫作礼仪，还请陛下不要跟我一般见识。"

汉文帝也十分大度，便不再生气，而是问冯唐道："过去的事情可以既往不咎了，但是，你为什么说我即使得到了廉颇和李牧，也不会重用他们呢？"

冯唐回答说："我的先祖曾经给我讲述李牧的故事时说：李牧做赵国的将军时，部队在边疆驻扎，可以在当地收租。而收上来的租子，全部用来犒劳士兵。同时，赏赐士兵的事，李牧从来不需向中央汇报，自己就可以做主。这是因为只有士兵吃饱了，才有力气训练、打仗。士兵的父母知道了才能安心。所以，赵国在李牧领兵时越来越强大，不但打败了匈奴，还差一点使赵王成为霸主。"

文帝一边点头，一边问道："那么，赵国为什么后来又被秦国所灭呢？"

冯唐回答说："这是因为赵主昏庸，听信郭开的谗言，将李牧杀掉了。然后又任命颜聚代替李牧的职位，最终被秦国所灭。"

汉文帝不住点头，又问道："那么，你说我不能任用贤能又是为什么呢？"

冯唐回答说："我听说有一个叫魏尚的人，在做云中郡守时把军队收上来的租子，全部赏给了士兵，甚至还拿自己的俸禄来改善士兵的伙食。此外，魏尚还会每隔五天就杀一头牛犒劳全军。正因如此，我们的军队兵强马壮，匈奴不敢接近云中郡一步，不敢侵犯我们的边境。可是，魏尚却因为在报功时多报了六个敌人的首级，就被罢免了爵位，关在了监狱里。您可知道，士兵大都是庄稼人出身，他们为国家卖命，流血杀敌。而那些文官，则只会心怀嫉妒，无中生有。现在搞得士兵们吃不饱，穿不暖，怎么去拼命杀敌呢？所以我认为您的封赏太轻，惩罚太重了。"

汉文帝听后，沉思良久，对冯唐说道："是我糊涂了，你说得有道理。"

又过了几天，汉文帝派遣冯唐去赦免魏尚，并把冯唐封为了车骑都尉。这也是后来"持节云中，何日遣冯唐"的来历。

冯唐没有直接向汉文帝推荐魏尚，而是通过聊天、激将、分析，最终完全掌握了汉文帝的心理，成功说服了汉文帝重新重用魏尚。

由此可见，在说服别人时，有时需要轻松幽默，有时需要换位思考，有时需要避实就虚，有时则需要正话反说，用"激将法"。但是不论哪种方法或技巧，关键所在，都是要掌握对方的心理，从对方的视角出发，这样才能最终达到目的，皆大欢喜。

5. 谈判桌上走神走掉的都是利润

提升影响力的关键，是要不断地提升你的内心的力量。

——北大课堂引用名言

谈判可说是一种极其微妙的"心理战"，谈判进入中场，这场心理战也就进入了最激烈的状态。为了看穿对方的意图，并且迅速地做出有效的决定，在明枪暗箭的交战过程中，最重要的，莫过于集中自己的注意力了。

有时，我们会发现谈判的场所凌乱不堪：墙上有一幅挂歪了的画，或者谈判桌上有一个塞满了烟蒂的烟灰缸，以及满桌子乱七八糟的文件资料，都会搞得我们不能专心。这么一来，自己原有的谈判实力便难以完全发挥了。

如果我们在谈判中注意力分散，那么就无法全心放在谈判上。心理学家研究表明，除了习惯性的动作外，人的注意力在一时之间，只能集中于某一个动作上，也就是所谓的"一心不能二用"。因此在谈判进行中，我们的注意力如果突然被墙上一幅挂歪了的图画所吸引的话，谈判结果很可能会对我们不利。因为，我们完全没有听清对方说了些什么，也没有分析对方的话中有哪些陷阱和漏洞，结果就稀里糊涂地结束了谈判。

所以，在谈判中对方的任何小动作都无所谓，我们必须把注意力放在谈判桌上，用自己的心智去控制整个的谈判局面。在谈判桌上，只有时时不忘谈判力的重要，再加上对谈判充分而正确的认识，才能使我们的实力在谈判中发挥无遗。

6. 谈判桌上，会说的不如会听的

明言着轻蔑什么人，并不是十足的轻蔑。唯沉默是最高的轻蔑——最高的轻蔑是无言，而且连眼珠也不转过去。

——鲁迅

在谈判桌上懂得倾听的人才是最有价值的人，因为倾听是取得信息最可靠的途径，是通往他人内心最有效率的桥梁。

那么，究竟应该怎样倾听才能够获得良好的效果呢？毕竟每个人都长着一对耳朵，而很少有人懂得应该怎样去用它们。听与倾听的区别就在于：听是一个人本能的生理行为，只要耳朵没有问题的人，都可以听；而倾听则是一个人的心理行为，要想学会倾听，必须掌握倾听的三个技巧：

第一，要在内心里尊重对方。

不管我们的身份如何，我们在内心里都应该尊重我们身边的每一个人。只有我们相信身边的每一个人都能够提出有用的意见，能够对谈判的发展提供独一无二的帮助时，我们才能够有效地倾听别人。因为，只有尊重别人，才能赢得别人的尊重，从而才能听到来自四面八方的好主意。

尊重别人的内心态度，可以通过外部的行为表现出来，从而温暖对方的内心，让他把自己的心里话和盘托出。具体表现包括：言辞礼貌，举止恭敬，重视别人的讲话内容，不随便打断别人的讲话，肯定对方的意见，发表自己看法时引用对方的言辞等等。其实，真正地尊重别人，并不需要太多的技巧，而是需要足够的诚意。

第二，在倾听时学会引导。

有些时候，态度尊敬并不足以听到对方的全部对话，从而也就不足以判断对方的真实意见。所以，为了通过对话了解别人的真实想法，获取充分的信息，引导在倾听中也显得十分重要。

那么，究竟什么时候应该倾听，什么时候应该引导呢？最理想的对话是：80％的时间由对方说话，20％的时间用来自己引导。在引导别人时，可以直接提问，也可以说出自己的看法，甚至只是注视着对方的眼睛，然后点头微笑。但是有一点一定要记住，就是在尊重对方的同时，要让自己说的话有意义。也就是，尽量用20％的时间提起对方继续谈论的兴趣，直到自己弄明白了对方的真正意图。所以，在引导过后，一定要保持安静，学会控制打断别人的冲动。因为，如果总是忙着说，那么就会无法认真地倾听。

第三，不要盲目下结论。

在倾听时，另一个重大的敌人就是在没有完全听懂对方的话之前就盲目下结论，这样难免会给人留下武断、毛躁的印象，从而影响了沟通的质量。一个好的倾听者应该有足够的耐心去让人把话说完，同时应该有开阔的心胸去找出对话中更多的可能性。我们可以通过提问来判断对方的意思，比如问："我理解的您的意思是……我的理解对吗？"或者说："如果我没有理解错的话，你是说……吗？"等等。这样，我们就可以让对方自己来下结论，而不是自己去猜测和推断对方的想法。

所有出色的谈判者，一定都是出色的倾听者；而所有出色的倾听者，都掌握着上述的三个技巧。对于在倾听方面占有优势的谈判者来说，他们的谈判能力远远超过那些喋喋不休的人。因为只有听懂了对方的意见，我们才可以在谈判的应酬中游刃有余。

7. 抓住那些一字千金的话

太过顺从和懦弱，也是低情商的重要表现之一。

——北大课堂引用名言

谈判桌上，有些话一字千金，尤其是在对方向你暴露出谈判的关键问题上时，如果你不倾听，那么你将漏掉可以拿来被利用的细节。那么我们应该听些什么呢？

1. 重点问题

重点的问题就是当对方提出在这一次的谈判中，双方需要共同面对的一些大事，还有对方会为我们做何改变，他们将用什么方法来投资等等。

2. 敏感字眼

客户总会对他看到的产品有一个外在的语言表现，比如，"太漂亮了、好便宜、相当的超值、我们非常满意"等等。这些表示程度的副词，表现为对方的兴奋点。这些带有情绪的字眼代表了客户们的潜意识导向，也表明了他们的一些看法，虽然真假难辨，真正的信息还要靠你自己去揣摩。

3. 刺激的条件

保修、打折、售后服务、送货上门等条件往往可以擦亮人的眼睛，让人欲罢不能。各种形式的购买承诺，通常都是客户感兴趣的，要特别注意。这些都是我们在与客户相处的过程中要注意的地方，学会倾听学会感受顾客关心的问题。但并不是在这个过程中我们都不说话了，是可以说，但只说客户想听的。

当你提出条件之后，你的沉默是对你最大的保护，也是获取最大利益的时候。作为一个谈判高手，你不仅要有一张能说会道的嘴巴，更要有一对善于倾听的耳朵。人们都说我们之所以有一张嘴巴两只耳朵就是为了告诉我们要少说多听。

8. 谈价钱的三条妙招

一个顶尖的业务员，什么东西都能卖，因为客户要买的不是商品，而是你。

——北大课堂引用名言

很多谈判者在谈到价钱时都有一个误区，总是喜欢宣传这种产品的高效和方便，其实，对于一般人来说，他们的购买力并不是很强，他们首先考虑到的，不是这个产品是否高效方便，而是一个金钱利益的权衡，所以在谈判时，一定要极力强调对顾客的收益。

第一，放大但要实际。就是对于一件产品，如果对方不用，对方就会多花一些使用费用，但是你必须把这个费用说得比较真实，而不能说得太大，让人家觉得你这简直是骗人。

第二，掌握放大的策略。一是通过时间来放大，二是通过数量来放大。很多人其实也知道通过对比，告诉对方可以节约多少钱，但是他们就停留在一件商品的一次使用上，而不知道将时间按照年月来放大，也不知道将数量也进行放大。让对方觉得自己用了新的产品的获益不太明显，而眼前的"损失"却很大，所以最终放弃了购买的计划。

第三，要反复刺激自己的谈判对手。要把放大损失的数字，反复地告诉对方，让他们看到自己的损失，仿佛就在眼前一样，让他们感觉到损失带来的心痛感。

人的天性都是习惯于看到眼前，而很少以长远的目光来看待问题，所以往往都倾向于买价格低的东西。如果你以长远的计划来引导顾客思考，把经济利益的得失放大之后，就能触动别人的心理。比如，旧的产品虽然价格低，但是使用成本比较高；新的产品价格虽然比较高，但是使用成本却比较低。如果你能让对方觉得如果不买新的设备，那么就要损失那么大一笔钱，那么你就能够促使对方放弃短暂的计划，而开始进行长远的投资。

9. 拿出耐心，赢得谈判

我受了十余年的骂，从来不怨恨骂我的人。有时他们骂得不中肯，我反替他们着急。有时他们骂得太过火了，反损害了自己的人格，我更替他们不安。如果骂我而使骂者有益，便是我间接于他有恩了，我自然很情愿挨骂。

——胡适

在谈判的过程中双方往往比试的不只是聪明，谈判还是一场关于忍耐的较量。在谈判中谁先失去耐心，谁便丧失冷静而败下阵去。在我刚开始学习谈判时，我的老师就给我讲过一个这样的故事。

一个胸怀大志的年轻人希望可以用自己的生命创造奇迹，但是无论他如何努力，大家始终觉得他很平凡。于是，这个年轻人便到深山里向智者求教。

年轻人很恭敬地问道："尊敬的智者，无论我如何努力，人们总是认为我很平凡，究竟怎样才能创造奇迹呢？"

智者看了看年轻人，回答道："做一件平凡的事，认真去做，坚持去做，最后就会创造奇迹。"

年轻人没有想到，自己大老远跑来请教，竟然得到这样的答案。于是接着说道："我不明白您的意思，我不希望自己平凡，我想知道如何创造奇迹。"

智者看着烦躁的年轻人，对他说道："这样吧，我现在刚好要烧火煮饭，你来帮忙吧。等饭煮好了，我就告诉你怎么样创造奇迹。"

于是年轻人开始帮助智者做饭、劈柴、淘米、生火，没多大工夫，饭就煮熟了。

智者一边吃着香喷喷的米饭，一边向年轻人问道："这些米饭吃起来真香，你是怎么把米饭煮熟的呢？"

年轻人回答说："这也没什么，我不过是做了些添柴加火的工作，没多大工夫米饭就煮熟了。"

智者看着年轻人，笑着说道："在我们谈话的时候，锅里面还是生米。你做了些劈柴、淘米、生火的工作，这锅里的生米就变成了熟饭。这就是你创造的一个奇迹啊。所以，只要你肯坚持做一件平凡的事情，有耐心把它做好，那么，最终就会创造出奇迹来的。"

谈判也是一样，如果我们遇到坚韧的对手，那么我们就要比他坚韧十倍。这样，无论多么强大的对手最终都将会被我们所战胜。切记，要想看到谈判的奇迹，就要在谈判桌上拿出足够的耐心。

10. 分享能把谈判桌上的对手变成朋友

我上大学后，学会的第一件事就是与人分享。

——北大课堂引用名言

小时候，大人塞给你一块糖，你就会想到留给自己最好的朋友吃，这便是一种分享。当你将糖果递到朋友手中时，朋友的一个微笑就足以让你乐一阵子。可见，懂得分享的人，是有责任心和爱心的人；懂得分享的人，是博大无私、人格高尚的人。所以，想要赢得谈判的最终胜利，就要在谈判中懂得分享。只有懂得分享，我们才能留住双倍的快乐和成功。

据说很久以前有一位教士，一直很想知道天堂与地狱到底有什么根本的区别，于是他就去请教上帝。上帝对他说："你跟我来吧，我先带你去地狱看看。"于是，教士和上帝一同走进了一个房间，看到那里围着许多人，走近一看，原来在他们中间还放着一只煮食的大锅，他们的眼睛都直呆呆地盯着大锅，时不时地呈现出一副又饥饿又失望的样子。再细一看，发现他们每个人手中都握着一只汤勺，因为汤勺的柄太长，所以食物根本没有办法送到自己嘴里。

"现在，我再带你去天堂看看吧。"于是，上帝又带着这名教士走进了另一个房间。这个房间跟上一个房间的情景一模一样，也有一大群人围着一只正在煮食的锅坐着。再看看他们的汤勺，发现汤勺柄跟刚才那群人的一样长。可唯一不同的是，这里的人又吃又喝，有说有笑，看起来是那么快乐。

教士看完这个房间后，很奇怪地问上帝："为什么同样的情景，这个房间的人快乐，而那个房间的人却愁眉不展呢？"上帝微笑着说："难道你没有看到吗，这个房间里的人都学会了喂对方吗？"教士听完上帝的话，终于恍然大悟了。

这个故事生动地告诉我们：要想在谈判中获得双赢，就一定要学会分享与给予，养成互爱互助的习惯。就像教士在地狱里看到的那群吝啬鬼一样，他们宁愿自己饿死，也不愿意去喂对方，最终也害了自己。因此，想得到别人的信任，成为在谈判中受欢迎的人，就要主动与自己的谈判对手分享，因为没有人喜欢吝啬的人。

11. 不动声色"巧"成事

对于一个洋溢着生命热情的人来说，幸福就在于最大限度地穷尽人间各种可能性，其中包括困境和逆境。"目极世间之色，耳极世间之声，身极世间之鲜，口极世间之谭。"依照自己的真性情痛快地活。"圣人者，常人而肯安心者也。"

——周国平

有时候我们在谈判桌上想要求我们的谈判对手，但是迫于种种原因，自己难以明言其事，可是事情又非得求他不行，那么这个时候就只好利用旁敲侧击的方式，不主动地提出请求，而让对方主动地答应和履行。

尼克松在当总统的时候，有一次和夫人一起去访问日本，日本首相吉田茂对尼克松夫妇进行了热情地款待，当天就摆起了隆重的酒席，邀请文武官员都来作陪。

宴会期间，吉田茂让大家不断地向尼克松夫妇敬酒，自己也不断地向他们敬酒，敬了尼克松，又去敬他的夫人，敬了夫人又来敬尼克松，如此反反复复，把夫妇两人招待得十分高兴。

正当大家喝得尽兴之时，吉田茂来到尼克松夫人的身边，笑道："尊敬的总统夫人，我想冒昧地说一句话，我发现在东京湾停泊着几艘美国军舰，他们不会是怕您受到欺负而特意保护您的吧？"

此话一出，宴会厅里面所有的人都哈哈大笑起来。

尼克松当然明白话中之意，回国之后，就下令撤走了日本东京湾的美国军舰。

对于这样的政治问题，的确是不好正面开口，因为一不小心，就会影响到两国的邦交。因此吉田茂采用开玩笑的方式，将信息传递出来，既明确地表达了对美国军舰的不满之情，但也并没有让对方难堪，最终成功地达到了自己的目的。

12. 巧妙回应对方的"恶语"

好多年来，我曾有过一个"良好"的愿望：我对每个人都好，也希望每个人都对我好。只望有誉，不能有毁。最近我恍然大悟，那是根本不可能的。

——季羡林

俗话说："良言一句三冬暖，恶语伤人六月寒。"我们的谈判对手有时候会有意或无意地对我们恶语相向，其目的有时就是为了激怒我们，让我们自己露出破绽。这个时候，千万不能报复或贬低对方，即使对方的行为或言语在你眼里看来简直错得离谱，也不能随意指责。但是，也不能够听之任之，而应该巧妙地予以应对。

甘戊从秦国出发，前去齐国，游说齐王。走了几天之后，遇到一条大河。甘戊前进的脚步因大河的阻拦而停下。他只好向船夫求助。船夫划着船靠近岸边，问甘戊："你为什么要过河？"甘戊说："我要到齐国去，替秦王游说齐王。"

船夫鄙夷地指着河水说："比起游说齐王，眼前的这条河只是一个小小的缝隙而已，而您却不能靠自己的本事渡过，怎么有能力替国君充当说客呢？"

甘戊听了并不生气，他对船夫说："您说得不错，可您并不了解，世上的万事万物都各有存在的道理，都有各自运行的规律，各有长处，也各有不足。"

甘戊接着说："比方说，忠厚老实的人做事就兢兢业业，他可以辅佐君王治理国家，但却不能代替君王行军打仗；千里马能日行千里，是天下所有骑士都喜爱的，可是如果用它来捉老鼠，它还不如一只猫管用；而宝剑干将，是天下珍稀的宝物，它锋利无比，削铁如泥，可若拿给木匠让他当作砍柴的工具，它恐怕还比不上一把普通的斧头。"

"就像你和我，要说抢桨划船，在水上行驶的本事，我的确不如你；可是要说出使大小国家，和各国君主唇枪舌剑，你能跟我比吗？"

船夫听完甘戊的话，顿时无言以对，他终于知道自己的肤浅，心悦诚服地请甘戊上船，送甘戊过河。

船夫因为自己会划船的技能而指责甘戊狂妄自大，其实真正自大的正是船夫自己。我们在谈判桌上，会遇到很多不同肤色、不同习惯、不同信仰的人。对同一件事情，不同的人有完全不同的看法，而不同的谈判对手也有不一样的特长。当我们坐在谈判桌上时，一方面，我们不要轻视每一个对手；另一方面，我们要学会巧妙回应每一个对手的恶语相向。

13. 摆事实，让"雄辩"无从出口

现在拟态的制服早已破碎，显出自身的本相来了，真所谓"事实胜于雄辩"。

——鲁迅

谈判桌上一切的争论，都是为了说明一个道理的真实性。如果你能够摆出事实，让大家亲眼看见，那么就可以轻易把对方给辩倒。

哥伦布冒着死亡的危险，历经千辛万苦，最后终于发现了美洲新大陆，回国之后，受到人们的热烈赞赏与尊敬。但是仍然有些人觉得不值一提，甚至刻意对他进行贬低。

有一次，在为哥伦布举行的庆功宴上，有一个人就当众跳出来说："发现

一块新大陆，这没有什么了不起的，任何人只要会划船，都能到达大西洋的对岸，发现这个新大陆，这是非常简单的事情，没有必要这样大张旗鼓地宣扬。"

哥伦布并没有与他进行辩论，而是拿起来一个鸡蛋，然后对大家说："这是一个平平常常的鸡蛋，请问这里的人谁能够让它立起来？"

大家纷纷拿起鸡蛋，试了又试，可是就是没有一个人能让鸡蛋立起来。这时候，哥伦布就随手接过一个鸡蛋，敲开了一个孔，将鸡蛋给立了起来，引起大家的一阵欢呼。

于是哥伦布说道："这的确也是一件非常简单的事情，但是你们却没有一个人能够办到，但是当你们知道怎么办之后，就可以很轻易地办到了。"

这个道理非常明显，当大家都知道新大陆之后，找到新大陆的确是一件非常简单的事情；当大家都想到鸡蛋内部构造之后，让鸡蛋竖立起来的确也是一件简单的事情。但是，你怎么就没有让鸡蛋竖立起来呢？

按照一般人的思维，遇到这种情况，都会去质问对方：那你为什么没有第一个发现新大陆呢？但是这样的辩论意义不大。而哥伦布以一个简单的实例，有力地驳倒了对方的观点，就能让对方哑口无言了。

14. 平和应对谈判中的"插曲"

最糟糕的情况是抓住不放，小问题也会变成大问题。

——北大课堂引用名言

在谈判过程中，对方很可能因为一时疏忽而得罪了我们，给谈判带来一些插曲。要想获得谈判的成功，我们必须有足够的肚量。因为每个人都喜欢心胸开阔、能容他人的人。而作为一个成功的谈判者，首先必须要有一个宽广的心胸，要善于求同存异，虚心听取别人的意见和建议。不要为了芝麻大点小事就斤斤计较，更不要把一些陈年旧账挂在嘴边。因为你的一言一行、一举一动都可能成为别人在意的焦点。

"以不变应万变，以宽容对狭隘"，这是一个谈判高手应该具备的容人雅量。所以，一个渴望成为谈判高手的人，首先要克服心胸狭窄这个短板。即使是拿破仑这么伟大的人物都经不住一气，更何况是我们呢？

1803 年，拿破仑听说美国有个叫富尔顿的发明家，他发明的蒸汽机铁甲战船技术先进，威力十足，这让他很感兴趣。

有一次，拿破仑听说富尔顿来到了凡尔赛宫，于是亲自去接应。富尔顿一见到拿破仑，就开始滔滔不绝地介绍自己轮船的各种优点和巨大威力，并向拿破仑提出建议，想用蒸汽机铁甲战船取代当时法国的木制舰船。

眼看着拿破仑就要被富尔顿说动了，富尔顿又顺口恭维了拿破仑一句："伟大的陛下，用蒸汽机作为军舰的动力，建造一支汽轮船队，这样就可以征服英国了。到那时候，您将成为世界上真正最高大的人！"

听到这里，拿破仑顿时验色陡变，两眼放射出难以抑制的怒火，眼睛直逼向富尔顿，几乎咆哮道："滚吧先生！你只说你发明的船有多么快，却只字不提蒸汽机和煤的重量，虽然你算不上是个骗子，但我认为你就是一个十足的蠢货！"

就这样合作告吹了，富尔顿被莫名其妙地赶出来了，也许他永远不会知道，他失败的原因就在于他误到了"高大"，正是这两个字触及了拿破仑的生理短处。其实，富尔顿想表达的是"高贵""崇高"的意思，但他一不留神把法语的"高贵""崇高"一词说成了"高大"。恰恰富尔顿自己身材高大，这一下正好击中了拿破仑最自卑、最害怕被别人嘲笑的生理短处——个子很矮。

就因为富尔顿的无心之气，拿破仑就拒绝了一项伟大的发明，也失去了一个称霸世界的机会。也正是因为他心胸狭窄，所以他以失败而结束了他传奇的一生。

不久，英国人购买了富尔顿的发明专利，确立了世界海洋霸主的地位，而法国最终被英国远远地抛在了历史的后面。

如果当时拿破仑在谈判中没有意气用事，包容了富尔顿的口误，那么，说不定 19 世纪的历史就要改写了。正是因为拿破仑在谈判中的心胸狭窄，结果白白葬送了一个绝好的机会，甚至于让一个国家失去繁荣的机会。

所以，我们如果想要让自己在谈判的中场保持良好的谈判气氛，并且说服对方接受我们的谈判条件，那么我们必须要让自己的心胸变宽，这样，我们眼前的道路才能够变广。

15. 妙用"名人效应"

遇到有点不愉快的事情发生，你转念一想，把心态调正，就会有意想不到的收获。

——北大课堂引用名言

对于出身平凡的人来说，要想在谈判中取得足够的筹码，光靠自己的打拼是远远不够的。这时，不妨利用名人效应的谈判策略，让权威为我们张目，借成功者给我们撑腰。

曾经有一位美国出版商，由于自己的书籍滞销，久久不能脱手，于是他想出了一个主意。这位出版商给总统先生送去了一本自己出版的书，并三番五次去征求意见。忙于政务的总统被纠缠不过，只好应付地回了一句："这本书不错。"于是这位出版商便借总统之名大做广告，宣称自己手上现在正有总统喜爱的书出售。结果可想而知，这些书很快被一抢而空。

不久，这个出版商的书再次滞销，于是他故技重施，又送了一本给总统。总统因为上次的事情，就故意回复说："这书糟透了。"谁知，出版商再次利用总统的名人效应，做广告说自己手上现有总统讨厌的书出售。结果仍有不少人出于好奇，争相抢购。

当出版商第三次将书送给总统时，总统接受了前两次的教训，便不作任何答复。这样也没有难住聪明的出版商，他在广告中说自己现有令总统难以下结论的书，欲购从速。结果又被人们抢购一空，商人再次借着总统之名大发其财。

故事中的出版商深深懂得"人微言轻，人贵言重"的道理，他借着总统的"名人效应"，在销售书籍时左右逢源。我们之所以可以在谈判中用"名人效应"来借鸡生蛋，首先是由于人们对权威人物的信赖，往往认为他们是正确的楷模，正是人们的"安全心理"，增加了名人们的"保险系数"；其次是由于人们对于权威人物有一种从众心理，觉得他们的要求往往和社会规范相一致，在名人身边的人，一定也错不了。所以，我们也可以努力结识一些圈内圈外的名人，在谈判上借着这些名人的效应，给自己的谈判增加一些有分量的筹码。

16. 谈判中请个"高人"来助阵

稳定的情绪，主要是指一个人的抗干扰能力强，恐惧与外界的各种诱因都不能使其乱了方寸。

——北大课堂引用名言

在谈判中要说服对方，有时候靠自己一个人的力量很难做到。但是如果这个时候，我们身边有一个人，在相关方面具有一定的权威，让他来帮我们一起说，那么就比较容易说服别人。

麦哲伦想完成一个环球航海计划，可是自己没有足够的经济力量，为了实现环球航行的梦想，他就去求助西班牙国王，想说服他帮助自己。

可是要知道，在那个时候，由于哥伦布的航海出名之后，很多游手好闲的人，都借口去作远行航海，到处骗取皇家贵族的钱财，以至于绝大多数人都对航海的人抱着怀疑的态度，都不愿意去资助别人的航海。

麦哲伦这个时候没有什么名气，知道就凭自己的身份，无论怎么说，是很难说服国王的，于是他就请了一位著名的地理学家同自己一起去说服国王。

这位名叫帕雷伊洛的地理学家，给国王讲了麦哲伦环球航海的必要性，而且还说出了航海的种种好处，其中不乏穿插了各种各样的地理知识。虽然国王似信非信，但是由于帕雷伊洛久负盛名，是人们公认的地理学界的权威，最终，国王心悦诚服地支持了麦哲伦的航海计划，给予了大量的经济支持。

最后，麦哲伦终于完成了环球一周的航行，证明了地球是圆的，改变了人们以前那种天圆地方的看法。

实际上，在麦哲伦结束环球航行之后，人们发现这个地理学家有些对地理的认识是不全面的，有的甚至完全就是错误的。但是，由于帕雷伊洛这个地理学家在人们心中早已形成了一种权威，人们相信他这个权威的话，才最终相信了麦哲伦，从而促成了这一次举世闻名的环球航行。

17. 按下谈判的成交"按钮"

"财散人聚"的要领在于不计较当前的利益，着重长远利益，吃小亏，占大便宜。

——北大课堂引用名言

在谈判中，如果我们在前期取得了不错的进展，那么在进入中场时，就可以直接按下最终的成交"按钮"。而这个成交"按钮"到底在哪里，就需要我们仔细去谈判的过程中寻找。

当我们的某项提议恰巧就是对手的最迫切需求时，那么我们就等于是直接按下了促进成交的"按钮"。如果你仔细研究电视上播放的广告，就会发现他们完全是利用成交"按钮"来促成生意的。

比如高级汽车的生产商如果想要跟你成交的话，他会在广告中放入一个成交"按钮"。凯迪拉克的广告就在不停地提示消费者："当你坐在凯迪拉克里，你就已经到达了要去的地方。"对于那些把车作为地位象征的人来说，这部车就是自己所要的结果。而保洁用品的广告则是另一种成交"按钮"。比如雕牌洗衣粉的广告告诉我们："只要一点点，就能洗好多好多脏衣服。"对于追求实用和经济的家庭主妇来说，这个提议是相当有说服力的。

所以，我们在谈判中就要去发掘对方身上的成交"按钮"在哪里。如果对方想要的是安全，那么我们就应该在谈判中增加回避风险的提议；如果对方追求的是利润，那么我们就应该在谈判中增加提高收入的提议；如果对方追求的是长期合作，那么我们就应该提议签一个五到十年的合作合同；如果对方更看重的是产品质量，那么我们就应该多向他介绍我们公司的品牌信誉。

总之，不同的人有不同的需要，不同的需求导致他们身上有不同的成交"按钮"。要想让我们的提议无法被对方抗拒，那么我们就要在谈判进入中场的过程中，给对方一种目标已经达到的感觉。这种感觉也是因人而异的，我们要在谈判中去慢慢体会。

18. 怎样回应对方的疑问

胆识，是一种不拘谨、不莽撞的人性魅力。

——北大课堂引用名言

任何一个顾客在购买任何一件商品的时候，必然会有种种疑问，因而总是千般考虑，万般思量，然后才会决定是否购买。如果谈判者把对方当傻瓜，对谈判中容易产生的疑问避而不答，甚至有意对一些问答的答案含糊其辞，这恰好加重了对方的疑惑，从而对谈判失去信心。那么，怎么才能取得更好的效果呢？这里提出两点建议：

第一，这种解答最好要超出对方的期望，回答得让对方满意而且可信。比如一个推销员在推销手机的时候就这样说："我们这款手机是全球通用的，就说在五大洋七大洲内，无论是在美国、英国还是法国，你都可以使用。但是，请你注意，如果你到了月球，那是用不了，这点我必须跟大家说明白，免得你上了月球之后，要给自己的女朋友打个电话，结果打不通然后就说我们这款破手机没有用。"

第二，不要让自己为难。当你提出问题时，不要给自己留下绊脚石，无法给对方一个想要的解释。例如："你可能认为我的产品的价格太高了？为什么偏高呢？你想，我们的橱柜全是环保抗菌材料，质量有保证。"这样的答案是顾客不愿意接受的，因为你的价格仍然高，你应该告诉顾客："我们的价格不高，我们这里才卖 300 元，在韩国和日本都卖 500 到 700 元，所以这已经是非常便宜的了。"

19. 曲线满足对方的要求

每一条河流都有自己不同的生命曲线，长江和黄河的曲线，是绝对不一样的。但是每一条河流都有自己的梦想，那就是奔向大海。所以不管黄河是多么的曲折，绕过了多少障碍，长江拐的弯不如黄河多，但是她冲破了悬崖峭壁，用的方式是不一样的。但是到了最后走到了大海。当我们遇到困难的时候，不管是冲过去还是绕过去，只要我们能过去就行。

——北大课堂引用名言

在物理世界中，直线是两点之间最短的距离；在谈判中，曲线才是达到目标的最有效距离。因为凡事随机应变，才可能保证方向的正确；转换思路，才可以找到难题的出路；胶柱鼓瑟，只会走向失败的结局；一意孤行，很可能把谈判推向无法挽回的深渊。

很久以前，在一个偏远的山区有一个落后的王国。那里的人全都光着双脚走路。

有一天，这个王国的国王要到乡下去体察民情，结果，当国王走在崎岖的山路上时，双脚被小石子刺得又痛又麻。回到王宫后，国王决定要改变一下这个状况，一方面为了自己出行方便，一方面也是为了造福百姓。于是，国王下了一道命令，要求各地的长官，把自己负责的区域内所有的道路都铺上一层牛皮。这样，人们再光着脚走路的时候，就可以不被小石子刺痛到双脚了。

接到命令的大臣们这下傻眼了。因为既不敢违抗国王的命令，又没法达到国王的要求。哪怕是杀掉所有的牛，也没有办法得到足够的牛皮去铺路，而且还会闹得民怨四起。正在大臣们一筹莫展时，一个年轻人对自己区域的长官说，只要您领我去见国王，我就可以解决您的难题。这位大臣半信半疑，但是为了渡过难关，也只好病急乱投医了。

大臣领着年轻人觐见了国王，国王问道："我交给你们的事情办得怎么样了？"

大臣吓得不敢回答，年轻人却镇静地说道："尊敬的国王，作为您的子民，我们都很感谢您的慷慨和恩惠。但是，您的要求实在是有些强人所难。"

国王看了看年轻人，问道："怎么强人所难了？你说来我听听。"

年轻人恭敬地说："现在就算把全国的牛都杀掉，牛皮加起来也不足以完成您的要求。更何况，如果把这些牛都杀掉，百姓们就没有了耕地的帮手，到时候反而会埋怨起您来了。"

国王觉得年轻人的话有道理，但是又不想收回自己的命令，就大声问道："难道你是说我做错了吗？你们就不会想想办法吗？"

年轻人赶紧微笑着答道："尊敬的国王陛下，您的命令是为了造福百姓，怎么会错呢？办法也是有的，只要我们把铺在地上的牛皮剪成小块，包在脚上，走路时就可以不被小石子刺痛双脚了。"

国王和大臣听了年轻人的建议，恍然大悟，于是这个国家的人再也不用杀掉所有的牛了，而且穿起了皮鞋。

故事中的年轻人与国王谈判，希望国王收回自己发出的错误命令。但是，他没有和国王据理力争，而是打破了常规的思维，最终不但满足了国王的要求，也成功地解决了农民们的问题。也就是说，在谈判中产生分歧和争执的时候，结果往往不是非 A 即 B 的，很多时候我们可以换一种思路，曲线满足对方的要求。这样既不会让对方感到失望，同时也不会损害自己这一方的利益。

20. 挫一挫对方的锐气

我结识的每个企业家都是优秀的，我从不觉得自己有什么与众不同的地方。

——北大课堂引用名言

有些谈判是在唇枪舌剑中进行的。如果对手傲气十足，我们不妨先挫一挫他的锐气。一旦骄傲的对手落败，他便会像斗败的公鸡一样，垂头丧气，沮丧不已。到时候，我们就可以让谈判转入对我们有利的环节。

英国驻日公使巴克斯是个傲气十足的人，他在同日本外务大臣寺岛宗常和陆军大臣西乡南州打交道时，常常表现出一副不可一世的神态。每当他碰到棘手的事情时，这位英国驻日公使总喜欢说"等我和法国公使谈了之后再回答吧！"然后就傲慢地让两位日本官员在一旁等待。

为了挫一挫这位巴克斯先生的锐气，西乡南州有一次故意问道："巴克斯先生，我很冒昧地问你一件事，英国是不是法国的属国啊？"

巴克斯听对方如此小看自己的国家，便傲慢无礼地回答说："你这种说法太荒唐了，亏你还是日本陆军大臣。以你的常识完全应该知道英国不是法国的属国，英国是世界上最强大的立宪君主国，甚至连德意志共和国都无法与我们英国相提并论！"

西乡南州冷静地说："我以前也是这样认为的，觉得英国是个强大的国家。可是，在见到您之后，我却不这样认为了。"

巴克斯愤怒地质问道："为什么？"

西乡南州从容地微笑着说："因为每当我们代表自己的政府和你谈论到国际上的问题时，你总是说要先和法国公使讨论后再回答。于是我们就想，如果英国是个独立国的话，那么为什么要看法国的脸色行事呢？所以我冒昧地觉得，英国很可能是法国的附属国吧。"

傲气十足的巴克斯顿时被问得哑口无言。从此后他们在互相讨论问题时，巴克斯再也不敢像之前那样傲气十足了。

在这个事例中，西乡南州抓住巴克斯语言上的弱点展开攻势，一下就灭掉了英国公使的锐气。在谈判口间，如果我们遇到这一类锐气十足的谈判对手，不如想办法挫一挫他们的锐气。而骄傲的人一旦被别人抓住弱点，瞬间就会像泄了气的皮球，瓦解了自己骄傲的资本。

21. 拖一拖对方的时间

其实管理者的时间管理，首先是管理好自己，其次是管理好他人，才能提高效率，节省时间。

——北大课堂引用名言

在谈判中，我们可以更深刻地认识到"时间就是金钱"这一真理。试想一下，人们为什么要花费时间进行谈判呢？答案当然是为了取得谈判的成功。所以，一个人在谈判中花费的时间也是对于谈判的一种投资，而对于大多数人来说，投资就是想要有所收获，得到相应的回报。所以，我们在谈判中不妨拖一拖对方的时间，因为他们在谈判中所花费的时间愈多，促成谈判成功的意愿就会愈强。

所以，最聪明的做法是，让谈判对手在自己的身上多花费些时间，这种做法也同样符合公司之间的商务谈判。那么，进行结束性谈判的地点选择在哪里比较好呢？是在你自己公司的会议室呢，还是在对手的公司呢？拿不定主意时，最聪明的做法是，尽可能让对手来到你的"地盘"。

比如说，你可以把谈判安排在自己公司的会议室或者附近酒店的会议室。

特别是当我们要与对方进行带有竞争性质的谈判时，一定要尽量招呼谈判对手来到你的"地盘"，让他们花费几个小时的时间前来。而如果是同外国企业进行谈判，对手甚至有可能需要花费几天的时间在路上。当他们来到你们公司的会议室的时候，其实已经进行了很大的投资。

对于这段路上的时间，会使他们不甘心空手而归的。而这样做的好处是，我们可以在进行谈判前5分钟一直处理其他事情，对于谈判投入的时间不会太多。在这种情况下，谈判一开始，我们已经处于优势局面了。

如果在谈判中，我们的对手过于强硬，那么我们可以将谈判暂停，派出其他人去拖一拖对手的时间。而你可以继续去处理公司中的其他事情，对手则只能把自己的时间和精力全部花费在这场谈判上。直到对手做出对我们有利的让步之前，我们可以一直不用急着去结束谈判，同时派人将对手拖住，让他们进退两难。一般来说，当一场谈判被拖了很久之后，对手基本不会考虑太多谈判的结果。因为在他们的心里，唯一希望的就是赶快将这场谈判结束掉。

22. 妙用"更高权威"

每一个问题至少有两个相反的答案。

——周国平

有一次，我曾经买了一处不动产，然后把它们装修之后再出租出去。当我刚刚有一些房客的时候，我总是喜欢让他们知道我就是这栋楼的主人，那种成为"最高权威"的感觉真的好极了。

可是，随着房客们的要求越来越多，我开始发现其实成为"最高权威"并不好玩。因为在房客们看来，我就是这栋公寓的真正主人，所以，当他们想要更换楼层里的地毯时，他们会来找我谈判；当他们想要更换自己室内的窗帘时，他们会来找我谈判；当他们想要稍微拖延一下房租时，他们也会来找我谈判。在他们看来，我应该是个大富翁，完全没有必要在这些小事上斤斤计较。而且我是这所公寓真正的主人，只要不停地向我提要求，他们的要求就会得到满足。

于是，我决定给自己找一个"更高权威"，就是我的合伙人。我让所有的房客们都知道，他才是我背后的真正老板，这座公寓的一切都由他说了算，我只是个跑腿的。当然，这位合伙人从来不出现在公寓之内，因为他只存在于我的脑海里。

当房客们再次为了地毯或者窗帘来找我谈判时，我就会告诉他们："我会把你们的要求反映给我的老板，但是我想他很难因为这么一个小洞就换掉整块地毯。不如这样，如果你们能保证每个月 1 号来交房租，大约 6 个月之后，我就会去尝试说服房主为你们更换地毯。"是的，所有的坏事和苛刻的要求都是我的背后老板干的，他就是我在与房客们谈判时的"更高权威"。

如果妙用"更高权威"可以给对方制造一定的压力，同时又不会导致对方的任何对抗情绪。因为这些苛刻的条件都是你的上司提出来的，你只是奉命办事而已。

23. 打好你的"信任牌"

交友以信，一诺千金。对朋友要做到言而有信，守信如潮。

——北大课堂引用名言

无论我们在谈判中选择了什么样的策略，在中场时赢得对方的信任是最关键的一步。懂得这一点的人一定会打好自己手中的信任牌，在谈判中将真诚坚持到底。因为他们知道，在谈判中保持自己的真诚远比欺诈所获得的利益要多得多。而那些在谈判中不为利益所动，坚守着做人准则的人，最终一定能够用自己的真诚赢得谈判对手的信任。

在旅游业刚刚兴起的时候，尼泊尔的喜马拉雅山南麓并不像今天这么受欢迎。因为语言文化不通，所以那里很少有外国人涉足。但是，后来那里却成了全世界的旅游胜地，尤其有许多日本人喜欢到这里观光旅游，据说这一切都源于一位少年的诚信。

一天，几位日本摄影师来到尼泊尔的喜马拉雅山南麓拍摄照片，工作之余，他们很想小酌两杯。于是，这些日本游客就请当地一位少年帮他们去买些啤酒，结果，这位少年跑了三个多小时，才最终满足了游客们的要求。

第二天，这位少年看到客人们意犹未尽，又自告奋勇地替他们去买啤酒。日本的摄影师们知道他跑一趟也不容易，于是就给了他很多钱，让他一次多买些回来。结果，直到第三天下午，买酒的少年也没回来。于是，这些日本的摄影师们开始怀疑起来，他们都认为那个少年拿到那么多钱之后，再也不会回来了。

第三天夜里，疲惫不堪的少年却敲开这些日本摄影师的房门，带回了二十瓶啤酒。原来，他在昨天的地方只买到了四瓶啤酒，于是，他又徒步翻山越岭，走了很久才买到了另外十六瓶啤酒，并且返回时还摔坏了三瓶。少年一边讲述着自己的经历，一边哭着拿出破碎的啤酒瓶，向摄影师交回自己赔偿的零钱。在场的人无不为少年的真诚而动容。回国后他们开始向自己的同胞讲述自己的经历，这个故事也使许多外国人深受感动。所以，尼泊尔的喜马拉雅山南麓也渐渐成了旅游胜地，到这儿旅游的游客也就越来越多，当地人的生活也得到了明显地改善。

对于一个生活穷困的少年来说，主动帮助别人是他助人为乐的天性；为自己的失误负责更是他天性中闪闪发光的真诚品质。最终，男孩不仅抵制住了诱惑的冲动，而且还用自己的真诚感动了整个世界，把自己生活的偏僻村庄变成了世界闻名的旅游胜地。

所以，在谈判中"打好自己手中的信任牌"这句话听起来虽然简单，但是对于每个人来说，要想坚持到底很难。因为我们在谈判中要面对各种各样的人心，要抵御各种各样的诱惑。当然，也正是因为真诚待人这件事坚持起来很难，所以才值得每一个人在谈判中去坚持。

24. 不要做第一个妥协的人

威信是"无言的召唤，无声的命令"。

——北大课堂引用名言

在谈判过程中，很多人的潜意识里面总有一种折中的思维定式，总觉得自己需要首先让一步或者几步，谈判才能够走向成交阶段。其实，在谈判中首先提出折中并不是明智的做法，因为首先退让很容易让对方得到可乘之机，让自己失去谈判中的筹码。所以，在谈判中千万要记住，不要主动提出与对方的条件进行折中，而要鼓励对方首先提出折中。

比如，当我们想要购买一辆汽车，走进一家汽车销售市场时，发现一款自己喜欢的汽车报价是 30 万元，而你所预期的价钱是 25 万元。于是你在开局时运用了"表示意外"的谈判策略，而这招显然是管用的，对方把价格降低到 28 万元，那么接下你应该怎么办呢？在大部分人的眼里，这场谈判看起来很简单，他们会提出 26.5 万元的折中价格。同时，他们以为这样的价格对方一定会接受，因为只有双方作出相同的让步，这次谈判就可以成交。

但是，如果你现在向对方提出："让我们各让一步吧，26.5 万元怎么样？"那么你得到的回答很有可能会出乎你的意外，对方如果有一定的谈判经验的话，他会告诉你："我知道你很喜欢这部车，我们也谈了这么长时间了。其实我们心中的价格差距也不大的，我开价 28 万元，你还价 26.5 万元，也就 1.5 万元的差距。我是很有诚意的，不如就 27 万吧！"

　　这就是首先提出折中的结果，对方转眼间就将谈判的空间从 25 万与 28 万之间，缩小到 26.5 万与 27 万之间。所以，在谈判刚进入中局的时候，千万不要主动提出折中。聪明的谈判者应该想办法诱使对方先提出折中。在谈判高手的头脑里，没有这样的认识误区：只有价格折中才是对双方都公平的做法。所以，当双方的价格或条件出现差距时，他们不会马上选择中间值，而是给自己留有若干次讨价还价的机会。他们会通过说"我很有诚意的，如果你也想成交的话，那么你愿意接受一个什么样的价钱呢？"如此来诱使对方首先提出折中，这样可以将谈判空间向有利于自己的方向缩小。因为，我们都知道，在谈判中先提出价格或条件折中的一方，实际上就是在主动让步。所以我们应该努力鼓励对方做出妥协，而不是自己先缴械投降。

　　而且，如果我们主动提出折中的话，即使最终无法再次进行折中，我们也可以装出非常不情愿的样子接受他的条件，让对方觉得是自己最终赢得了这场谈判的胜利。

25. 用沉默说服你的谈判对手

　　沉默的原因有所不同：因为不让说而不说，那是顺从或者愤懑；因为不敢说而不说，那是畏怯或者怨恨；因为不便说而不说，那是礼貌或者虚伪；因为不该说而不说，那是审慎或者世故；因为不必说而不说，那是默契或者隔膜；因为不屑说而不说，那是骄傲或者超脱。

——周国平

　　在谈判中，有时候我们可以用沉默来说服对方。而且这种说服往往比语言更有效。

　　比如，当谈判双方都已经了解了彼此的需求，而买家也已经清楚了你的报价和你的价格结构，并且对你的产品表现出很大的兴趣。

　　最后，买家可能会故意压低你的价格，比如他会对你说："其实我们同目前的卖方合作得很愉快，但是我还是想跟你们交个朋友。这样吧，如果你们把价格降到每公斤 15 元，那么我们就从你们那里要十吨货。"

　　这时，你千万不要被他的说法吓到，如果他真的和现在的卖方合作愉快，也就没有必要坐下来跟你谈了。所以，你应该平静地回答他说："对不起，我想你们还是出个更合适的价钱吧。"然后就把你的嘴巴闭起来，保持沉默。

如果对方直接替你抬价，那当然再好不过。不过，有经验的谈判者会努力让你打破沉默，他会反问道："那么，我到底应该出多少才合适呢?"这样他就迫使你说出具体的数字。

但是，如果你现在开口你就失去了沉默的力量。你可以继续一言不发地看着对方，同时保持微笑，并点头鼓励对方说出一个他内心的数字。这个时候，买主很可能会对你作出让步。

这就是我们在中场谈判中经常用到的谈判策略，用沉默的力量来摧毁对方的心理防线。你在谈判中冷静地开出自己的价格，然后沉默。在强烈的心理压力之下，买主很可能会表示同意。所以，如果你在没有弄清对方会不会接受你的建议之前，就开口表态是很愚蠢的，这将会让你丧失"沉默的力量"。

第 10 章

僵持阶段不妨剑走偏锋

1. 用好谈判桌外的功夫

搞鬼有术，也有效，然而有限，所以以此成大事者，古来无有。

——鲁迅

谈判是双方的博弈，胜负在一举手间已成定局。所以，真正决定谈判输赢的事情，不仅在谈判桌上，夏在谈判桌外。

有一次，我国的一家冶金公司需要向美国进口一套组合炉，便请国内的一位高级工程师带队与美商谈判。这位高级工程师接到任务之后，查找了大量有关冶炼组合炉的资料，花了大量的精力了解国际市场上组合炉的行情。并通过种种渠道熟悉了对方公司的历史和现在的经营情况。

当中美双方的谈判代表坐在谈判桌上之后，美商气势逼人，一开口就喊出了 200 万美元的报价。经过中方其他代表的讨价还价，美商极不情愿地把价钱降到了 150 万美元。这时，中方代表中的高级工程师却直接给出了 100 万美元的报价，让中美双方都大感意外。

美商代表为了表示自己的态度坚决，便起身离开了谈判桌，并对高级工程师说："我们已经作了很大的让步，您却还是压价，看来你们根本没有合作的诚意。"

事后，中方的其他谈判代表都很不高兴，甚至背地埋怨工程师自作主张。工程师安慰自己的队员说："大家放心吧，美国人会回来的。因为去年他们把同样的设备卖给法国，只要了 95 万美元，国际市场上的价格也不过 90 万美元上下，所以，100 万美元的价格他们一定会接受。"

一个星期之后，美商又回到了谈判桌上，工程师就向他们说明了之前与法国的成交价格，美商只好承认，但是仍然坚持加价说："现在物价上涨得厉害，价钱自然也比不了去年了。"

不料工程师早有准备，轻松地说道："就算物价上涨，指数也没有超过6％，所以100万美元的价格还是有利润可赚的。"

在事实面前，美商只好妥协了，这家冶金公司最终以100万美元的价格买回了急需的设备。

由此我们可以看出，在谈判桌外决定谈判输赢的，就是精确的数据。因为事实永远胜于雄辩，所以即使是对谈判策略不是十分了解的人，也可以凭借数据的力量战胜巧舌如簧。

2. 不达目的不罢休

治学如临战阵、迎敌奋攻，岂有休时！所谓扎硬寨、打死仗，乃其正途。

——黄侃

谈判，比拼的不只是聪明和机智，更是一场关于毅力和决心的较量。所以，有时候，哪怕是在毫无希望的时候，我们仍然可以靠着执着的精神获得谈判的胜利。

向雁是一家公司最新招聘的一名谈判专家。最初她是在招聘网站上看到这家公司招聘广告的。当时这家公司给出了十分诱人的薪资，所以她在大喜之外赶紧去应聘。可天算不如人算，等她来到公司的时候，人事部门的经理却告诉她说，网站的招聘广告已经过期，他们需要的员工已经招满。

向雁很想得到这份工作，因为她觉得自己一定能够在谈判桌上做出让老板满意的业绩。虽然迟来一步，留给她一些遗憾，但她却并不气馁，三天两头去公司介绍自己的工作经历，真诚地表示愿意为公司出力。

但公司的人事经理是一个很固执的人，加上公司业务也比较多，就懒得理她，有几次还让保安轰她出去。向雁吃过苦头便不再去经理办公室，她换了一种推荐自己的方式，隔三岔五给经理打电话，每天给经理发一条短信；尤其是周末和节假日的时候，她总是会奉上自己的问候和祝福。

起初经理很反感她，拿起电话听到她的声音就挂机，要不就是不客气地说一句："不好意思，我现在很忙。"但无论经理如何打击她，向雁总是语气温和，不紧不慢地与经理沟通。渐渐地，经理的态度开始缓和下来，偶尔也和她聊上几句。就这样，向雁与经理打了两个多月的持久战。有一天，经理被感动了，他说："我们的确不需要新进人员了，但是以你的能力，我决定请你加入我们的团队！"

这位人事经理还说："不是你的勇气让我感动，而是你的不放弃的精神，要是我不把你录用，恐怕会不得安宁啊。你这种不达目的绝不罢休的执着，正是一名谈判者不可缺少的专业精神。"

如今，我们的团队里每一个人都懂得以上的这个道理。在许多事情看似渺茫，没有一丝希望的时候，谈判者必须拥有百折不挠的精神，尽自己最大的能力去争取，也许事情会出现转机。

俗话说"买彩票也许不会中奖，但是不买彩票肯定不会中奖"，倘若不去为某件值得自己努力的事情付出，即使是命中注定属于你的好运也会降临在别人头上。如果我们在谈判中坚持自己的理想，那么即使再顽固的谈判对手也会屈服于你。

3. 会赞美你的谈判对手

你找别人 100 条毛病，对你是没有帮助的。你找到别人身上一条你不具备的优点，那么，你学到了，对你是有好处的。

——北大课堂引用名言

赞美是谈判中最有力的催化剂之一。因为，无论是牙牙学语的孩子，还是历尽世事的老者，无论市井之中的百姓，还是高高在上的权贵，人人都希望得到别人的肯定与赞扬。所以，我们又何必吝啬于赞美他人呢？

当谈判陷入僵局，我们就应该开始让自己跳出局外，找一些对方引以为傲的话题。在赞美的面前，无论是谁，都会瞬间接纳我们，与我们成为朋友。

袁枚是清朝的大才子，年纪轻轻便考取了进士，并被外放去做县长，这对于普通人来说，是难以想象的人生好运。

袁枚的老师是名臣尹文端，在当时，他的严厉正直是出了名的。当袁枚来向他辞行的时候，尹文端便一脸严肃地问他："你年纪轻轻，就出去做地方官，给一方百姓做父母，你可有什么主意呀？"

袁枚不卑不亢，恭恭敬敬地回答说："老师啊，具体的事情要到了任，了解了当地的情况再说。但是，主意我却是有了一个，我已经准备了一百句赞美之词，见人就送一句出去。"

老师听了很不高兴，脸上露出了严厉的神情，训斥道："我教给你的是孔孟之道，你怎么学出这些钻营的手段来，年纪轻轻的就讲出这个话？"

袁枚一脸委屈地说："老师啊，现在社会上的人，哪有一个不是喜欢赞美之词的呢？我也是逼不得已啊。如果所有人都像老师一样，我也就不需要这样做了。"

尹文端一听，捋着胡须说道："你说的倒也有些道理，但是终究不可以这样做啊！"说罢，就让袁枚退下去了。袁枚从老师那里出来以后，同学们都围上来问他怎么样，老师有没有教训他。袁枚笑着说道："我准备的赞美之词，已经送了一句出去了。"

袁枚的一句赞美，摆平了严厉刻板的老师。在接下来的仕途中，他把自己的区域治理得井井有条，相信那些剩下的赞美之词也发挥了不小的功劳。所以，在我们的谈判陷入僵局时，不妨转而奉上我们的赞美之词，这往往比一味地争执下去更有威力。

4. 逆向思维，说服对手

与其守成法，毋宁尚自然；与其求划一，毋宁展个性。

——蔡元培（北大校长，教育家，政治家）

当我们在谈判中看到"此路不通"的牌子，就要停下自己的脚步，仔细想想接下来要怎样走。如果一味执着前行，那么不是头撞南墙，就是跌入深谷。所以，路走不通时，只有向后转身，逆向思维，另寻出路，才能最终说服对手。

在英国伦敦，年轻时尚的女士们都喜欢戴一顶精致的帽子。麻烦的是，即使在电影院里看电影时，伦敦的女士们仍然戴着帽子。这给后面看电影的观众带来了很大的麻烦。

伦敦的一家电影院就曾经连续接到许多男性观众的投诉，投诉的问题都是抗议坐在自己前面的女士戴着帽子，挡住了自己的视线。还有很多人建议电影院的经理，在电影开场之前应该发布告示，对戴着帽子看电影的行为予以禁止。

电影院的经理陷入了进退两难的境地：如果明令禁止女士们戴帽子似乎不太妥当，而且有失绅士风度；可是不改变现状的话，又会失去很多观众，严重影响电影院的票房。后来，经理的妻子给他出了一个好主意，经理觉得十分可行，决定试一试效果。

第二天，这家被投诉最多的电影院将要放映一部新电影，观众席上坐满了观众，女士们都戴着自己时尚精美的帽子。这时，在正式放映电影之前，大屏幕上忽然出现了一则公告："应广大观众要求，为了体现绅士风度，特意提醒年老体衰女观众，请戴着帽子观看电影，以免着凉。"

比电影更戏剧化的一幕出现了，电影院里所有女观众都把帽子摘了下来。这条公告正是经理妻子的主意。从此，英国的电影院里再也没有被帽子遮挡视线的观众了。

试想，如果那位电影院经理采用了男性观众的意见，明令禁止年轻女性在电影院里戴帽子，那么很可能丧失了一部分女性顾客，而陪同她们的男士，也将不会光顾电影院了。而且，这样命令式的公告，很容易引起逆反心理，最终也不一定会有效果。

而经理的妻子因为懂得女人的心理：伦敦的女人是因为爱美才戴帽子，那么，要想让她们摘掉帽子，也得从她们的爱美心理出发。正是逆向思维，使她想出了一条要求老年女性戴帽子的公告，从而成功地帮助丈夫解决了危机。

所以，在谈判中顺着对方的思路去想，只会让问题越想越难；而逆着难题去思维，往往能使谈判中的问题迎刃而解。

5. 坐下来，与对方好好算笔账

喧闹是一个悲剧，因为它是一种混乱的思维，你不能指望它给你带来创造，不能指望它给你带来平静，更不能指望它给你带来智慧。

——北大课堂引用名言

在商业谈判中，有时候会出现矛盾，最常见的就是本来说好了的价格，然后又提出一些原因，要求提价。如果不宜立即中断合作，那么帮对方算账则是一种比较好的说服方法。

卡耐基需要租用一个旅馆的大礼堂讲课，每个季度讲 20 次课，共付给这个旅馆 1000 美元。但是有一个季度刚刚讲完第一次课就接到旅馆老板的通知，说租金要增到原来的四倍。卡耐基非常生气，但是讲课已经开始，再行更换已不可能，于是就想去说服这个旅馆老板。

走进旅馆老板的办公室，卡耐基说："接到你们涨价的通知让我感到非常震惊，但是站在你们的立场，我也并不感到非常意外。你作为这个旅馆的老板，有责任让旅馆盈利，可问题是你这样做真的能增加收入吗？"

卡耐基顿了一下，接着道："我来帮你算一下，如果你把礼堂租给人家办舞会，自然可以多得到一些租金，但是这种活动只是偶然的，时间不长，一次给你 200 美元，20 次就是 4000 美元，这样听起来，你的确是亏了。

"但是你要知道，如果你增加我的租金，实际上就是降低了你们的收入。为什么这样说呢？如果你坚持增加租金，我租不起就要搬到别的地方去，把我赶跑了，你不是减少收入了吗？而且你要知道，到这里来听课的人都是一些高管人员，对你来说，这也是一个免费的广告。你想想，如果你花 5000 美元登广告，能吸引到这么多人来你的旅馆吗？"

说完之后，卡耐基就走了，扔给旅馆老板一句话："考虑清楚后再联系我。"

最后，旅馆老板还是以原来的价格租给了卡耐基。

遇到对方临时变卦，很多人都会这样做：都说好了价钱，现在我们都已经使用过一次了，你却在中途涨钱，这是什么意思？这不是存心勒索吗？从来都没有见到如此无耻的商人，无商不奸真是没有说错。如果这样说的话，你虽然很解气，而且理直气壮，即便可以让旅馆老板认识到理亏，但是由于丢了面子，恐怕也会一赌气就是要加价，这个时候你如果不换场地，那么就只好付出更高的价钱了。但是卡耐基并没有说旅馆老板如何不是，而是以旅馆的立场出发，从正反两个方面加以说明，通过比较说明增加租金会得不偿失，最终说服了旅馆老板不要加价。

6. 适当营造竞争氛围

没有一个清洁的环境，再优裕的生活条件也无意义。很多时候，外在环境对人所产生的影响大过任何一个内在原则。

——北大课堂引用名言

在谈判中如果对手拒绝让步，那么我们就可以通过营造竞争氛围的方法，最终获利。

一位谈判专家曾经为了找一个便宜的停车位与距离公司最近的一个停车场进行谈判。当时停车位并不是很难找，所以停车位的价钱并不是太贵。于是，他找到一个公司楼下的停车场，并向收银台的经理询问停车费的情况。

对方一看就是个谈判老手，他告诉谈判专家说："如果你在今天签合同，那么从下个月一号开始就可以把车子停在这里了，而每个月只需要支付 550

元。不过，我们的优惠仅限今天。"对于最后期限这一招谈判专家在谈判中也屡试不爽，所以他断定对方很可能是在故弄玄虚。于是谈判专家要求他降价到500元，可是那个经理就是不肯答应。最终，这位谈判专家决定给自己一点思考的空间，把谈判节奏拖慢一点。于是，他走到该停车场的正对面的另一家停车场去看了一下。这次他在询问价格之后得到的答复是每月520元。很明显，这两家停车场之间是在争夺顾客，这位谈判专家认为可以试用一下引起竞争的谈判策略。考虑到这家要价低的停车场构造很差，车辆出入可能要花费很多时间，于是这位谈判专家还是决定选择离公司最近的那家停车场。

第二天，谈判专家又在同一时间来到了最近的那家停车场，这次接待他的还是上次那位经理。谈判专家问他现在停车场的租金是多少，他仍然回答说是每月550元。谈判专家心想：昨天果然是在跟我玩谈判策略，那么我就陪你玩玩。于是，谈判专家说道："昨天我去了对面的那家停车场，人家一个月只收520元。你们能不能比他们便宜一点？这样我就可以跟你们签合同了。"

谈判专家在这位经理的脸上明显地看到了犹豫的神情，但是最后他还是爽快地答应了，他说道："既然这样，那么就收500元吧。"于是谈判专家当时和他签下这份单月500元的停车合同。

这就是引起竞争在谈判中的作用。揣测一下对方的心理，我们就可以知道，如果不降价的话，那么他连一元钱也得不到，反而便宜了自己的竞争对手。在这样的选择面前，他当然愿意降价了。

7. 与其硬碰硬，不如"服点软"

在很多时候，忍耐能消弭一切灾祸。

——北大课堂引用名言

谈判中，有时候难免会遇到一些不怀好意的对手。如果与他们在谈判桌上硬碰硬的话，难免使谈判陷入僵局，但是一味软弱又会让自己成为任人宰割的对象。针对这种情况，有经验的谈判高手会用柔中带刚的"软钉子"：在谦和的态度中表露出自己的气节与傲骨，让寻衅滋事的人自己知难而退，从而维持谈判的顺利进行。

几十年以前，有一位年轻的男子，为了实现自己多年以来的梦想，只身一人来到法国，他要报考的是著名的巴黎音乐学院。经过很长一段时间的准备，他满怀信心地走进考场。但是，尽管他已经将自己的水平发挥到最佳状态，可是主考官依然告诉他说："对不起，你离我们的招生条件还很远，所以我们不能够录取你，等下次有机会你再考一次吧。"

当时的他，已经是身无分文。为了参加这次考试，他花了不少心思，已经将身上所有的钱都花光了。当年轻男子听到这个对他来说非常不幸的消息时，他没有辩解什么，只是默默地走开了。他忍着饥饿，失落地漫步在大街上，此时他什么也不想干，只想找一个可以歇脚的地方。突然，他看见不远处有一条繁华的街道，街上人来人往。而在街的另一头还有一棵大榕树，于是他拖着疲惫的步子走到这棵树下，然后卸下背上的小提琴，开始拉琴。他好像已经忘记了饥饿、疲惫和失落。他拉了一曲又一曲，悠扬的音乐声很快引来很多人，人们都开始驻足聆听。

又过了很久，年轻男子拉琴拉累了，再加上无法忍受饥饿。终于，年轻男子捧起旁边的琴盒，围观的人们也很配合他，纷纷把手伸进口袋里，掏出钱后放入琴盒。没过一会儿，琴盒里就有好多钱了。年轻男子也更加用心地为人们拉琴，人们都沉浸在美妙的气氛之中。就在这时候，人群中突然出现一个人，这个人先是掏出一张大钞在人们面前晃了一下，然后故意将钱扔在年轻男子的脚下。那个年轻男子抬头看了这个人一眼，发现这个人穿着怪异，嘴里还叼着雪茄，头上的帽子也歪斜地戴着，一看就知道是个无赖。年轻男子想了一会儿，然后弯下腰拾起了地上的钱，用平和的口气说："这位先生，你的钱掉在地上了。"无赖斜着眼接过钱，又把它重新扔在地上，接着又用傲慢无礼的口气说："既然我已经把钱给你了，就说明这已经是你的钱了，所以你必须收下。"年轻男子听完，再次抬头看了看无赖，然后深深地对他鞠了一躬说："先生，非常感谢你的资助，不知道你记不记得，刚才你的钱掉在地上，是我帮你捡起来的。现在，我的钱掉在地上，也要麻烦你帮我捡起来。"

无赖听完年轻男子的话，顿时愣住了，因为这完全出乎他的意料，四周围观的人们也开始纷纷鼓掌。最后，无赖非常不情愿地捡起地上的钱放入琴盒，然后灰溜溜地走开了。

这时候，年轻男子突然感觉围观者中有一双眼睛在盯着他，关注着他的一举一动。透过人群，年轻男子发现他是刚才的那位主考官。这位主考官走到年轻男子跟前说："恭喜你，你已经被我们学院录取了，你现在可以跟我一起回学校了。"这位年轻男子名叫比尔·撒丁，后来，他成了挪威非常著名的音乐家，受到很多人的敬仰。

故事中的年轻人正是用"软钉子"维护了自己的尊严，同时也为自己创造了机会。所以，我们在谈判中使用"软钉子"时，一定要学会衡量对方的心态和自己的态度。态度过硬会造成对立的局面，最终争执起来只会两败俱伤；态度过软又达不到影响对方的作用，结果成了有等于无。所以，"软钉子"这种谈判智慧说起来简单，但是用起来却真是变化莫测，要用心思考分析。

8. 让舌头"灵活"起来，巧找借口，打破僵局

当事物发展到极点、穷尽的时候，就必须求变化，变化之后便能够通达，适合需要。

——北大课堂引用名言

谈判中，最忌讳的便是陷入僵局之中：双方针锋相对、互不相让，造成双方无法进一步的沟通。这样的局面，是任何一个人都不想看到的。

面对如此的状况，我们必须让自己的舌头灵活起来，尽量打破僵局。这个时候，你完全可以寻找一个合适的借口，比如"我方的合伙人在下周二将要进行一个手术，如果我们不能在那之前达成协议的话，就算之后我们签订了合同，上面没有他的签字，合同同样不会具备法律效力，我们花在谈判桌上的这些精力可就全都白费了。因此，本周日将是这次谈判的最后期限"。这样的一句话，不仅可以稳定本方军心、抢占主动权，还能让对方也冷静下来，从而进行新一轮的谈判，打开崭新的局面。

当你面对对方的百般刁难时，你千万不可火冒三丈，同时也不要一言不发，而不妨这样说："我再让最后一步，如果你不同意，那我就再换一家。要知道，我是长期客户，一定会给我们合理的价格。也非常希望您也考虑一下，毕竟有钱大家一起赚。丢了我们这个客户，对你们也是不利呢！"这样的劝说言语，一定能够打破僵局，让谈判十分顺利地进行下去。

9. 改变不了对手就改变自己

一个人从一个状态到另一个状态需要一个蜕变的过程，所以改变自己是件不容易的事。

——北大课堂引用名言

如果我们在谈判中遇到一个咄咄逼人的谈判对手，他们并不友善，但是我

们却急需他们手中掌握的资源，此时该怎么办呢？我的答案是：当我们无法改变自己所处的环境时，我们至少还可以改变自己。

柏拉图是古希腊的哲学家，一次，他告诉自己的弟子，说他可以移动任何一座山峰。弟子对老师的说法既怀疑又好奇，忍不住请教他移动山峰的方法。

柏拉图笑着对弟子说道："其实，移动山峰的方法很简单，山若不过来，我就过去。"

弟子们听了都目瞪口呆，不明白老师的意思。柏拉图只好继续开导弟子说道："如果你不能成为大道，那就当一条小路；如果你不能成为太阳，那就当一颗星星。在这个世界上，决定成败的并不是你的大小，而是在于做适合你的事情。"

虽然柏拉图根本没有教会弟子移山之术，但是他却告诉了弟子改变自己人生的道理。改变对手，我们不一定说了算，改变自己，我们一定说了算。遇到一个缺乏善意的对手时，与其我们也摆出一副冷冰冰的架子，倒不如主动热情地去招呼对方。每个人都有自己情感薄弱的一面，一旦我们撕开了对方的一个裂缝，那么最终就可以改变对方盛气凌人的态度。

10. 理直气壮地"反击"

当人生在困境中时，我们要理直气壮地为自己找一个促使自己坚持下去的理由。

——北大课堂引用名言

在谈判中，我一开始都是本着合作双赢的原则参与进来的。可是，经常有人逼我不得不使出一些谈判中的策略，以此来战胜对方的诡计。可是，在这之前，为了表示诚意我已经给出了一些条件，那么怎么才能让我理直气壮地反击对方呢？

其实很简单，比如有一次我和一群朋友一起凑钱在山里买了一个度假小屋。由于大家都是很好的朋友，所以在度假小屋的使用过程中每个人都很愉快。可是，没过多久，我准备让出自己的所有权，于是我去问了问我的邻居有没有兴趣。

从他的脸上可以看出，他的第一反应是很兴奋的。可是他却跟我扮演起不情愿的买家，告诉我说："非常感谢你给我这个机会，不过我想我现在对度假小屋并不太感兴趣。我这段时间太忙了，根本没有时间去那里。不过没关系，你不妨说来听听你们所能接受的最低价格是多少。"

所以，我不得不使用我的谈判策略，告诉这位邻居说："这个我得跟我的朋友们商量一下，不如你告诉我你愿意出多少钱，我可以向他们建议一下，但是我也不敢确定他们会怎么决定。"

这个邻居显然是谈判高手，他再次要求我给出一个价格。于是我只好告诉他说："我想我的朋友们很可能会要价 10 万元。"看得出，我的谈判对手是一个很聪明的人，他懂得对我的报价表现得大为吃惊，他说："10 万元？这未免太贵了。我可出不了那么多钱。说实话 8 万元还差不多。如果他们能够接受这个价格，请告诉我，我们可以接着谈。"

于是，面对这样一个难缠的邻居，我决定使出我的撒手锏，就是在谈判中出尔反尔。第二天，我找到昨天的那位邻居，并对他说："非常抱歉，这事真是让人不好意思。我知道我们昨天讨论的价格是 10 万，可是我的朋友们说他们所能接受的最低价格是 12 万。"我的邻居马上尖叫了起来："天啊！你到底在说什么？你昨天还说是 10 万，可今天却又改成 12 万了，这到底是怎么回事？"我再次委屈地跟他说："我也很不好意思。可是他们就是这么决定的。"

于是我的邻居终于屈服了，他说："看在我们是邻居的份上，帮帮忙吧。"于是我告诉他说："对于这件事我真的很不好意思。不如这样吧，我再去和他们谈谈。看看能不能帮你再争取点优惠。要是我能给你把价格重新谈到 10 万，你能接受吗？"

这时，我的邻居说："我当然能接受，这件事情就拜托你了。"最后，我们以 10 万元的价格成交。

在这次谈判中，我之所以能够出尔反尔，是因为我用了更高权威的策略。而这样的事后提价，会在心理上给对方一种毁灭性的打击。一方面，对方会感觉是自己的拖延制造了这个麻烦。他会想，我本来可以用 10 万元买下那栋房子的。另一方面，对方会有很强的失落感。因为他已经觉得自己得到了这栋房子，甚至已经把这个好消息告诉了家人。可是，现在一切都不一样了，我用"出尔反尔"的策略迫使他接受了之前不愿意接受的价格。

11. 退一步海阔天空

你豁达了，也就收获了。

——北大课堂引用名言

在谈判中，如果我们陷入了尴尬和僵局，那么不妨试着去包容和忍让。与其被一些零零碎碎的鸡毛蒜皮拖入泥潭，不如学会凡事留一步给他人，如此才能让自己获得更广阔的天地。

在安徽省桐城市的西南角，有一条远近闻名的"六尺巷"，巷南是宰相府，巷北是吴氏宅。这条不过百米的小巷，却有着一段不平凡的来历：

清代康熙年间，安徽桐城人张英，任文华殿大学士兼礼部尚书。张家在当地可以称得上是名门望族。可是有一天，张家人却在自己家里受了欺负，最后只好跑到京城来找张英做主。

原来，张家的邻居姓吴，而张、吴两家大院的宅院都是祖上留下的产业，因为年代久远，所以宅地的范围也就慢慢成了一笔糊涂账。可是，吴家的人要修院墙，而院墙的边界似乎多占了张家三尺的范围，于是两家在宅基的问题上发生了争执。由于谁也不肯让步，最后只好把这笔糊涂账交到了当地的官府。可是，官府一看这件事牵涉到当朝宰相，所以不愿沾惹是非，把两家人又劝了回去，让他们自己协商。两家人哪肯协商，于是纠纷越闹越大，张家只好派人带上家书，请张英出面"摆平"吴家。

张英弄清了事情的原委，阅过来信，便打发来人下去休息，并没有再说什么。第二天，他亲自修书一封，让家人带回，并告诉他，办法就在信里。

家人接到张英的信，十分高兴。以为信中会有强硬的措辞要求地方官员干涉，或者有什么锦囊妙计让邻居主动让步。不料，整封信只有四句打油诗，上面写道："千里修书只为墙，让他三尺又何妨？万里长城今犹在，不见当年秦始皇。"

看过信后，家人马上明白了张英的意思，于是主动将自家的院墙让出了三尺。吴家听说张家派人进京告状，正在心中担忧宰相大人亲自出面干涉，宰相家的人却主动忍让了，于是原本想要占便宜的吴家也将自家的院墙退后了三尺。这样，两家人的争端不但彻底平息了，而且两家的房院之间，还凭空多出了一条六尺宽巷子，六尺巷由此得名。当地的百姓从此可以从这条巷子通行，方便了生活，也由此记住了张英身为宰相的包容。

张英的做法可谓是宰相肚里能撑船，而那条三尺宽的小巷，也留给我们很多的深思。试想，如果张英在和吴家的谈判中较起真来，以宰相的身份出面，那么自家一定可以在这场争执中获胜。但是却因为容不得他人而失掉了人心，搞不好到最后还要丢掉乌纱帽甚至脑袋。而主动退让，不和邻居较真，既化解了矛盾，又成全了品格，可谓一举两得。而且最后竟然辟出一条巷子来，可谓意外之喜。

12. 提供"有价"服务

当我们提供了某项服务时，我们应该从这项服务中看到价值。

——北大课堂引用名言

当然，我们在谈判中的退步不能毫无原则，而要在退步的同时，要求对方也提供相应的报酬。比如在谈判进入中期后，谈判中的问题变得逐渐明晰起来。这时的关键就是不能出现对抗性情绪，否则就会将谈判推入僵局。但是，如果为了向对方展示我们的诚意，在争取双赢方案的时候慢慢变成了毫无原则的妥协，那么我们的谈判同样会陷入僵局。

如果我们无法与对方在某些问题上达成一致，那么千万不要力争，因为这样只会促使对方更加努力去证明自己的立场是正确的。所以，我们最好是开始时赞同买方观点，然后用先退后进的方法扭转局面。

比如我在一次销售叉车的谈判中，卖了一笔大单给一家仓储式五金店。在谈判时，他们要求我们赶在开张前 30 天送货，我们觉得没问题，就答应了对方的要求。但是，后来该连锁店的业务经理打电话来说："我们商店提前竣工了，所以想提早开张。你能否提前到下星期三将叉车送来？"

尽管此时我的第一反应是马上回答他"好的"，但一想到我应该让自己提供的每一项服务都有价值，所以我就跟这位业务经理说："老实说，我不知道能否那么快送货。我得同计划人员确认一下，看看他们能有什么办法。但我可否问一下，如果我们能替你做到，你能为我们做些什么？"

是的，就是这个神奇的问句："我能替你做到……那么你能为我们做些什么？"它常常能够给我们带来意想不到的收获。比如在这次谈判中，这个问句帮我赢得了另一笔更大的买卖合同。

所以，在任何时候对方在谈判中要求你作出让步时，你也应主动提出相应的要求。这样不仅能够获得意外的惊喜，也会让对方知道，他们每次提出要求，我们也都会要求相应的回报。而这样做的好处就是防止对方没完没了地提出更多的要求。

13. 怎样给自己的商品"降价"

成功之道,唯有勇于创新,不断变通才能够赢!

——北大课堂引用名言

在价格的谈判中,我们经常碰到的一个僵局就是对方觉得贵,要求降价。那么,怎么在不减少自己利益的情况下给自己的商品"降价"呢?精明的谈判者会选择分解价格。通常一件商品的价格被分解之后,对方就会觉得这件东西是如此的便宜,我们也就完成了一次没有损失的"降价"。

有一次,我陪朋友去买一款BB霜,到了店里的时候,朋友问化妆品店的经理:"这瓶BB霜多少钱?"经理说:"180元一瓶。"

我的朋友摇摇头,觉得这么一小瓶化妆品就要180元,太贵了。经理看看我朋友的表情知道她觉得很贵,立即补充说道:"其实这瓶BB霜是很便宜的,180元能用半年呢!平均一个月才30元,一天才1元钱,这怎么算贵呢?"我朋友听到这里,觉得经理说得很有道理,于是继续站着不走,心理盘算着到底应不应该买。

经理又继续说:"你一天早晚各用一次,也就是一天才两次,一次才5毛钱而已啊!5毛钱就让自己买到了好的肤质、漂亮的外貌难道不值得吗?"最后朋友禁不住店主经理的说辞,最终还是买了这瓶180元的BB霜。

店主成功地分解了价格,将自己昂贵的化妆品成功地推销给了顾客,而且朋友也真的受到了他的诱惑,进入了他的陷阱,觉得他的东西真的很便宜,获得了交易谈判的成功。

由此可见,我们在一开始就给谈判对手一个较大的数字,是很不明智的。相反当我们给出一个分拆后的价格时,对方心里就会只想着得到的实惠和很小的花费,那么谈判的成功也是理所当然的了。

14. "以退为进"破僵局

不是很大的鞭子打在背上,中国自己是不肯动弹的。

——鲁迅

在谈判中,有时对方会为了维护自己的利益与我们僵持不下。这时,与其一味僵持,倒不如另辟蹊径,冷静地分析对方的利益所在,找准机会进行反击。这样，我们就可以在退步中逼迫对方屈服，收到以退为进的效果。

一位画家带着三幅名画来到市场上，打算全部卖掉。有位画廊老板看中了这几幅画，便打定主意，要把这几幅画弄到手。

画家开价 300 美元，少一分都不卖。这个画廊老板也是一个很吝啬的人，他一毛钱也不想多给那个画家，便和画家讨价还价，双方都不愿意让步，便陷入了僵局。

忽然，画家慢悠悠地拿起其中的一幅画，然后镇定地烧掉。画廊老板眼睁睁地看着画被烧掉，非常心痛。他有点妥协了，便问画家："剩下的这几幅画多少钱？"

画家不但没少要，反而口气更强硬了，还是 300 美元，少一分都不卖。少了一幅画，还要 300 美元，画廊老板觉得这样太亏了，便恳求画家降低价钱。但画家不理会他这一套，径直拿起一幅画又烧掉了。

这回，画廊老板大惊失色，只好再次恳求画家不要再烧画了，因为他很喜欢剩下的画。接着，他又问这最后一幅画要多少钱。这次画家更是狮子大开口，张口就要 1000 美元，少一分也不卖。

这一回画廊老板可真急了，只好忍气吞声地问："怎么一幅画的价钱反而更贵呢？"

画家说："我这几幅画均是出自名家之手，原来有三幅的时候，价格可以低点，但现在只剩下一幅了　就相当于绝世之宝，它的价格当然要比原先贵。所以，如果你真要想买这幅画，就赶紧掏钱吧。"

画廊老板一脸苦相，但却也没有办法，最后只好乖乖掏钱买下。

故事中的画家巧妙地利用"以退为进"的策略，因为他知道画廊老板的利益关注点全在画上，当只剩一幅画的时候，画廊老板无法忍痛割爱，最后以 3 倍的价钱买下最后一幅画。可以看出　在谈判进入僵局的过程中，当双方谁也不愿意让对方再前进一步时，我们可以试式以退为进，往往会收到意想不到的效果。

15. 以谬归谬，跳出谈判僵局

大智慧者必谦和，大善者必宽容，大骄傲者往往谦逊平和。有巨大成就感的人，必定也有包容万物，宽待众生的胸怀。小智者咄咄逼人，小善者斤斤计较，小骄傲才露出不可一世的傲慢脸相。

——周国平

在谈判进入中期后，谈判中的问题变得逐渐明晰起来。这时的关键就是不能出现对抗性情绪，否则就会将谈判推入僵局。但是，我们的谈判对手很有可能会抓住我们的这种心理，向我们提出一些过分的要求或荒谬的条件。这时，如果我们处理得不好，那么谈判同样会陷入僵局。倒不如用半开玩笑半认真的语气指出对方要求的荒谬之处，这就是以谬归谬的谈判手法。

1901 年，一个叫伦琴的德国人获得了诺贝尔物理学奖，他是世界上第一位获此殊荣的人，因为他发现了 X 射线。X 射线的发现不仅给伦琴先生带来了许多荣誉，也给他带来了一些意想不到的麻烦，好在伦琴先生懂得高超的谈判技巧，所以应付起这些麻烦来自然也是游刃有余。

有一次，一个退伍军人写信给伦琴先生说，很崇拜伦琴先生在物理学方面做出的贡献，同时希望伦琴先生能够帮自己一个小忙。因为在战争中不幸中弹，他的胸腔中残留着一颗没有取出的子弹，希望伦琴先生能够邮寄一些 X 射线和一份详细的说明书给他，让他能够治疗自己的伤病。

当时的时代背景是，X 射线刚刚发现，物理界有很多人对此表示怀疑，甚至恶意的攻击 X 射线的荒谬。很显然，这个写信人就是故意来找麻烦的。如果伦琴回信说 X 射线是绝对无法邮寄的，那么对方很可能进一步胡搅蛮缠起来。所以伦琴决定用以谬归谬的方法来结束这场闹剧，他在回信中写道："对于您的赞赏我表示非常荣幸。但是对于您的要求，我表示很抱歉，因为我手里的 X 射线用完了，如果您很着急的话，不妨把您的胸腔寄过来，这样我就可以及时为您治疗了。"

由于邮寄胸腔比邮寄 X 射线更为荒谬，这让对方在被驳倒的同时不得不佩服伦琴先生的幽默感。这样以谬归谬的回答不仅给对方留下了余地，同时保护了自己，避开了正面交锋的风险。

所以，如果我们在谈判中无法与对方在某些问题上达成一致，而对方又采用了胡搅蛮缠的做法，那么千万不要去力争，因为这样只会把谈判陷入僵局，到时候再想要扭转局势也会变得非常困难。高明的谈判者会用以谬归谬的方法，让谈判在一种轻松幽默的气氛里，这样谈判才能走出僵持阶段。

16. 打破僵局需要注意的细节

一个注重细节的人，往往是不凡者。

——北大课堂引用名言

谈判中，要打破僵局，不止一句话那么简单，在使用高超的"撒手锏"的同时，还是需要注意以下几个细节的：

1. 保持足够的冷静。

要打破僵局，首先一定要保持冷静，万万不可以当场发怒，以过激的语言去刺激对方，以免伤及对方的自尊心。即使处于劣势，我们也应该面露微笑，然后说出自己的底线，这样，你就拥有一份自信的"气场"。倘若气急败坏，对方就会认定你已经投降了，即便是打破僵局，主动权也将交给对方。

2. 尽力去改变谈判的气氛。

一般来说，当谈判陷入僵局时，气氛都会相当紧张。这时候，我们就必须要试着活跃一下气氛，让谈判在愉快之中进行。要知道，双方只有心平气和，才能促成交易的顺利进行。这个时候，你完全可以与对方谈一些娱乐性的新闻或者讲一个有趣的故事。

3. 以乐观的语言打动对方。

谈判陷入僵局时，不免会造成双方一定程度的沮丧情绪。这个时候，你不妨进行一下总结，或者先谈双方较易达成一致的议题，待双方都有一定满足感后，再着手解决僵持的环节。比如，你可以这样鼓励对方："看，我们已经解决了许多问题，现在就剩这一个问题了，如果不一起解决的话，那不就太可惜了吗?"

4. 转换话题，避重就轻。

如果遭遇暂时无法解决的僵局，那么我们不妨转换话题，避重就轻，磋商其他条款。例如，双方在价格条款上互不相让，僵持不下，可以把这一问题暂时抛在一边，转而洽谈交货日期、付款方式、运输、保险等条款。如果在这些问题处理上，双方都比较满意，就可能坚定了解决问题的信心。如果一方特别满意，很可能对价格条款做出适当让步。

谈判是一个漫长的过程，遭遇僵局不过是平常事。所以对待僵局，我们一定要保持一颗平常心，多动脑筋，组织出"一招制敌"的语言。我们可以多看书，多阅读相关资料，从而提高自己的应变能力与口才能力，这样谈判就会按照预期计划正常进行。

17. 谈判桌上，拒绝可以赢得更多

一个完全不懂拒绝的人，也很难赢得别人真正的尊重。

——北大课堂引用名言

很多人在与人谈判的时候，看到眼前的利益，往往难以割舍，然而又不知道与别人的交易会是一个什么样的结果，所以往往是以眼前的利益为重，所以一般都不愿意拒绝，这样往往就失去了更大的利益。所以，如果为了争取更大的利益，那么在谈判中一定要学会勇于说"不"，只有这样，才会让对方重新考虑你的建议，从而使结果更有利于自己。

当然，简单的一个"不"字，听起来简单，真要做起来还是有一些学问的。

首先，不要直接拒绝，而是要学会拖延时间。因为一切事情都没有一个绝对，也许他给你的利益的确是不错的，只是你还没有看到其他人给出的价码，所以你需要时间去进行确认和比较，如果这一家给出的条件是最好的，那么你再答应也不迟。最常见的方式，就是这样说："好的，我认真考虑一下，在下周一之前给您准确答复。"

其次，如果对方逼迫你尽快签约，那么这时候就要提高警惕，不能迫于对方的威胁和眼前利益的诱惑，更加不能轻易签约，因为对方可能知道你亏了，所以要尽快把生米煮成熟饭，让你无法反悔。

最后，如果事先对谈判的事情已经有所了解，发现与自己了解的差距较大，而对方又逼迫你马上签约，那么这个时候就可以果断地进行拒绝，让对方死了算计你的这条心。

总之，拒绝的每一步，都是为了给自己争取最大的利益，所以要根据实际情况，审时度势，随机应变，有理有节地进行，让双方都有回旋的余地，使双方达到成交的目的。最好就不要让彼此伤了和气。

18. 改变谈判条件，影响谈判结果

遵循因果，是人之根本。

——北大课堂引用名言

在我刚刚学习谈判时，我的导师曾经给我讲过这样一个故事：

一位很有手段的老板在得克萨斯州经营一家公司，由于经营惨淡，长年入不敷出，员工的工资也一直难以按时发放。没过多久，员工们不但对自己的工资不满，而且还要求加薪，罢工的情绪日益高涨。对于这家劳动集约型的工厂来说，工厂员工的薪金占据着企业成本相当大的比重。因而，想要为全体员工全面加薪根本不现实。可是，另一方面，如果不马上说服员工回去工作的话，

公司也会出现倒闭的危机。

　　那么，身处此境的公司老板是怎么做的呢？他决定跟公司的工会代表谈判，但是，在谈判之前他要先在员工的薪酬上做一点手脚。他不仅没有为全体员工加薪，反而声称要全面降薪 10％。这个消息一传出，员工们的不满情绪完全爆发出来。整个公司的员工都罢工了，还组织了在公司门口的游行示威。这样一来整个工厂的生产效率大幅降低，几乎处于瘫痪的状态。但是，公司的老板知道当时的经济普遍不景气，新工作又不容易找到。所以尽管如此，却很少有人提出辞职。但是在这种情形下，大家一致认为这家公司即将倒闭了。

　　听到这里，我不禁问我的导师："这就是这个得州老板的谈判手段吗？他简直是疯了。"

　　为了证明我的错误，我的导师继续说道：此后，又过了五天时间。这位老板公开向全体员工发表了讲话，他说："最近五天里，我茶饭不思，认真地考虑了我们员工的情况。我还司公司各部门的负责人进行了商谈。最后我决定放弃降薪的决定。我们不能剥削我们自己的员工，公司再困难，我们也得寻求其他解决的途径。"这样一来，原本慌乱的员工们反而一下子安心下来，他们认为："老板还是会设身处地地为我们的生活考虑的，是位不错的领导。为了这样的老板，让我们努力工作吧。"结果一场罢工风波和加薪风波就这样被平息了。

　　听到这里，我不禁为这位老板的谈判手段而折服。试想，如果他一开始就对员工说："目前公司入不敷出，经营惨淡，加薪非常困难，请大家暂时忍耐一下吧！"那么员工们一定会抱有不满的情绪，最终将很难摆平当时的局面。而这位老板并没有这样说，他在谈判条件上做了一点小手脚，先扬言"降薪 10％"来打击员工们理想中的目标，五日后又维持了现状。他的这种做法，既没有损害到员工们的积极性，又最终实现了自己的目的，真是一位颇有手腕儿的谈判者啊。

19. 以德报怨，为自己赢得掌声

　　就像使沙漠显得美丽的，是它在什么地方藏着的一口水井，由于心中藏着永不枯竭的爱的源泉，最荒凉的沙漠也化作了美丽的风景。

——北大课堂引用名言

　　在北大人看来，在内部的谈判中以德报怨足以显示一个人的恢宏气度和高尚品格，是人生的一种最高境界。每个人都是有感情的，无论在生活还是工作的内部谈判中，以德报怨才能赢得人气，以德报怨才是人生处世的智慧。

因为，人与人交往不可能总是事事如愿，工作中也不可能没有不同意见。人类总是在矛盾中发展的，当思想认识一时还未统一，对人对事暂时还未达到高度一致时，除了谈判之外，还需要在谈判中以宽待人、以德报怨。

谢黎是一家公司的小职员，他性格内向，在公司人面前从来没有发过脾气，是一位相当老实的员工。而他的同事们呢，总喜欢有事没事找他的麻烦，有时还存心在工作上为难他。

有一次，销售部门在工作上出了一点儿小问题，客户很生气，执意要求公司必须赔一部分钱。为此客户闹了好几天。后来这事让公司总经理知道了，问起原因时，销售经理一口咬定是谢黎在工作上的失误，其他员工也都附和着说是谢黎没有把好质量关。

这时，谢黎从座位上站了起来，他说："这些失误都是我一个人造成的，与其他员工没有关系，我有责任向公司赔偿损失。"事后，总经理明察此事，结果得知，这事是销售部门的员工做事不细心造成的，他们在销售货物的时候，不小心把它们弄坏了。所以才导致了公司的这场损失。

为此，总经理大发雷霆，决定要把销售经理撤职，公司其他员工没有一个人愿意站出来说话的。可这件事让谢黎知道了，他去找总经理为他求情，他说："不要因为这一点小事而损失了公司的利益，这件事都是我的错。之前销售经理业绩一直很好，如果您把他撤职了，公司会有损失的。"

最后，总经理终于肯把他留了下来。销售经理及其他员工怀着十分愧疚的心情向谢黎道歉，然而谢黎只是用微笑给予了他们回答。从此，他们与谢黎的关系十分和谐融洽。经过几个月的时间，谢黎便被晋升为公司副总经理。

这个事例告诉我们，人大多时候都是很自私的，有时候可能在谈判中为了维护自己的利益而与别人产生不共戴天之仇。所以，谈判的双方都会很欢迎以德报怨的人，无意当中它会给你带来更多的掌声。

在与家人、朋友、同事的谈判过程中，每一个人或多或少会遇到一些不顺心的事，说不准什么时候就会发生争执，说不定下一秒就会闹得不欢而散。这时候，唯有以德报怨才能抚平他们心中的悲痛与仇恨，为我们自己赢得更多的支持、欣赏和掌声。

20. 让谈判对手自愿低头

未来我们 95% 的孩子都会成为与社会相处的人，所以靠情商成功的人远远高于靠智商成功的人。

——北大课堂引用名言

谈判中，如果我们遇到十分傲慢的对手，那么他会在整个谈判当中凭借自己的优势，摆出一副高高在上的样子。那么，怎么让这种骄傲的对手自愿低下自己的头呢？我们必须运用自己的智慧和胆量，诱使对方主动向我们妥协。

女王化装成老百姓，路过理发店，碰到一个高个子和一个矮个子正在争论：国家谁的话最有权威。

高个子说，女王最有权威。矮个子说，理发师最有权威，他能让女王低头。女王从来没剪过头发，她的头发全都散落在脑后。女王大声呵斥道："哪个理发师这么大胆，敢叫女王低头！"

"你这个老太婆，喊什么喊！"说着，高个子一推，女王后退了两步。她想，我要好好惩罚这个人。回到王宫，女王立即下令，把高个子和矮个子抓进王宫，再把理发师也带进王宫。

高个子和矮个子被五花大绑地抓进王宫，他们刚抬起头，就吓得晕了过去。原来，那个被推倒的老太婆，居然是女王！

女王严肃地说："高个子，矮个子，你们听好了！要是理发师真能让我低头，我就饶了你们！否则，我立即割下你们的头，挂在城门上！"

说完，女王命令理发师给他理发。理发师不想惹这个麻烦，说："陛下，您的头发是上天赐给您的礼物，您还是留着吧。"

"哈哈，可我就要剪了它。"女王指着身边的短发大臣说，"剪成他那样。"

"好，好，我马上剪。"嚓嚓嚓，理发师先剪掉了女王的长头发，然后修剪整齐，修剪到后脑勺时，理发师轻轻按住女王的头说："女王，请把头朝前面低一点。"

"你居然敢命令我低头？"女王勃然大怒。

所有的人都吓得趴在地上，大声喊道："女王息怒！"只有理发师站在原地，坦然地说："女王，您不低头，我就没办法给您剪一个漂亮的发型了。"

女王看着镜子里还没剪好的头发，只好低下头，让理发师继续给她剪。剪好头发，女王照着镜子，发现自己年轻漂亮了许多，她高兴地走到高个子和矮个子身边说："也许，理发师真的能让女王低头，你们走吧。"

如果理发师用好自己的权威，那么的确可以让高高在上的女王也不得不低下头来。而赋予理发师权威的就是他自己手中的剪刀。

21. 找到关键的"第三方"

从某种意义上讲，情商甚至比智商更重要，随着未来社会的多元化和融合度日益提高，较高的情商将有助于一个人获得成功。

——北大课堂引用名言

当谈判双方僵持不下时，谈判就无法继续进行。由于先让步的人就会失去主动权，所以谁也不愿意先让步，那么最终很可能就会导致谈判的破裂。这时候，最关键的就是找到中立的"第三方"，让他出面来沟通和协调，从而保证谈判的顺利进行。

"第三方"之所以能够化解矛盾，让谈判走出僵局，是因为他是中立的，不会倾向谈判的任何一方，也不会顾及自己的利益。所以，他能够提出一个让双方都乐于接受的解决办法。

比如，在一次汽车公司的价格战中，双方都想通过降价的方法来争夺市场，结果造成了恶性竞争。为了摆脱这种尴尬的局面，双方决定谈判。但是由于在之前的竞争中结怨太深，谁也不愿意先让步。这时，只好请产业链上游的零件供应商出面，从中斡旋。最终谈判双方达成一致，结束亏本的价格战争，保证彼此在今后的竞争中良性发展。而汽车零件商就是这次谈判中的关键"第三方"。

那么，为什么"第三方"愿意出面来做这件事情呢？从上面的例子来看，如果两家汽车公司在价格战中倒闭，那么最终也会威胁到零件商的利益。所以，第三方出来调停两者的纠纷，等于是给自己开拓了更大的市场。

但是，值得注意的是，在选择关键的"第三方"时一定不能盲目大意，要请那些有权威、够公正的人来出面调停。否则的话，如果请人不当，只会把谈判越搅越乱。

第 11 章

抓住要领，让自己笑到谈判的最后

1. 唱"独角戏"，不懂得利益的互动

生命永远是相对的，有得必有失，有失必有得。

——北大课堂引用名言

谈判最主要的目的便是寻求共同利益，达到"双赢"的结果。只有积极立足于这个基本点，才有可能在谈判受挫的情况下，开动脑筋，打破僵局，使谈判向有利的方向发展。

然而，在谈判中，一些谈判者有意或无意忽视了共同利益的追求，只考虑自己一方利益的得与失，在谈判中也只是唱"独角戏"，最终使谈判以失败告终。

张俊代表公司与一家外贸公司进行谈判。开始，彼此都交流得很愉快，在价格上和数量上都达成了共识。然而就在双方签订合同时，外贸公司说："张经理，希望你能负责，抓好产品的质量，合作愉快！"

张俊答应了一声，只顾自己说道："你说我这一笔能赚多少钱？"

外贸公司皱了皱眉头，说："看你的成本价格了。"

张俊说："你们只考虑让我们提高质量，这样成本自然会很高啊，我怎么可能赚到钱呢？"

外贸公司负责人说："这点，您大可以放心，只要您能保证质量，这笔货成交后，我们还会和你们做一大笔生意，保证你们赚大钱。"

张俊说："这第一笔货，我们可能要赔钱进去了……"

外贸公司相关负责人听罢，便果断中断了谈判，而那份合同，自然也没有签署。

谈判是双方利益的互换，只顾及自身利益，不顾及对方利益，极容易招人反感。所以，在谈判中，无论是说话还是利益，都不要唱"独角戏"，吃独食，否则，伤及了对方的自尊和利益，又谈何合作？

2. 旁敲侧击成交法

> 如果有些话不能正面说，那么就侧面说，或者反面说。
>
> ——北大课堂引用名言

有些时候，碍于对方的面子，或者受限于特殊的情形，我们可以委婉地说出自己的条件。在两难的处境中，只有懂得旁敲侧击的成交方法，才能达到两全其美的效果。

战国时期，齐国有一个叫作淳于髡的人，十分懂得运用旁敲侧击成交法。一次，楚国兵临齐国城下，战事危急。为了解围，齐王决定向赵国求援，并且把这件事情交给了淳于髡去处理。齐王为淳于髡准备了一百斤黄金和十辆四匹马拉的车子，作为送给赵王的礼物，希望他可以完成使命。

淳于髡接受了任务，但是当他看到那些礼物时，仰天大笑，笑得眼泪都出来了，把系帽子的带子都崩断了。齐王见状，就问淳于髡说："你笑什么？是嫌我给你准备的礼物太少吗？"

淳于髡回答说："我怎么敢笑大王，我是笑今天路上碰到的一个人。"

齐王一听，忙问："你今天碰到了谁，这么好笑？"

淳于髡恭敬地回答说："我今天看见有个人在田里祈祷丰收，他拿一只猪蹄和一杯酒做祭品，向天祈祷说：'高地上打下的粮食装满篝笼，低田里打下的粮食装满大车；五谷繁茂丰熟，粮食堆满粮仓。'一想起他祈祷想要得到的那么多，祭祀的礼物却那么少，我就忍不住大笑起来。"

齐王听了淳于髡的话，赶紧重新置办了一千镒黄金，十对白璧，一百辆四匹马拉的车子，给淳于髡做礼物出使赵国。于是，淳于髡成功说服了赵王带回了十万精兵和一千辆战车。楚国听到这个消息，连夜退兵而去，齐国才得以解围。

淳于髡在和自己的国王谈判时，没有直接开出自己的条件。因为跟自己的领导讨价还价是一件很危险的事情，尤其是在古代，搞不好会弄丢了吃饭的家伙。可是，淳于髡如果拿不到足够的外交资本，也同样完不成使命，到时候一样会人头不保。在两难的处境之中，他用旁敲侧击的成交方法，最终成功地解决了问题。所以，我们在谈判中，如果陷入了两难的处境之中，大可以换一个巧妙的方法，让对方接受自己的条件。这样旁敲侧击地促成成交，不但维护了自己在谈判中的利益，而且维护了自己和对方的友好关系。

3. 会装傻的人才是真聪明

走运时，要想到倒霉，不要得意得过了头；倒霉时，要想到走运，不必垂头丧气。心态始终保持平衡，情绪始终保持稳定。

——季羡林

在谈判桌上，没有人愿意被人当作傻子。而真正的聪明人，应该在谈判桌上表现得大智若愚，以此来保护自己。历史上也不乏这样真正的聪明人。

战国末期，秦国吞并天下的战争连连告捷，大将王翦奉命出征，他此次出征将带走全国一半以上的军队，而且全部是精锐之师，可谓是胜券在握。但是这位王翦将军似乎完全没把心思放在战场上，直到出发前还在向秦王请求赏赐良田大屋。

秦王被他弄得有些不耐烦，就说："将军放心出征，我自然会论功行赏，你又何必对自己家里的事放心不下呢？"

王翦却完全"不识时务"，在秦王为军队送行的酒宴上竟然说："做大王的将军，有功最终也得不到封侯，所以趁大王赏赐我临行酒饭之际，我也斗胆请求赐给我田园，作为子孙后代的家业。"

秦王觉得自己这个大将军实在是有点没出息，竟然主动伸手来要赏赐。但是考虑到前方的战场非王翦不可，又不想在临行之时动摇了他的军心，于是就答应了王翦的要求。

出人意料的是，这位王翦将军实在是"不识时务"，到了潼关又派使者回朝请求更大一点的良田，秦王哭笑不得，也爽快地应允了。

这时王翦手下的心腹谋士劝他应当以军务为重，不要目光短浅地只顾自己的个人利益。王翦这才支开左右，坦诚相告："我并非愚蠢贪婪之人，之所以一再向秦王伸手要赏赐，是因为秦王多疑，现在他把全国的精锐部队交给我一个人指挥，心中肯定会不安。所以我一而再再而三地请求他赏赐我田产，表面上是为自己和子孙后代的私利打算，实际上是为了让秦王安心。他觉得我只会考虑眼前的利益，并没有自立为王的大志，也就不会怀疑我造反了。"谋士听后对王翦的聪明深感佩服。

王翦用自己的"贪心"来让秦王放心，因为他所贪图的不过是良田房屋，这些都是秦王所能够满足的东西。假如王翦兵权在握，却自作聪明，一点要求也不提，那么秦王就要对他有所猜忌了。再加上古代通信困难，秦王身边难免有人恶语中伤，到时候王翦就难免要落得个"鸟尽弓藏，兔死狗烹"的下场。

所以，在谈判中，有大智慧、大聪明者，往往行为很低调，不会表现出过人之处。那是因为他们懂得保护自己，明白自己应该放下小聪明，而是追求大智若愚、大巧若拙的人生境界。

4. 巧妙运用"最后通牒效应"

贪安稳就没有自由，要自由就要历些危险。只有这两条路。假使做事要面面顾到，那就什么事都不能做了。

——鲁迅

当我们站在三分线外面投篮时，往往会瞄准一会儿然后再出手。可是，如果我们改变一下规则，把投篮的时间限定在5分钟之内，不限制次数，那么每个人都会手忙脚乱地把球扔出去，根本没时间顾及自己是否偏离了原来的方向。

在谈判中，我们也可以采用同样的策略，给对方限定一个时间，用"最后通牒"的方式，逼对方同意我们提出的谈判条件。

有一次，我陪同一位朋友去买汽车。在宽敞的汽车展示厅内，我的朋友看中了一辆黑色的奔驰。而这辆车的标价是50万元，这个价位有点超出了朋友的预算。

这时，销售人员上前说道："您好，我是这里的经理，先了解一下吧，这款车最近卖得非常好。"接着，我和我的朋友了解了很多关于这辆车的数据，又亲自坐到车里去体验了一会儿。最后，我的朋友对销售人员说："我对这辆车非常满意，但是在价格方面有点高了，你看45万怎么样？"

这时，销售人员露出了为难的表情，他很诚恳地说："实在抱歉，您给的价钱实在是太低了，我最低可以给您优惠到48万。"

我的朋友想了想，然后回答说："这样吧，46万。今天下午我有事要出国一周，下午2点的飞机，如果你觉得合适，我们现在就成交。"

经过之前的沟通，这位销售人员已经不愿意放弃这位顾客了，最终我的朋友以46万的价格买到了自己心爱的汽车。

所以，在谈判的最后阶段，我们不妨给对方制造一个谈判的最后期限，就像最后通牒一样：如果不在最后时间内达成协议，那么对方就可能永远失去这个机会。于是，迫于时间上的压力，对方来不及想太多，就会在重重压力之下在合同上签字。

5. 用提问打破思维定式

知识可以点燃智慧，但却不能改变命运，真正能改变命运的是智慧。

——北大课堂引用名言

在谈判中，谈判双方因为彼此对立，所以各自的思维很容易进入死胡同，形成思维定式。在这种情况下，要想赢得谈判就必须打破这种思维定式，让对方重新思考，而最好的方法之一就是将陈述变成提问。提问的技巧十分重要，只有问对了问题，对手的思路才会进入我们预想的轨道之中。

许攸是曹操手下的大将，有一段时间，因不满于曹操而自拥兵将，出言不逊，对曹操有背叛之意。曹操被许攸的举动气极了，便想兴兵讨伐。群臣纷纷劝谏，曹操根本听不进去，亡拔出自己的佩剑，不许群臣再谏。一场管理者内部的战争眼看就要发生了。

正在这时，曹操手下的谋士杜袭从外面进来，还没等杜袭开口，曹操抢先说道："我的大计已定，先生就不必再来劝谏了。"杜袭笑着问曹操："到底是什么大计，我还不知道呢。"曹操说："许攸出言不逊，我正准备出兵去处理这件事。"杜袭说："以您看来，许攸是个怎样的人呢？"曹操回答说："凡人而已。"杜袭说："只有贤者才能理解贤者，只有圣人才能认识圣人，许攸既是凡人，又怎么能了解您这个圣人呢？如果您兵伐许攸，人们就会说您只敢欺负许攸这样的凡人弱者，而不敢与真正的豪杰相抗衡。这样，您进兵，别人会说您胜之不武，退兵别人也不会说您具有仁慈之心。那么，对于区区许攸，您又何必兴师动众呢？"曹操听后，沉吟良久，说："你说得不错。"便派人厚抚许攸，不再提出兵讨伐之事。许攸受到厚抚，便请罪于曹操，君臣得以和好，一场眼看就要发生的内部混战，在杜袭的巧言劝说之下便消弭了。

杜袭化解曹操的思维定式靠的就是巧妙的提问，首先他故意装糊涂问明了事情的缘由，然后又进一步追问曹操对许攸的评价，最后用"许攸既是凡人，又怎么能了解您这个圣人呢"这样一个反问结束了整场谈判。杜袭的问题看似漫不经心，实则用心良苦。如果我们在谈判中遇到曹操这样固执的对手，不妨学一学杜袭这种用提问打破思维定式的方法，那么我们一定能够让自己笑到谈判的最后。

6. 制造"紧迫感"，给对方施加压力

对于一个不急于做出决定的人来说，"紧迫感"可以帮助他尽快做出决定。

——北大课堂引用名言

在有些谈判中，对方已经具有了成交的意向，但是这种意向不强。这时候要想促成谈判的成交，你就要通过各种方法，给对方制造一种急切的紧迫感，让他觉得如果现在不成交的话，将会吃大亏。而贪便宜是人的天性，这时候他们往往就会立即成交。

在海南三亚有一个高档住宅小区，整个小区只有 10 套房，而且房价贵得惊人，虽然有很多人对它感兴趣，但是都被居高不下的价格给吓退了。

有一天，一位温州老板听说这里房子不错，于是就想去打听一下。他来到售楼处时，对这个住宅区流连不已。于是聪明的推销员马上迎上前去说："先生真是有眼光，这种海景房是我们公司整个小区最豪华的一种，它们是世界上最优秀的设计师设计的，我敢肯定地说，在整个三亚，你再也找不到这样将风景和设计完美结合的海景房了。住在里面绝对是无与伦比的至尊享受。您自己看，我们小区像这样的房子一共也就只有 10 套而已，您今天也算来得巧，现在只剩最后一套了。而且我刚刚听到另一个工作人员在电话里跟别人约好了下午来看房子。我知道你们也很想买，所以我建议你们立刻做出决定，否则很可能就没有机会了。"

尽管这个老板觉得有些贵，但还是由于生怕失去了最后的机会，当时就交下了 10 万元的订金。实际上，这个推销员说的并不是实话，而是故意为了给这个老板造成一种紧迫感。

这里谈判者采用最后"机会"的说话技巧，让对方紧张起来，使他为了争取到最后的机会，主动地交下了订金。这就是谈判中制造紧迫感的好处，可以让对方在压力之下马上做出成交的选择。

7. 策略要硬，态度要软

我们不能赢了智商，输了情商。

——北大课堂引用名言

我们之前讲过，谈判中可以采取步步紧逼和不断施压的方法来促成成交。但是这种方式有点危险，因为把握不当会显得不太礼貌。毕竟买不买是人家的事情，什么时间买也是人家的自由，如果你逼得太紧，很有可能引起对方的反感，甚至对你的行为产生怀疑，从而果断地拒绝继续谈判。

所以我们说话的时候，一定要注意以下几点：

第一，尊重对方。不能以咄咄逼人的态度去质问对方，比如"那你还担心个什么"。始终要保持对谈判对手的尊重，在尊重的基础之上，一步一步地耐心解决疑虑。

第二，语气要温婉。比如用自责的语气：我很抱歉，我不知道我究竟由于哪些做得不对，让您难以决定，请问您能帮我指出我做得不好的地方吗？我会衷心地感谢你的。

第三，要肯定对方的疑虑。在顾客每提出一个疑虑的时候，你都应该表示认可，比如说："您这个担忧的确很有道理，不过我们的产品采取了技术处理，是没有这个问题的。"而不要觉得对方的疑虑是无稽之谈或者杞人忧天，比如说"这个还需要怀疑啊"，言下之意，有贬低对方的感觉。

综上所述，我们在谈判的最后阶段为了促成合作，可以采用强硬的压力策略，但是与此同时，我们的态度一定要缓和，让对方在如沐春风中乖乖就范。

8. 什么时候离开谈判桌

当我们该离开时，必须毫不犹豫地离开。离开是为了更好地回来。

——北大课堂引用名言

有些时候，我们要故意做出一种要离开谈判桌的架势，目的是为了给对方施加压力，让对方不得不接受我们给出的谈判条件。但是，如果离开谈判桌的时机不对，或者条件不够成熟，那么盲目地离开反而会让自己处于被动。

要想在离开谈判桌之后，成功地被对方请回来，那么必须要把握下面三个要点：

第一，保证自己手中已经抓住了充足的谈判筹码。如果我们手中没有筹码，那么不论我们怎样威胁，对方都不会买单。就好像一个美女的疯狂爱慕者，在得不到爱情时以死相逼。那么得到的回答很可能是："请快一点，我早就想清静一下了。"

第二，谈判确实陷入了僵局。也就是说，我们的离开在对方看来也是情理之中，意料之中的。如果我们一上来就做出离开的姿势，那么等于是单方面破坏谈判，对方会觉得我们没有诚意。所以，一定要在谈判的确陷入了僵局，双方都僵持不下的情况下，我们再选择离开谈判桌，而且要表现得恰如其分。

第三，保证自己在离开后有更多的选择。如果是一个3岁的孩子扬言要离家出走，那么家长大可不必担心，因为他实在没有什么地方可去。在外面玩一会儿，肚子饿了就自然会回到家里来了。但是，如果是一个成年人要离家出走，那么就很可能一去不回了，因为他已经有能力自己面对这个世界，他在外面有更多的选择。

总之，当我们想要离开谈判桌时，一定要成功地给对方制造一种假象，让对方相信我们随时可能停止对他们有利的谈判。如此就可以在谈判中成功地掌握主动权了。

9. 做个"忘我"的谈判者

一个卑微的人与一个卑微的梦想，只要有坚持下去的信念，是完全可以变得伟大和卓越的。

——北大课堂引用名言

很多谈判者，偏偏总是喜欢从"我"的角度出发，把谈判对手当作自己的敌人，努力地进行征服，而丝毫不关心他们的需要以及他们的烦恼，这个时候，对方往往就不会跟你说真话。因为对方感觉你不是在真心合作，而只是想着自己获利，谋取他的钱财，所以在这种情况下，你要学会做一个"忘我"的谈判者。

在美国，冰箱普及率非常高，推销电冰箱的人非常多。一个推销员去郊区推销冰箱，路过一户人家门口，发现女主人正在打开冰箱，于是抓住机会就说："这台冰箱好旧啊，用了好久了吧，很容易出问题的，换一台新的吧。"

女主人一听，就知道这家伙是来推销冰箱的，瞪了他一眼，然后劈头盖脸地训道："我告诉你吧，我这个冰箱可是在五年之前买的，到了今天一次都没有坏过，质量过硬得很，哪像现在那些不过关冰箱，用不了三天就坏了。"

于是不到五分钟，这个推销员就被这个家庭主妇给说走了。

第二天，又来了一个推销冰箱的，对女主人说道："我这台冰箱质量好得很，而且价格非常便宜，如果您现在就订购的话，我还可以给你打个九折。"

看到推销员那咄咄逼人的气势，女主人又把他给打发走了。

一周之后，又有一个推销员来推销冰箱，经过一阵简单的沟通之后，推销员有了个大体的了解，说道：“这台冰箱是你结婚的时候买的，对你可以说是具有非常重大的纪念意义，我看至少还可以用一年。”

女主人听了之后，不再像前两次那么反感，而是笑着说：“的确是很有纪念价值，不过有时候也会出点儿小毛病，而且我现在嫌它有点老了，一直都琢磨着换台新的，可就是没有想好该买什么样的好些，也不知道现在那些冰箱质量究竟怎么样。”

推销员说：“要是换肯定有点舍不得，不过现在的冰箱比起十年之前的，质量有了飞越的进步，一般都不会太差，如果您确实想换的话，可以先了解一下我们公司的产品，到时候想要的话，给我打电话也不迟。反正现在有的用，您先用着，不着急。”

说着女主人就很乐意地翻阅起了资料，并很好地与他沟通起来，推销员把女主人说得连连点头，最后居然订下了一台。

一般的谈判者，都会像第一个推销冰箱的人一样，一开始就采取咄咄逼人的攻势，说对方的冰箱如何不好，自己的冰箱如何出色，完全不考虑对方的感受。其实对方哪怕是想买，内心深处也已经把你当成了敌人，产生了严重的不信任感。相反，后一个推销员一开始就放下了“自我”的立场，紧紧地跟顾客站在一起，让她放下了防范心理，从而在放松和信任的前提下成功地卖出了产品。

10. 别让贪心毁了整个谈判

不管处在什么样的社会，一个人做人做事的成功最终还是依靠“诚信”二字。你对别人有诚信，大部分人也都会对你有诚信。就算你被别人骗了，也不能因此就丢掉诚信，否则你就会失去自己成功和幸福的根基。

——北大课堂引用名言

很多人在谈判快要成交时内心往往充满了欲望，凡事只考虑自己的利益，却没有看到，自私和贪婪会让自己失去所拥有的一切。如果我们跳过品德、心态的修养，在谈判中直接去追逐、争抢财富，那么就会有毁掉整个谈判的危险。

有一个英国妈妈，自女儿记事起，就一直在她耳旁重复着这样一个道理：“在人生的道路上有很多诱惑，一定要克服自己的贪心，懂得取舍有道，这样才能得到成功的青睐。”

　　每周这位小女孩的妈妈就靠给农场主的小旅店代洗衣服获得五美元的报酬。在一个周六的晚上，小女孩还是跟平常一样去帮妈妈领薪水。农场主手里拿着一个装满钞票的钱包，打开钱包之后就抽出了一张钞票给了小女孩。

　　小女孩拿着钞票，很快从农场主那儿走了出来。到了半路，她停下脚步，然后用别针小心翼翼地把钱别在围巾的皱缝里。这时，她才发现农场主给了她两张钞票。

　　"这都是我的，并且全都是我的。"小女孩因为多了一笔意外之财兴奋不已。她心想："我要拿多余的钞票给妈妈买一件新的斗篷，妈妈的那件旧斗篷就可以给姐姐了，这样姐姐明年冬天就可以在周末和我一起去学校了，或许还可以给弟弟买一双新鞋呢。"

　　她越想越兴奋，蹦蹦跳跳地往家的方向赶。这时，她突然想起妈妈经常告诉她的话："在人生的道路上有很多诱惑，一定要克服自己的贪心，懂得取舍有道，这样才能得到成功的青睐。"她的内心开始斗争，对她来说这是一个非常大的诱惑，她奔跑在回家的路上，尽量地让自己静下心来。最后她用尽浑身的力量，抵制住了金钱的诱惑和自己的贪心，将钱还给了那位农场主。

　　后来，这位女孩一直记着妈妈曾经告诉她的话，在诱惑面前始终保持一种平静的心态，最终取得了令人羡慕不已的成功，她就是英国亿贝公司前首席执行官梅格·惠特曼。

　　梅格·惠特曼在金钱的诱惑下抵制住了自己的贪心，不为所动。这正是一个取舍有道的人在谈判时应该拥有的一种美好品质。正是因为自己内心的坚守原则，最终成就了梅格·惠特曼的成功。希望你也能够在谈判桌上战胜自己的贪婪，一直到谈判成功的最后一刻。

11. 害人之心不可有，防人之心不可无

　　我们和朋友在一起，可以脱掉衣服，但上阵要穿甲。

——鲁迅

　　懂得谈判的人自己不会去做小人，加害于人；但是也绝不会放松对小人的警惕，白白被人加害。

　　郭子仪是唐朝的三朝元老，因为平定了"安史之乱"而受到唐玄宗的封赏。可是位高权重的郭子仪不但没有居功自傲，甚至比平时更为小心谨慎了。一方面是出于本色，一方面也是为了提防小人的嫉妒。

有一次郭子仪因为身体不好，就卧病在家没有上朝。朝中的大臣都来探望，其中有个叫卢杞的官员也找机会前来巴结探望。郭子仪听到门人的报告，立即让身边的家人回避，并告诉她们绝对不许露面，然后独自到客厅去接待这位叫卢杞的客人。

等卢杞走后，回避了好一会儿的姬妾们回到病榻前问郭子仪："之前许多官员都来探望老爷的病，他们的身份地位都比这个叫卢杞的人高得多，可是您从来不让我们回避。这次为什么此人前来，就让我们都躲起来了呢？"其实这个叫卢杞的人官位虽低，却是历史上有名的奸诈小人，他不仅心狠口毒，而且相貌奇丑，当时很多人都把他看成是个活鬼。郭子仪微笑着对自己的家人说："你们有所不知，这个人相貌极为丑陋而内心又十分阴险。如果你们看到他，一定会忍不住失声发笑，那么他一定会心存忌恨。如果此人将来掌权，他就会怀恨在心，到时候我们的家族就要遭殃了。"

后来，这个叫卢杞的小人果然当了宰相，他得到权力之后极尽报复之能事，把所有以前得罪过他的人统统除掉。但是自始至终都没有对郭子仪下过毒手，而且还对郭子仪十分尊重。

郭子仪之所以能够成为三朝元老，除了胆量与胸襟之外，更是与他的小心谨慎分不开。他的一生，可以说是"害人之心不可有，防人之心不可无"的典范。

所以，要想让自己在谈判桌上立于不败之地，那么一定要记住"害人之心不可有，防人之心不可无"的原则。当我们不能确定是否应该相信谈判对手的时候，一定要冷静地想一想，想清楚之后再去做好人；当我们知道有小人要对自己造成不利的时候，千万要谨慎地避一避，避开那些别有用心的麻烦。毕竟谈判从来不像你想象中的那么好，但也绝不像你想象中的那么坏。

12. 信任对方和赢得对方的信任

著名的管理大师德鲁克曾经说过这样一句话："如果管理者缺乏正直的品格，那么，无论他多么有知识、有才华、有成就，也会给企业造成重大损失。他破坏了企业中最宝贵的资源——人，破坏组织的精神，破坏工作成就。"由此可见，正直的品格对于一个人而言，是一个多么重要的必备素质！

——北大课堂引用名言

谈判的最终结果到底是由什么决定的？是我们的谈判策略还是对方的谈判水

平？最新的一项脑科学研究发现，谈判的最终结果其实就是一场"信任"的游戏。

这项研究是由美国贝勒大学医学院神经科的 P. 雷德·蒙泰戈博士主持的。参加实验的学生共有 48 对，互不认识，每一对都有一位"投资者"和一位"受托者"。

实验的方式如下：在 20 美元以内，"投资者"可以给予"受托者"任何数量的金额，一到"受托者"手中，该金额即视为成长 3 倍。然后，"受托者"可以决定还给"投资者"金额的数量。他们不可以聊天、握手、签合约或做其他事情。

雷德博士在实验过程中观察学生大脑的活动情况，结果发现，当对方表现得比自己的期望还要大方时，脑部"尾状核"区就会出现惊喜的信号，研究人员指出，这就是对"慷慨大方"的感应区。实验还发现，当"受托者"退还的金额比"投资者"预测的要多时，"投资者"就会在下一回合给予更多的金额，可见，大方是可以增加信任的。在谈判中吝啬的人，可能一开始节省了一点金钱，但却降低了自己的"信任值"，阻碍了今后的发展。

在谈判中，想要别人建立对自己的信任，成为受欢迎的人，我们不妨利用上面的科学发现，学得大方一些。"先予后取"，这是一个亘古不变的真理。我们在任何的谈判中，明智的人都懂得给予，因为他们知道，懂得分享，才能获得别人更多的回馈；在谈判中懂得分享，慷慨大方是信任对方的表现，也是赢得对方信任的最佳策略。

13. 以"情"动人，让对方妥协

真正的精英一定是具有软柔情怀的人，其做任何事都不会置个人情感于不顾。

——北大课堂引用名言

亚里士多德曾说过："说服是通过演讲使听众动感情而产生效果的，因为我们是在痛苦和欢迎、爱和恨的波动中做出不同的决定的。"这告诉我们，在谈判中要打动别人，使对方信服，就要使自己的语言饱含真感情，进而拉近彼此的心理距离。

伊丽莎白是美国加州的一名教师，有一个假期，她开车在外地旅行。在路上，突然遇到了两个旅行者，他们与外界断了联系，只能靠徒步回城。好心的伊丽莎白了解情况后，便载他们同往。

　　两位男士上车不久，一位男士就拿出手枪让伊丽莎白交出身上的钱财。这突如其来的情景让她感到害怕，这两名可怜的旅者原来是劫匪。在无奈下，伊丽莎白只好拿出身上仅有的 300 美元给他们，说道："这是我身上所有的钱，全部给你们。如果不够，我皮包里还有一些零钱，也给你。"说着就又掏出了几十元的零用钱递给歹徒。

　　这两名歹徒从来没有遇到如此爽快的人，顿时感到不知如何是好。这时，伊丽莎白趁机说："这么晚了，你们的家人应该很着急，我送你们回城，告诉我，你们的家住在什么地方？"这种充满温情的话让歹徒放松了警惕，把手枪收了起来。

　　眼看气氛越来越缓和，伊丽莎白又开始说话了："我也是穷人家的孩子，从小就在加州一个贫民窟中长大。父母很早就去世了，我在学校只有发愤学习，才被一所不错的大学录取，后来，做了老师。虽然没什么钱，但日子过得还精彩，这种自食其力的生活，让我觉得很踏实。"

　　歹徒仍旧一声不吭，于是伊丽莎白继续说："只要有脚有手，想要好好地生活，哪里会找不到一份工作呢，倘若一时冲动犯了错，一辈子可就完了。"到了歹徒指点的地点，两人正准备下车，伊丽莎白又说："希望那点钱能够帮助你们，用它去租个房子找份工作，以后好好生活吧。"

　　歹徒被伊丽莎白的耐心和善良所折服，就把 300 美元还给了她，并说道："你说得很对，小姐，从现在起我们不再做类似的事情了，祝你好运！"说完，便急匆匆地走了。

　　在遇到危机情况后，伊丽莎白没有表现出惊恐和敌对，而是以同情的态度给予了他们关怀和帮助，最终终于感动了歹徒，达到了说服的目的，可谓巧妙。

　　其实，在谈判中，"理"好比是硬物，而情则如水。刚强之物，形可碎不可变，坚而不韧，强而易脆。而柔软之物，随势变形，柔而耐长久，软而有韧性。女人在说服他人的时候，要晓之以理，动之以情，以催人泪下的影响力去影响他人，使人不知不觉地接受，达成自己的要求。在打动别人的过程中，亦同样是彼此感情的交织与升华，说服不仅仅只是干涩的言辞的堆积，更是一种情感上的和声和共鸣。

14. 抓住机会，扩大战果

　　运气不可能持续一辈子，能帮助你持续一辈子的东西只有你个人的能力。

——北大课堂引用名言

对方决定在合同上签字了，这时就是我们的谈判接近尾声的时刻了吗？对于初级的谈判者而言，的确是这样。可是，对于真正的谈判高手来说，这只是一个开始。是的，一个成交的达成，是接下来更大成交的开始。我们千万不能在对方签字的一刹那就觉得自己已经完成了整个谈判，而放弃了扩大谈判战果的最佳机会。当我去德国的沏宝咖啡店喝咖啡时，对于这个谈判理念尤其印象深刻。

对于小资们来说，星巴克咖啡店是他们所熟悉的咖啡代表，而来自德国的沏宝咖啡虽然在知名度上稍逊一筹，但它与星巴克一样，是世界知名的咖啡代表。在沏宝咖啡的专卖店里，明亮的橱窗里陈列着精致的搅蛋器、做蛋糕用的花色饰盘和造型时尚的酒杯等等。这家经营上千种商品的咖啡店其实更像一个生活百宝箱，在这里你可以买到所有居家用的东西。

沏宝在卖咖啡的同时，还同时销售各种商品。除了拿铁咖啡，你还可以买到意大利饼干和蛋糕，也许在这里你还能找到一张喜欢的CD唱片。沏宝在欧洲各地拥有多家咖啡馆。2004年，沏宝又玩出了新花样，他们与英国的电话运营商合作，在咖啡店里卖起了移动电话。

几乎所有顾客在走进沏宝的时候都会感叹："这哪是咖啡店啊，简直就是一杂货铺嘛！"的确，沏宝咖啡店里并不仅有手机，还有手表、炖锅、服装……应有尽有。而这些风马牛不相及的商品全都聚集在一起出售，就是沏宝独有的"沏宝模式"。

在德国，沏宝咖啡店更是遍布了大街小巷，走进咖啡店的顾客除了可以品尝到美味的咖啡外，还可以办理一些移动的业务，比如预付费、办理签约等。于是，一些本打算喝杯咖啡的顾客在走出沏宝的时候，手里拿着新买的手机；而另一些顾客在买手机的同时，也顺便品尝一杯醇美的咖啡。于是，在短短的一年半时间里，沏宝以庞大的用户群成为德国咖啡店里手机销量最高的商店之一。

沏宝的成功并不是偶然，从它的销售模式上体现出了谈判的智慧。他们在销售时，机智地抓住了顾客成交时放松警惕的心态，成功地扩大了自己最终的成果。

是的，当我们的谈判对手在签订合同的时候，他们的整个神经都已经不再像谈判的开场和中期那样紧张了，此时是扩大谈判成果的最佳时期。如果你在一次买卖合同的谈判中只带回了一份买卖合同，而没有更好的约定或者更多的合作合同，那么我必须说，你在谈判中失去了最宝贵的一次机会。

15. 搭配销售，谈出更大的需求

只要出于同情心和面子做的事，几乎都会失败。

——北大课堂引用名言

当顾客在谈判中选择购买一件商品时，对于这件商品相关联的商品进行推荐。比如当人家要买一件衣服的时候，你就给他推荐裤子、鞋子、袜子等等，这样可以大大扩展我们的谈判范围。

孩子想买件棒球衣，于是父亲就带他去看，销售员看到他们之后，连忙热情招呼道："你们是来买棒球衣的吗？"

父亲笑着问道："你是怎么知道的？"

销售员说："我发现你们走进来的时候，就一直盯着这边的棒球衣看，况且你孩子的手中还捧着棒球呢。所以猜想你们肯定是来买棒球衣的了。"

父亲为孩子挑选了一套棒球衣，正当准备付款的时候，销售员及时地推荐道："这儿还有与衣服配套的汗衫和长袜，你们看看，如果能够穿一身的话，那就会特别好看。"

父亲听了，走过去看了看，又望了望儿子，于是就买下了汗衫与长袜。

正当父亲再次准备付款的时候，销售员又问孩子道："小弟弟，你有球鞋吗？"

孩子回答说："没有。"

父亲本来没有打算给儿子买鞋的，但是听了销售员这么一问，马上便犹豫起来了。于是销售员又说："要是能够穿上一整套，那就会显得更加精神。"

最终，本来只打算买一套棒球衣的父亲，不但为孩子买下了汗衫与长袜，还买了根本就没有打算买的球鞋。

这个顾客的需求实际上就是要一套球衣，但是经过销售员的推荐之后，购买了与球衣相关的汗衫、长袜和球鞋，把销售业绩也一下子提高了不少。如果我们在谈判中不进行主动推荐的话，谈判的成果也会大打折扣。

在谈判中进行搭配销售的时候，一定要站在顾客的角度，设身处地为顾客着想，而不是单纯为了提高销售业绩进行胡乱地推荐，这样不但显得失礼，反而让人反感。很多店面的人就是由于这种恶俗的习惯，最终让顾客敬而远之。

16. 促销推广，小优惠换来大利益

让客户惊喜或者难忘，一定表现在预期之外。

——北大课堂引用名言

除了搭配销售之外，我们还可以在谈判中利用通过促销给顾客带来的好处，扩大顾客的购买欲望。

一位先生去商场买衣服，只见这里人来人往，熙熙攘攘，非常吵闹，就挑选了一件白色衬衫，准备付款回家。

这时候，旁边的销售员连忙说道："先生，我们今天店里做活动，如果购物满500元的话，就可以赠送一个高级保温杯，您现在这件衣服是422元，再买一点其他的东西，就可以获得赠送的礼品了，这种保温杯挺好的，而且都是崭新的，我拿给您看下。"

说着就跑去从前台那里拿来了一个保温杯，递给先生道："您看，就是这种保温杯，您去别的地方买一个的话，恐怕最低也得50元。您现在可以再买一条裤子或者是别的什么东西就可以换到了，这样多划算啊。"

先生见这个保温杯样式不错，于是又去挑选了一条裤子，虽然总价算起来有550多元，但是想到获得了一个保温杯，感觉也值了。

这里就是典型的礼品促销方式，是很多店面、商铺都喜欢采用的一种提高销售额度的技巧。实际上，一个保温杯从厂家成批订货的话，也就那么十几元钱，但是这些东西在市场上往往就卖得比较贵，让顾客感觉是捡了一个大便宜，却不知道其实自己多买一件商品被人赚的钱远远不止那个保温杯的钱。

在谈判中进行促销推广时，最重要的是极力渲染促销给顾客带去的利益，让他看到活生生的东西，获得实实在在的利益。倘若你太过小气，促销的礼品都是一些不名一文的东西，那么往往就难以说动顾客的心。

17. 用人格说服对手下定决心

一个人如果缺少善心，他是无人格可言的，也是不容易被人所认可的。

——北大课堂引用名言

在资源匮乏或相对匮乏的社会中，人类个体间存在着利益冲突，只有既竞

争又合作。只有通过谈判共享资源，大家才能更好地发展。

心理学的研究表明，双方在合作的谈判中，十分相信对方的人格直接影响了谈判的结果，而谈判关系中的互惠行为能够促进双方的信任。当然，这种互惠不仅局限于金钱、物质。除了基本的物质需要以外，人们也期望得到他人的认同、赞美、同情、宽容、尊重、理解等。

因此，在谈判中，慷慨赞美他人的言行、宽以待人、不斤斤计较等，都是与人分享的表现，具有这些人格的人更容易说服自己的谈判对手，下定合作的决心。而分享的最佳时机是在谈判之初，相互之间不熟悉，也就很难谈得上信任，对对方的分享行为预期也就比较低。如果你在对方存在某种急需的时候满足了他，不论是经济上的援助还是精神上的鼓励，都会让他感到很意外，其脑部"慷慨大方"感应区就会高度兴奋，有助于建立对你的信任。

古人有"受人滴水之恩，当以涌泉相报"的观念，更有"投之以桃，报之以李"的做人准则，这些都已经深植于国人的心里。对于一个希望说服对手，赢得谈判的人来说，要始终记得，没人喜欢吝啬鬼。在谈判中，不要吝啬你的金钱，不要吝啬你的赞美，不要吝啬你的同情，不要吝啬你的宽容，你的优秀人格是你最有力的谈判武器。

18. 自己钓鱼，不如"授人以渔"

谈判者都应该熟知孔子仁爱的哲学，并且巧妙地将"仁爱"思想运用到谈判中去，使得整个谈判充满人性，这是赢得谈判、赢得人心的关键。

——北大课堂引用名言

谈判的最终结果不仅取决于我们的谈判技巧如何，更主要的是取决于我们在谈判中采取了怎样的策略。技巧很多时候只是关系到我们在谈判中赢得多一点或者输得少一点，而谈判策略的选择，则直接影响到我们整个谈判中的输赢。

就好比在决斗中，武艺的高低之分固然会影响比武的结果，但是，到底是选择和平还是选择战争，则直接影响到了整个国家的命运。所以，在策略的选择时，我们一定要让自己的眼光放长远，这样才能为自己争取到最大的利益。

从前有两个喜欢钓鱼的朋友一起到郊区一条小河边垂钓。两人各凭本事，一展身手，都钓到了不少鱼。忽然间，小河附近来了几位看热闹的村民，看到这两个年轻人轻轻松松就钓到很多鱼，不免感到几分羡慕，于是都拿来钓竿，想试试自己的运气。没想到，虽然土生土长，可这些村民的垂钓技术却比不上两个年轻人，试了很久却一无所获。

话说年轻人虽然是好朋友，但两人性格却相差很大。其中一个比较孤僻，不爱搭理别人，喜欢独享垂钓的乐趣，其他人能不能钓到鱼跟他完全没关系。而另一个却是个热心肠，平常总是爱帮同事做点力所能及的事情，眼看这些村民钓不到鱼，他就说："这样吧！我教你们钓鱼，如果你们按我的方法钓到鱼之后，分一尾给我，如果钓得太少就不必给我了。"村民们欣然表示同意。

到夕阳西下准备打道回府的时候，那个热心教村民钓鱼的年轻人不但收获了一大篓鱼，还结交了一大群新朋友。这很让那个只顾自己钓鱼的年轻人吃惊，因为他觉得自己的朋友一直在传授垂钓的技巧，根本没时间钓鱼，怎么可能获得如此丰厚的成果呢？谁知，那位热心的朋友回答说："这些都是村民们钓上来之后分给我的鱼。"

在谈判中也是一样的道理，不管我们的技术多高超，自己单打独斗，都不如跟自己的合作伙伴一起分享成果来得更轻松、更实惠。我常常跟我的谈判团队说，我们与其在谈判桌上自己钓鱼，倒不如把钓鱼的技术教给我们的谈判对手，然后让他们随便给我点好处。这样，对于他们来说，付出一点代价就学会了一门技术；而对于我们来说，什么都不用做就得到了丰厚的回报，这不是在谈判中一举两得的好办法吗？

19. 把价格分解

要每天多努力一些，比别人多努力一个小时。

——北大课堂引用名言

当谈判进入到最终阶段，对方向我们询问价格时，千万小心自己给出的报价，因为对方很可能会被一个高报价而吓跑，我们之前所做的一切努力也都白费了。要知道，其实我们可以用一种全新的方式来描述商品的价格，让对方听起来觉得这个价格很容易接受。

比如你要去波音公司订一张机票，如果你问他们从美国的东海岸飞到西海岸要多少钱，他们绝对不会直接回答你说一共需要支付5万美元，而保险费和其他税费另算。他们很可能会告诉你说，亲爱的先生，我们的收费标准是每位乘客每公里11美分。

就这样，他们把5万美元变成了11美分，而顾客的态度也由受到惊吓变成了欣然接受。

这就是在谈判中把价格分解之后再告诉给对方的好处，比如我们在谈判中告诉对方按揭支付的商品时，可以重点强调商品每月需要支付的金额，而不是实际的价格；当我们向对方介绍一栋房产的价格时，可以强调每平方米的价格，而不是全部的费用；当我们向对方发放贷款时，最好用百分比来告诉对方你的利息率，而不是美元数。

作为一名谈判高手，应该清楚的一个谈判守则就是：当我们的对手觉得自己并不需要从自己的口袋里掏出真金白银时，他通常会花得更多。所以，在谈判的最终阶段，不妨使用价格分解的方法，把对方需要承担的费用分解到最低，这样的结果就是：对方会感觉自己所需要的费用并不高，而我们也更容易获得谈判的成功。

20. 让对方感觉他赢了

人生最大的自私是无私。

——北大课堂引用名言

当谈判接近尾声时，你一定要给对方他赢得了这场谈判的感觉。当然，我的意思并不是要一味地给对方好处，而是要让对方感觉自己赢得了这场谈判。这种感觉不是你在签订协议的时候再给对方增加一些折扣，而是你可以给对方一些赞赏和超出你承诺的东西。你可以提供一些特有的服务，你可以提供一些本不需要提供的关心，这个时候你会发现，你的这些服务给你带来了意外的收获。

萧然是一家中国服装企业的谈判员，公司派她去和一家美国的设计师进行谈判。在谈判的开始，萧然就了解到这个美国设计师杰克喜欢喝中国的碧螺春，喜欢中国的旗袍，于是自己特意换上了旗袍，带着碧螺春来谈判，谈判刚刚开始的时候，桌边开始洋溢着浓厚的中国特色，外穿中国旗袍的中国女性，同时空气中散发着清香的碧螺春味道，设计师杰克完全沉浸在美妙之中，谈判的过程一直进行得很顺利。最后要确定服装的外观设计时，杰克主动要求要一份中国旗袍的样式图书，就愿意多送萧然几件自己的西方设计，萧然很快就答应了谈判。杰克看着眼前身着旗袍的中国女人，口中喝着喜欢的碧螺春，他觉得自己赢得了谈判，并且此行的谈判令他感到很满意。

人们在各类贸易、合作、联合以及各种经济纠纷中进行谈判，其目的是改变相互间的关系并交换观点，以期达成协作的求同过程。谈判是一个较为复杂的过程，既要确定各自的权利与利益，又要考虑他方的惠利方面。因此，交易谈判犹如对弈，在方寸上厮杀，但又要共同联手合作，这是既矛盾又统一的，既个体又整体的利益所在。

所以，聪明的谈判者不会只顾及自己的利益和感受，而是从对方的预期出发，尽量让对方的心理得到满足，给对方一种自己赢得了整场谈判的感觉。

21. 会签才会赢

说过的话不算数，是中国人的大毛病。

——鲁迅

如果有人问我谈判中最重要的环节是哪一环，那么我会告诉他，当然是签协议。不论你把谈判的开场、中场、僵持阶段处理得多么漂亮，最关键的还是拿到一纸合同，让自己的努力最终开花结果。但是，当谈判进入到最重要的一环——签合同时，千万不要因为过分兴奋而忽略了对于合同的审查。

我曾经遇到过几个同行向我讲述自己在签合同时因为一时疏忽而铸成大错，这是因为他们的谈判对手偷偷地修改了谈判协议，致使他们最终签了一份跟原来完全不一样的合同。

当然，一般人在进入签合同阶段时总是难以抑制自己的兴奋，于是也就没有耐心去重新审阅一遍合同。更何况现在的协议动辄十几页到几十页，如果从头审读这么长的协议，就算你有耐心看，对方也不一定有耐心等。所以，在最终签署协议之前，不妨使用以下几个方法。

首先，最常用的检查合同的办法就是把两份合同放在一起进行对比，看看它们是否相同。如果你手上有原来的合同副本，那么只要对比一下新的合同与之是否配对就可以看出其中的门道了。

其次，如果条件允许的话，还可以将新协议扫描进电脑，然后找到之前协议的电子版本，用文字处理软件对比两份协议，这样做的效率和准确度远远高于人工检查。

最后，在一些时间周期比较长的谈判中，谈判双方一定会多次修改协议。为了弄清楚自己在整个谈判过程中所作出的让步和取得的成果，一定要用文字处理软件记录协议中的所有修改。在最终签合同时，你可以只打印协议的最终的版本，但一定要留意协议上的修改内容，不要糊里糊涂地放弃自己好不容易争取到的利益。

22. 不要忘了祝贺自己的对手

人活着，聪明也好，愚蠢也罢，有才也好，无才也罢，重要的是要有一颗"宽容的心"，人生自然就会多出诸多的快乐来。

——北大课堂引用名言

什么才是成功的谈判？那就是在谈判之后，你让对方感觉到他赢了。也许很多人对于这个想法都不敢苟同，但是你也可以把这种向征服者表示祝贺的做法当成是一种礼节的做法。当你的对手和你谈判之后有了这种胜利的感觉，他往往自鸣得意，忘掉去计较一些小部分的得失。也就是说，当你在谈判结束后，无论你感觉对方的谈判支巧有多么烂，你也要记得祝贺，尊重对方是谈判的基本要求，如果你连这一点都做不到，那么就没有合作的可能和必要。无论你们在谈判桌上的双方关系有多糟糕，谈判以外，都要有礼貌的对待对手。在谈判中，更要开诚布公，体现一个优秀谈判员应该具有的职业素养。

23. 换个角度审视自己的对手

我希望你们学习辜鸿铭先生的英文和刘师培先生的国学，并不要你们也去拥护复辟或者君主立宪。

——蔡元培

在北大谈判课上有位教授曾说：一个人倘若长期处在一个和平、稳定、缺乏竞争和压力的环境中，他就会因此失去动力，失去前进的信心。所以，在谈判桌上遇到的对手是我们走向成功的标尺，他们的存在，给了我们前进的动力。

无论我们在谈判中成功还是失败，我们都要感谢那些曾被我们视作"眼中钉"的对手们，是他们迫使我们在压力下成长，不断奋进，不断超越自我，将自己的人生变得更加完美。

挪威人都特爱吃沙丁鱼，尤其是活鱼，据说这是一种味道珍奇的鱼。所以，当地的许多渔民都以捕捞沙丁鱼为生。如果挪威人在海上捕得沙丁鱼后，能让它们活着抵港，卖价就会比死鱼高出好几倍。但是几乎没有人能将鲜活的沙丁鱼带回岸边。因为沙丁鱼生性懒惰，不爱运动，再加上返航的路程又很长，因此捕捞到的沙丁鱼往往一回到码头就死了，即使有一些活的，也已经是奄奄一息了。

可是奇怪的是，有一个年轻的船主天天出海捕捞沙丁鱼，返回岸边后，他的沙丁鱼总是活蹦乱跳的。而其他几家捕捞沙丁鱼的渔户，无论如何处置捕捞到的沙丁鱼，回港后全是死的。因为他的鱼比别人的新鲜，所以往往可以卖出高几倍的价钱。所以没几年工夫，年轻的船主便成了远近闻名的富翁。而周围的渔民做着同样的营生，却一直只能维持简单的温饱。

后来人们终于发现，船主的奥秘就是在装有沙丁鱼的水槽里放进几条鲇鱼。鲇鱼跟沙丁鱼非但不是同类，还是出名的"死对头"。所以，鲇鱼进入水槽后就会开始追击沙丁鱼，沙丁鱼为了逃生保命，只能在水中四处乱窜，所以它们才能活着抵港。

从这个故事中我们就能看出，如果一种动物没有了对手，就会变得死气沉沉。同样的，如果一个人没有了对手，就很容易自我满足，最终一事无成；如果一个行业没有了竞争对手，就会因为安于现状而一步步走向衰亡。所以，不管是作为一个企业、群体还是个人，对手就是自己的压力，同时也是自己的动力。对手给自己施加的压力越大，由此激发出的动力也就越强。所以，我们应该用感谢的眼光去审视我们在谈判中遇见的对手，这样才能在谈判中得到更多的收获。

24. 在谈判桌上拥抱你的"敌人"

有人打你的右脸，连左脸也转过来由他打。

——北大课堂引用名言

如果你在谈判桌上遇到了曾经结怨的敌人，那么，你应该主动上前去拥抱他，这样不仅可以在某种程度上降低对方对你的敌意，也可避免恶化你对对方的敌意。在我国历史上，能够当众拥抱自己敌人的故事屡见不鲜。

春秋时期，政治家管仲和他的好朋友鲍叔牙一起来到齐国谋求政治前途。鲍叔牙投靠了当时齐国国君齐襄公的弟弟公子小白，而管仲投靠了齐襄公的另一位弟弟公子纠。当时的齐襄公荒淫无道，公子小白和公子纠都怕受牵连，于是小白便由鲍叔牙侍奉逃往莒国，公子纠则由管仲和召忽侍奉逃往鲁国。

不久，齐国发生内乱，齐襄公被杀后，公子小白和公子纠为了争夺王位展开了激烈的战争。鲍叔牙当了公子小白的助手，管仲当了公子纠的助手。在双方交战的过程中，公子小白曾经被管仲射中了衣袋上的钩子，小白假装被射死争取时间抢先回到了齐国。后来，公子小白成了齐国的国君，也就是齐桓公。

公子小白执政后，鲍叔牙被任命为相国。鲍叔牙这个人机智过人、心胸宽广，还有自知之明，所以他就在齐桓公面前推荐管仲。他说："管仲比我更适合担任相国一职，我在五个方面都不如管仲：治理国家，保证国家的根本利益，我比不上管仲；指挥作战，提高百姓的胆识，我比不上管仲；忠义诚信，团结民心，我比不上管仲；讲究礼仪，使四方都纷纷效仿，我比不上管仲；宽惠安民，使百姓忠于君主，我更加比不上管仲。齐国要想国富兵强，弃管仲而不用肯定是不行的。"鲍叔牙又说："他之所以要杀你，只是忠于自己的主子罢了。他能够忠心于自己的主二，一定可以再忠心于你。能够重用管仲的国家，一定会富强起来的，望你不要错失了这个奇才呀！"

齐桓公也是个心胸比较开阔的人，没计较之前管仲向自己射箭的事情，还采纳了鲍叔牙的意见，任命管仲为齐国的相国。管仲做了相国之后，充分发挥出了自己的能力，还协助齐桓公对内政、经济、军事等方面进行了一系列改革。

后来，管仲治国有方，经过几年的努力，就使得本来实力较弱的齐国强大起来，成为历史上著名的春秋五霸中的第一位霸主。

从齐桓公和管仲的例子中，我们可以看到拥抱自己的敌人在谈判中的功效是多么显著啊。但是，大多数人在面对自己的"敌人"时，都会有灭之而后快的冲动，真巴不得敌人能够立马消失掉。倘若因为当时的处境不允许，或目前还没有把握消灭对方，至少也会保持一种冷漠的态度、冷淡的表情、鄙视的眼光，让对方不舒服。倘若胜者为了逞一时之勇，对"败寇"大开杀戒，其后果将远远悲壮于他目前所经历的。谈判桌上，一个真正意义上的英雄是能够做到在谈判中拥抱自己的敌人的。

25. 为失败的谈判赋予价值

朋友们，在你最悲观、最失望的时候，那正是你必须鼓起坚强的信心的时候。你要深信：天下没有白费的努力。成功不必在我，而功力必不唐捐。

——胡适

一个谈判者要想在谈判中永远获得成功是不可能的，但是一个谈判高手却可以让一场失败的谈判同样拥有重要的价值。比如，单位的领导在与自己的下属谈判失败后，千万不要马上翻脸。要知道，领导的成功要靠下属的拥戴，因此领导在谈判失败之后更要放下架子，真诚对待自己的下属，这样才会得到大家的拥护。

曾经有一个比韦尔奇低几级的经理人，因为不愿女儿换学校而拒绝韦尔奇对其调职和升官。韦尔奇知道后写了一张便条给他："比尔，你有很多原因被我看中，其中一点就是你与众不同。你今天的决定更证明了这点……祝你合家安康，并能继续保持生涯规划的优先次序。"我们可以想象，当比尔收到公司老总的亲笔信时会有什么感想，不论他是否接受这次的人事调动，在接下来的工作中一定会倍加努力。

韦尔奇本来输掉了劝说自己下属调职的谈判，但是，他及时送出了鼓励和祝福，结果让自己在说服下属努力工作的谈判中赢得了主动权。正是韦尔奇作为领导的谈判之后，和下属的通力合作，才使工作得以完成，他将一场谈判失败的价值发挥到了最大化。

所以，当我们输掉一场谈判时，千万不要放弃希望。马上调整状态，相信这样的结果对我们还有什么利用价值，然后采取措施。在真正的谈判高手眼里，根本就不存在谈判的失败，因为所有的谈判结果都有它可以发挥出巨大价值的潜能。

26."时局"不利时，选择让步式进攻

世界上没有绝对的公平，公平只在一个点上。心中平，世界才会平。

——北大课堂引用名言

如果你在谈判中遭到了对方的攻击或者拒绝，我们可以先同意对方的观点，然后再细细分析对方的方法有哪些不足之处，会造成哪些影响。比如对方推广的一个产品，品质的确过硬，可是价格太高，你可以先肯定他的产品质量，然后再说一下高的价值可能不适合当下物质的发展水平等等，这样反而更容易说服对方。

中国的功夫巨星李连杰初到好莱坞时，几乎没有人看好他，好不容易有一家电影公司愿意请他出演，但片酬却低得可怜，只有100万美元，而且还是演一个反派角色。起初李连杰犹豫不决，说自己要经过慎重考虑之后，才能答复对方的要求。但是，等他想好了答应出演时，电影公司却改口了，片酬降为75万美元，你要知道钱不是最要紧的，重要的是在20世纪90年代的东南亚电影市场，"李连杰"三个字早已是金字招牌，从"功夫皇帝""沦落"到现在的境地，李连杰感到难以接受。但他经过再三考虑，还是决定出演，可是，没想到对方却又"落井下石"："50万美元，不演拉倒。""没问题，我演。"这次李连杰答应得很

痛快。你也许不知道，一部电影的片酬仅仅 50 万美元，这其中还包括律师、经纪人、宣传公司等各项费斥，再扣完税，所剩无几。但李连杰明白，在好莱坞，演员的票房号召力才是检验实力的唯一标准，只要给他机会，再大的让步也值得。

就这样，李连杰拍了他的第一部好莱坞影片《致命武器 4》，虽然片中巨星云集，但在影片首映当晚，李连杰就获得 7.5 分，成为演员排行榜中的亚军。第二天，电影公司老板就亲自上门，毕恭毕敬地说："我们的下一部片子请您演主角，如何？"当实力证明一切的时候，才能轮到李连杰说话，他的第四部好莱坞影片片酬就开到了 1700 万美元。李连杰以退为进，成功地敲开了好莱坞的大门。他谈起往事，感触颇多，念了一首哲理诗：

> 手把青秧插满田，
> 低头便见水中天。
> 六根清净方为道，
> 退步原来是向前。

后退是为了更好地向前，借力用力，跳得更远。这和农民在插秧时的插身道理是一样的，每插完一行就得后退一步，边插边退，但这样的后退，却是另一种更大的进步。大丈夫能屈能伸，与其怨天尤人，不如尊重现实、迂回前进。

27. 谈判桌下遵守诺言，谈判桌上赢得信誉

诚信是一种风格，一种形式，一种人品，一种态势。

——北大课堂引用名言

孔子曾说"民无信不立'，如果一个人没有了诚信，就等于没有了立足之地。鲁迅也曾说过"诚信为人之本"，意思是说诚信是做人的根本。因为，无论是在谈判桌上还是在生活中，一个有诚信的人才能受到别人的信任，才能使自己道路越走越宽。所以，无论是在什么样的情况下，我们都要遵守自己在谈判桌上许下的诺言，一生中以诚立世，以信服人。

几年前，李明开了一家小型的印刷厂。现在他已经是一个非常富有的人，并且拥有一个美满幸福的家庭，还拥有一家规模很大的印刷公司。在同行眼中，李明是一个很受敬重的人，原因就是他很有责任感。

有一次，李明的朋友约他去钓鱼，顺便问起他成功的原因是什么。李明很

谦虚地说："我的家庭很保守，每个礼拜天我们全家都要去做礼拜，然后回家吃饭，接着父亲就会给我们讲讲《圣经》上的故事。"

朋友好奇地问道："那你父亲都讲些什么呢？"

李明说："父亲会用通俗易懂的语言为我们讲解牧师说过的每一个道理，然后举出生活中的很多实例来证明偷盗和说谎是不道德的行为。在与父亲的交流中，就能知道父亲特别重视信用的作用。'言行要一致'是我父亲经常说的一句话。"

李明接着说："在我上大学时，因为家境贫困，我去一家印刷厂打工，几年的大学生活我都是半工半读过来的。毕业时，我决定开一家印刷厂，虽然我的工厂在很偏僻的郊外，但是我一直遵循父亲对我的教诲。在对每位顾客时，我都坚守信用。如果出来的成品达不到顾客的要求，我就重做一遍。此外，我交货的日期也非常准时。即使几天几夜不合眼，我也要信守承诺。就这样，我开始盈利了，只花了两年多的时间我就拓展了自己的事业，并且置办了面积更大的厂房和更先进的设备。在这期间我遇到了一个考验。"

朋友问："是什么样的考验？"

李明说："有一天，一场大火彻底烧毁了我的工厂。保险公司那边只负责一半的损失，当时我一下子就欠了好大一笔债。"

朋友接着问他："那你是怎么渡过难关的，你没有宣告破产？"

李明说："我的律师、会计师和主管建议我宣告破产，但是我没有那样做，而是勇敢地面对我的问题。当时真的很艰难，但最终我还是还清了所有债务，并且重新开始了。因为我的一个承诺，所有债权人和厂商都对我非常信赖。他们难以相信，我居然真的有能力偿还所有债务。从那以后，我的事业就开始出现了转机，并且一直一帆风顺。"

这个故事让我们认识到，一个人只有坚守诚信，才能赢得别人的信任，别人才愿意接受和帮助你。试想，有哪个人愿意和一个没有诚信的人交朋友呢？如果一个人长期在谈判桌下不守信用，那么他就会失去自己在谈判中的信誉，失去合作伙伴，对自己以后的发展造成不良的影响。由此可见，遵守谈判桌上的诺言是一个人安身立命的根本，不论什么时候，不论事情的大小，我们一定要遵守自己的诺言。

第 12 章

如何在谈判中获得力量

1. 再弱小的人也有强大的谈判力量

评定一个人是否称职或是否应该被提拔的最佳方法只有一个，那就是先给他一个平台、一份责任，看他是否能拿出实实在在的工作成果来证明自己。

——北大课堂引用名言

谈判力量就是我们在谈判中影响别人的方式和程度。对于一个有力量的谈判者来说，不论自己处于如何被动的谈判地位，都可以通过自己手中仅有的筹码，获得谈判的最终胜利。因为他们知道，谈判力量的来源是无穷无尽的，我们可以在最虚弱的时候找到它，用它来使自己得到自己想要的任何东西。

假设在一个监狱里有一个被单独监禁的犯人，在入狱之初，监狱就没收了他的鞋带和腰带，以防止他自杀。由于没有腰带，犯人只有用手拉着自己的裤子，自卑地在狭窄的房间里走来走去。

突然，犯人闻到了一股熟悉的香烟味。在入狱之前他就是个老烟枪，现在烟瘾发作的他看到监狱的守卫正在走廊里抽烟，于是他打算跟监狱守卫进行一场谈判。

犯人用力地敲着房门，守卫慢慢地踱步过来问："你要干什么？"

犯人哀求说："我想要支香烟，请你给我一支吧。"结果是守卫带着一脸莫名其妙的表情立刻转身离去了，谈判的第一回合告终，犯人失败。

但是犯人并不这么想，他知道自己还有一些没有发挥出来的谈判力量。于是他再次用力敲打着房门，监狱的守卫一边吞云吐雾，一边过来问道："你又想怎么样？"

犯人这次没有哀求，而是不卑不亢地回答说："请你在 30 秒内给我一支烟。否则我就立刻用头撞墙。当其他人把我从血泊中救醒后，我会告诉他们说是你干的。也许他们不会相信我，但是至少会开始怀疑你。你会被一次又一次

227

地问话，写一篇又一篇的报告。但是我们完全没有必要让事情发展成这样，因为我不过是想要一支香烟罢了。"

结果怎么样呢？守卫会给犯人一支香烟吗？当然会了！那么守卫会替犯人点火吗？当然会了！为什么？因为守卫很快地做了分析，其间的得失替他做了决定。

虽然案例中的犯人有些不择手段，但是至少让我们知道，即使是一个用手拉着裤子的阶下囚，也可以利用谈判的力量来说服看守监狱的守卫。理论上说，不管你处于如何弱势的地位，只要你找到了自己的谈判力量，那么你完全可以通过谈判获得任何想要的东西。

2. 要相信自己的力量

青年们先可以将中国变成一个有声的中国。大胆地说话，勇敢地进行，忘掉了一切利害，推开了古人，将自己的真心话发表出来。

——鲁迅

力量这种东西很奇怪，就像风一样，它本身没有形状，看不见摸不着，但是他却可以作用于有形状的东西，甚至是十分强大的东西在他的面前都会变得十分弱小。所以，在谈判中，我们可以把力量解释为一种影响和对抗影响的能力。当你力量强大时，你就可以影响别人；而缺乏力量的谈判者，只会在谈判中被人影响。

小泽征尔是日本著名的交响乐指挥家。他生于中国沈阳，在音乐界的地位举世闻名。有一次，小泽征尔参加了世界优秀指挥家大赛。他一路过关斩将，最终来到了决定胜负的决赛环节。

当小泽征尔按照评委会给的乐谱指挥演奏时，他发现了乐队里发出来了不和谐的音符。刚开始，他以为是乐队的乐师在演奏时出了错，于是他就停下来，耐心地重新演奏。但是，不和谐的音符还是一再出现，这时，小泽征尔觉得是乐谱出了问题。当他把自己的意见告诉评委会时，在场的作曲家和评委会的权威人士都显得十分诧异，他们一边坚持说乐谱绝对没有问题，一边对这个异国选手表示质疑，他竟然敢怀疑评委会给的乐谱。面对这些音乐大师和评委会的权威人士，小泽征尔一时也失去了自信。当他思考再三之后，终于再次鼓起勇气，斩钉截铁地对大家说："我很肯定，一定是乐谱错了！"

出乎意料的是，小泽征尔的话音刚落，评委席上的评委们就纷纷起立，用热烈的掌声祝贺小泽征尔取得了这次比赛的冠军。原来，这本错误的乐谱正是评委们精心设计的，他们想通过这样的环节，检验指挥家在发现乐谱错误并遭到权威人士质疑和反对的情况下，能否拥有足够的自信，坚持自己的力量。

力量，如同美丽一样，取决于旁观者的眼睛。如果你相信自己是充满力量的，那么你的一举一动，哪怕一个眼神，都会让对手信服；相反的，如果你开始怀疑自己，那么对手一定会抓住这个机会，乘虚而入。所以在谈判中，你的力量完全取决于你自己，我们要做的第一件事，就是相信自己的力量。

3. 让别人相信你的力量

想想这十几年以来，我自己生命当中，经常说的就是认准了就去做，不跟风，不动摇，同时对自己要有清晰的判断，一个人应该做自己最擅长的事情，同时也做自己最喜欢的事情，这样的话，做成的概率会很大。

——北大课堂引用名言

如果你想让自己的力量在谈判中左右别人，那么你首先要让对方相信你的力量。也就是要让对方觉得你完全有能力去影响他，这种影响可能是正面的帮助，也可能是负面的伤害。因为只有这样，对方才能看出你的价值所在，让对方相信你的力量，就是要想办法把自己的价值展示给对方。

假如你是一个公司的部门经理，而我是你的顶头上司。有一天，你冲进我的办公室跟我说道："老兄，我有个非常不错的主意要告诉你，这是一个充满新意的构想，对我们公司未来的发展将会产生深远的影响！"我不会马上让你说下去，而是问你："老弟，你的这个方案和其他人讨论过了吗？"如果你回答说："有啊，我和其他部门的一些主管谈过了，但是他们不太感兴趣。"那么，你觉得这样的回答能引起我对你的这个方案的注意吗？当然不会，因为你没有让我在谈判中看见你的力量，就是因你的方案没有提起我的兴趣，所以它的价值也大大缩水了。

那么，为了更好地让我相信你的谈判力量，你可以回答说："老兄，我跟许多主管和同事都提到过这个方案了，他们也都很感兴趣。可是，我必须先向你汇报更多的细节，然后才能满足他们的好奇心，因为这个方案听起来确实有些与众不同。"这时我的反应将是："老弟，把门关上吧，让我们坐下来聊聊你到底有什么主意！"

由于谈判力量的不同，同一个方案会受到两种截然不同的待遇。因为前一个回答显示，没什么人对这个方案感兴趣，所以我也不打算对它感兴趣；而后一种回答则在无形中造成了竞争的局面，从而使方案的价值大大提升，我也愿意坐下来好好和你谈谈了。

所以，很多时候，我们在谈判中力量的大小，是由对方来判断的。如果我们想让别人相信我们的力量，那么就要想办法去影响对方的判断。

4. 从别人那里获得力量

学会给别人机会，就是给自己机会。

——北大课堂引用名言

让我们来继续讨论谈判中的力量，这一次我们的重点是讨论一下关于竞争的力量。我把这种力量称作是从别人那里获得的力量。

比如你在找工作的时候，是从一个知名企业跳槽比较容易，还是在失业的时候毛遂自荐更容易呢？答案当然是在已经有一份工作的情况下再去找工作相对来说容易一些，这就是竞争的力量。在这场谈判中，你从自己即将跳槽的知名企业那里得到了力量。

在面试中，我确实碰到过一些不懂谈判技巧的年轻人。他们正在为寻找一份工作而不停奔波，有些人甚至已经在家待业一年了。当我一边核查他的求职档案，一边礼貌地问道：“你的资料显示，在过去的一年里你没有参加任何工作。那么，在这段时间里，你有没有做什么让自己更有竞争力的事情呢？”

于是对方清了清嗓子，然后说道：“嗯，我基本上什么也没做。”

听了他的回答后，我只好说：“谢谢，我们会再与你联系的。”

这时，对方已经完全失去了应有的冷静，脱口说道：“那你们到底什么候会再联系我，能不能告诉我哪一天？”

于是我面无表情地回答说：“人事部的其他同事会在最短的时间内联系你，具体多久，我也不知道。”

当然，人事部的人会在那个年轻人失去耐心之前联系他，但是他的待遇将被压得非常低，因为他在谈判中失去了自己的力量。当一个没有选择的余地、没有人愿意出价竞争的对手坐在谈判桌上时，所有人都会想：一个没有竞争力的员工，他的工作能力会大到哪去呢？或者，我是他唯一的买主，那么为什么不把价钱再压一压呢？这就是在谈判中失去力量的下场，要想避免这样的遭遇，就要让自己看起来非常抢手，从别人那里获得自己的谈判力量。

5. 你总能得到自己不需要的东西

不要让对方看出你缺少什么，而要让对方觉得你什么都不缺，这样他们才会愿意跟你合作。

——北大课堂引用名言

《圣经新约·马太福音》中说："凡有的,还要加给他叫他多余;没有的,连他所有的也要夺过来",这种现象后来被称为是"马太效应"。在谈判中,我把这种现象称为"你总能得到自己不需要的东西"。

比如对于一个需要到银行贷款的人,在经历了多次思想斗争之后终于鼓起勇气,走进了当地的一家银行,并通过一个上午的等待终于见到了贷款部门的经理,然后用十分诚恳的口吻对西装革履的贷款经理说:"请你帮帮我吧,我和我的家人已经走到了破产的边缘,我们急需一笔贷款来化解经济上的危机。而且我们没有任何东西可以抵押,甚至很可能无法偿还贷款。但是请你发发善心吧,帮助一下我这个可怜的穷人。"

他以为这样低三下四地乞求可以如愿以偿,可是他忘了,在谈判中一个人只会得到他不需要的东西。比如他不需要贫穷和被拒绝,那么,这次谈判的结果就是再次被贷款部门的经理拒绝,他只能依旧在贫困线上挣扎。

那么,他应该怎么办呢?其实方法很简单,就是让自己看起来像是一个完全不需要钱的人。首先穿上一身高贵体面的灰色西服,戴上昂贵的金表,名牌的钥匙链。然后让自己的妻子穿上稳重大方、不落俗套的礼服。你们就这样走过银行大厅,同时用一种让四周的银行职员听了会浑身发抖的声音说道:"别挡路,我要去寄信。让开,像我这种顶级行政人员,不需要你们的臭钱!"

你猜结果会怎么样?银行贷款部门的人会在后面恭敬地跟着你一直走出大门,并不停地向你推荐他们贷款的优惠条件。

在美国的历史上,把这一招运用得出神入化的就是伯特·兰斯,他是卡特政府的联邦预算主管,当政府财政陷入危机的时候,伯特·兰斯从 41 家银行筹到了总金额高达 2 000 万美元的 381 笔贷款。而他所做的一切,就是在谈判时让银行的主管知道:"我不需要你们的臭钱",然后,他就轻松地得到了自己所"不需要"的一切。

6. 换位思考显奇效

思想是人的翅膀,带着人飞向想去的地方。

——北大课堂引用名言

在我们与人谈判时,尤其是在谈判中需要对方接受我们的观点时,无论是苦口婆心,还是威逼利诱,都不如换位思考来得直接有效。只有站在对方的立场上,才能让别人心服口服,这就是换位思考的力量。

在一次我在自己的课堂上给学员出了一道题目，要求学员自己和自己的全班同学谈判，让每个人自愿走出室外。

第一位学员走上讲台，对全班的同学大喊道："我代表老师命令所有人都离开这个教室，马上！"结果，全班没有一个人走出教室。

第二位学员则走上讲台，对大家说："现在我要开始打扫教室了，不想被弄脏的同学请离开！"结果一部分人离开了教室，还有一部分人仍然留在教室内。

第三位学员想了想，走上讲台，没有说一句话，而是工整地在黑板上写道："各位同学，午餐时间到了，现在下课。"结果同学们争先恐后地向食堂跑去，很快教室里就空无一人了。

故事中第一个学员想通过权威来命令别人，结果以失败告终；第二个学员想通过威胁来说服别人，结果还是没有成功；第三个学员懂得避实就虚，从同学们的心理着手，终于成功地把所有人"请"出了教室。

所以，在谈判中如果你想让自己的力量成功地引导别人，那么首先应该站在他们的角度去思考，如果你是你的谈判对手，那么你会怎么做。当你对这个问题深思熟虑之后，你就可以有足够的力量，把自己的对手引导到任何你所希望的地方。

7. 改变对方的思维方式

"我"是快乐人生、幸福人生的第一障碍。一个人若要和谐，就要先别总以"我"为中心，学着去理解别人，先顺着对方的思维，再慢慢去改变对方。

——北大课堂引用名言

与强迫谈判对手接受自己的观点相比，我更喜欢想办法去改变对方的思维方式。是的，换位思考可以帮助我们更好地理解对方在想什么，而转变对方的思维方式，则会让我们的谈判对手认识到接受我们的观点后能够获得更大的利益将更为有效。我们所要做的，就是尽可能地使对方了解到自己将具体得到的利益，这一点也是至关重要的。

比如，人们之所以愿意从我们手中购买一件商品，是因为他们认为能够因此而获得高于所支付费用的利益。一家公司为什么愿意花费几十万元购买一种新型的电脑办公软件？这是因为新的电脑办公软件的工作能力要比以前的电脑高出很多。我们在就这一问题谈判时，千万不要觉得自己的产品是无形的，价钱又如此昂贵。而是要让对方充分认识到使用这种电脑办公软件，他们的工作效率会因此而大大提高，能够处理更多的工作，会带来高出价钱几倍的利益。

再比如，汽车商愿意从导航系统商那里花费单价一千元引进汽车导航系统，这又是为什么呢？是因为带导航系统功能的汽车，平均每辆能够以增加一万元以上的价格卖出。一家公司为什么会从其他公司挖走年薪百万的营业员呢？这是因为他们明白，如果雇斥了这名营业员，他每年能够增加的销售额不仅是几百万，一定远远大于自己所付出的代价。

所以，我们在谈判中看待问题时，一定要养成这种思维习惯。在进行谈判时，一定要通过"如果达成协议，你可以得到几倍收益"的方式，将自己的观点数据化、形象化，然后改变对方的思维方式。这样可以让他们的大脑绕开难以接受的价格，而转入对双方都有利的方向。

8. 印刷品——说服对手的一件利器

威信是"无言的召唤，无声的命令"。

——北大课堂引用名言

由于阅读了大量的法律文字和红头文件，从事谈判工作的人们似乎对所有的印刷品都存有一种敬畏的心理。尤其是那些带有法定机关标志或者公章的文件，大多数人都会对它们深信不疑。

在谈判中，当我需要让对方深信这是一条不可动摇的条款时，我就会事先用公司的红头文件起草一份类似的内部文件，然后用十分官方的措辞把简单的句子复杂化，最后在下面写上公司的相关部门，并盖上一个红色的印章。这一招十分管用，比如我想让对方知道我们在价钱方面无法再作出任何让步时，我就会拿出一份盖有公司价委会公章的内部文件，小心地交到对方手上，并告诉他，这是我们公司价委会的规定，我也无能为力。于是对方只好接受我的条件，这完全都要感谢那个不存在的公司价委会。

关于印刷品的力量，我这儿还有一个有趣的例子。在美国的一档综艺电视节目中，主持人为了说明印刷品或者标识的力量，他们在内华达州搞了一场恶作剧，节目组竟然将内华达州封闭了有一个半小时之久。他们是怎么做到的呢？原来他们在快到内华达州的高速公路上竖了一个巨大的标志，上面赫然写着："内华达州封闭"的字样。

结果，高速路上的司机自觉地熄灭了自己的发动机，把通往内华达州的高速堵得水泄不通。一些被堵在后面的驾驶员不明情况，当他们走到主持人跟前问道："嗨，你知道前面是怎么回事吗？"主持人只要朝着他们自己竖起的大牌子指一下，然后回答说："你没看见标志吗？"那些司机就马上像泄了气的皮球，乖乖回到自己的车里去等待了。在节目中，还有一个人问道："你知不知道这条高速什么时候再开放？我就住在内华达州，全家人都在等我回去呢。"

一个大牌子上的一行字，就可以让一个内华达州的原著居民不敢跨入家门，由此可见，印刷品和标志的力量在我们的谈判中扮演着非常重要的角色。如果你能够用自己的智慧把它纳入你的力量之中，那么你在谈判中无疑会更轻松地压倒对手。因为这些印刷品会对大多数人产生难以置信的影响，不论这些人是男是女，受过何种教育，有什么背景，只要是盖着公章的红头文件出现在他们面前时，他们只好束手就擒。

当然，如果你遇到一些像印刷品这样的权威给自己带来的压力时，我建议你马上向这些所谓的权威提出异议甚至向它挑战。是的，印刷品的力量应该为我所用，如果摆在我们面前的印刷品对自己不利，那么印刷品的力量也是可以被质疑的。

9. 转向的力量

创新，关系到企业的生死存亡。

——北大课堂引用名言

在谈判中遇到了逆境，并不代表我们的谈判将以失败告终，只能说明我们眼下需要为谈判成功积蓄力量。当我们的某个条件被对手认为是弱势时，那也并不代表我们无法把这个条件变成自己的优势，但是前提是我们必须让自己的思维转向。

一次绘画课上，老师让学生们画一幅春天的风景，要求突出大自然的色彩。一个小男孩的作业与众不同，因为他在自己的作业上画了棕色的草地和灰色的太阳。当他向大家介绍说，自己画的是绿色的草地和红色的太阳时，教室里顿时响起其他同学的笑声。

后来，当老师了解到他原来是一个色盲时，给他的作业打了 80 分，并告诉他："你虽然不能分辨一些颜色，但我相信，上帝绝不会让你的生命缺少任何一种色彩。"

"二战"爆发后，部队开始大量征兵，而他成了一名狙击手。正是因为他是绿色盲，所以在训练过程中发挥出了惊人的天赋。对于狙击手来说，最关键的就是能够找到敌人的位置，而他能够轻松地从绿色的草丛中分辨出伪装色和绿草的细微区别。

训练结束后，他和其他人一起奔赴了保卫祖国的前线。刚刚入伍一个多月，他就击毙了 12 名敌人。这完全得益于他的色盲天赋，使得他能在热带草原绿色的波涛中，一眼分辨出钢盔和迷彩服与草地颜色的区别。

战争结束后，他一共击毙了 38 个敌人，他被授予了英雄勋章。他的名字——宾得，也被永远地载入了狙击手的史册。

类似的例子还有很多，比如用现金付款对于有些卖家来说是受欢迎的，而对于另一些公司来说，他们则更喜欢信用卡。那么我们该怎么办呢？答案很简单，就是在遭受拒绝时适当转向，去找一个对方愿意接受的方式，或者找一个愿意接受我们的合作伙伴。在此处是劣势的某些条件，经过转向之后，反而会给我们带来力量。

10. 谈判桌上，知识就是力量

生命，需要我们去努力。年轻时，我们要努力锻炼自己的能力，掌握知识、掌握技能、掌握必要的社会经验。

——北大课堂引用名言

今天，由于社会分工越来越细，谁也无法掌握谈判中所涉及的所有细节和知识。所以，专业知识的影响力在谈判中所占的份额正在逐步扩大，因此，我们不得不考虑如何运用专业知识这股强大的力量。

在生活中，我发现无论我多么失败，我都永远是我儿子的偶像，因为在他心里，我是个专业知识丰富、技巧熟练的父亲。在他心里，没有人可以像我那样修好他的玩具小汽车，而且在和他的同学一起打篮球时，我的一招一式对于他们来说都如同天神下凡。于是他的同学们也开始敬畏我，那么是什么让我在孩子中间获得了如此大的力量呢？我会毫不犹豫地告诉你，是我的知识。

在谈判中，知识可以让一个人成为专家，给这个人在谈判中带来压倒性的力量。比如有一天，你突然觉得自己的肚子莫名其妙地疼了起来。在你家附近的门诊看过之后，那个门诊的医生建议你到市中心的医院去找一个非常有名气的内科医生，并告诉你，他是这个方面的专家。

于是，你只好马上来到了市中心的医院，挂了内科的急诊号，当你坐在那位大名鼎鼎的内科专家面前，向他描述着你的所有症状时，你突然觉得这好像和三年前你所得过的什么病的症状十分相似。但是这位专家还在分析着你的实际病情，并做了一下简单的检查。最后，你被带到了这位专家医生的办公室，你看到他身后的书柜里摆满了很多医生的学历证明、行医执照以及各种专业奖项，在候诊的时候你还数了一下，一共有 14 个之多。除此之外，还有很多你完全弄不懂的专业书籍和被治好的病患送来的锦旗。

就在你觉得自己总算遇到了一位有经验、够专业的专家时，这位内科医生回来告诉你说，其实你得了肠炎。尽管这位内科医生对你的病症作出的诊断和你几年前曾患的病完全不同，但是你仍然会对他给出的结果深信不疑，为什么？因为你不会愚昧到与一位知名的专家争论。他在给你开处方的同时还会问你："你还有没有什么疑问？"你会受宠若惊地回答没有什么疑问，并迫不及待地预约了下次的门诊。

这就是知识在谈判中给一个人带来的力量，当你成为专家之后，对方已经完全没有胆量向你提出任何的质疑了。因为在他们心中，你就是知识的化身，你的意见就代表了最正确的答案，质疑你就相当于在间接说明自己很愚蠢、没有见识。这就是我要告诉你的关于在谈判中如何用专业知识来增加自己的影响力：那就是激发对方心里对专业人才尊敬和畏惧的倾向。

11. 谈判桌上的一天与一年

任何倏忽的灵感事实上不能代替长期的功夫。

——北大课堂引用名言

很多人只看到谈判高手在谈判桌上的风光无限，却看不到他们在谈判桌下的十年磨一剑。其实，在谈判桌上真正给我们带来力量的不是慷慨陈词，而是扎实的数据和老练的判断。而这些，都不是一朝一夕的功夫。有人说，耗时一天的谈判，往往需要准备一年。正是这种水滴石穿的精神，成就了一个谈判者的力量和风采。

一位青年人立志成为一名画家，可由于生性又草率又缺乏技巧，画出来的画即使摆在商店最显眼的位置也无人问津。有一天一位著名的画家碰巧看到了青年人的画，他便问青年人："你画一幅画要多久？"

青年人回答："我画画的速度很快，通常只用不到一天的时间就能画好一幅，可我要想卖掉它却要等上整整一年。"著名的画家思考了一下，对他说："你倒过来试试。"青年人不解地问："倒过来？什么倒过来？"著名的画家说："你把作画的时间和卖画的时间倒过来！你试着花一年的工夫画一幅画，也许，你只需要一天工夫就能卖掉它。"

"一年才画出一幅，这是多么缺乏效率啊！"青年人惊讶地说。著名的画家严肃地说："对！创作是艰巨的劳动，因为获取财富从来没有捷径可走，试试吧，青年人！"

青年画家接受了著名画家的忠告，苦练基本功，深入生活搜集素材，周密构思，用了一年的时间才完成了一幅画，果然，还不到一天青年人的画就被人买走了。

俗话说，台上一分钟，台下十年功。不仅舞台上，谈判桌上也是如此。因为，我们在谈判中经常需要对事物做出判断，这些判断的结果来自于我们的人生阅历和事前准备。要想成为谈判桌上最有力量的人，那么就必须在谈判桌下最用心准备。因为在这个世界上，人们一天之中的成果，都是经过一年的耕耘才能获得的。

12. 用"同步行为"进行"内心交流"

与人交往，最重要的要想方设法与对方的思维和步调保持在一个频道上。

——北大课堂引用名言

现在，请你闭上眼睛回想一下成功谈判的场面：当谈判的双方坐在谈判桌上，积极地探讨着合作中的相关事宜时，他们的表情动作有什么特别吗？他们是不是时不时地做着同一种表情或同一个动作，就像是镜外的人和镜里的影子一样？如果一方跷起二郎腿，另一方也跟着跷腿；一方摊开自己的双手，另一方也跟着摊开双手；一方举起了杯子，另一方也随之举杯。看到这样的画面，你有什么感觉？是不是感觉这两个人关系融洽，谈判顺利？相信很多人都会有这种感觉。为什么呢？因为他们的步调是如此的一致。

从心理学的角度来讲，肢体动作是"内心交流"的一种方式。如果两人在不经意间把对方作为效仿的对象，那么说明他们有着相同的心理状态。也就是说，我们可以通过模仿对方的肢体动作来达到在思维方式和态度方面的与对方的相似或相通。心理学家曾经用摄像机摄下一对朋友交谈时的情景，再用慢镜头分析二人在交谈中做出的各种动作。结果发现两个人做类似动作或表情先后时差不超过五十分之一秒。

从行为科学的角度来讲，这种通过模仿对方来在谈判中获得力量是十分有道理的。人与人之间这种表情或动作的一致被称为"同步行为"。

一般而言，同步行为的一致性与双方关系的融洽度成正比。在双方的会面中，如果两个人关系融洽，谈判顺利，那么他们的同步行为会很多。反之，同步行为则会很少。

在谈判的过程中，如果你想控制对方的思路，不妨故意制造一些"同步行为"，快速攻破对方的心理防线。比如，对方将视线投向窗外，我们也掉头欣赏窗外景色；对方翻阅文件，我们也翻阅文件；对方脱下外套，我们也脱下外套；对方感兴趣地去看什么，我们也对同样的东西表示关注。如此反复几次，自然就会使对方乐于接受我们的意见，满足我们的谈判条件。

13. 将对方拖入谈判的成功

"柳暗花明"往往藏在"曲径"的最前面。

——北大课堂引用名言

力量可以帮助我们把棘手的谈判问题轻松解决掉，而拖延有时候就可以帮助我们获得这种力量。如果你在谈判中有件难办的事情需要解决，那么一定要在设法拖住对方投入了相当的时间与精力之后，再来谈论这些非常重要而敏感的内容。

有一次，我要和一位名叫大卫的先生进行谈判，而在谈判之前，我的上司告诉我：我不管你用什么样的方法，最后成交的时候我希望合同上写的成交价格是这个数字。你可以在其他方面作一些让步，但是价钱方面绝不能含糊。

那么，最后的成交价钱就成了我这次谈判中最棘手的问题，于是我打算把这个问题拖到最后。当我与大卫先生见面时，我们都做了简短的自我介绍，然后就开始了合同条款中第一项内容的谈判，虽然我完全可以做出让步，但还是跟他争论不休，直到中午的时候，我才最终满足了他的需求。

接下来要进行第二个条款的谈判，结果同样经过了一番激烈的唇枪舌剑，最后我们都感到疲惫不堪了，于是我答应了他的要求，因为这也是我们计划内的让步之一。同时我建议稍作休息，大卫先生欣然同意。

在接下来的谈判中，每一项条款的通过都是费时费力的，但最终我还是同意了大卫的很多建议，我们进入了谈判的最后阶段，也就是这次谈判中我最棘手的一个问题——价钱。

我微笑着对他说："大卫先生，你真是我见过的最优秀的谈判专家，接下来让我们来谈谈价钱吧！"

他擦了擦汗，回答："好啊，终于到了最后一条了，让我们快点把这个问题解决掉吧!"

我回答说:"是啊,我相信我们一定能够马上解决这个问题的,因为在这个问题上我可能没有太多的选择,因为我的老板只能接受这个价格。"说着,我开出了我们老板给的那个价钱,大卫皱了皱眉,然后就在合同上签字了。

现在,让我们来想想大卫先生的情况吧,如果他在这时罢手不谈,那么他之前得到的所有好处,包括他所花费的时间、精力也将白白浪费掉。而且,这次的谈判实在是让他精疲力竭,他很想马上把这场马拉松式的谈判结束掉。也许正是因为这些原因,大卫先生终于妥协了,我圆满完成了老板交给我的任务。

也许你会问,如果对方把我们一直拖延的问题抢先提出来怎么办?我的回答是,转移话题,继续拖延。当你把对方拖得精疲力竭的时候,你会惊讶地发现,对方在投入了大量的时间与精力之后,事情解决起来变得异乎寻常的顺利,他们甚至会不加争辩地在合同上签字,因为他们已经失去了争辩的余地。

14. 给自己找一个更高领导

当我遇到了棘手的问题,我第一个想到的就是我的上司。

——北大课堂引用名言

很多人喜欢在谈判一开始的时候就摊牌,比如:"老兄,这次谈判我这边由我一个人说了算,怎么样?我们接下来谈些什么?"或者:"你这个价钱我们是可以接受的,如果没有其他问题的话,我想就这么定了。"

其实,这样对你接下来的谈判十分不利。因为一切都已经清清楚楚地摆在对方面前了,你就很难再有回旋的空间。倒不如给对方一种模糊的感觉,让对方在虚虚实实中妥协。

比如每次我在与对方谈判时,都会找一个恰当的机会告诉他,我的上司需要你们再作一些让步。由于这些让步一般都在对方能够接受的范围之内,而我会在提出这些要求时尽量表现出我的无奈。但是,我绝不会告诉他们谁是我的真正领导,有时候是定价委员会,有时候是营销委员会,有时候是董事会的领导,有时候是总部的领导,总之他们只会得到一个模糊的概念,而这个模糊的概念,已经足够让对方妥协。

因为他们也不知道这个提出要求的领导或者部门是何方神圣,而模糊的东西在人们心中往往有一种神秘的力量,这种力量是帮助我在谈判中获得成功的重要力量之一。

15. 巧用谈判对手的对手成事

即便是再不靠谱的梦想也值得尊重。

——北大课堂引用名言

还记得卡特政府的联邦预算主管伯特·兰斯的故事吗？每当我需要找人借钱而不得不把自己放在谈判桌旁的时候，我就会想起他。我会不停地问自己：为什么会有那么多的银行争先恐后地将数额巨大的款项借给兰斯呢？

我想到了以下三方面的原因：

第一，兰斯懂得一个人总会得到自己不需要的东西。所以他在和银行的人谈话时，总是表现出不耐烦的样子，所以银行认为他不需要钱，兰斯答应贷款是在帮银行经理的忙。

第二，由于很多银行都纷纷借钱给兰斯，所以足以证明他的信用非常可靠，银行不必为自己的贷款存有任何的担心。

第三，兰斯让这些急着把钱借给他的银行形成了竞争。我认为这是最重要的一点了，当你有很多选择余地时，对方就会被迫向你提供最优惠的条件来击败自己的竞争对手。这就是竞争的力量。

所以，在谈判中我会努力暗示我的谈判对手，除了他们之外，我还有很多选择。他们在我所营造出来的这种氛围当中，往往会作出很大的让步，而我也从中获得了不少好处。

因此，如果你想在谈判中占得上风，获得力量，那么你应当尽可能地营造使自己获利的竞争环境。最重要的是，让谈判对手觉得是你在选择他们，而且你有很多选择，而不是他们在选择你。

16. 好生意是"夸"出来的

有事没事多夸夸人，也是高情商的一种体现。

——北大课堂引用名言

几乎所有的谈判高手都知道，如果在谈判中你能够给对方一些夸奖，你就有机会动摇对方。例如你可以和对方说："李先生，您在这业界是出了名的德高望重，我非常相信你会给我一个更好的价格"或者是"我觉得您是德高望重的前辈，说话向来有一说一，我是一个年轻人，希望您能够给我一点机会，能够和您这样的前辈谈判，是我最大的荣幸"。你需要有一种认知度，那就是我来和你谈判，不是为了赚你钱来了，而是要给你好处，要帮你的忙。你有了这种做生意的态度，你才能要求更多的生意。

形形是一个文笔非常好的女孩子，班级里的同学都喜欢让她帮忙写点东西。但是她每次都不愿意写，但是又推脱不掉。一次小龙让形形帮忙写一篇征文，形形说自己没有时间，结果龙龙就说："形形，你是班级里最棒的女孩子，文笔也最好，大家都很崇拜你。我就更是崇拜得不能自已。我觉得你写出来的东西简直就是易安在世，希望你能给我这个机会，让我再验证一下吧！""可是我真的没有时间啊！""形形，你不仅人好，心眼也好 总是能帮助同学们解决一些困难，我觉得你在我心里就像雷锋和李素丽一样，相信你也一定会帮助我渡过难关的，对吗？"形形听到小龙说的这些话，不好意思再拒绝，于是就答应给他写征文了。

在谈判中奖赏的威力不可小觑，销售员需要很会介绍产品的好处、功能，给你带来的利益。不断地告知客户，当你拥有这些产品的时候，你会得到些什么，让客户感觉到，和你做生意真的是太荣幸了。

17. 幽默是谈判中离不开的调料

没有幽默滋润的国民，其文化必日趋虚伪，生活必日趋欺诈，思想必日趋迂腐，文学必日趋干枯，而人的心灵必日趋顽固。

——林语堂

在谈判中，幽默不但能够帮助我们结交朋友，受人欢迎，而且可以避免尴尬，化解危机。

顾维钧是中国著名的外交家，同时是那个时代出名的美男子。但是，他的魅力不仅来自于自己的风度翩翩，更与他的幽默机智不可分割。

在担任驻美公使时期，顾维钧经常出席一些舞会，而这些舞会虽然是娱乐性质，但是参加的都是各国使团的代表与社会的名流，很可能因为一句话而造成了外交上的事故。一次，在舞会上，一位美国的女士突然向顾维钧问道："顾先生，作为中国驻美国的大使，您个人是喜欢中国的女士还是美国的女士呢？"

这是一个令人很难回答的问题，无论选择哪一个答案，都会受到不同的指责。于是顾维钧沉稳地答道："不论是中国的女士还是美国的女士，只要是喜欢我的人，我都喜欢她。"

顾维钧的回答不仅替自己解了围，更向世界展示了中国人的幽默与魅力。

所以，无论家常闲谈还是国际会晤，都离不开幽默这道调料，它可以让无聊的谈判变得引人入胜，也可以使第一次坐在谈判桌上的人变得魅力四射。

18. 结队出海，对抗大浪

　　一个高效的组织，应该讲究协同作战，作为组织中的一员，在做项目的时候，应该想到，你拥有的不仅仅是自己部门的资源，身边很多其他部门的资源都可以为我所用；而在你的日常工作中，也应该随时想到，自己的工作是否可以为身边的其他同事或团队提供帮助。当组织的每一个成员都这样做的时候，这个组织的整体效率就会是最高的。

——北大课堂引用名言

　　在一次演讲中，为了说明分担风险的力量，我跟在场的 1000 多名观众做了一个游戏。我从兜里拿出一个硬币，然后说道："我现在想要赌一把。我会把这个硬币丢向空中，然后接住，如果你猜对了它朝上的是正面还是反面，我愿意给你 100 万，但是，如果你输了，我就从你那里拿走 10 万。有人愿意参加这个游戏吗？"结果下面鸦雀无声。

　　我接着说道："我知道你们当中有些是有信仰的人，所以绝不会参加任何形式的赌博。但是大多数人之所以不愿参加这个十赔一的游戏，是因为你们担心自己输掉。"这时候，下面的多数人点头同意。

　　我继续说道："就在我提出游戏的时候，有人想到赢了之后将会是什么情景吗？有人想过自己一下子赢了 100 万，在这之后要做什么吗？我猜没有，因为你们的脑海里一直在想输了怎么办？一下子输掉 10 万块的风险让你们对这次条件极佳的谈判结果望而却步。但是，我要告诉你们，每个人冒险的程度与他自己能够承担的风险成正比。如果刚才我说完了那个游戏之后，在你们之中有一个亿万富翁坐在下面的话，我猜他完全会向我的提议提出挑战。因为，如果他输了 10 万，那么他也许只会耸耸肩，然后轻描淡写地说：真倒霉。假如我现在把赌注降低到 100 元比 10 元的话，有没有人愿意接受我的提议？"结果下面有很多人都举起了手。

　　我笑着对他们说："但是这次我不会去冒这个险了，所以请大家把自己贪婪的手放下吧。"

　　在这个例子中，两种赌注的比例和赔率并没有任何变化，但是观众们参与的情况却发生了变化。因为输得起 10 元的人比比皆是，而输得起 10 万块的人却非常少见了。

那么，怎么样让自己能够承担起 10 万块的风险去挑战 100 万的收益呢？答案就是找人去分担自己的风险。比如，我的观众们可以联合起来投注。如果坐在下面听我演讲的 1000 人每人出 100 美元，那么他们就可以推举一名代表，拿着凑齐的 10 万美元和我赌博，如果赢了，那么他们每个人可以分得 1000 美元；如果输了，每个人也就是损失了 100 美元，还可以承受得起。

所以当你即将去冒一定的风险进行谈判，或者是已经处于风险的谈判之中，那么千万别忘记风险分担。只要有人与你一同分担，那么自然降低了风险的程度，而你们在彼此的分担中，都获得了更大的力量。

19. 要赢得谈判，先赢得信任

往上沟通要有胆，往下沟通要有心，水平沟通要有肺。

——北大课堂引用名言

诚信，是作为一个成功谈判者的基石。一场极具挑战性且成功的谈判若是没有诚信，那么它是无法顺利进行并得以发展的。诚信与否，就好比第一印象，我们每个人在见一个陌生人时，首先是观察他的穿着打扮，接着就是言行举止。诚然，谈判也是。在交谈中方可感受彼此的真诚度，谈判史上不乏依靠真诚打动对方的例子。所以，恪守诚信，才是谈判的硬道理。

晓梅是一家电脑公司的推销员。有一次，她在给一个之前在她这里买过一台打印机的客户打电话做售后访问的时候居然又卖出了一台新型号的打印机。

晓梅："您好，请问，张经理在吗？"

张经理："我就是，请问您是哪位？"

晓梅："我是××公司的晓梅，去年的今天您从我们公司购买了一台型号为 T—3800 的打印机，您还记得我吗？"

张经理："噢，是你啊，记得，记得！"

晓梅："您买的那台打印机已经满一年了，满一年从明天开始保修期就终止了，不知道现在打印机使用的情况如何？"

张经理："刚买的时候出过一次问题，不过你们的工作人员来给修好了之后就再也没出过问题了。"

晓梅："太好了。我给您打电话的目的一是要提醒您您的打印机的保修期即将期满，二是这个型号的机器已经不再生产了，以后的配件也比较昂贵，提醒您在使用时要尽量按照操作规程，您在使用时阅读过使用手册吗？"

张经理："没有呀，不会这样复杂吧？还要阅读使用手册？"

晓梅："其实，还是有必要的，虽然说不阅读时用户手册同样可以使用，但如果不注意某些问题的话，使用寿命就会降低。"

张经理："我们也没有指望用一辈子，不过，最近业务还是比较多。如果坏了怎么办呢？"

晓梅："没有关系，我们还是会上门维修的，虽然会收取一定的费用，但比购买一台全新的还是要便宜很多。"

张经理："对了，现在再买一台全新的打印机是什么价格？"

晓梅："要看您要什么型号的，您现在使用的是 T—3800，它的后续的升级的产品是 T—5800，不过具体还要视您一个月的打印量而定。"

张经理："最近的量开始大起来了，有的时候一个月要打印超过 10000 张。"

晓梅："要是这样的话，我还真要建议您考虑 T—5800 了，5800 的建议使用量是一个月 A4 正常纸张 15000 张，而 3800 的建议月纸张是 10000 张，如果超出这个标准会严重影响打印机的使用寿命。"

张经理："你能否给我留一个电话号码，年底我可能考虑再买一台。也许就是那个后续产品。"

晓梅："请您记一下，我的电话号码是 8520×××转 123。对了，您是老客户，年底还有一些特殊的照顾，不知道您何时可以确定要购买？也许我可以将一些好的政策给您保留一下。"

张经理："什么政策？"

晓梅："5800 型号的，渠道销售价格是 10100，如果作为 3800 的使用者购买的话，可以有两种选择，一是按照 9 折来处理，或者可以赠送一些您需要的外设，主要看您的具体需要。这样吧，您考虑一下，然后再联系我。"

张经理："等一下，这样我要计算一下，我在另外一个地方的办公室添加一台打印机会方便营销部的人，这样吧，基本上就确定了，是你送货还是我们来取？"

晓梅："都可以，如果您不方便，还是我们送过去吧，以前也去过，容易找的。客户资料里面有您的地址，您觉得什么时间比较合适？"

张经理："下午就可以，我今天一整天都在公司。"

晓梅："那好的，我们下午见。"

张经理："再见。"

仅仅 10 分钟时间，让晓梅就有了"意外"的收获，这主要归功于她以数字说话而使买主产生信任的习惯。在这一通电话中，晓梅展示出来的是十足的专业精神，各种数据随口而来，自然而然地取得了张经理的信赖。随后，三言两语敲定一台全新型号的打印机也是顺理成章的事情了。

20. 胜利者就是坚持到最后的人

忍耐和坚持虽是痛苦的事情，但却能渐渐地为你带来好处。

——北大课堂引用名言

生活的经验已经告诉我们，三心二意者必终生一事无成，见异思迁者难免悔恨终身。而能够成就大事，并保持成功的人，一定是戒骄戒躁的坚持者。

在壮阔的非洲大草原上，一只成年猎豹领着它的儿子躲在草丛中，一动不动，因为今天它要把捕捉猎物的本领交给儿子。忽然，它们发现了远处有一群羚羊正在喝水，于是两只豹子同时屏住呼吸，悄悄地向羊群接近。

一头警觉的羚羊对这对父子的接近有所察觉，拔腿便跑，而其他的羚羊也开始四散而逃。躲在一边的猎豹则像箭一般冲向羊群，开始了自己的捕猎。

成年的猎豹紧紧跟住一只未成年的羚羊，被追逐的羚羊跑得飞快，成年猎豹紧随其后，小猎豹也不甘落后地追着。在追逐猎物的过程中，成年猎豹超过了一头又一头身边的羚羊，但它丝毫没有改变自己的方向。而小猎豹看到站在旁边观望的羚羊时，马上改变了方向，开始追逐这些离它更近的猎物。

一会儿工夫，成年猎豹所追逐的那只羚羊已经跑累了，猎豹则继续坚持着奔跑，终于将自己的前爪搭上了羚羊的后腿。羚羊倒下了，成年的猎豹捕获了自己的猎物。而小猎豹则拖着疲惫的身体，回到了父亲身边，它一无所获。

成年猎豹安慰自己的儿子说："第一次猎食，你已经表现得很出色了。"

儿子却疑惑地问："爸爸，刚才在你猎食的过程中，明明有更近的羚羊，你为什么不改追它们呢？那些羚羊应该更容易抓到啊！"

成年猎豹很严肃地对儿子说道："这正是你今天需要学会的道理。我之所以只追这只羊，是因为它已经很累了，而别的羊还不累。如果我像你一样改变目标，那么其他羊一旦起跑，一瞬间就会把我们甩在后边了，最终我们两个都得饿肚子。"

豹子在捕猎的过程中，只有坚持不断地追逐一个猎物，才能最终把它捕获。我们在谈判的过程中也要就一个问题穷追不舍，如此才能最终让对方妥协让步。如果我们在谈判中三心二意，见异思迁，那么恐怕最终要白忙一场，空手而归了。所以，要想让自己在谈判中获得力量，那么一个简单有效的方法就是坚持自己的立场，坚持自己的态度，坚持原来的议题，而能够在谈判中坚持到最后的人，往往就是谈判的胜利者。

21. 让你的团队发挥出合力

不要眼中只有超级巨星，要淡化他们的贡献，而获得团队的凝聚力。

——北大课堂引用名言

谈判是一个团队的工作，在这个团队中，每个人都有自己的力量，但是，如果这些力量是指向四面八方的，那么他们的合力往往不大，甚至为零。要想让团队里每个人的力量都指向你希望的方向，那么你必须要整合这些力量，让团队的合力最大化。

如果你正在进行一个非常伟大的计划，那么千万不要在你的上司、家人或同事面前说："这真是个了不起的计划，是我个人的成就，如果出了问题，我也愿意负全部的责任。"聪明的人会在公司、家里向每个人提醒道："这个计划是我们共同的心血，让我们一起努力把这件事做好！"

为了整合自己身边的各种力量，你可以用以下三种方法：

第一，通过让大家共同承担风险，来保证自己的计划安全；

第二，通过让大家共同分担压力，来保证自己的良好状态；

第三，在所有人的力量都指向一处时，我们的对手就没有可乘之机。

当我们整合了自己团队中的力量，从别人那里获得了认同时，我们就会提高自己的能力，增强自己的力量。相反地，如果我们的对手发现我们的团队内部不合、意见存在分歧，那么对手就会对这种情况大肆加以利用以增强他们自己的力量。

有一次，我的一位朋友和自己的四位同事组成了一个谈判团队，与另一家机构的代表进行一项谈判。在谈判开始时，朋友的同事就做了让他料想不到的让步，而对方立刻抓住了这个机会，步步紧逼。

我的朋友对于自己同事这个慷慨大方的透底行为非常气愤，因为这使谈判完全处于被动的局面。在震惊之余，我的朋友甚至怀疑那位同事是不是对方安排在自己公司内部的卧底。这件事让我的朋友沮丧不已，最终在谈判中一言不发，任人宰割。

之所以出现这样的问题，就是因为在谈判前他没有很好地整合自己的力量，团队之间缺乏沟通和交流。所以，如果我们是谈判团队中的一员，那么在谈判开始前，一定要让团队中的所有人参与并提出意见，最后做出一个让所有人都认同的谈判计划。要知道，参与往往使人产生认同，而认同则是让团队发挥出整体合力的关键所在。

第 13 章

谈判中的无敌攻势

1. 第一招："真心相许"感动人

在生活中，每个人都应当是春晖，给别人以温暖。在今天，人与人之间的关系，更应该如此。朋友之间，待之以诚，肝胆相照，不就是相互照耀，相互温暖吗？

——茅盾（北大教授，作家、文学评论家）

在谈判中，最好的进攻就是将自己的凌厉攻势藏于无形之中。如果一个人懂得在谈判桌上用自己的真心去感动对手，那么他将无敌于任何谈判。因为情感才是一个人最容易被攻陷的谈判阵地，而孙子兵法中也指出，真正的高手应该"攻心为上"。

我们在谈判中一提到凌厉攻势时，就会有些人想到漫天要价、虚张声势、咄咄逼人的样子。其实，这种毫不理会对方的感受，妄想一口吃个胖子的人只是把自己的谈判对手当成了"咸水鱼"。而这样做的结果也只会令对方非常反感，有气度的对手虽然不表露，但却是铁定了心：绝不能与这种人合作。

所以，谈判中最厉害的进攻就是直指人心式的思维方式。每遇到一件事情，马上为对方设身处地想一想，从关心对方的角度出发。每当谈判中遇到分歧的时候，就替对方说几句好话，以俘虏对方的心。

比如，在我遇到经济实力单薄，但是为了前景担忧的公司时，我就会给他们一个恰当的价格，并且诚恳地告诉对方："知道你们做公司不容易，这是我们的价格底线，等以后挣了大钱我们再更多地合作。"结果是，对方不但马上

247

同意签约，而且在今后的合作中，也经常站在我们的角度，替我们着想。彼此之间的长期合作，为我们带来了更大的利益。

2. 第二招：豪情万丈感染人

做人要大方、大气，不放弃！

——北大课堂引用名言

一个坐在谈判桌前光芒四射的谈判专家，一定是一个积极自信，举止大方的人。至于那些因为害羞而不敢在谈判中展示自己的长处，不善言辞的人，则往往失去了成功的机会。所以，如果我们想要站在成功的舞台上表现自己时，一定要豪情万丈。因为，谈判的成功无法与害羞同台。

一份来自美国的研究资料称，约有40％的美国人在社交场合感到紧张。那些神采奕奕的政界人士和明星恐怕也不能完全摆脱这一种窘境：美国前总统卡特、电影明星凯瑟琳·戴维尼等，他们都曾表示在公众场合讲话时会感到紧张。谈判，以及与谈判有关的酒会、晚宴、沙龙，在这些场合上有些人谈笑风生、豪情万丈，更多的人则惶恐不安、手足无措。

我在一次与日本商人的谈判中，对方慷慨地陈述了公司的产品及销售状况，并强调该产品在美国十分畅销。我们团队的所有人都被对方这番话深深触动了。本来我们只是抱着"试试看"的心情来与他们谈判的，结果在对方豪情万丈的情绪感染之下，我们也很快进入十分严肃的、正式的谈判主题，并很快建立了合作关系。

谈判桌上，一个手心出汗、词不达意的人连自己都说服不了，怎么去说服自己的谈判对手呢？谈判中一味地谦卑只会被视为无能，对方就会高高在上，接下来的情形你将会节节败退。所以，在谦虚的言谈举止间，流露出一泻千里的豪气，是谈判中一招凌厉的人格攻势。因为，我们的勇气和胆魄，就会击倒对方的心理防线，让对方乐于达成彼此间的合作，同意我们的谈判条件。

3. 第三招：以退为进说服人

感觉一条道行不通的时候，就要立即停下来转换思路。

——北大课堂引用名言

在谈判中，我们经常遇到一些难以说服的对手。不论我们晓之以理还是动之以情，对方就是油盐不进。这时，我们不妨改用一种以退为进的自嘲攻势，让对方在笑声中同意我们的提议。

张大千先生是 20 世纪中国画坛上最具传奇色彩的人物，他与梅兰芳先生私交甚笃。抗日战争期间，张大千与梅兰芳都住在上海，战争结束后，张先生离开上海返回四川老家。于是，上海艺术界的朋友们为他设宴饯行，刚好梅兰芳先生也在。

在大家入席的时候，张先生和梅先生却发生了争执，因为两个人谁也不肯坐在上座，你推我让，僵持不下。这时，张大千先生忽然说道："梅先生，你是君子，我是小人。理应你坐上座。"

梅兰芳听了不解其意，其他人听了也觉得莫名其妙。这时，张大千含笑解释道："正所谓君子动口，小人动手。梅先生唱戏动口，你是君子；我画画动手，所以是小人。"一句话引得满堂大笑，梅兰芳也只好到上首就座。

张大千先生的艺术造诣与人格修养同样让人难以望其项背，他的幽默机智和豁达谦和征服了一批又一批人。所以，对于任何人来说，幽默加上豁达，总是可以让人魅力无限，左右逢源。这一招是谈判中说服固执对手的必杀攻势，因为在轻松的气氛和会心的微笑当中，再固执的人也会网开一面。

4. 第四招：找个中间人好办事

人生最美好的东西，就是他同更多的人交朋友。

——北大课程理念

如果我们在谈判中想约到自己的对手，那么不妨动用人脉的力量，找一个"线人"来为我们牵线搭桥。斯坦福研究中心曾经发表一份调查报告，结论指出：一个人的财富，12.5％来自自己的知识储备，而 87.5％来自他们身边的朋友。由此可见，如果我们无法搞定自己的谈判对手，那么就应该找第三者出面帮忙。

世界首富比尔·盖茨的第一桶金，是在他20岁时所签到的第一份合约。而这份合约的另一方，正是当时全世界第一的电脑公司 IBM。

那么，作为大学生的比尔·盖茨，不可能有太多的人脉资源，他是怎么钓到 IBM 这么大的"鲸鱼"的呢？其实，原因很简单，比尔·盖茨之所以可以签到这份合约，完全是因为他认识一个十分有力的中介人，这位中介人是 IBM 董事会的董事，同时，也是比尔·盖茨的母亲。所以，母亲介绍自己的儿子认识自己公司的董事长，并顺便拿下一个简单的合约，这不是再轻松不过的事情了吗？所以，奠定了比尔·盖茨一生事业的第一块基石，不是别人，正是他的母亲。

如果我们想要在谈判中成功打入对方内部，那么就应该在对方的内部培养一个甚至几个说话管用的"线人"。就好比一棵小树苗要想长成参天大树，成为栋梁之材，必须要有粗壮厚实的根脉接受大地供给的营养，必须要有充足丰富的枝脉和纤细纵横的叶脉供给自然的空气、阳光和雨露。没有叶、没有枝、没有根，也就没有树。根脉、枝脉、叶脉的死亡最终导致了树的死亡。而要想在谈判中战必胜、攻必取，除了过硬的自身素质之外，最重要的就是谈判中的秘密武器：帮我们牵线搭桥的"线人"。

5. 第五招："车轮大战"与"冷战"的综合运用

冲突和"人和"之间并没有多大的关系，在特殊情况下，激发冲突会对组织产生积极的作用。

——北大课堂引用名言

在一些大型的销售谈判中，我们可以采用几个人甚至一个谈判团队与对方交涉，这便是"车轮大战"。"车轮大战"在运用的时候，需要相互间密切的配合，轮番上阵唱双簧，并根据情景变换主、辅谈角色，从而消耗对方的时间、精力、毅力、意志，其目的是为了拖垮对方，在出其不意时，一举攻占对方的领地。

在车轮战中，角色分配是否得当，各方是否能默契配合，以及轮番上阵的时机选择是否恰到好处，都会影响这一战术的使用效果。

谈判中，除了会运用"车轮战术"外，还要懂得运用"冷战"战术，即为买卖方针对谈判对象"车轮大战"而实施的一种反战术，其具体的做法有：

1. 每一次谈判都详细记录谈判对象、谈判的内容与已经议定的内容。

2. 对已经议定的内容不能做任务的妥协、退让或者变更。

3. 故意对谈判对象忽左忽右的做法表示困惑，并要求对方指定一个有决定权的人出来发言，做出最终的决策，以抵消对方战术应用的影响。

4. 必要的时候，可以提议休会或者中止谈判，一直到对方不再混淆信息，并且有意继续谈判为止。如果对方不能够答复，便可以通过限定时间的方式去要求对方尽快做出决定。

我们同样通过一个案例来进行详细说明。

美国一家公司与印度一家公司进行一场许可证贸易谈判。谈判一开始，美方代表便开始滔滔不绝地向对方介绍自身的情况，而印度一方代表则是一言不发，只是认真地倾听，并埋头记录。当美方代表说完之后，在征求印方的意见时，印方代表则"迷惘"地表示，"听不明白"，需要回去认真研究一下。

在谈判刚开始的阶段，双方的信息与要求都应当全面地传达给对方，如果只是一方发言，而另外一方保持沉默，则可以采取具体询问的方法去了解对方对于各细节的接受程度。如产品品质、服务内容、物流运输、配套设备、价格、付款、时间、地点等内容。如果对方不能解释或拒绝表态，应提议休会，即采用冷处理的方法，并限定对方时间做出答复。

几个星期之后，印方出现在第二轮谈判桌前的已是全新的阵容，由于他们声称"不了解情况"，美方代表只好重复地说明了一次，印方代表仍是埋头记录，以"还不明白"为由使谈判不得不暂告休会。

美方谈判代表可在第二次印方更换谈判人员的时候，拿出上次谈判记录，对印方做法表示疑问，并要求印方一定要指定一个有决定权的人发言，并采取相应强硬的态度在规定时限内要求印方安排正式会谈。这样便将谈判的主动权掌握到了自己的手中。

到了第三轮谈判时，印方代表团再次易将换"兵"，只是告诉对方：回去之后，一旦有结果，便会立即通知对方。

在这时，美方谈判代表并没有对谈判的积极进展做出任何的举措，完全是主动放弃了掌握和推动协议进展的权利。就这样，半年多过去了，正当美方代表团因为得不到印方任何回音而烦躁不安，并开始破口大骂印方代表毫无诚意，不讲信用时，印方突然派了一个由董事长亲自率领的代表团抵达美国。在美国人毫无准备的情况下，要求立即谈判，并且又抛出最终的方案，以迅雷不及掩耳之势，催逼美国人讨论细节。措手不及的美方代表终于不得不同印方达成了一个有利于印方的协议。

这个案例告诉我们，当谈判的一方采取主动进攻的姿势时，一定先不要仓促应战，完全可以采取拒绝或者冷处理的方式，留出时间来检查对方的谈判目标，并一一做出反馈，以达到"制服"对方的目的。

当然了，在实际的谈判过程中，我们有可能会遭遇十分复杂的场景，需要同时使用数十种不同的战术，除了战术的识别与使用，谈判者也应该学习以下几个基本技巧，令谈判更顺畅，更容易成功。

首先，在谈判前，要给自己充分的时间进行准备。谈判准备是否充分有效是谈判成功的重要基础。我们在谈判准备上花的时间应远远超出谈判时间本身。如果没有准备，那就永远不要去谈，否则，多半会吃大亏，甚至一败涂地。其次，要高估对手。我们千万不要轻视对手，而是要高估你的对手。如果你没有站在对方的角度与自己谈判的经历，就极难突破谈判时对手为你设置的种种障碍。

再次，懂得原则性的让步。谈判中准备还价和应对还价是执行谈判的重要心理准备。美国谈判专家奥狄思曾经指出，在每一次谈判中，你都应准备向对方做出让步，哪怕这种让步使你痛苦。但是，我们要尽量避免在开局的时候，将折扣包含在开价中，或者不经仔细地考虑或者预算就进行让步。

6. 第六招：用头衔树立威信

你是一个小萝卜，没有你的坑，你就得去努力寻找你的坑，找不到你就变成了萝卜干。

——北大课堂引用名言

在我们的生活中，"头衔"一直被认为是威信的象征。董事长、总经理、大学校长、律师、医生等头衔无不显示了一个人的"特殊资格"以及权力。而在谈判中，头衔也扮演了十分重要的角色，如果对方派出了一个董事长，那么我们至少也要派出一个能够跟他相当分量的人才能进行谈判。

由此可见，头衔是谈判中一项足以影响对方的利器。董事长、总经理这些称号，在谈判中会引起对方的重视，因为所有人的大脑里都会觉得，一个人有什么样的头衔，便拥有什么样的实力。一般说来，大多数人总认为，只要是理事长、董事长，其谈判能力必然高人一等。所以即使头衔本身与谈判内容毫无关系，但只要亮出"董事长""总经理"等头衔，对方必然对你心存敬畏。这就表示，你的头衔，已经对谈判产生了某种程度的影响力。

仅仅凭着某一种头衔，就可使对方自以为比你矮上半截，这就是头衔的妙用。当谈判双方的能力旗鼓相当时，如果你多拥有一个令对方屈卑的头衔，谈判的形势很可能便因此而改变。因为你的头衔是一种无形的压力，当对方感受到此种压力时，言行举止便受到牵制，谈判能力也就难以淋漓尽致地发挥了。一个体面的头衔足以使对方高估你的实力。

但是，千万不要在谈判中轻视了头衔不如自己的对手。比如一家公司的董事长要和另一家公司的总经理进行谈判，董事长觉得对方不过是个总经理，地位比我低多了，和这种人谈判，有什么好准备的。结果，由于"头衔"的关系，导致这位董事长因为大意而失去了谈判中的利益。

所以，在谈判中完全以头衔作为评判一个人的能力和社会地位的标准，缺乏客观性。若过分相信自己根据头衔做出的判断，有时便可能招致意外的失败。我就曾经经历过许多董事长反而栽在业务员手里的事情，不就是很好的例证吗？

7. 第七招：给对方一个无法抗拒的选择

智慧和责任往往与机遇成正比。

——北大课程理念

在谈判中一个百战百胜的秘诀就是在让对方选择时，给对方挖一个陷阱。而且，这个陷阱必须是双面的，如此，不论对方选择如何回答，都逃不出我们的手心。

玛丽亚和佩格在同一条街上各开了一家食杂店，都卖相同的东西，比如蛋糕、比萨、面包等。她们店面的位置都比较好，客流量比较大，很多顾客都来光顾。

不过，虽然在同一条街上，但她们的经营状况却不一样，蛋糕、比萨都卖得差不多，但每个月下来，玛丽亚店里的羊角面包却总能比佩格店的羊角面包多卖出两倍。

佩格不知其中奥秘，决定探个究竟，于是请了几个朋友到玛利亚的店里吃早点，结果也令佩格不解。朋友对佩格说："其实你们两家食物的质量、味道都差不多，唯一不同的是玛丽亚店里的服务员在向我推销羊角面包时说'来两个还是一个'，问得很有技巧，我也不好拒绝，而且吃一个羊角面包也不错，就要了一个。"朋友停了一会接着说："而你店里的服务员说的是'要不要来个羊角面包'，虽然客人会有点想吃，但又觉得不吃也无所谓的，所以就干脆拒绝了。"

佩格听了朋友的话后，虽然觉得不可思议，但还是让服务员改变了原来的询问方式。

第二个月，佩格发现自从改变了询问方式之后，她的羊角面包确实多卖出去很多。她由衷地感叹说："就因为问话的方式不同，这么久以来我白白损失了多少生意啊！看来说话还是要讲究方式的。"

"要一个还是要两个？""现金还是刷卡？""现在签字还是下午签字？"这些选择的背后都是逼对手就范的陷阱。当然，我们在挖这些陷阱时一定要巧妙，要不留痕迹。如此，才能让对方在不知不觉中进入圈套。否则的话就会引起对方的警惕，我们最终在谈判中白忙一场。

8. 第八招：妙用进攻策略，让对方主动让步

你要拥有快乐，就要学会接受。别人骂你，这是一个悲剧，你若反击，那只能造成更大的悲剧，于是你什么好处都没有。此时，你唯一要做的就是接受。有人说回避是一种不错的方法，这是不对的，回避并不表示你的接受，那只表示你的无能。因此，只有正面接受，你才有可能找到喜剧。

——北大课堂引用名言

在谈判中，没有人会主动提出让步，即使是在我们进行强烈的要求之下，对方通常也会坚持自己的条件。但是，我们却可以通过巧妙的进攻策略，让对方在谈判中主动让步，这是我在谈判中经常使用的一种进攻策略。

比如当我准备翻修自己的房子时，我会去向至少三家建筑公司了解他们的建筑标准和相应的费用，同时我还会要求这三家建筑公司给出报价并且要求他们在报价单上列出明细。是的，这一步非常关键，因为这些关系到接下来的整个谈判策略的具体实施。

当三家给出的报价分别是10万、9万和10.5万时，我会详细地分析他们报价中的具体内容。如果每家提供的条件都相似，我不是选择价格最低的那家。因为，不论是技术水平、可靠性、施工日期、完工日期，还是原料质量等因素，给出10.5万报价的那家建筑公司都是我的首选。可问题是，我该怎么

在获得这些最优条件的同时，压低他们的价格呢？我会直接找到报价 10.5 万的承包商，并告诉他："我很想选择你们来帮我返修自己的房子。可问题是，你们在地板上的报价比其他两家高出 1000 块，木工方面的报价也高出 500 块，如果你能够重新报价，我们就可以签协议。"

通常情况下，承包商就会马上回去和地板商、木工分包商重新讨论价格，然后向我提出一个让我满意的报价。

当然，大部分承包商并不喜欢在报价单上列出自己的明细。也就是说，在使用这种谈判策略时，最关键的就是信息。所以，无论是当你准备为自己的房子进行翻修，还是准备为公司采购一套新设备时，你必须通过多方打听，收集更多信息，然后才能做出最终的决定。

通常情况下，我会利用我能掌握的信息给多家公司打电话询问，邀请他们的销售人员来做演示。在这个过程中，我会发现每个公司都有自己的优势，于是在了解了所有相关情况之后，我终于能够制订出一套最为理想的采购方案。

当一切都已经了解充分之后，我会告诉我最喜欢的那家公司："我很想买你们的设备，可有一点，我希望你们的价格可以像其他公司那样优惠一点。"或者，"我已经向我的老板极力推荐了你们的产品，可是我的老板希望你们能把保修期稍微再延长一点，或者送货的时间能够缩短一些，就像其他的公司一样"。通过这种方式，我最终就可以在谈判中迫使对方主动让步，与对方达成理想的交易。

9. 第九招：用人格魅力征服对手

我说过不少谎话，因为非此则不能生存。我的真话总是大大超过谎话，因此我是一个好人。

——季羡林

在谈判以及日常生活中，我们要懂得用人格魅力而不是自己的诡计去征服他人。因为人与人之间的相处是一种心理态势和心理氛围的形成过程，这种态势一旦形成就很难改变。那么，抛开一切利益因素，到底是什么造就了这种态势呢？其实，答案很简单，那就是人格魅力。

"推销之神"原一平，是日本一个赫赫有名的人物，说起他没有一个人不认识。他从一个被乡里公认为无可救药的流浪小子做起，本着永不服输的精神，不断地在拼搏进取中完善自我和超越自我，终于凭借超强的人格魅力成就了自己的事业。

原一平生在一个富裕的家庭，自小什么都不缺，父母对他是宠爱有加，这导致他不爱学习，到处惹是生非。在他23岁时，他放弃了学业，独自到东京去闯荡，第一份工作就选择了做推销。那一年他初入保险界，仅仅靠着不屈不挠的拼命精神有了一点成绩。那时的他并没有认识到推销其实是一门很高深的艺术。但当他经历了一件事时，他终于认识到一个推销者对个人的魅力要求是很高的。

有一次，他到一家名叫村云别院的佛教寺庙去推销保险。他对着一位老和尚口若悬河、滔滔不绝地讲了大半天保险的各种好处，可是却换来那个老和尚心不在焉的一句话："听了你的介绍以后，丝毫也引不起我投保的意愿。"接着，老和尚又说了一句让他惊愕良久，并品味了一生的话："人与人之间这样相对而坐的时候，一定要具备一种强烈的吸引对方的魅力。如果你做不到这一点，将来也就没有什么前途可言。"这位老和尚用沉缓、犀利的语调惊醒了他，他默默地坐了很久，忘记了自己究竟是谁。

仔细品味一下故事中老和尚的言语，句句发人深省、回味悠长。在现实生活中，如果我们抛去华丽的外表，用两个平等的生命体接触时，你也会发觉：人的确是有魅力的，并且魅力差距还相当悬殊。这种魅力不是任何虚假的言行所能表现出来的。为什么在谈判中，有些人我们只是匆匆一瞥，便会有由衷的喜欢或厌恶感，而为什么有些人相处很久却毫无感觉呢？这便是由于不同的个人魅力所致。

一言以蔽之，在谈判中的人格魅力是一个人价值判断、善恶心境、学识修养、道德水平、人生观念、情感层次以及人与人在一起的自觉不自觉的外露。这种人格魅力蕴含在言辞行动中，又超乎于言辞行动之外。我们每个人都可以感受到这种魅力的能力，只是有时候我们无法将它淋漓尽致地表达出来。而人格魅力在谈判中所取得的成效，远非其他手段所能比。

10. 第十招：仁者无敌

对待一切善良的人，不管是家属，还是朋友，都应该有一个两字箴言：一曰真，二曰忍。真者，以真情实意相待，不允许弄虚作假；对待坏人，则另当别论。忍者，相互容忍也。

——季羡林

认真总结一下我在以往谈判中所取得的胜利，结果让我惊奇地发现：

给我带来最大利益的谈判往往不是我通过自己的聪明战胜了对手，而是我用自己的诚意感动了对手。当我把谈判中的对手变成生意上的合作伙伴时，最终他们给我带来了意料之外的回报，而在最开始的时候，这种做法是非常艰辛的。每当遇到这种艰辛时刻时，我就在头脑里让自己想想一个叫作宋就的人。

战国时期，魏国与楚国相邻，两国交界的地方住着两国的村民，村民们都喜欢种瓜。魏国一个叫宋就的大夫被派到边境，负责管理当地事务。

一年春天，两国的边界干旱与缺水，村民们的瓜苗长得都很慢。魏国的村民很快想到了办法，他们每天晚上到地里挑水浇瓜，保证了瓜苗的顺利生长。

而楚国的村民，比较懒惰，看着自己的瓜苗干旱也不浇水。到了快要收获的时候，楚国村民看到魏国村民种的瓜长得又大又好，心里非常嫉妒，于是他们趁着晚间没人，便偷偷到魏国村民的瓜地里去破坏瓜秧。

魏国的村民看到自己地里被破坏了的瓜秧，知道是邻国的楚国村民干的，都十分气愤，就去找县令宋就告状。一些人还建议以牙还牙，晚上也去破坏楚国人的瓜田。

宋县令一边安抚村民，一边说："我们千万不要去破坏他们的瓜地。"

村民们气愤已极，纷纷嚷道："他们如此欺负我们，我们怎么能不报复呢？难道我们怕他们不成？"

宋就只好耐心地跟村民们解释说："如果我们报复了楚国人，虽然解了心头之恨，可是他们也一定不会善罢甘休。最后我们两国之间互相破坏，恐怕连一个瓜也收不到。"

村民们一听这话有道理，就又问道："那我们该怎么办呢？"

宋就笑笑说："我们不但不去报复他们，而且从今晚开始，每天晚上都去帮他们浇地。"

村民们听了，更加不解，但是又不好违抗县令的命令，于是每晚到楚国人的瓜地里去浇水。

这下轮到楚国的村民诧异了。他们发现魏国村民不但不记仇，反而每天晚上帮他们往自己的瓜田里浇水，个个惭愧得无地自容。

后来，这件事被楚国边境的县令知道了，他便报告了楚王。楚王原本想要攻打魏国，两国的关系早已剑拔弩张。听了县令的报告，深受触动，于是主动与魏国和好，并送给魏国很多礼物。魏王自然也是十分高兴，于是下令重赏了县令宋就和当地的百姓。

　　宋就的以德报怨，换来了两国的和平友好。由此可见，心怀仁爱的人是无敌于天下的。因为他们能够放下仇恨，去爱自己的敌人，那么也许谈判桌上的敌人最终会变成商场沉浮中的朋友。把敌人变成朋友，是我所知道的最高明的进攻策略了。

第 14 章

谈判中滴水不漏的防守

1. 用镇静面对尴尬

人生中最伟大的力量莫过于"静"。

——北大课堂引用名言

谈判桌上特殊局面的出现，往往是刹那间的事情。如果我们在对手面前大惊失色，缺乏镇静，那只会让自己手足无措，乱上添乱。所以，要想在谈判中做出滴水不漏的防守，那么一定要镇静自若地面对出现的各种问题，如此才有可能让自己走出尴尬的境地。

我的一位同事生性大大咧咧，好开玩笑，在一次谈判中，他碰见了从前的老熟人，对方是一位中年女士。由于几年没见了，感觉很亲切，我的这位同事就开起玩笑来："唉，你老公怎么没带来给我见见，是不是没我长得帅，所以你不好意思把他带来啊？"

那位女士只是勉强笑了一下，脸上竟然露出悲哀的神情。我的同事马上转移了话题，然后大家继续进行谈判。后来，他在接下来的接触中才得知：那位女士的老公前不久刚刚去世。于是，他在私下里满怀歉意地说："真是对不住，我这张嘴总是没遮没掩的，四个月前我妈妈也去世了，我很理解你的感受。如果有什么我可以帮得上忙的尽管开口。"于是，在接下来的谈判中，两人又说说笑笑地完成了合同。

设想一下，如果我的同事当时不能保持镇静，立刻就询问那位女士的近况，会是什么场面？那位女士会成为全场人注目的中心，等于再一次把她的伤痛暴露在众目睽睽之下，那样一来，那位女士非号啕大哭、把谈判会场弄得一团糟不可。

所以，当我们在谈判中遇到特殊的局面，首先必须要保持镇静，然后做出明智的判断。如此才能做出滴水不漏的防守和把大事化小，小事化无的挽救。

2. 用幽默化解僵局

幽默是一种人格魅力。

——北大课堂引用名言

谈判中，当发生矛盾，使谈判陷入僵局时，幽默的语言往往能产生神奇的效果，让人们在笑声中，重新走回和善的谈判之中。

一次，我与一位业内很有名望的前辈去外地参加谈判。在谈判之余，对方代表邀请我们去当地可以打猎的旅游景点打猎，这位前辈很兴奋，他高傲地说："现在的年轻人太差劲了！你们看过他们怎么打猎吗？一枪接着一枪，子弹用了不少，野鸭子却一只也没看到。明天，我们去打猎，我从来都是一枪一个准，年轻人真应该多学学！"

第二天，一大群年轻人簇拥着这位前辈去郊外打猎，刚选好位置，一只野鸭就从草丛中飞了出来。这位前辈连忙举起枪，一声枪响过后，那只野鸭却大叫着飞走了。这时，整个气氛都凝固起来，没有人说一句话，或者发出一点响动。只听这位前辈自言自语地说："真奇怪，你们这里被打死的野鸭还能飞走啊？"

大家听了一起哈哈大笑，窘迫难堪的场面也在笑语中消失得无影无踪。

这就是幽默在谈判中的妙用，哪怕我们出现了失误，哪怕情况陷入了僵局。只要你能够想出一句让大家解颐一笑的妙语，那么你就可以在任何时候化解任何僵局。

3. 想办法，让讨价还价的顾客"闭嘴"

人生很多看似无法办成的事，只要你努力，便有许多可供商量的余地。

——北大课堂引用名言

与客人发生价格方面的分歧或争论，是谈判或者销售的过程中最常见的问题。作为销售者，为了不使顾客讨价还价，首先必须要试着去改变对方的态度，应该以对方预先的设想、已经存在的信念、所需与所求等为出发点，并引导他们向着我们的建议靠拢，最终"制服"对方。

要知道，每件事情都有两个方面，每一次交易也都有满足与不满足的因素在其中，双方也都必须有一些需要克服的反对意见。交易是否能够顺利，从某种意义上说根本在于你如何去面对对方的反对意见，这就需要你如何在与对方讨价还价的过程中，去影响和改变对方的观点。

刘凯的妻子视力不好，她所使用的手表必须要长短指针分得很清楚才是。但是，这种手表当下是最不容易找到的。他们费了九牛二虎之力，总算是找到了一只她能够看得清楚的手表。但是，那只手表的外观很是丑陋，正因为这个原因，这只表才一直卖不出去。而且，它的标价 5000 元对他们来说，实在是太昂贵了。

刘凯告诉卖表的商人说，这个价格实在是太贵了，但是商人却说这个价格非常合理，并且告诉刘凯这只手表精确到一个月只差几秒钟而已。刘凯告诉钟表商时间的精确与否不很重要，为了证明给他看，刘凯还拿出了他妻子的旧表让他看："她戴这只 100 多元的表已经 15 年了，这只表一直是很管用的。"

但是商人回答说："过了这么多年，她也应该戴只名表了。"当刘凯指出这只手表式样很不好看的时候，他却反驳说道："我从来没有见过这么好的专门给视力不好的人设计的手表。"最后，经过一番讨价还价，他们最终以 4900 元的价格成交。

其实，在顾客进行讨价还价的时候，只要你抓住了要诀，便可以获得"制服"他人的力量，可以极为圆滑地处理对方的反对意见，说服他们去同意你的观点。所谓的说服，就主要指在生意中让对方认识到你真正利害的关系所在。为此，你完全可以借助于对方的逻辑感，可以诉之于对方的感情，也可以投合于对方的价值感，从而达到"制服"他人的目的。

4. 转换思路解决难题

> 随势：势者，时务也。古人云："识时务者为俊杰。"势者有阶段之分——开局、终局、残局都不尽相同。局中各方在不同阶段又有情势之异——蓄势、备势、养势、造势、用势、收势等，各有变数，因势而动，是为俊杰。得势者大利；失势者大咎。

——北大课堂引用名言

在谈判中，即使经验再老到的谈判高手也难以预料所有谈判形势的变化。如果你在谈判桌上自始至终处于支配地位，那你就能保证效果按你的要求与意愿发展变化。

但是，"天有不测风云"，谈判中有时候难免会被对方抓住空当，乘虚而入。当你处于被动局面时，摆脱困境的机智就非常必要了。

一般有经验的人在经过长期的谈判实践之后，都具有沉着、机智摆脱困境的特殊才能。他们在即将或已处于困难条件下时，知道首先要沉着冷静，并以这种沉着冷静的态度去调适心态，使之处于应变状态。

比如孙膑的"减灶计"，比如韩信的"背水阵"，这些例子都告诉我们不能被现成的既有的思维模式和心理结构所束缚，要善于根据不断变化的新情况想出解脱的新招。面对非难、挑剔、攻击、质疑，应该迅速地刺激和动员起你的思维力量。

转换思路来解决谈判中的难题，在窘境中随机应变，是一种很高超的社交技巧。有了这个本事，无论发生了什么事，都能凭着过人的机智，兵来将挡，水来土掩。见方则方，遇圆则圆。

5. 用高姿态来赢得利益

> 人是能被激活的，人人都能被激活。

——北大课堂引用名言

还记得我们在前面说过的，"你总能得到自己不需要的东西"吗？当我们在某方面有着急切的合作意向时，一定要表现得足够矜持，足够高姿态。否则，被对方抓住我们的必须心理之后，他们就会在这方面辖制我们，最终让我们做出巨大的牺牲。

比如对于一个需要买车的人，在精挑细选了一上午之后，终于在一家二手车市场看到了自己喜欢的汽车。然后欣喜若狂地奔向了自己梦寐以求的座驾，并不断夸奖着这部车的外观和性能。你已经抢走了推销员平时所做的工作，那么接下来的讨价还价环节你还有什么优势可占呢？答案是完全没有。因为对方已经知道你非买这辆车不可，不论付出什么样的代价，你一定要把这辆车弄到手，那么对方的价钱可能会降下来吗？一定不会，因为他知道，降不降价你都一定会达成这笔交易。

所以高明的谈判者会隐瞒自己的意图，哪怕是让自己爱不释手的商品，也会装出随便看看的样子。然后在讨价还价的环节中装出随时走人的姿态，这种高姿态反而可以让老板节节退步，最终以理想的价格成交。

也许你会觉得买东西这样的小技巧不适合大生意的谈判，但是我们在谈判时，一定要保持自己的姿态，别轻易让人看出你的心理意图或者是底线，以免导致自己在谈判中失了先机，处于被动的地位。

6. 不要害怕据理力争

许多世纪以来，我们中国唯我独尊的不以武力而用智慧管理国家，为什么现在会遭到你们这些白种人的轻视和欺凌呢？因为你们发明了枪，那是你们的优点。我们是赤手空拳的群众，你们能够把我们完全毁灭，你们只知道用你们那些可恶的发明来压迫我们，却不晓得我们中国人有机械方面的天才，不晓得在这个国度里有四万万世界上最务实最聪明的百姓。当黄种人会造和你们白种人一样的枪炮，而且和你们射得一样准时，你们将面临什么呢？你们喜欢枪弹，你们也将被枪弹判决！

——辜鸿铭（北大教授，语言学家）

真正的谈判高手应该是在生活中平易近人，而在正式的谈判场合中，却从不打退堂鼓。必须从容不迫地面对自己的对手，不害怕与对方据理力争，这样才能确保在谈判中做出滴水不漏的防守。

而更多人则好像更习惯于在谈判桌上保持一种身份感，他们很难就自己的利益与人据理力争。日本的经营之神盛田昭夫先生就曾经说过："在日本人中，许多人会以为出现分歧的意见时，双方的交情也会到此为止。而欧美人则不然，他们越是把对方看作朋友，就越是要争论到底，彻底地进行说明。我觉得在日本人中，不论是政治家、官僚或是商人，对这一点都尚不能习惯。"

其实，不论是在谈判桌上与对手进行谈判，还是在生活中结交朋友，我们都必须敢于把自己的观点表达清楚，不能做老好人。在谈判中，更不要试图以牺牲自己的利益为代价，来讨好对手。应该从容地表明自己的观点，以实现合理的交易。在谈判桌上，为了实现自己的利益，寸步不让，你不会被人瞧不起。相反的，如果你能够拥有这样的坚毅态度，反而会得到对手的尊敬，只要随着交易的实现，双方自然会冰释前嫌的。

我参加过很多成功的谈判，在谈判时都是双方隔着谈判桌，轰轰烈烈地争夺着属于自己的利益。但是，一旦走进签合同的会场，之前的种种不愉快都会烟消云散，双方又会像多年的好友一样握手拥抱，满脸微笑。

所以，在谈判中要想做出滴水不漏的防守，首先就要有跟对方据理力争的心理准备。当然，据理力争不是蛮不讲理地争夺好处，而是在合理的范围内维护原本属于自己的利益。在走上谈判桌前，一定要让自己成为一个强硬而坚毅的谈判者，即使因冒险而失败，也应该坦然接受自己争取到的结果。因为，如果我们在谈判桌上随便让步，那么等待我们的就是全线的崩溃。

7. 帮助顾客寻找需要

一语惊醒梦中人。谁是梦中人？绝大多数人都是梦中人。有的人活着只是身子活着，他的头脑是死的，是一堆垃圾；他的心灵是死的，是一片荒漠。所以，这是一个悲剧。

——北大课堂引用名言

多数情况下，顾客的需求是显而易见的，有时候，顾客的需求则是深藏不露的。这个时候，销售员就要帮助顾客寻找到隐性的需求，或者帮助他开发需求，让顾客看到自己都没有发现到的需求，这能够大大增强你的销售业绩。

有三个人去一家梳子厂应聘销售的职位，面试官交给他们一个任务，那就是要把梳子卖给和尚。

第一个人听到这个题目，想和尚根本就没有头发，怎么会用梳子呢，于是立即就放弃了。

第二个人接受了这个任务，来到了一座寺庙，找到了主事，说："您看来这里烧香的人怎么多，很多人的头发长长会被风给吹乱，如果您这里有一把梳子，让前来烧香的人把头发梳一下，也显得对菩萨的尊重。"

结果这个主事觉得有理，买了一把。

第三个应聘者也接受了这个任务，他来到了一座千年古刹，找到了这里的方丈，眼看这个方丈善于书法，于是就说："您的书法十分有名，梳子是老百姓的日常用品，如果在梳子上刻上您写的字送给烧香之人，那么他们每天早上就可以诵经念佛，这不是非常好吗？"

方丈觉得此话不错，于是与这个梳子厂签下了单子。

显然，第一个应聘者没有开发顾客需求的思维，所以就直接放弃了。第二个应聘者从实际问题出发，帮助寺庙开发出了一个需求，所以卖出了一把梳子。第三个应聘者则从大处出发，替寺庙开发出了一个大宗的需求，所以签下了一个大单子。

北大口才训练课指出，对于一名推销员来说，除了拥有好的口才外，还要拥有极强的观察能力，全面深入地去了解顾客的生活以及生活环境，深入了解顾客生活中的每一个细节，并与自己的产品进行广泛有效的联想，最终找到推销的切入点。

8. 用微笑化解谈判中的失误

在我们的世界里，如果我们有了知识而不能了解，有了批评而不能欣赏，有了美而没有爱，有了真理而缺少热情，有了公义而缺乏慈悲，有了礼貌而无温暖的心，这种世界将成为一个多么可怜的世界啊！

——北大课堂引用名言

在谈判中，即使你是再精明的谈判者，也难免百密一疏。那么，难道在谈判中就没有滴水不漏的防守了吗？答案是还有，那就是在失误之后用微笑来挽回自己的错误。你没有听错，我也没有开玩笑，我的确是说微笑可以挽回你的致命失误，而且还是我的亲身经历。

有一次，我要去国外出差，刚上飞机没一会儿，就听见一位乘客要求空姐给他倒一杯水。空姐礼貌地说："先生，为了您的安全，请稍等片刻，等飞机平稳飞行后，我会尽快给您送过来。"

五分钟后，飞机正在平稳地飞行。突然，一阵急促的铃声响起来，这位空姐猛然意识到：糟了，由于太忙，她忘记给那位乘客倒水了！当这位空姐来到客舱，发现响服务铃的正是刚才那位乘客。她很快就把水送到那位乘客跟前，微笑着说："先生，对不起，由于我的疏忽，耽误了您的时间，非常抱歉。"可这位乘客却很蛮横地说："这就是你们的服务态度吗？"空姐再次向这位乘客道歉，虽然心里感到很委屈，但是无论她怎么解释，这位挑剔的乘客都不肯原谅她的疏忽。

接下来的飞行途中，这位空姐每次去客舱巡视时，都会特意走到那位乘客面前，面带微笑地询问他是否需要帮助。然而，那位乘客并没有表示出原谅的意思。飞机降落前，那位挑剔的乘客提出要投诉这位空姐。虽然空姐有点无奈，却仍然面带微笑地对那位乘客说："先生，我再次向您表示真诚的歉意，对于您的批评，我将虚心接受！"那位乘客似乎并不在乎空姐说了什么，他不动声色地接过意见簿，开始写自己的意见。

看到这里，我觉得这位乘客有点过分了，只是一点小事，而且空姐已经道过歉了，没必要再为难她。于是，我打算为空姐说句公道话，在意见簿上表扬空姐的服务水平。可拿到意见簿的时候，却看到的是那位乘客对空姐的表扬，并没有真的投诉空姐。其中，我读到这样一句话："在旅途中，你的 12 次微笑深深地打动了我。你的表现很优秀，祝你好运！"

在谈判中，如果对手因为我们的失误而愤怒是情有可原的，因为人的情感毕竟是一种无法控制的本能。乘客因为晚到的水而生气，看似很夸张，其实在谈判中，这样的小故事每时每刻都在发生。我们要想在谈判中做出滴水不漏的防守，就要学会化解他人的愤怒，而笑容是化解愤怒最好的武器。无论对方是否对你不满，一个灿烂的笑容就会浇灭他人的怒火。俗话说"伸手不打笑脸人"，尤其是在与人谈判时，我们不妨带上充满阳光的笑脸，也给他人带去一份好心情。

9. 谈判桌上，要有容人之量

有时候人家敬我们一尺，我们会还他一丈，人都是有感情的。

——北大课堂引用名言

俗语说得好，"将军额上能跑马，宰相肚里能撑船"，这是谈判中防守的最高境界。你能容人，别人才能容你。那些心胸狭窄的人只会失掉所有的谈判伙伴。

对于现代人来说，肚子里要能跑火车才行。在谈判中，我们要面对不同脾气、不同嗜好、不同优缺点的人。这时候，你必须具备一颗平常心，能够做到容天下难容之事。那么，容人究竟应该容什么呢？

第一，容人之长。每个人都各有所长，也各有所短，所以我们一定要有自知之明。懂得善于取人之长、补己之短，这才是正理，才有利于相互进步。"萧何月下追韩信""徐庶走马荐诸葛"，这些容人之长的典故早已成为千古美谈。然而，在谈判中，有的人却十分嫉妒别人的长处，生怕身边的人超过自己，所以费尽心思、耍尽手段想要压制住他们。其实，这种做法是很愚蠢的。你不懂得容人，别人又岂会容你呢？

第二，容人之短。人们不都说"金无足赤、人无完人"嘛！一个越是在某方面突出的人，在某方面的缺点也就越明显。正所谓"有高山，始有低谷"。人的短处是客观存在的，在谈判中容不得别人短处的人，终究也是难以成大事的，因为心胸狭窄已经成了这个人的致命弱点。

第三，容人个性。容人，从根本上讲，就是能够接纳各种不同个性的人，这不仅是一种修养，也是一种必需的肚量。而那些心胸狭窄的人总喜欢以自己的个性与标准去衡量他人。一个人只有具有容人的个性，才能在谈判中与各种不同个性的人打交道，才能充分发挥个人的主动性、积极性和创造性，从而壮大自己的事业。

第四，容人之过。俗话说"人非圣贤，孰能无过"，只要我们能够在谈判中有宽容他人过错、激励他人改过自新的肚量，慢慢地别人也会以宽容之心对待你。而那些心胸狭窄的人，却只会盯着他人的过错不肯放手。在谈判中，这无疑是块致命短板之一。有谁会愿意与这样的人共事呢？

第五，容人之功。千万不要因为别人有了功劳，就在心里叹息：为什么不是我呢？总害怕别人抢了自己的功劳。作为一个明智的人更应该知道，有功之人对于谈判所做的贡献，我们也是其中的一个受益者。所以，我们要努力地克服自己心胸狭窄这个短板，才能被他人认可，也才能真正地发挥自己的潜力。

第六，容己之仇。在谈判中做到不计前嫌才是容人的极致，是一种高贵的品质，更是一种宽广的胸怀。齐桓公不计管仲一箭之仇，任用管仲为宰相，管理国政，最终成就霸业；魏征曾劝谏李建成杀掉李世民以除后患，可是李世民当了皇帝，仍然能够不计前嫌，又重用了魏征。设想一下，如果这些霸主也都是心胸狭窄之辈，那么，当时那些身负聪明才智的谋士们能有几个为其效力的呢？可见，心胸狭窄的人的可怕之处。

倘若能够做到以上六点，我们在谈判桌上将无往而不胜，我们的生活也将会变得更加轻松快乐。因为在谈判中，要想做出滴水不漏的防守，就必须具有博大的胸怀；有恢宏气魄的人，才能干出一番大的事业。

第 15 章

怎样应对棘手的谈判

1. 对方派了个小角色

虽然是个小人物，但要具有大精神。

——北大课堂引用名言

有些谈判对手，会故意派一些小角色来与我们进行谈判。这样他们就可以在谈判中最大限度地争取利益而不用作出让步。因为，一旦涉及需要满足我们的条件时，对方就可以提出"我没有这方面的权限""我需要请示一下我们领导"等借口来搪塞。

那么，在遇到这一类棘手的谈判对象时，我们应该怎么办呢？最好的办法就是要求对方的重量级人物出场，直接与他进行面对面的谈判。因为在谈判桌上，不论你同坐在对方一把手身旁的律师怎么争论，都不会很顺利。而当我们直接同对方的一把手进行谈判时，他肯定非常想尽早达成协议，然后开始双方间的贸易。而对于诉讼案或有分歧的和解谈判，他肯定想早日得以解决。因为作为整个公司的负责人，他一定没有时间与我们在细节问题上过于纠缠。同时，他会非常看重与对方企业的关系，害怕与对方的关系搞僵。总之，种种的心理因素都会影响着他。

但是，对方派来的小人物对我们也有好处。那就是我们可以利用双方地位上的不平等，去强迫对方做出一些让步。比如，我经常用一种居高临下的口气对对方的业务代表说："之前跟你们老总谈的时候也不是这个价格啊，你是不是虚报价格了啊？"结果就是对方会马上表现出心虚的神情，甚至会当场给一个更低的价格。

2. 对方派了个专家

大胆向别人求助和请教。向其他部门或者同事求助，争取获得一切可利用的资源。如果对某些工作环节已经有可行的程序，甚至有现成可利用的成果，就大胆拿来使用，不要一切都自己从头做起。

——北大课堂引用名言

就如同你所知道的一样，大多数人在谈判中对于专家会有一种敬畏心理，几乎不敢对他们提出质疑。比如，会计师、医生、高级技工、律师、电脑专家、股票经纪人、科学家、教授、五角大楼的将军甚至是专业的管道工。为什么呢？因为我们相信他们在某些专业方面知道得比我们多，而质疑专家就等于是宣布自己的愚蠢。

所以，现在的谈判中，对方很可能会出动一个甚至多个专家，在谈判之初，就要透露出自己的背景及在某方面有着别人难以企及的专业知识。在这之后，我们可能会被对方的这些介绍"镇住"，甚至完全放弃争论。

对付这样棘手的专家，我的建议是事先做好充分准备。如果你要参加的谈判对你来说非常重要，那么你就应该在谈判之前花大量时间去做准备工作，快速掌握与谈判相关的专业知识。如果你对某方面的知识相当匮乏或者是一知半解，而且又没有足够的时间去进行准备，那么你最好的选择就是在接下来的谈判中保持沉默，千万不要没有把握地发言，当对方看出你是个菜鸟之后，你的损失会更大。

如果在谈判中，对方派出的专家对你们正在讨论的项目准备了长篇大论的报告，在一旁似懂非懂的你如坐针毡，感到束手无策时该怎么呢？千万不要紧张，用你的沉着冷静先将对方稳住，比如你可以在对方讲到关键点时对他点头示意，整个听的过程中，不论听不听得懂，保持微笑，最重要的是不要说任何实质性的话。然后回去调动你可以利用的任何资源，比如，你的公司的同事、你的同学、你的亲朋好友等，在他们中间肯定会有这方面的专家，你要用谈判之外的时间把谈判中涉及的专业问题研究清楚，然后带上所有的相关资料再次投入谈判。当你一反昨天沉默的常态，揪出对方发言中的几个关键点进行提问时；或者你带的资料比对方更加精确时，那么谈判胜利的天平就开始向你的方向倾斜了。

此外，还有一招对付专家的办法就是"扮猪吃虎"。我有一个朋友就是这样做的，如果他在谈判中遇到喜欢引述专业术语的专家，他就会反复地说：

"我不明白,你 3 分钟前讲的一直到现在我都不懂"或者"你是否能用外行的语言再解释一下,让我知道你真正要表达的是什么",同时加上一个茫然无知的表情。他就是用礼貌的、不断地提问一再地打断对方专家的陈词,直到对方的专家开始害怕把问题讲得过于专业,以免显得自己表达不清为止。

所以,当你们围着谈判桌就座时,不论坐在你对面的"专家"有多大的来头,切记千万不要被他吓倒。当你觉得自己开始无条件地同意专家的意见时,就要提醒自己采取反击的措施。不要怕这样会得罪对方,或者影响谈判,如果他们对你毫无所求的话,你今天是不可能坐在谈判桌前的。

3. 用谈判挽救婚姻

那些有能力的人、聪明的人、有野心的人、傲慢的人,同时,也就是最懦弱而糊涂的人,缺乏幽默家的勇气、深刻和机巧。他们永远在处理琐碎的事情。他们并不知那些心思较旷达的幽默家更能应付伟大的事情。

——北大课堂引用名言

很多年轻人在相爱的时候浓情蜜意,眼里往往只看到对方身上的优点。但是,随着时间的推移,当初完美的爱人开始漏洞百出,他们慢慢开始怀疑自己当初的选择,几次争吵之后就让原打算天长地久的爱情从此夭折。

此时,能够将脆弱的婚姻挽救回来的唯有谈判。但是与别的谈判不同,婚姻的基础是两个人的情感,所以在婚姻的谈判中,最重要的不是争取自己的利益,而是表现自己的诚意。以下是资深婚姻谈判专家给丈夫和妻子的忠告,也是他们在自己的谈判合约上应该坚持到底的基本条款。

给丈夫的两条忠告:

第一条:妻子永远是对的;

第二条:如果妻子错了,请参考第一条。

给妻子的忠告:

第一条:丈夫永远是孩子。

第二条:当丈夫的行为让你不满时,请大声朗读第一条三遍。

谈判的结果就是双方都愉快地在对方的合约上签字了,并坚守各自的承诺,从此婚姻中再也不需要谈判了。

有人曾说,婚姻持久的公式不是"1+1=2",而是"0.5+0.5=1",因为两个人只有放下自己的一半固执和任性,包容对方的一半缺点和不足时,才能够组成一个完美的家庭。

所以，婚姻谈判的条款也不是约束对方的行为，而是要对自己多加管教，对另一半多加包容。不管男人还是女人，在心爱的人面前往往表现出自己的随意和懒散。所以，很多人往往会因为太过于熟悉而忽略了爱人的优秀，而是紧紧盯着对方的缺点。于是种种矛盾应运而生，各种争吵毫无间断。要知道，我们的爱人再优秀，也不可能是十全十美的。当时间将彼此的缺点慢慢地暴露出来时，使爱情保持下去的唯一方法，就是在婚姻的谈判中最大限度地表现自己的诚意。毕竟真正爱一个人，就应该接受对方身上的所有优点与缺点，包括对方身上的一切是与不是。这个世界上没有完美的合作伙伴，更没有完美的另一半。若是没有包容和理解这两颗明星给婚姻的谈判做指引和照明，恐怕婚姻的道路也将变得一片茫然和漆黑。

4. 通过谈判让孩子步入正轨

要有良好的社会，必先有良好的个人，要有良好的个人，就要先有良好的教育。

——蔡元培

之前我一直以为自己是个谈判专家，直到有一天我的妻子让我管教自己的孩子时，我才发现，原来跟孩子谈判比我想象的要困难得多。

其实，我的孩子是一个勤奋好学、性格开朗的小家伙，但是由于进入了叛逆期，他的妈妈又总是对他的生活细节照顾得过于无微不至，结果母子两个经常发生冲突，我只好从中进行调节。

最后，为了体现父母与孩子之间应该是相互尊重和平等的人格关系，我们在家里签订了一份"君子协议"，具体内容如下。

第一条：以后妈妈进入孩子的房间要先敲门，不得在吃饭时间问孩子的学习情况；周末晚上给孩子放松时间，不能硬性规定必须 21 点睡觉。

第二条：孩子要主动跟父母谈心，不乱花钱，不瞒着父母做事情，每天洗自己的碗，叠自己的被子。

第三条：本合同有效期为本学期，如有一方违约，将由父亲出面对其进行制裁。

在谈判签署了这份简单的协议之后，我们的孩子再也没有闹过叛逆情绪。如果你也想要与自己的孩子进行谈判，并签一份像样的协议的话，那么我建议你在谈判的时候尽量把孩子当作一个成年人，而在协议中尽量规定要具体。同时确定协议的有效期。这能提醒父母和孩子，任何行为都必须坚持下去，不能出尔反尔，哪怕有困难，也要克服困难坚持。然后双方签字。让父母和孩子都感受到协议的严肃性，只要签下自己的名字，协议就开始生效，就开始对各自的言行具有约束力。

5. 孩子进入了叛逆期

德育实为完全人格之本，若无德则虽体魄智力发达，适足助其为恶，无益也。美育者，应用美学之理论于教育，以陶养感情为目的者也。美育者，与智育相辅而行，以图德育之完成者也。

——蔡元培

跟孩子谈判哪怕对于谈判高手来说，也是一件十分具有挑战性的事情，尤其是刚刚进入叛逆期的孩子。因为他们完全不按常规套路出牌，他们的价值观完全与我们不同。要想成功说服一个叛逆期的孩子，关键是要掌握欲擒故纵的技巧。

巴西足球运动员贝利被人们称为"黑珍珠"，是公认的世界球王。和其他的巴西少年一样，贝利从小酷爱足球运动，并在很小的时候就显示出超人的足球天赋。

有一次，刚刚参加完足球赛的小贝利身心俱疲，累得喘不过气来。休息时，小伙伴们掏出了香烟，享受着赛后的轻松。小贝利也接过了伙伴递过来的一支烟，得意地吸起来。他嘴里吐出一缕缕烟雾，似乎疲劳也随着烟雾一起烟消云散了。

在一旁给儿子加油的父亲看到了这一切，但是他并没有当时就给贝利难堪。而是等到晚上，把贝利叫到自己的书房，问道："贝利，你今天在球场上抽烟了？"

小贝利想起了白天的事情，意识到了自己的错误，红着脸说道："是的，我抽烟了。"

父亲看着准备接受训斥的儿子，并没有发火，而是平静地说："孩子，你现在踢球很有天赋，我相信你将来一定会有出息的。但是，抽烟会损坏你的身体，使你在比赛时发挥不出应有的水平，最终你也就失去自己的天赋了。"

听了父亲的话，小贝利深深地低下了自己的头，不敢跟父亲对视。只听见父亲更加语重心长地说："作为父亲，我有责任教育你向好的方面努力，也有责任制止你的不良行为。但是，我也要尊重你的选择。是向好的方向努力，还是向坏的方向滑去，完全由你自己来决定吧。"

小贝利的眼圈已经红了，嗓子哽咽着，说不出话来。这时，父亲接着说道："孩子，你已经懂事了。你觉得抽烟对你来说重要呢，还是做个有出息的运动员对你来说更重要呢？这一切都让你自己来选择吧！"

说着，父亲递给贝利一沓钞票，并告诉他，如果他想要抽烟的话，可以用这些钱去买烟抽。之后，父亲便离开了书房。

小贝利望着父亲远去的背影，泪水夺眶而出。最后，他拿起桌上的钞票还给了父亲，并坚决地说："爸爸，我再也不抽烟了，我一定要当个有出息的运动员。"

从此以后，贝利一心要做一名有出息的运动员，把全部精力都用在足球上，技术飞速提高。15岁时，他参加桑托斯职业足球队；16岁时，他进入巴西国家队，并成为世界足球史上的一个神话。在贝利的一生中，虽然收获了足够的名誉与财富，但他再也没有抽过一根烟，因为他牢牢记住了父亲的教诲。

贝利的父亲在和自己的儿子谈判时，没有直接开出自己的条件，而是对孩子欲擒故纵，给他充分选择的余地。因为叛逆期孩子的最大心理特点就是你说东他偏要往西，如果你一开始就给他指出错误，那么他一定会将自己的错误进行到底。所以，聪明的家长应该在谈判时不动声色，让他自己去选择。而且，对于孩子的教育并不是简单的责骂与发泄，而是用真心去教化和感动孩子。当家长把舐犊之情和欲擒故纵结合起来时，再叛逆的孩子也会回到正轨上来。

6. 尴尬的话不要尴尬地说

年纪大了，人们看重的不再是外表，不是你帅不帅，而是看你的内心的魅力：你的气魄、气概。

——北大课堂引用名言

当我们有一些棘手而又尴尬的话题需要跟上司探讨时，要如何才能表明自己的意图，又让上司更好地走下台阶呢？

首先，要选择一个单独的机会。不要在有其他人参与的情况下把事情说出来，而是要尽量通过隐秘的方式，自己单独和上司谈，而更好的办法就是彼此都不见面，通过短信或者QQ的方式把事情给简单地点明。

其次，要尽量地简短。要长话短说，就像毫不在乎一样将事情一笔带过，而不要上纲上线，气势汹汹地责问。比如用 QQ 发信息说："经理，我过了试用期，但是财务还是按照 2000 元给我发的工资，你能帮我问问吗，看是不是算错了。"或者"经理，你能帮我问一下吗？我过了试用期的工资应该是多少？"

7. 领导的要求无法应允

在企业的经验管理中，矛盾冲突是难免的。这时候如何处理就很重要，处理得好就人和万事兴，处理不好就可能翻脸成仇人。

——北大课堂引用名言

对于不懂得谈判的人来说，当领导提出的要求无法实现时，拒绝领导似乎是失去理智的自杀行为。而且工作中并不乏这样的反面教材：有的员工为了引起领导的注意，总找机会在领导面前慷慨陈词；还有的员工总是自以为是，曾经当众指出领导的不足和失误；更有些员工企图以攻击他人的行为来树立自己的影响，经常在领导面前说三道四、制造舆论。

诚然，以上种种对领导说"不"的方式都是不明智的。那么，真正懂得谈判的人，会在拒绝上司的时候做到勇气与智慧并存。他们一方面能够以大局为重，不会为了个人的得失而害怕拒绝领导；另一方面也会给领导留足面子，懂得维护领导的尊严。

一次，身在媒体界的小陈受到领导邀请要去参加一个网络精英论坛大会。但是小陈并不想去，因为他本人对网络并不熟悉，而且也不感兴趣，觉得出席这样的论坛很不合适。于是，就对邀请他的领导说："我有一次在树林中走路，看到一个骑着马的美女，我就停下来给她让路，但是她也停了下来，眼睛直盯着我的脸，说道'我现在可以确信你是我在这个世界上见到的最丑的人'我接着说'你说的也许是对的，但是我有什么办法呢？本来就是这个样子的'，她说'你长得丑的确不是你的错。可是你完全可以躲在家里，不出来吓人啊！'"

讲完这个故事，邀请的领导也完全听懂了他的意思，在大笑声中应允了他。

小陈将拒绝的意思用幽默的方式表达了出来，既让人感到不难为情，也因为故事的幽默性让人产生快乐。同时也会体谅领导的难处，比起直接的拒绝，效果就好多了。

在单位中，尽管我们是隶属于领导的员工，但是也要有自己独立的人格，不能不分是非对错地一味服从。但是，在拒绝领导的同时，一定要讲究方式。比如故事中的小陈，采用极为幽默的方式，在快乐的笑声中巧妙而理由充分地拒绝了领导的要求，可谓高明。

在谈判或者生活中，你总会遇到不好正面拒绝的上司或领导，或者对方坚决不肯改变要求或条件，你可以不直接加以拒绝，相反全盘接受。然后，再根据对方的要求或者条件推理出一些荒谬的、不现实的结论来，从而加以否定。这种拒绝法，往往能产生幽默的效果。比如，某公司的代表故作轻松地说："如果贵方坚持这个进价，请为我们准备过冬的衣服和食物，总不忍心让员工饿着肚子瑟瑟发抖地为你们干活吧！"

总之，幽默是一种技术活，每个人都要在生活中多多积累，多多学习，才能达到一鸣惊人的效果。

8. 加薪的希望变成了泡影

事实是毫无情面的东西，它能将空言打得粉碎。

——鲁迅

在工作中，我们都希望自己的薪水能够节节看涨，而我们的老板则希望公司的成本越小越好。那么，我们应该怎样做才能争取到更多的薪水呢？我们怎样和一个拒绝给我们加薪的老板谈判呢？认真梳理后就可以发现，解决问题的方法关键在于我们有没有做好谈判前的工作，有没有把自己手上的工作做到让老板满意的程度。

王伟是一家汽车公司员工。在这家公司，王伟已经工作了大半年。一天，王伟被公司经理叫到了办公室，经理对他说："我考虑让你负责监督新机器设备的安装工作，但暂时还不能给你加薪，你愿意接受吗？"

王伟听后感觉非常诧异，在公司工作这么长时间，从来没有接受过这方面的培训，并且自己对图样的工作一窍不通，经理应该知道自己并不擅长这方面的知识，为什么还要这样安排呢？既然经理刻意强调了不会给自己加薪，王伟当然没办法马上与经理进行薪水方面的谈判。但王伟还是决定试一试，他打算用另一种谈判方式来提高自己的薪水。

接到任务后，王伟便通过人脉关系，找来了一些专业人员安装新机器的设备，结果提前几天完成了经理交代的任务，并且还在工作的过程中学到了丰富的知识。这令经理非常满意　还立刻给王伟加了薪水。

后来，经理告诉王伟说："我给你分配任务时就知道你对图样的知识不了解。如果当时你随便找一个借口就把这个工作推掉的话，不用说给你加薪，你这个工作可能就没有了。因为没有责任心的员工是干不了大事的。而现在我知道你是个难得的人才，理应提高你的薪水，希望你在以后的工作中再接再厉。"

从这个故事中我们可以看出，王伟正是因为有强烈的责任心，所以最后他不但得到了加薪的机会，还保住了这份工作。试想，如果王伟在办公室的时候就直接跟经理进行谈判，或者在接下来的工作中没有责任心，故意找个理由推辞了经理分配的任务，结果可想而知。因此，在谈判中，跟老板谈判加薪的问题，除了要掌握谈判的技巧，更要为自己的谈判准备好充足的筹码。

9. 怎样跟领导谈加薪

我们现在个人遇到危机以后，只要找到正确的方法，没有解决不了的问题，方法正确，一切问题都可以迎刃而解。

——北大课堂引用名言

李明是公司中的老员工，每次在部门的绩效考核中都排名靠前。但是由于李明不懂谈判，所以他的薪水从来没涨过。另一个原因就是李明的领导并不习惯那种直来直去、张口谈钱的做法。

在得知了李明的困扰之后　一位从事谈判方面工作的朋友给李明出主意说，对于这样的老板，你一方面要让他看见你的成绩，用行动来打动他的心；另一方面还要用暗示的方法来跟他谈判。于是李明认真总结了一下，发现自己平时在办公室里表现得不够勤奋和积极，只知埋头苦干做自己的事，所以不够引起领导的重视；同时自己不善言辞和心计，也不知道该如何暗示领导。朋友给他支了一招，结果两个月后，李明不但涨了工资，而且还被提升为部门主管了。

朋友的高招就是，不仅让李明把自己的工作做好，而且尽量把工作做得好到老板的意料之外。然后在适当的时候请两天假，让领导知道自己在这里和自己不在这里的差距。两个月后，同事、主管都对李明的评价有了质的提升，等到项目成功收尾时，领导知道了李明的重要和为公司带来的利润，所以他的工资袋自然比从前鼓了许多。

当然，说服领导给自己加薪需要一个充足的理由，所以做好本职工作是必不可少的前提。如果你的薪水确实低于你的付出很多，而领导又不够主动，那么你就应该根据领导的性格进行谈判。比如针对直来直去的领导，你可以单刀直入，并暗示领导如果实在为难，那么自己只好另谋高就；而对于那些不喜欢把钱挂在嘴上的领导，则不妨采取故事中的办法，用行动来和领导谈判。这种办法的好处是员工不必花过多心思在工作之外，只要勤勉做事，就能赢得领导的"芳心"。

10. 怎样提醒领导兑现承诺

如果跟上了一个毫不讲诚信的老板，你再努力，创造再多的成就，还是不被公平对待，还是得不到承认，不肯兑现承诺，就只有一个办法，就是炒老板的鱿鱼。遇到这样的老板，不尊重人才，跟了会一起倒霉的。

——北大课堂引用名言

当领导在谈判中做出承诺，过后又绝口不提时，很可能是因为工作太忙而忘记了。如果我们能够以心平气和的态度，采取旁敲侧击的方式，给老板一个台阶下，丝毫不伤害他的面子，同时也达成你的目的，何乐而不为呢？

屈项去一家小酒店应聘，经理告诉他，有两个月的试用期，试用期的底薪是2500，过了试用期底薪增加500。屈项表示可以接受。

转眼间两个月就过去了，屈项表现得非常出色，继续留下来工作，可是到了第三个月发工资的时候，她拿到的仍然是2500元，她感到非常不满，心想：难道经理骗自己的？

于是趁中午送饭给经理的时候，屈项就故意地问："我想请问一下经理，我的试用期过了吗？"

经理奇怪地答道："过啦，早过啦。"

"可是我发现我的工资与试用期的时候是一样的，不是说过了试用期就会加500的吗？是不是因为我忘记办理了正式入职的手续？"其实，屈项知道根本就不需要办理什么正式入职手续。

经理的脸上闪过一丝不同寻常的神色，然后说道："竟然有这样的事，肯定是他们弄错了，我跟他们说说，你就放心好好干吧。"

总之，在一个单位里面，上司处于主动地位，下属处于被动地位。上司的地位比你高，所以说话的时候，一定要尊重对方，千万不能与他形成敌对的情势。而是要尽可能地多为他着想，即便是他无理，也要给他留点面子，让他能够从台阶上面走下来，而不是硬要他站得高高地向你投降，这样会让上司感到非常为难，那么你的期望也有可能就会落空了。

11. 怎样让对方乐于助人

能主动帮助别人的人，是一种高情商的体现。

——北大课堂引用名言

有时候，去求别人办某一件事的时候，可能的确感到有些困难，甚至从来都没有办过。怎样通过谈判上你的同事乐于助人，我的秘诀是：求他就让他当"超人"。如果你把同事说成是能力超强的"超人"，此时，对方即便会感到有些困难也会心甘情愿地努力帮你。因为，每个人都希望被别人看得很能干，从而获得一种人生的成就感。

杜阮和蓝闵在同一家公司上班，蓝闵由于年纪比较大，电脑接触比较少，可是到了公司以后，处处都要用到电脑，很多问题都不会，而且他的电脑不是出这个问题，就是出那个毛病。于是他就常常请教刚刚毕业不久的杜阮。其实，杜阮对电脑也不算太熟。只是用得比较多一点罢了。

有一天，蓝闵的电脑不知道又怎么开不了机了，于是蓝闵叫道："小杜，我这台电脑不知道怎么开不了机了，你来帮我看看。"

杜阮跑过去一看，按了下开机按钮，结果也是一动不动，试了几下仍然不动，由于自己还有工作任务要完成，于是回答道："这个问题，我也不清楚了。"说着就准备离开。

由于蓝闵的工作任务要尽快交上去，所以急需要用电脑，于是就说道："你这个电脑通还有什么不会的，前面的电脑问题不都是你给看好的吗？我以前遇到那些问题，找那些所谓修电脑的都不知道咋回事，结果我每次问你，都被你帮忙给解决了。如果你都不能解决，那还有谁能解决。你再仔细帮我看下，也许是哪个地方没有接好，肯定能看好。"

经过蓝闵这么一说，杜阮马上又趴下身子，把机箱搬到明处，又去找到一把螺丝刀将机箱打开，结果折腾了半个上午，终于把电脑给整好了。蓝闵高兴地说："我就说你是个电脑天才，丝毫都不夸张，叫那些所谓的工程师过来，估计半天也搞不定。"

虽然杜阮觉得他说的有些夸张，但还是感到非常高兴，以后只要蓝闵叫他去看电脑，总会很快帮他解决。

为什么人都喜欢当"超人"呢？因为人人都有一种自我实现的需求，很多人就是希望在能力上得到别人的认可，而通常的时候，一个人的能力是不容易被人认可的，一旦你认可对方并且把他的能力夸大，那么就格外能够满足对方的心理需求。所以，当我们要求一个人为我们办事情的时候，就要学会让对方去当超人，尤其是虚荣心的比较强的人更是会乐于为你奉献。

12. 怎样说服下属自愿加班

给每一个部属规划一个明确的目标和努力的方向，是给他们最好的酬劳。

——北大课堂引用名言

主管："嘿，汤姆。快到年终了，你觉得我们部门谁该拿年终奖？"

汤姆："那不是你们领导层的事情吗？不过，说真的，我觉得杰克一直工作挺拼命的。"

主管："杰克是很努力，但是我觉得去年贡献最大的是你，所以我已经向董事会推荐了你拿年终奖。"

汤姆："我？真的吗？"

主管："是啊。可是昨天董事会在开会讨论的时候，有人推荐了杰克，说他工作认真，每周末都义务加班。最该死的是，那个家伙竟然说从来没看见你加班过。"

汤姆："加班有什么了不起的，关键是效率啊。"

主管："当时我也这么说，而且要求年终奖必须给你。但是，他们觉得你对工作不够用心，至少需要在年底之前看见你加班的身影才够有说服力。"

汤姆："老大，我懂了。这周末我会留下来加班，谢谢你。"

主管："该我谢谢你才对，兄弟。"

管理层和员工似乎天生就有不可调和的矛盾，尤其是涉及加班的问题时。因为我们无法用自己的权威去强制员工周末留在公司，这样做不但会激化双方的矛盾，而且也不能保证员工高效地完成工作。那么，要化解这个矛盾，就必须掌握高超的谈判技巧才能做到。

跟下属谈判加班，首先要确保你的手上有足够的谈判筹码。比如案例中的主管，就用年终奖作为筹码，而且旁敲侧击地让汤姆主动留下来加班。同时也为双方的情感升值，让汤姆觉得自己加班完全出于自愿，而且还欠了主管一个不小的人情。

所以，在和下属谈判加班的时候，要让他们看到物超所值的回报，同时用平时的感情给自己的谈判增加筹码。这样，就不会存在强迫下属加班的问题，也不会导致加班时间工作效率低下的问题了。当然，在许愿之后一定要记得还愿，否则，这种谈判胜利只能是暂时性的，在被欺骗过一次之后，下属对于主管就会有一种"狼来了"的警惕。

13. 处理矛盾时，给人一个台阶下

西方采取的是强硬的手段，要"征服自然"，而东方则主张采用和平友好的手段，也就是天人合一。要先与自然做朋友，然后再伸手向自然索取人类生存所需要的一切。

——北大课堂引用名言

当谈判中发生矛盾利益冲突的时候，即使我们在理，如果我们采取理直气壮的斗争方式，也不会有什么理想的结果。这个时候，我们不如变换一种方式，站在别人的角度，给对方一个台阶，以一种求助别人的态度进行处理，往往就会让事情如愿得到解决。

有一次，丘吉尔与夫人克莱曼蒂娜出席一个宴会，没有想到一个外交官看上了一个银盘，偷偷塞进自己的怀中。女主人发现了他的行为，心想这是自己的一件古董，不能就这样让人给拿走了，于是就向克莱曼蒂娜求助，求她帮自己要回来。

克莱曼蒂娜想了一会儿，然后告诉了丘吉尔，于是丘吉尔拿起几张餐巾纸，也去偷了一只同样的银盘。然后丘吉尔走到那位外交官的身旁，把自己的银盘递给他看，并悄悄地说："我也拿了一只银盘，不过咱们的衣服都被弄脏了，还是把它放回去吧。"

外交官听完之后，一是惑觉事情已经败露，二是有了一个台阶，于是两人同时把银盘放回到了原处。

丘吉尔并没有当众指出这个外交官的行为，让他在公众面前颜面尽失，而是上演了一出幽默的喜剧，既告诉对方事情已经被发现，也留给对方一个台阶可下，从而将盘子放回到了原处。

所以，在谈判桌上遇到彼此矛盾对立的时候，要想让事情圆满解决，需要站在对方的立场，设身处地地为他人着想。不妨多一点体贴，多一点爱，给对方和自己都留个台阶。

14. 跟朋友谈判要讲"真心话"

信任的建立，需要真诚的日积月累；信任的崩溃，一句谎言就够。

——北大课堂引用名言

奥斯特洛夫斯基曾经说过，真正的朋友应该说真话，不管那话多么尖锐。虽然我们在谈判桌上不可能句句实话，但是如果你真的想与别人交朋友，赢得对方的好感，那么一定要学会对他人说真心话。

宋代的寇准与张咏在青年时期就认识了，两人互相敬重，彼此关系亲密。后来，张咏去成都为官，听说寇准就要做宰相了，当时就对同僚们说："寇准的确是个天才，只是可惜学术不足啊。"

不久之后，张咏任期结束，回到了京城，于是就去看望寇准，在将要离别的时候，寇准诚恳地问张咏："有什么可以教我的呢？"

张咏回答说："《霍光传》不可以不读。"

寇准一时之间没有明白张咏的意思，后来拿出《汉书》，翻到《霍光传》这篇，当他读到"光不学无术"的时候，顿时就明白了张咏的意思，笑道："这句话就是张咏想对我说的。"

朋友之间需要讲真话。如果你对别人说话，总是吞吞吐吐，躲躲闪闪，那么对方就会觉得你对他不信任，那么自然也不会把他当作朋友，反过来，他自然也不会把你当朋友了。所以，要想与别人交朋友，就要说真话。

在谈判桌上，一般人都把说真话当作选择朋友的标准。孔子曾说："益者三友，损者三友。友直，友谅，友多闻，益矣。友便辟，友善柔，友便佞，损矣。"这里面把正直作为益友的第一标准，千百年来，人们在选择朋友的时候，总是要求对方能够对自己说实话，才会与他交朋友。当你所说的真话感动朋友，并认识到了问题之后，他会从心灵深处喜欢上你，回报给你的也将是他的真话。

15. 感情要真切，语言要委婉

要说真话，不讲假话。假话全不讲，真话不全讲。就是不一定把所有的话都说出来，但说出来的话一定是真话。

——季羡林

虽然我们强调真朋友就应该讲真话，但是讲真话也需要注意，否则不但不能增进彼此之间的友谊，还会生出嫌隙，甚至让彼此由朋友变为陌路。这里就需要我们注意以下几点：

第一，说真话也要掌握一个度。有的时候，就算是真的想关心朋友，提建议就好，不要过分干涉，或者最好连建议都别提，点到为止就可以了。孔子的学生子游说过："事君数，斯辱矣；朋友数，斯疏矣。"意思就是说，事君交友，发现对方有过错，进行劝谏改正，如果太过于烦琐，那么不是受到侮辱就是会被疏远。

第二，说话的时候要注意场合。如果是要提出朋友的缺点，就要在私底下与朋友讲，而不要在大庭广众里去宣扬，否则会让朋友很没有面子，让人难以接受。

第三，说话的口吻要有善意。对朋友的批评指责，不能以讽刺挖苦的口吻去说，而是要以一种关心和爱护的口吻去说，让人感觉到你的善意。

第四，说话不能敷衍了事。倘若采取"反正我是真心实意地对你讲了，如何去做由你了"的态度，那只是一种敷衍塞责的态度，非常容易引起人的反感。真朋友当另辟蹊径，相机行事。提意见的时候，要以一种着急或者担忧的态度去说，让朋友感到你是在替他担忧。

16. 用自己的完美抹去谈判中的瑕疵

成熟是一个心灵的警觉的过程，是一个心灵的苏醒和成长的过程，这个过程是让我们变得敏感，变得活生生，变得自由自在，变得富有人格魅力。

——北大课堂引用名言

有很多人喜欢在谈判桌上追求完美，尤其是追求完美的谈判对手和合作伙伴。结果，坐在谈判桌对面的人永远无法让他们满意，不是觉得对方诚意不够，就是觉得对方实力不足。其实追求完美本身并没有错，但我们心中应该清楚，这个世界本来就是一个不完美的世界。要想追求一场完美的谈判，那么首先要让自己变得完美。

曾经有一个男人，发毒誓要娶一个完美的女人为妻，之后他便开始了寻找完美伴侣的旅程。他寻找了大半辈子，感觉到特别疲惫，就决定停下来，不再寻找，于是他就决定回家了。回到家的他已是一个白发苍苍的老人，仍然是自己一个人，最终也没有找到他的完美伴侣。而儿时的伙伴早已经是儿孙满堂了。

有人问他："在外面的这么多年中，你周游了那么多地方，难道就没有找到一个你心目当中的完美女人吗？"

他说："我曾经遇见过一个很完美的女人，无论是从她的面貌、身材，还是她的人品、学识和修养等都非常完美，没有什么可挑剔的，绝对是一个超级完美的女人。"说到此时，老人眼睛当中流露出了一种无限向往的神情。

那个人很好奇地追问道："那你为什么没有娶她为妻呢？"

老人回答说："不是我不想娶她，而是她也想要找一个完美的男人！"

读完这个故事，我们都会嘲笑故事中的主人公。可是我们自己却往往不记得这个世界本身就是不完美的。只有我们在谈判中懂得包容别人，学着说服自己正确地去看待不同个性的人时，我们的谈判对手才会变得可爱、完美起来。

所以，当我们的谈判对手无法让我们称心如意时，与其放弃谈判，倒不如找一找让双方完美合作的成交条件。

17. 用谈判重燃员工心中的斗志

对于不讲道理的对手，可以用他的逻辑去推翻他的理论，这就是借力打力。

——北大课堂引用名言

在工作中，管理者可能会遇到人心涣散、缺乏斗志的团队。这是因为人们在长期从事某一项工作的时候，难免产生身体的疲劳或心理的安逸。对此，有些管理者会采取现金奖励或末位淘汰的方法来重燃员工心中的斗志。其实，这都不是从根本上解决问题的方法。倒不如用谈判来赢得员工的人心，让他们相信你是最真诚的朋友，然后再重新焕发他们内心的激情与斗志。

保利哈克是一家卡车经销商的服务经理。在他的公司里，有一位员工的工作每况愈下。然而，保利哈克并没有对他大骂或者威胁，而是把他叫到办公室，跟他进行了坦诚的交谈。

保利哈克是这样说的："阿卡德，你是一位很棒的技工，在现在的这条生产线上工作也有好几年啦，你修出来的车子也都很让顾客满意。事实上，有很多人都赞扬你的功夫很好。只是最近，阿卡德，你完成一件工作所需的时间好像加长了，而且你的质量也比不上你以前的水准。你以前真是一位杰出的技工，我想，你一定也知道，我对现在这种情况不太满意。也许，我们可以一起来想一个办法，改正这个问题。你认为呢？"阿卡德说："先生，我并不知道我没有尽好自己的职责，非常感谢您。我向您保证，我一定会胜任我接下来的所有工作的，我以后一定改进。"那么，阿卡德做了吗？我们可以放一百个心，他非常尽力地去做了。大家想想，保利哈克先生赞扬他曾经是一位快速优秀的技工，他心里也这么认为，于是，他肯定不会做些不及从前的事情的。

管理者在与员工的谈判过程中，与人为善是非常重要的一条谈判准则。

如果我们尝试运用人际关系这种策略时，让别人做我们想做的事、让别人做得更好、让别人更受激励　或是让别人更加喜欢我们——而我们对待他人却不够诚恳，里外不一或是虚伪狡诈——那么，长远看来，我们最终还是没办法成功。我们的不够诚恳会让人产生不信任，无论我们的辞藻多么华丽，本意多么美好，这些其实都是不重要的。如果没有他人的信任，就没有稳固的根基，也不会有长久的成功。只有拥有做人最基本的美德，你的策略才能发光发热。

18. 小心"送上门来的利益"

一个人做任何事情都要取舍有道。

——北大课堂引用名言

在谈判中，每个人都想获得属于自己的利益，但是千万不要在利益面前盲目，因为送上门来的利益当中，往往藏着我们察觉不到的钩子。有些人在利益面前就是会失去自控能力，不假思索地欣然接受，这样只会暴露自己的幼稚和单纯，上当受骗也就不足为奇了。

从外地来北京出差的李先生在繁华的商场里为家人挑选了一天的礼品，当他满载而归，准备到路边打车回自己住的酒店时，身旁忽然开过来一辆白色的高级轿车。当驾驶室的玻璃广摇下来，一个 30 多岁的外国人探出头来，他用不大标准的普通话问李先生，哪里有吃饭的地方。

李先生说自己也是外地来的，不是很熟悉。可是这个外国人似乎没听懂李先生的意思，并塞到李先生手里一百元美钞。李先生被这个到手的利益征服了，他忽然想起自己在来的路上看到了几家饭店，就指了指前面说："沿着这条路往前面走就有饭店。"

这次外国人听懂了李先生的意思，谢个不停，又说自己第一次到中国来，能否请李先生帮忙让他看一下中国的人民币是什么样的。李先生心想，外国人不知道人民币的样子也正常，自己何不好人做到底。于是就掏出了自己的钱包，抽出一张百元面值的钞票给外国人看。外国人看了一会儿，恭敬地把钱还给了李先生，又请求说自己还是不太确定，想看看钱包里其他面值的人民币。李先生一时热心，就把自己的钱包递了过去，任由外国人翻看起来。当然，李先生心里也有些忐忑，还好外国人是当着李先生的面在看他的钱包，而且一会儿就把钱包还给了李先生，向他道了谢，开车走了。

目送外国人走远后，李先生打车回到了自己的酒店，就在付车费时却发现钱包里的钱全部变成了白纸。一头雾水的李先生马上报了警。事后，他发现自己得到的一百美元小费也是假币，并回忆说，外国人开的车是京字头牌照。

警察细心地听了李先生的描述之后，断定李先生的钱是被那个外国人掉包了。因为一个能讲普通话的外国人，而且开着中国的车，怎么可能没有见过人民币？最近这种利用路人的善良来诈骗的案件很多。

李先生因为盲目接受对方送过来的利益，反而中了对方的圈套。如此看来，千万不能为了蝇头小利就放松了警惕。如果我们在谈判桌上遇到一个出手大方的对手，那么一定要问一问自己，他想从我这里得到什么。如果我们没法给出答案，那么对于对方送上门来的利益，还是三思为妙。

19. 化解谈判中的尴尬

没有知识上的门户开放，不可能有真正的心灵扩展，而没有真正的心灵扩展，也就不可能有进步。

——辜鸿铭

我们可以设计整个谈判的流程和策略，却无法设计谈判中出现的意外尴尬。当谈判进行得一切顺利时，总会有一些让人尴尬的小插曲出现，这样应了我们常说的"好事多磨"那句古话。那么，在谈判中出现尴尬时我们应该怎么办呢？我的答案是：轻松幽默是化解尴尬的最有力武器。

在我的谈判团队里有一个叫安彤的女孩，她的相貌很普通，但是她说话非常幽默，因此在公司非常有人缘，同事们对她都有好感。

有一次，我们一起参加一个跨国的谈判业务，在整个谈判过程中都很顺利，已经进入了正式签署合同的环节。在签合同之前的酒会上，谈判双方的重要领导都到齐了。对方的谈判代表忙着招呼客人，一不小心，把一杯红酒洒到了安彤的鞋上。当时的场面非常尴尬，因为我们毕竟是客人，而且安彤还是一位女士。对方的谈判代表非常窘迫，不知如何是好。此时，安彤却笑着说："一般的都是先脱鞋后洗脚，今天程序不太一样啊！"满屋的人顿时哈哈大笑起来，对方的谈判代表顿时也松了一口气，开心地笑了起来。

一场尴尬就这样被化解掉了，大家都很开心。这件事让对方的谈判代表对她刮目相看，接下来的谈判环节异常顺利。安彤用一句幽默的话语，就迅速地拉近了与对方的心理距离，在愉悦的气氛中化解尴尬和矛盾，消除彼此之间的隔阂。

事后，那位谈判代表特别向安彤表示感谢说："你是我见过的最机智聪明的女孩，幸亏今天有你，不然我肯定会很尴尬。"

谈判中，谁都有说错话、做错事的时候，尤其是在公众场合。一旦失言、失手，就会使人陷入尴尬的境地，甚至引起紧张心理。如果不及时弥补，那么就会把整个谈判的气氛带入尴尬之中，甚至还会贻笑大方。

为了避免这种情况，我们就要在谈判中保持自己的开朗和幽默，用机智来化解谈判中的意外插曲，让整场谈判的乐章恢复和谐。

20. 在谈判中学会有条件地分享

完成一件事后，对其他可能需要的人主动分享。完成一个工作环节或者一项完整的工作任务后，及时总结经验教训，并使其书面化，主动分享给所有参与者，以及未来可能用到这些经验和教训的其他同事、其他部门。

——北大课堂引用名言

那些不愿意对别人付出任何关爱的人，他们是永远体会不到来自他人的关爱和温暖的。而只有那些胸襟开阔的人，则会在生活中寻找到幸福和关爱，这些幸福和关爱既来自于别人，也来自于他们自己。再看一则故事：

从前有一个农民，在某地买来了一种新的小麦种子，听那里的人说这种小麦品种好，产量也很高。他回到家里，便兴高采烈地准备耕种。

后来，邻居们听到这个消息后，都纷纷跑来向他打听小麦的有关情况，以及出售种子的地方。这个农民担心大家都知道后，都会去买这种小麦种子，等麦子收获了，他要面对更多的竞争对手，到时候自己不就失去竞争的优势了吗？于是他一再推脱，编了各种借口不愿意告诉别人。邻居们拿他没有办法，买不到这种优质小麦，就只好种原来的老品种了。

谁知等到收获的季节，农民家的小麦并没有获得预想中的丰收，和邻居们的小麦产量比起来，也差不了多少。他百思不得其解，于是就去请教一个农学家。

经过专家的细心分析，很快查出了小麦没有取得高产的原因。由于农田相隔很近，他的优质小麦接受了邻居们普通小麦的花粉，从而导致了减产。农夫听了专家的话，顿时后悔莫及。

故事中的这个农民，正是他自私的性格，不愿意对别人说出实情，生怕自己失去竞争优势，却未曾想到种麦子也是讲究科学的。殊不知，只要我们肯停下脚步，用一个宽厚仁爱的胸怀，铺一条路让别人先走，这样既方便了别人，也方便了自己。从这个意义上来说，善待别人也就是善待自己，从而体现出自身的一种高远气质。

21. 怎样在谈判桌上应对曾经的敌人

帮助你成长的都是你的敌人。

——北大课堂引用名言

坐在谈判桌上跟我们谈判的，有时候是我们曾经的朋友，有时候却是我们之前的敌人。而要想在谈判中获得成功，那么我们就应该做到当众拥抱自己的敌人。

在谈判桌上当众拥抱自己的敌人，需要我们拥有广阔的胸怀和谨慎的技巧。对此，北大人总结出了以下三点：

首先，要在心理上说服自己，以一种"海纳百川"的气质去拥抱你的敌人。那么，你所收获到的不仅仅是一个善意的拥抱，而是敌人的一整颗心。

其次，在肢体上拥抱你的敌人，例如你的一个真诚的拥抱、一次亲切的握手。尤其是握手，这是最普遍的一个社交动作。如果你主动伸出手来，要求跟对方握手，对方怎么好意思缩起手呢？

最后，可以在言语上拥抱你的敌人，例如公开称赞对方，关注对方的一些事，表现出你的"诚意"来。但是一定要把握好分寸，否则会造成适得其反的结果。

至于为什么一定要强调"当众"呢？北大人也为此做出了解释：人们只有在公共场合，身体才会有所约束。毕竟公共场所是一个有舆论压力的地方。如果私下里给对方一个"拥抱"，那不是双方言归于好的表现，而是你向对方投降的举动。如果你当着众人面给"敌人"一个拥抱，虽然表面上你已经不把对方当作"敌人"，但到底心里怎么想，也不会有人去追问。

在现实生活中，一种很常见的现象就是：在谈判桌上时，进入正题之前双方首先要握手、寒暄或拥抱，谈判后也一样再来一次，这是最常见的当众拥抱你的敌人。另外，那些政治人物在开会时也会这么做。明明私下里恨得牙痒痒，可是见了面还得握手寒暄一番。

事实上，要当众拥抱你的敌人，并没有想象中那么难。只要你能克服心理障碍，就能够成功地达到理想的状态。那些敢于当众拥抱敌人的人，往往比那些不敢拥抱敌人的人更容易赢得整场谈判的成功。

22. 做个聪明的"和事佬"

昏睡不是人生，昏睡没有价值。一个真正的人，应该是一个醒着的人，一个有自主能力的人，一个有自己独特见解的人，而不是盲从的人，不是跟屁虫似的，不是一味依靠他人来改变自己命运的人。

——北大课堂引用名言

有时候，谈判的双方僵持不下，作为第三方出现的人必须从中调解，让谈判取得满意的结果。那么，怎么做才能让矛盾双方都觉得满意呢？这就要求我们做个聪明而又中立的"和事佬"。

尚雄是新华书店的图书管理员，一天在上班期间发现书店内有两个男人在图书馆里的过道处争吵且互不相让，他走过去调解，先了解了一下原因，原来是一个想关窗户，一个要开窗。他们为了窗户开关问题吵个没完，尚雄提出开一条缝或者半开、开四分之三都没有让双方满意，争吵并没有减少的势头。没有一个使双方满意的解决方法，尚雄立即问了一下两位开窗和关窗的原因，他问其中一位："你为什么要关窗户？"对方的回答是："为了避免噪音干扰，外面的噪音传进来，看书都看不下去了。"他又问另一位："先生你为什么要开窗户？"对方的回答是："为了使空气流通，这个图书馆里看书人太多，太多的二氧化碳，没有新鲜空气，气都喘不过来。"尚雄想了一会儿以后，打开了旁边房间内的窗户和通往本房间的门，而将本房间的窗户关上了。两位顾客也停止了吵架，因为尚雄这样做既可使空气流通，又可避免噪音。

从上面这个故事里，我们可以想象，如果图书管理员站在某一方的立场上来调解这个问题，恐怕就很难处理好，而且只将眼光放在立场之争上，就容易造成僵局。尚雄的做法是把重点放在利益问题上，他抓住了问题的本质，注意到双方"空气流通"和"避免噪音"的两个潜藏的利益。可见，在谈判中的基本问题往往不是立场上的冲突，而是在双方需求、欲望、关切和恐惧方面的冲突上。这些利益的冲突是立场冲突的更深刻的背景原因，聪明的"和事佬"应该学会看清利益而忽略立场。

23. 看清利润，忽略立场

人的自私、狭隘皆源于一个"我"字，一个人若总以"我"字我中心，活得必然要累，这是一个悲剧。

——北大谈判课理念

在谈判中，谈判的双方最关心的是自己能取得的最大利益，而不是自己在这次的谈判中站到一个什么样的立场。那么，作为第三方，你要了解谈判中的利益具体所指，你必须知道利益具有本质上的要求，有时看似利益问题而实质上仍然是立场问题。处理立场问题要从属于利益这个大前提。

为什么通过调和双方的利益比调和彼此的立场更为有效呢？原因有三个：

第一，立场无论怎样改变，通常只为某种利益的外部表象，获得利益才是其根本。

第二，满足每一种利益的途径和方式是多方面的，从双方的利益调和方面比较容易找到为各方都能接受的办法。

第三，共同利益的好处常常多于冲突性利益，所谓"和气生财"，就是这个道理。而两者之间的互补性，就成为达成一项明智协议的诱因。几乎在所有谈判中，每一方都会有很多利益。谈判前有很多利益需要考虑，然而最强烈的利益是人性的基本需要。在采取对策之时，必须要注意到人的这些需求，如果一方认为自己的需求的满足受到另一方的威胁，就会努力地维持它不受损害，但这样就给谈判的进展带来困难。

所以，调停矛盾的第三方应该尽量看清谈判双方利益的归属问题，更多的时候不要因为双方的立场冲突就自乱阵脚。我们需要的是让双方都得到各自的利益，而忽略彼此的立场。

24. 谈判遇到僵局时，懂得运用"缓兵之计"

其实，你真正的需要不多，而你追求的东西太多，因此，欲望愚钝了你的智力，掌控了你的情绪，从而使你浮在生活的表面，使你永远在追求人生的泡沫，执着于一场愚蠢的游戏而已。

——北大课堂引用名言

在与一方的谈判中，如果遇到暂时谈不拢的问题，与其发生激烈的争吵或使谈判陷入僵局，不如先建议暂停下来休息五至十分钟，让双方走出会谈大厅，回顾一下谈判的进展情况，重新考虑自己，或者让头脑清醒一下再进入洽谈，这些都是有必要的。

一般情况下，休息的建议是会得到对方积极响应的。休息不仅有利于自己一方，对双方，对共同合作也十分有益。休息是有积极意义的。它使双方有机会重新计划甚至提出新的构想和方案，可以使双方在新的气氛下再聚一堂，使精力和注意力再度集中起来。

有人担心休息会有消极作用，担心会破坏刚才的谈判气势，会使良好有效的谈判气氛受到干扰，或者会给对方改变方针的机会。实际上，这种担心是多余的。

其次，在提出休息的建议时，要依程序来，主要为：

1．一方面说明休息的必要性。比如，你可以说："大家都累了，我们先休息一下，等下再继续吧……'或者，"谈了这么久，想必大家都口渴了，先到服务区休息一下，喝杯茶再谈吧！"等等。

2．提出休息时，要先简单地总结一下刚才谈判进展情况，并且提出新的建议。比如："我们已经谋求出可以解决价格与折扣问题的方法。我建议现在大家想想是否还有别的解决途径……"

3．确定休息的时间。比如："十五分钟够不够?"

4．避免提出新议题。如果对方想提出新的议题来讨论，要求他在休息后再说。在需要休息的时候，不要让对方有产生讨论新议题的机会。

在休息期间，自己要考虑的问题应该是十分明确的。应该研究一下怎样进行下一阶段的谈判，归纳一下正在讨论的问题，找出谈判无法顺利进行的"症结"在哪里，并针对这些"症结"提出新的构想或方案，同时也要考虑往下的洽谈方案如何做开场陈述等。最好能带着新的建议重新步入谈判大厅。休息是一种有很大潜在影响的策略，适当地运用这一技巧，可以帮助我们达到共同获利的目的。

25. 自我反省才能挽回谈判中的错误

反省是一面镜子，它能将我们的错误清清楚楚地照出来，使我们有改正的机会。

——北大课堂引用名言

北大著名学者季羡林先生在进行学术研究时，一直坚持着自我反省的态度。自我反省也是我们在谈判中应对棘手问题的重要方法。当我们在谈判中犯了错误时，不要害怕问题的棘手而惶恐不安，或者推卸责任。要勇敢地反省自己，这样才能有机会挽回自己犯下的错误。战国时期的荀子曾经说过："君子博学而日参省乎已，则知明而行无过矣。"

松下幸之助先生是松下集团的前董事长，在他担任董事长的时候，曾发生过这样一件事情。

有一次，松下幸之助交给新来的员工一件任务，让他在规定的时间内追回一笔贷款。那位员工因为没有足够的工作经验，久久没能办成。当松下幸之助知道这件事情后，非常生气，就在大会上对那位员工进行了严厉的斥责。事后，松下幸之助意识到，当着全公司人的面如此严厉地指责员工有点不妥当，并为自己的过激行为深感歉意。之后，他仔细查看了那笔贷款，发现发放单上也有自己的签名，而那位员工只是没有查明情况而已，自己也有一定的责任，为什么单单批评他一个人呢？

松下幸之助仔细想后，然后主动给那位员工打了一个电话，并做出了真诚的道歉。恰巧碰上那位员工搬家，松下幸之助得知后便立即登门祝贺，还亲自动手帮助那位员工搬运家具，累得满头大汗，也忙得不亦乐乎。事情远不止如此，一年后的这一天，那位员工收到了一张明信片，上面写着："让我们忘掉这可恶的一天吧，重新迎接崭新的一天！"没错，这张明信片是松下幸之助寄给那位员工的，当员工看到了松下的亲笔信时不禁热泪盈眶。

松下幸之助身为一位董事长，能够在犯错后及时自省自己的行为，实在是难能可贵的品质。也正是因为他的自省，不仅能够化解和员工之间的怨气，还给员工留下了一个美好的印象。倘若松下幸之助在犯错之后没有自省自己的言行，而是放之任之，不顾及员工的感受，也不反省自己的行为，那么最终的结果恐怕就不会是这样皆大欢喜了。

我们在谈判中如果做错了事情，或者遇到了棘手的问题，那么不妨学一学松下幸之助先生，好好反省一下自己的行为，及时采取措施去补救。那么，这个错误不但不会成为我们赢得谈判的障碍，还会成为我们赢得合作的筹码。

第 16 章

培养自己的谈判力

1. 谈判高手身上的十二种素质

人活一辈子，不是活时间。我喜欢一句话：活真的自己。可能结果不是预期的那样美好，不管你有多少经历，你最终得到的就是你付出最多，感受最深的自我。如果你一直是个观望者，那么，你将一无所有。

——北大课堂引用名言

一名真正的谈判高手能够把别人谈不成的生意谈成，能够把剑拔弩张的谈判对手变成朋友。针对谈判高手如此出神入化的功力，心理学家做了大量的案例研究和测试，最终总结出了谈判高手身上的十二种素质。要想跻身到这样的谈判高手之列，我们需要从这十二个方面来提升自己，这样才能名副其实，在商务谈判中赢取更多的利益。

1. 魅力：谈判高手能够让自己的谈判对手既感觉到亲切随和，又在内心充满了尊敬和畏惧。这样的魅力来源于多个方面，包括设计中的心理技巧，包括谈判中的专业知识，还包括对人谦恭有礼，在重视自身利益最大化的同时，也不忘尊重对方应得的利益。

2. 勇气：谈判很考验一个人的胆识，粗中有细，有胆有识就是勇气的内涵。在谈判中，决定生死的紧要关头，谈判高手要胆色分明，表现果断。

3. 读心：谈判高手可以通过对对方的姿态、着装等来了解对方的心理状态，做到"知己知彼"。再根据你所分析的结果，来制定实施与对方谈判的策略，这样才能"百战不殆"。

4. 机智：在谈判中，对方可能会给我们出很多难题，设置很多陷阱。谈判高手必须有很好的反应能力，要快速做出相应的反应，根据情况的变化推进谈判。

5. 使命：谈判的使命很重要，谈判高手都会谨记谈判的三大使命：创造利润、生存发展和永续经营，谈判不过是运用适当的语言围绕这三大使命进行谈判。

6. 交际：谈判不是战胜对手，而是结交朋友。所以，在谈判中建立良好的人际关系是谈判制胜的一大要素，交际能力是谈判高手攻无不克的秘密武器。

7. 谨慎：谈判的谨慎性要求我们既不要随便透露谈判底线，也不要盲目行动。谈判高手会等到谈判的最后一分钟才下结论、做承诺。

8. 留白：不要把所有的合同条款都大包大揽，也不要把所有的利益占尽。给对方留下发挥的空间，我们会得到意想不到的收获。

9. 知识：要想获得谈判的优势，首先要保证自身知识的深度和广度。

10. 记忆：谈判高手会对合约中的记录清楚记忆，即使是对过去的谈判过程和结果，尤其是一些数字，也能做到记忆犹新。

11. 耐心：谈判过程总是纠缠不清，起起伏伏，因而必须要有很好的耐心。

12. 策略：谈判桌上是谈判高手斗智斗勇的战场，策略则是谈判制胜的关键因素之一。瞬息万变的谈判交锋中，只有技高一筹的人才能获得最终的胜利。

2. 你是有魅力的谈判者吗？

什么叫情商？情商就是让别人信任你、喜欢你的能力。被人信任的前提是具有讲诚信的人品、人格，待人诚恳。同时，学会分享、互相帮衬也是情商至关重要的内容。

——北大课堂引用名言

所谓魅力，则是言行举止优雅、接人待物落落大方，与人相处时让人觉得赏心悦目。有魅力的谈判者会在一言一行中传达给对手，他是一个尊重别人、关爱自己，乐于促成合作，但是在原则问题上毫不放松的人。

在 2000 年 10 月，戈尔曾经参加竞选美国总统，与布什一起角逐总统宝座。依照惯例，双方要首先进行一次辩论。辩论之后，各大媒体的民意调查都显示戈尔战胜了布什：哥伦比亚广播公司 CBS 的数据为 56 比 42，美国广播公司 ABC 为 42 比 39，美国有线新闻网 CNN 为 48 比 41，国家广播公司 NBC 为 46 比 36。因为，就当晚辩论所讲的内容来看，戈尔远远比布什优秀得多，他的论点更为清晰，他也比布什能言善辩得多。

但是，最终坐上总统宝座的却是布什。因为，在摇摆不定的选民脑海中，除了思考两个人的口才之外，还在思考两个人的人格。当然，竞选人是无法直接向选民们表白自己的，所以选民们只能从他们的肢体语言来判断他们的人品。

戈尔在说话时显得很急促，这使得他与一位经验丰富的政治家相去甚远。同时，在布什讲话时戈尔的肢体语言也相当糟糕：他时而摇头、咬嘴、皱眉，时而做苦相，眼珠来回乱转，当布什回答问题后，他大声地叹气。这些都给人留下了盛气凌人、爱打击别人的印象。在选民的心中，戈尔就像是一名目空一切的学生，不停地炫耀着自己的优越，最终当然失去了选民的支持。

布什用自己的魅力战胜了自己的竞争对手。在谈判中，我们也可以通过自己的魅力来征服我们的谈判对手。这些魅力来自于我们的眼神、微笑、肢体语言、精神面貌和在谈判中所显露出的心胸修养。

要成为一个有魅力的谈判者并不是一件简单的事情，但是，当你具备了在谈判桌上征服对手的魅力时，你会发现，不论之前付出多少艰辛的努力，这些付出都是值得的。

3. 从最初的三分钟下手

一个成熟的人是一个从情绪中抽离出来的人。

——北大课堂引用名言

在第一次与谈判的另一方见面时，我们所需要做的只有一件事，就是给对方留下良好的印象。按照信纳德·佐宁博士在《交际》一书中的观点，陌生人相互接触的前三分钟是至关重要的。他在书中写道："当你在社交场合中遇到陌生人，你应把注意力集中在他身上三分钟。很多人的生活将因此而改变。"

曾经有一个研究第一印象的心理学家，做了这样一个心理学实验：

心理学家设计了关于同一个男孩的两段文字，这两段文字分别描写了这个男孩一天的活动。第一段文字写道：这个男孩与朋友一起上学，与熟人聊天，与刚认识不久的女孩打招呼，对迎面走来的陌生人微笑。显然，这段文字把这个男孩描写成了一个活泼外向的人。

第二段文字则写道：这个男孩不与自己的同学说话，见了熟人也会故意躲开，还没有跟女生说话就开始脸红，见到陌生人朝他微笑总是假装没看见。显然，这段文字把这个男孩描写成了一个内向的人。

接下来，心理学家将接受实验的人分成两组，让第一组的人先阅读第一段文字，然后再阅读第二段文字；第二组的人所阅读的顺序刚好相反。在两组都阅读完成之后，请所有的实验者评价这个小男孩的性格特征。

结果，第一组的人普遍认为这个小男孩是个热情外向的人，而第二组的人则觉得这个男孩过于内向，不愿与人交往。

同样的两段文字，不同的阅读顺序，就把故事中的小男孩塑造成了性格截然相反的人。这是因为人们在不知不觉中，倾向于根据最先接收到的信息来形成对别人的印象，也就是第一印象在人的脑海中形成之后，基本不会再有所变化。由于我们永远没有第二次机会，去给别人留下第一印象。而我们给人留下的第一印象，通常先入为主，日后也很难改变。

这个现象在心理学中叫作"首因效应"。我们不只是对第一印象，对所有关于"第一"的事物都有着极强的记忆力。比如，世界第一高的高峰，中国第一位完成统一的皇帝，美国的第一任总统，第一个登上月球的人等等。我们的大脑总会记住第一，但是对第二却往往没什么印象。

所以，在整个谈判过程中，我们给人留下的印象，基本是由我们第一个三分钟给人留下的印象所决定的。为了在今后的谈判中始终保持着别人对我们的良好印象，我们必须在第一次与对方见面时全力以赴，争取在第一次亮相的时候，就显出最有光彩的自己。那么，在接下来的谈判中我们就可以轻松地达到自己想要的结果。

4. 你是胆识过人的谈判者吗?

还有另一类昏睡者，他们的经济改善了，小日子过得无忧无虑，于是他们就陶醉在这样的日子里，不求上进，不思进取，就这样打发着自己的余生，这也是一个悲剧。

——北大课堂引用名言

谈判力测试:

我们将测试背景设定为你是一个虽然出道不久，但是已经小有名气的演员。现在，有一位导演愿意出 50 万元的片酬请你拍一部电影。但是，按照行情，这部电影的片酬至少应该是 300 万元的价钱。那么，面对导演给出的片酬，你会如何选择呢?

A.　当时接受片酬。为了争取演出机会，片酬并不重要。

B.　提高片酬到 200 万元，待价而沽。因为对方既然找我，一定是因为我有一定的优势。

C.　从 50 万开始，多争取一万算一万。不放过演出的机会，也不放过多赚一点的机会。

D.　先提出 200 万的价格，再慢慢降价。既不示弱，也给对方留有余地。

答案解析：

A：软弱谈判者，欠缺勇气与胆识

B：胆识过人，但未衡量局势

C：现实的谈判者，且颇具胆识

D：胆识过人且能兼顾局势

通过以上测试我们可以看出，在很多时候，我们面对两难选择时，往往可以通过自己的胆识，创造出鱼与熊掌兼得的谈判结果。比如测试中的境况，我们既可以得到演出的机会，也可以为自己争取一个合理的片酬。当然，这一切的前提是我们在谈判中要有胆识。

所谓胆，就是谈判中的胆量，敢于提出异议，敢于坚持自己的条件，这就是胆量。而识则是谈判中的识时务，能够判断出对方的反应，并根据对方的反应引导谈判顺利进行。如果一味讲究胆量，而忽略了对谈判情势的判断，那么难免就会在盲目的冲动和争吵中把谈判推入僵局。只有胆识过人的谈判者，才能在僵局中开拓出新的出路，让自己的谈判力为自己赢得对别人来说"不可兼得"的成功。

5.　在谈判中打好手上的每一张牌

我们要给自己配备两个"保健医生"：一个叫运动，一个叫乐观。运动使你生理健康，乐观使你心理健康。

——北大课堂引用名言

谈判中，对手难免会给我们出些难题，同时我们自己又很有可能处于劣势。在这种情况下，如果自暴自弃只能让谈判全盘皆输，只有有胆有识的谈判者，才能扭转局面，成为最后的赢家。

艾森豪威尔年轻的时候，喜欢打牌。每天晚饭后，他都会跟家人一起玩牌。一次，他手气格外不好，连续几次都抓到很差的牌，于是他的抱怨声越来越大。最后，在一旁的妈妈停下了手中的活计，走到艾森豪威尔面前，正色对他说道："如果你真的想玩牌，就马上停止抱怨，用你手中的牌继续玩下去。"

艾森豪威尔看着自己的母亲，停止了抱怨。他的母亲接着说道："人生和打牌一样，发牌的是上帝，所以我们无法选择自己手中的牌。但是不论拿到什么样的牌，你都得继续玩下去。你所能做的，就是打好手中的每一张牌。"

从此以后，艾森豪威尔一直记着母亲的教导，再也没有抱怨过。他总是以积极、乐观的态度，面对人生中的挑战，努力做好每一件事，最终成为美国的第 34 任总统。

艾森豪威尔总统之所以能够有如此的成就，当然离不开母亲的教导。人的一生，不可能总是顺风顺水，就像我们玩扑克牌，不可能每次都拿到一手好牌一样。在谈判中，发牌的虽然是上帝，但是打牌的却是我们自己。我们既可以选择不断抱怨自己的一把破牌，也可以发挥出自己的胆识，用心打好手中的每一张牌。

6. 面对威胁，不卑不亢

当我们跨出第一步的时候，我们首先要克服内心的恐惧，因为这个世界上，你往前走的脚步只有你自己能够听见。所以我希望同学们能够认真地想一下：我内心现在拥有什么样的恐惧，我内心现在拥有什么样的害怕，我是不是太在意别人的眼光，因为这些东西，我的生命质量是不是受到影响，因为这些东西，我不敢迈出我生命的第一步，以至于我生命之路再也走不远。如果是这样的话，请同学们勇敢地对你们的恐惧和勇敢地对别人的眼神，说一声 No! Because I am myself.

——北大课堂引用名言

谈判很多时候就是一场博弈，不仅需要我们绞尽脑汁地想办法战胜对手，还要有勇气展望全局，奋勇前进。这就要求我们的谈判者要有良好的心理素质，以应对瞬息万变的谈判形势。比如，在面对对方的威胁时，我们要力求做到不卑不亢，自信而不自负，谨慎而不畏缩，不卑不亢地对待所有的困难和风险。只有这样，才能把握住胜利。

美国某手机研发商 A 准备起诉某电脑软件研发商 B 公司，因为 A 公司认为 B 公司非法盗用了他们的专利技术。B 公司认为他们并非盗用 A 公司的专利。但是，从整体技术的相似程度上来看，对 B 公司非常不利。事实上 B 公司确实引用了 A 公司的一部分技术支持，但是在其基础上也进行了一些改造和创新。双方决定尝试进行庭外和解。

A 公司要求 B 公司支付 50 万美元的侵权费用，对于这笔高昂的费用 B 公司非常不满，双方几度交锋，A 公司都不肯松口，始终坚持这笔费用，一分也不能少。B 公司并不想把这件事情闹上法庭，从而影响公司的形象。而且，法院判决会对他们非常不利，一旦失败，不仅要支付侵权费用，还要承担高额的律师费用，于是他们决定向 A 公司支付 50 万美元。

这个时候，B 公司的一名技术人员提出了一项意见，那就是依靠法院判决，从核心技术和创新技术两个角度入手，证明两种技术的不同之处。虽然胜算的概率很小，但 B 公司的领导还是同意了该技术员的建议。于是，双方走上了法庭。最终，法院判决 B 公司胜诉，他们仅仅支付了 5000 美元的律师费用就解决了此事。

B 公司放弃了"避战求和"的态度，选择承担打官司带来的各种风险，最终如愿以偿，B 公司维护了自己的权利。

其实，在谈判桌上，要想玩转对手，成为最终的大赢家，就要该出手时就出手，该冒险时就挺身而出。要冒险就会有失败，谈判失败是常有的事，但若你因为害怕失败而过于紧张，那就无法达成一场成功的谈判。所以，即便失败，出应该坦然接受，争取下次成功。

7. 如何在谈判中一眼看透对方的心理

一个人最重要的能力是判断力。面对快速变化的外部环境和快速发展的产业，如果能及时准确地把握产业机会，就可能规避风险并快速获得成功，这一切都取决于一个人的判断力。

——北大课堂引用名言

谈到读心，我们可以说，脸是思维的画板。而谈判对手的内心活动则会在他们的一颦一笑中表露无遗。因为人类是这个星球上最具表达力的动物，而人类的面部表情比其他任何部位的表达都要丰富。所以，我们可以通过读取对方脸上的表情来读取他的内心。

当我们的谈判对手内心产生了消极感情时，比如不愉快、厌恶、反感、恐惧和气愤时，我们就可以从他们的脸上看到颚肌紧缩、鼻翼扩张、眯眼、嘴巴颤抖或嘴唇紧闭的表情。如果能够进一步观察，你还会发现，紧张的人目光焦距是锁定的，脖子是僵硬的，头一点都不会偏。一个人可能说自己不紧张，但是他身上的这些线索却能表明，他的大脑可能正在处理一些消极的情绪问题。

人们常常在谈判中谈笑风生、甜言蜜语，可是他们的脸上却显示出各种消极的非语言信号。所以，我们要抓住任何到达表面的信号，因为它们很可能会反映一个人内心深处的思想和意图，这种反映通常具有很高的准确度。

所以，尽管我们在谈判时可以从对手的面部表情中得到各种有意义的信息，让我们了解对手的思想和感觉。但是，这些信息却很有可能是虚假的，需要我们认真地辨别。

8. 你是机智的谈判者吗？

经得起"沉"的人，"浮"起后生命力才强。但一个人想在困境中重新站起来，除了有毅力外，还需要机智。

——北大课堂引用名言

谈判力测试：

你在一场重要的商务谈判中成功地与对方进行了第一次见面，在见面之后，你要坐飞机回到自己的公司，为下一步谈判准备一些资料。可是，就在你登机前的 30 分钟，前来送行的重要客户在机场拿出了你们之前探讨的一份合同，由于你当时已经同意了全部的条款，对方催促你现在就在合同上签字，你会选择以下的哪种做法？

A. 由于马上要登机了，合同也是之前看过的，没有问题，马上签字。

B. 先签承诺书，把对方稳住。至于合同中最重要的价格问题等下次见面时再谈。

C. 对方明显是乘人之危，所以果断拒绝签任何合同，一切等下次见面时再做商议。

答案解析：

A. 在如此仓促的情况下签合同显得过于草率，很容易掉入对方的陷阱。

B. 是很明智的做法，这样既能够掌控主动权，先承诺就先抓住了机会，又不会伤及对方的感情，谈判还可以在良好的氛围中进行。

C. 这样的做法显然也有失周全，很容易破坏双方之间的关系，最终丧失这次合作的机会。

案例中的谈判对手，显然是有预谋地给我们设置了一个难题，想要在仓促之间考验一下我们是否是一个足够机智的谈判者。其实，整个谈判过程都少不了这样的考验，因为谈判本身就是谈判双方之间的一场既合作又竞争的博弈游戏。只有足够机智的一方，才能最终成为游戏的赢家。

9. 谈判中的随机应变

这个过程当中，可能会发生各种各样的变化，市场会在变，想法有可能会在变，就是说可能现在的状态跟你想要达到的状态，差距很大。

——北大课堂引用名言

即使是身经百战的谈判高手，也无法保证自己在谈判场中百战百胜。因为，在谈判中运用了不当的谈判策略或者判断失误是难以避免的。不过，谈判高手的高明之处就在于，当他们察觉到了自己的错误时，他们会在对方未发现之前，就做出随机应变的补救。而像"战略使用不当"这一类的错误，只要在谈判期间多留意对方的反应，便不难看出了。

当我们在使用了某种战略，而对方却没有表现出我们所预期的反应时，那么说明我们的战略选择出现了失误。这时，千万不要无动于衷，而必须马上有所警惕，立刻检查。同时，也不要惊慌失措，而是沉着地找出错误的地方，及时采取应变的措施。这样才可以防止创口继续扩大，甚至演变得不可收拾。

有一次，喜剧演员卓别林在回家的路上突然遇到一个持枪抢劫的强盗，强盗用枪顶着他，逼他从自己的自行车上下来，同时交出钱来。

卓别林满口答应，只是恳求他："朋友，请帮个小忙，在我的帽子上打两枪，我回去好向主人交代。"强盗摘下卓别林的帽子打了两枪，卓别林说："谢谢，不过请再在我的衣襟上打两个洞吧。"强盗不耐烦地扯起卓别林的衣襟打了几枪。卓别林鞠了一躬，央求道："太感谢您了，干脆劳驾您将我的裤脚打几枪。这样就更逼真了，主人不会不相信的。"强盗一边骂着，一边对着卓别林的裤脚连扣了几下扳机，可是却怎么扣也不见枪响，原来子弹打完了。卓别林一见，赶忙跳上自己的自行车飞也似的骑走了。

在谈判中，当你随机应变时，最重要的是"不动声色"。让新的战略在不被对方轻易察觉的情况下，巧妙地运用到谈判之中。所以，若能在谈判中及早发现错误，并以巧妙圆滑的手法，不留痕迹地调整或改变战略，让谈判的主动权仍旧操纵在自己手中，便成了每一个谈判者的必修课程。

10. 你知道谈判的使命吗？

一个人只要知道自己真正想要什么，找到最适合于自己的生活，一切外界的诱惑与热闹对于他就的确成了无关之物。你的身体尽可能在世界上奔波，你的心情尽可以在红尘中起伏，关键在于你的精神一定要有一个宁静的核心。有了这个核心你就能成为你奔波的身体和起伏的心情的主人。

——周国平

很多人在走上谈判桌时，都记得自己的谈判使命是赢得对方的信任，争取合作和双赢。可是，随着谈判的进行，双方的辩论和利益的争夺越来越激烈，于是人们开始热衷于驳倒对方，而忘记了谈判的使命。

富兰克林年轻时也喜欢与人争辩，经常纠正别人的错误，人家心有不甘，最后就免不了发生争辩。直到有一天，一位朋友把富兰克林叫到一旁，对他说："你真是无可救药。你已经打击了每一位和你意见不同的人。你的意见变得太珍贵了，使得没有人承受得起。你的朋友发觉，如果你不在场，他们会自在得多。你知道的太多了，没有人能再教你什么；没有人打算告诉你些什么，因为那样会吃力不讨好，又弄得不愉快。因此你不可能再吸收新知识了，但你的旧知识又很有限。"

伟人就是伟人，富兰克林很快学会了放下，懂得了不与人争对错的道理，他在自己的自传里写道："好争辩的癖性，容易使人养成很坏的习惯：把那种不切实际的争论带到伙伴之间，会使人很不愉快，其结果不仅破坏交谈的气氛，引起人们的厌恶，甚至会使本来可以成为朋友的反而彼此结仇。我从父亲那些有关宗教信仰书籍的争辩中看到了这个事实。据我观察，除了律师、大学堂的绅士以及在爱丁堡受教养的各种各样的人以外，一个有头脑的人很少有此癖性。"

富兰克林在朋友的提醒下终于明白了，争辩对错，不但让自己失掉朋友，同时也失掉了学习的机会。而不随便与人争论，处处忍让，看上去似乎是吃亏，却赢得朋友与更多的学习机会。所以说，吃亏就是有福。

谈判中，我们千万不要忘了自己坐在谈判桌前的使命，而总想在争论中战胜对手。为了完成谈判的使命，我们需要学会在谈判桌上包容不同的人，包容不同的意见，这样才能成为真正的谈判高手。

11. 用别人想不到的办法完成使命

所以一个企业的发展，不是说赚的钱最多，那这个企业就发展得越好，而是说，离自己的理想越近，最大限度实现了使命，才是这个企业发展得最好以及越好。

——北大课堂引用名言

既然谈判的使命是为了与共同利益者一起承担风险，共同获得利益，那么，我们就应该把自己的眼光放得长远些，这样，我们才能看到别人看不到的风景。

第二次世界大战刚一结束时，以美英法为首的战胜国决定成立一个联合国。几经磋商，最后把办公地址定在了美国纽约。

"二战"刚过，各国政府都财库空虚，有些国家更是财政赤字居高不下，于是买地盖楼的钱就没了着落。况且，纽约的地价寸土寸金，如此大的数目让联合国也一筹莫展。

当时美国著名的家族财团洛克菲勒家族得到了这一个消息。他们马上出资870万美元，在纽约买下一块地皮，并将这块地皮无条件地赠送给了联合国。同时，洛克菲勒家族还将毗连这块地皮的大面积地皮全部买了下来。

当时许多美国大财团，对洛克菲勒家族的这种举动都大吃一惊。因为对于战后的美国和全世界来说，870万美元都是一笔不小的数目。况且战后经济萎靡，大家都会视钱如命，而洛克菲勒家族却将巨款拱手赠出了，同时疯狂买地，着实让人摸不着头脑。

甚至有许多财团主和地产商嘲笑说："这简直是蠢人之举！"并不断传出预言："这样经营不要10年，著名的洛克菲勒家族财团，便会沦落为著名的洛克菲勒家族贫民集团！"

时间是最好的见证人，当联合国大楼竣工后，周围的地价立刻飙升，而这些土地的所有权当然是属于洛克菲勒家族的。最后那些看热闹的人全都傻了眼，相当于捐款十倍、百倍的财富源源不尽地涌进了洛克菲勒家族财团。此时，人们才明白为什么他们会如此慷慨，当大家纷纷想要投资这样项目时，已经错过了最好的时机。

商人的使命就是赚钱，能赚钱的谈判就是一场成功的谈判。所以，当我们明确自己的谈判使命时，就不要只想着自己付出了什么，而要多看看自己在谈判中得到了什么。

12. 你懂得谈判中的交际之道吗?

我们最愚蠢的行为就是太执着于自己的东西,把自己的东西捏着不放,不愿意放弃,结果呢,你捏着不放,别人就不会把他的东西和你一起分享。没有放弃就没有得到。新东方就是这样,把我所有的东西跟大家分享,换来大家对我的信任,和我一起创业。

——北大课堂引用名言

谈判中,我们是在跟人打交道,而每个人都有自尊心,不但大人物有,小人物也一样,甚至更强烈。如果我们在谈判中忽略了交际之道,伤害了对方的自尊,那么对方为了维护自尊,甚至会坚持错误,变得不可理喻。

所以,我们在争取谈判的胜利之外,还要注意保全别人的面子。有时候,在谈判中的交际之道,甚至比谈判本身更重要。

经过几个世纪的对敌之后,1922年,土耳其决心把希腊人逐出自己的领土。穆斯塔法·凯末尔对他的士兵发表了一篇拿破仑式的演说,他说:"不停地进攻,你们的目的地是地中海。"于是,近代史上最惨烈的一场战争展开了,土耳其最终获胜。

当希腊的迪利科皮斯和迪欧尼斯两位将军前往凯末尔的总部投降时,土耳其士兵对他们大声辱骂。但凯末尔却丝毫没有显示出胜利的骄气。他握住他们的手,说:"请坐,两位先生,你们一定走累了。两位先生,战争中有许多偶然情况,有时最优秀的军人也会打败仗。"

凯末尔即使在全面胜利的兴奋中,为了长远利益,仍然牢记着这条重要的信条——让别人保住面子。

在谈判中我们不能忽略的交际之道就是"己所不欲,勿施于人"。如果我们在谈判中无情地剥掉别人的面子,伤害别人的自尊心,抹杀别人的感情,却又自以为是,那么,我们失去的将不只是谈判本身,还将永远失去一个业务上的合作伙伴。

13. 赞美谈判对手的力量

人们所喜欢别人加以赞美的事,便是他们自己觉得没有把握的事。

——北大课堂引用名言

莎士比亚曾说："赞美是能照进人心灵的阳光。"谈判中，没有人愿意在集体中遭受冷落，谈判桌上的每个人都希望自己能够受到尊重。这是人之常情，也是人性使然。因此，我们在谈判中，与人交往时，要学会看到对方的优点、学会真诚地赞美对方，对他人的品格行为、审美和工作中所取得的成绩做出肯定，这样不仅能显示出自己坦荡的胸怀，还能为自己赢得谈判的顺利。

1921 年的美国正处在经济快速增长的时代，那时候一个普通工人每个月的工资只有十几美元，可当时的"钢铁大王"卡内基却用一百美元的超高薪酬，聘请一位执行长官。这在当时是令世人震惊的。许多记者问卡内基："为什么给他那么高的薪酬？"

卡内基回答："因为他懂得欣赏别人的优点，会赞美别人，这是他最值钱的优点。"对"赞美他人能够给自己带来好处"这句话，卡内基是深信不疑的，甚至连他自己的墓志铭都这样写道："这里躺着一个人，他懂得如何让比他聪明的人更开心。"

谈判者在磨炼自己的过程中，学会如何赞美别人是获得对方认可和关注的最佳方式。"良言一句三冬暖"，赞美是一种语言艺术，更是一种勇气。

奥黛丽·赫本的美貌世人皆知，但她却说："美丽的双眼是用来发现别人的优点，魅力的双唇是用来表达对他人的赞美。"其实在谈判的沟通中，最难的就是心灵上的沟通，而赞美则是一座心灵的桥梁，能连接人与人之间沟通的障碍。

不懂谈判的人眼里常常只容得下自己，认为自己才是最重要的，极度渴望得到社会的认同，在这种认同中才能感受到存在感。因此，每个人都希望得到别人的重视，都渴望获得别人的赞美。赞美是一种艺术，真诚的赞美别人需要一种气度，将自己的眼光放开，学会欣赏别人的长处，肯定别人的优点，让别人获得成就感的同时，对自己也是一种督促，让自己在赞美中得到进步。

14. 在谈判中赞美对手的五个方法

认可赞美和鼓励，能使白痴变天才，否定批评和讽刺，可使天才成白痴。

——北大课堂引用名言

技巧一：因人而异。

每个人都是世界上独立的个体，性别有男女之分，年龄有长幼之别，从事的工作各不相同，内心的性格更是千差万别。而且，每个人都为自己的独特而感到自豪，所以，我们的赞美也要因人而异。比如男人喜欢别人称赞自己的胸襟和男子气概，女人喜欢别人赞美自己的品位和柔美风情；老年人希望别人记得自己当年的成就，年轻人希望别人看好他们今后的前途；商人最骄傲的是自己积累的财富，政客最骄傲的是自己掌控着大局。所以，只有因人而异的赞美，才能真正打动别人的内心。

技巧二：真心实意。

赞美之所以被很多人排斥，是因为人们不喜欢听到假话。所以，对于那些无根无据、有目的的赞美，人们称之为阿谀谄媚、溜须拍马。其结果往往是马屁拍在马腿上，不是被人认作小人，就是被人当成讽刺。其实，正如"因人而异"的技巧一样，每个人值得赞美的地方是各不相同的。用心观察，总能发现别人身上的长处。毕竟这个世界上并不缺少美，而是缺少发现的眼睛。所以，只有真诚的赞美，才会让人听后心里舒服。

技巧三：有的放矢。

赞美一位女士天生丽质，不如赞美她新做的发型；赞美一位男士事业有成，不如赞美他刚买的鞋子。因为，只有我们和被赞美对象关注的是同一件事物的时候，我们所说出的话，才是对方心里最想听到的话。在日常生活中，我们要敞开心扉，善于发现别人细微的变化，能够及时送上适当的赞美。这时，对方才能感到我们的真心实意和亲切可信，而彼此之间的距离也会越来越近，最终成为患难与共的朋友。

技巧四：适可而止。

赞美的效果往往与赞美的长度成反比，也就是赞美的话说得越少，越容易让人产生喜悦。所以，我们的赞美应该一步到位，适可而止。试想，又有谁会对长篇累牍的溢美之词认真对待呢；但是在日常交谈中偶尔的真情流露，却十分容易俘获别人的内心。

技巧五：雪中送炭。

很多人在成功之后不喜欢听到赞美，并不是因为别人赞美的话有问题，而是赞美的时间出现了错误。在尝过世态炎凉的成功人士面前赞美他们的成绩，往往会被反问道："在我成功之前，怎么没听你这么说？"所以，最有实效的赞美不是"锦上添花"，而是"雪中送炭"。对于那些处在逆境中的人，我们的一句赞美，一句鼓励，很可能就是他把梦想坚持下去，对未来抱有一丝希望的全部动力。所以，一个懂得赞美的人，也是一个懂得人生的人。

15. 你在谈判中够谨慎吗？

名次和荣誉，就像天上的云，不能躺进去，躺进去就跌下来了。名次和荣誉其实是道美丽的风景，只能欣赏。

——北大课堂引用名言

谈判中，在看似轻松的气氛中随时暗藏杀机，如果稍有不慎，就会给对方留下把柄。我们的对手通常会用许多甜蜜的恭维话来让我们放松警惕。等我们被马屁拍得飘飘然的时候，他们就会把自己的企图放在甘甜的恭维里。这时我们也就忘记了有毒无毒，很可能一口气喝下去了。

赫伯特·克拉克·胡佛是美国的第31任总统，在担任总统之前，胡佛曾在美国联邦调查局当过局长，所以他十分精明，很少有人能在他面前耍手段。在任职局长期间，胡佛曾规定联邦调查局的所有特工人员，都必须严格地控制体重。这是因为大腹便便的特工人员往往比较懒散，在执行任务时也容易因为体力不支而错失良机。所以，大家都知道，如果谁的体重超标一旦被胡佛局长发现，那么肯定没有好果子吃。

有一次，一位特工得知自己将被提拔为迈阿密特警队负责人的消息之后有喜有忧。喜的是自己终于得到了提拔，而且可以得到局长的亲自接见；忧的是自己的体重严重超标，在胡佛局长接见时一定会被局长痛批一顿。于是，这名胖特工开始绞尽脑汁地琢磨，我发福得这么厉害，怎么才能顺利通过局长接见这一关呢？最终功夫不负苦心人，这位胖特工终于想出来解决的办法——那就是对胡佛局长进行恭维。

在被胡佛接见之前，他特意到街上买了一套衣服，号码比平时穿的要大得多。他穿上这套新买的衣服一试，非常满意。因为这件肥大的衣服可以给人一种错觉，就是他最近的减肥卓有成效，至少已经减下四五公斤重量了。到了与胡佛局长见面的时候，胖特工穿上这身大号衣服，一见面就感谢局长提出的控制体重的要求，他一本正经地说："局长控制体重的指示太英明了！这简直就是救了我的命啊！"听了员工的恭维，胡佛当然沾沾自喜。在仔细端详了这位特工一阵之后，胡佛不但没有批评他，反而还连连夸奖，鼓励他继续带头瘦身。就这样，这位聪明的特工通过自己的恭维顺利地过了关。如愿以偿地到新岗位任职去了。

但是，胡佛先生作为联邦调查局局长也并非等闲之辈，更何况若要人不知，除非己莫为。没多久胡佛局长就知道了事情的真相。但是他并没有追究那位胖特工的责任，而是在自我反省时说了一句发人深思的话："谁越喜欢恭维，谁就越可能被恭维者支配。"

胡佛总统毕竟是聪明的，不仅意识到了自己的错误，而且看到了人类的弱点。"谁越喜欢恭维，谁就越可能被恭维者支配。"恭维就是有企图者的蜜糖，要想避开藏在蜜糖里的毒药，那么就要连恭维的蜜糖也一起躲开。在谈判中时时保持谨慎，才能让我们走出谈判的陷阱。

16. 一个细节足以决定谈判的成败

上帝制造人类的时候就把我们制造成不完美的人，我们一辈子努力的过程就是使自己变得更加完美的过程，我们的一切美德都来自于克服自身缺点的奋斗。

——北大课堂引用名言

谈判中，很多人喜欢自命不凡，他们不重视文件的规范，忽略细小的条件。如果有人给我们善意地指出，我们反而将"成大事者不拘小节"挂着嘴边，用以应付塞责。直到谈判结束时，他们才发现被自己忽略的小节往往决定了谈判的成败，此时他们才从自满的睡梦中惊醒过来。

曾经有一艘满载货物的商船，在准备扬帆起航时，却发现船上有一只小老鼠。发现老鼠的正是管理货舱的水手。水手立即把这一个情况报告给了船长，并建议船长，先不要开船，等抓住那只老鼠后再重新起锚。

船长当然不会把一个水手的建议放在心上，大笑着说："年轻人，你这么大的个子，怎么会害怕一只小小的老鼠呢？"

水手回答说："船长先生，我不是怕老鼠，而是担心这只老鼠咬坏了我们的船，所以还是建议您命令全船抓住这只老鼠吧。"

船长听了水手的话，恼怒地说道："一只小小的老鼠怎么可能咬穿我的船底？"同时看了水手一眼，接着说道："年轻人，我有四十年的航海经验，我在海上待的时间，比你的人生还要长呢！"

"可是，我还是觉得应该先抓住老鼠，然后再开船。这样我们的船才能够安全。"水手再一次请求道。

"不要再说了！我是绝不会为了一只老鼠耽误我们起航的时间的。"船长坚决地说道，"再说，要想抓住那只老鼠，我们必须要先卸掉所有的货物，船上的人还不笑话我小题大做！"说罢，船长下令起锚，水手们也只好扬帆起航了。

两个多月过去了，这只商船还在海上航行着。有一天，海上起了巨大的风浪，那位管理仓库的船员知道大事不好，赶紧把一个救生圈绑在了自己的身上，而且建议其他船员也这样做。

船长看见了，一面嘲笑他贪生怕死，一面呵斥他动摇军心。正在这时，船长突然发现自己的船舱里已积满了水，船身同时开始下沉。原来，起航时的那只小老鼠，早已把船底咬穿，海水灌进船舱里来了。

最后自负的船长和他的货船自然以悲剧结尾，而那位管理货仓的水手，成了这次事故中唯一的幸存者。

故事中的船长因为只想到船只的坚固和巨大，所以忽视了货舱里的老鼠，最后正是这只老鼠让他船毁人亡。由此可见，因为不够谨慎而忽视细节的人，往往尝尽失败的苦果。

许多人认为谈判中的一些小事无足轻重，不足以影响最终的谈判结果，更不足以决定谈判的成败。事实上，任何人要想在谈判桌上做得完美，那么就必须谨慎对待谈判桌上的小事。细节决定成败绝不应该只是一句口头禅，而应该体现在一场谈判的始终。

17. 你是会留白的谈判者吗？

擅画者留白，养心者留空。

——北大课堂引用名言

善于作画的人，不仅懂得如何在画纸上画出完美的线条和绚丽的色彩，更懂得如何在画纸上留白；精于乍曲的人，不仅懂得如果用跳动的音符和美妙的旋律打动别人，更懂得在乐曲中安静；懂得谈判的人，不仅需要在谈判中争取到更多的利益，更需要懂得如何给自己的谈判对手留下一线人情。

我的谈判老师曾经给我讲过这样一个故事：从前有两个水桶，每天陪伴着农夫挑水。这两个水桶并不完全一样，其中一个是完好无损的，而另一个水桶则有一条细细的裂缝。所以，农夫每次从山里把两个水桶挑回家中，都只剩下一桶半的水。因为那个完好无缺的水桶可以保存满满的一桶水，而那个有裂缝的水桶到家时，就只剩下了半桶水。

有一天，完好无缺的水桶对自己的表现很自豪，就奚落有裂缝的水桶说："朋友，我们两个陪伴主人这么久了，每次你都只能保存半桶水，真是丢人啊！"

有裂缝的水桶听了，感到非常惭愧，它一言不发，感到非常难过。

农夫听见了两个水桶的谈话，就悄悄地对那只有裂缝的水桶说，明天挑水时，希望你注意我们的脚下。

第二天，两个水桶又陪主人去挑水，回来的路上，有裂缝的水桶看见路旁盛开着缤纷的野花，觉得十分美丽，内心的悲伤也就缓解了许多。但是，当走回家的时候，它又开始难过了，因为又有一半的水洒在了路上。

有裂缝的水桶向农夫道歉，说自己没有完成自己的使命。

农夫却笑着说："你不必道歉，我还要谢谢你呢。"

有裂缝的水桶更加不明白了，农夫解释道："你有没有注意到，我们回来的路上，只有你的那一边开满了野花，而完好无缺的水桶那边却一朵花也没有。"

有裂缝的水桶想起刚才经过的山路，的确是农夫所说的那样。但是他还是不明白这和自己有什么关系。

农夫笑着说："正是因为你有一条裂缝，所以每次我从溪边挑水过来，你都用自己桶里一半的水浇灌了这些野花，所以它们才会开得那么灿烂。而这些美丽的野花，也装饰了我的餐桌，让我的妻子每天不出家门也能够闻到大自然的气息。所以我要好好谢谢你呀。"

有裂缝的水桶听了农夫的话，再也不难过了，因为它知道，自己的裂缝成就了很大的功劳。

一个水桶的裂缝让它每次都会洒掉半桶水，却同样是这条裂缝浇灌了芬芳的野花。如果我们在谈判中事事求全，不懂得留白，那么固然可以得到满满的一桶水，却失去了餐桌上一道插花的风景。

所以，谈判中不但要追求色彩，更要懂得适当地留出空白。因为正是这些空白，创造了谈判中长远的利益和坚固的合伙关系。那么，你是会留白的谈判者吗？

18. 在谈判中适当留白

花半开最美，情留白最浓，懂得给生命留白，亦是一种生活的智慧。

——北大课堂引用名言

聪明的谈判者不会让对方全权起草谈判的最终协定，也不会自己独揽协定中的所有条款。所以，在培养谈判力的过程中，很重要的一点就是要懂得在谈判中适当地留出空白。很多时候，正是这些空白，创造了谈判中的奇迹和惊喜。

曾经有一位成功的企业家，在退休之后，便四处讲学，把自己的成功经验传授给更多的年轻人。

一次，有一个渴望成功的年轻人向这位企业家请教："您所获得的成功，正是我此生的追求，我一直把您视为偶像。不知道您能否告诉我，在成功的路上，最重要的是什么？"企业家看了看这个满怀壮志的年轻人，没有直接回答他的问题，而是随手在纸上画了一个有缺口的圆。年轻人在心里猜测着企业家的寓意，但是百思不得其解，于是只好问道："这是什么？"企业家反问道："你觉得它是什么呢？"年轻人喃喃地说："像零、像圆、像成功，可是又有一个缺口，难道是您没有完成的事业吗？"

企业家笑道："你很聪明 但是没有说对问题的答案。其实，这只是一个未画完整的句号。你想知道我为什么会成功，其实道理很简单，就是我从来不会把事情做得很圆满。就像画个句号，一定要留个缺口，好让其他人去填满它。"

故事中的企业家之所以成功，是因为他懂得不能把事情做得太满。因为完美的背后总有考虑不到的隐患，倒不如留下空白，给别人无限的创造空间。就像追求完美的谈判者，难免会为了考虑周详而绞尽脑汁，同时把对方逼入心理逆反的死角。倒不如在谈判中给彼此留下充足的空白，让每个人去填满属于自己的精彩。

19. 你的知识储备好了吗？

要引人注意，就要研究一个非常专业的领域，在那个领域中，你是最顶尖的，至少是中国前 10 名，这样无论任何时候你都有话说，有事情可做。我俞敏洪原来想成为中国研究英语的前 100 名，但后来发现根本不可能。所以我就背单词，用 1 年的时间背诵了一本英文词典，成为中国单词专家，现在我出版的红宝书系列：从初中到 GRE 词汇有十几本，年销量 100 万册，稿费比我正式工作都高得多。

——北大课堂引用名言

在开始谈判之前，我们一定要储备好充足的知识。"工欲善其事，必先利其器"，这是中国人的古老智慧，也是北大谈判力的重要理念。

在肯德基食品还没有进入中国市场之前，公司就先派了一位代表来中国考察。这位代表首先来到了北京，当他看到北京的街道上热闹非凡，看到熙熙攘攘的人群时，他十分兴奋地回到公司，向上级反映了这个情况，他说中国市场有巨大的潜力。但是总裁却不这样认为，反倒觉得这位员工不称职，把他调到了别的部门。

接着，公司又选了另一位代表来到中国考察市场情况。这位代表来到北京之后，首先统计了北京几条繁华街道的人流量，对各年龄、各行各业的人进行了品尝调查，并认真记录了他们对炸鸡味道、价格等方面的意见，另外还搜集了有关北京油、面、盐、菜及鸡饲料行业的资料，并将样品数据带回了总部。总裁非常满意。

"肯德基"正是因为有人做了如此细致的准备工作，最终才顺利地打入了北京市场。

上面实例中的第一位代表，因为没有认真负责地做好进入市场前的准备工作，最后被调走。而第二个代表则是积极地思考，认真负责地对待准备工作，不仅提高了能力，展现了自身的优秀品质，还使公司向前迈进了一大步。

其实，在谈判中做好准备工作，让自己提前储备好充足的相关知识，无论多么认真细致都不为过。因为，这直接关系到我们在谈判中的成败。只有一个知识储备充分的人，才能够在谈判桌上掌握绝对的主动权。

20. 学习是一种习惯

百度上市五年为股东创造了很大价值，股票五年涨了 30 多倍，收入涨了几十倍。但是他说，唯一一个我见到比百度成长更快的人是李彦宏本人。

——北大课堂引用名言

有的人可能会问，谈判中涉及的知识浩如烟海，我该从哪里下手去储备这些知识呢？爱因斯坦早就在多年以前给出了问题的答案，他说："人的差异就在于业余时间的使用方法不同。"多年的谈判经验让我明白，只要知道一个人是怎样度过自己的业余时间，我们也就能预言出这个人在谈判界的前程如何了。

曾经有一位女性朋友对我抱怨说："像我这样一个没有美貌，没有好的身材，没有好工作的已婚女人，凭什么去获得自己的前程呢？"

我于是问她平时都做些什么。她回答说："也没什么，我先生和我每天一下班回家，就开始打开电视，然后一面吃速食餐，一面看电视，直到该上床睡觉为止。我们几乎不去拜访亲朋好友，也从来不阅读书报，到外面去活动的机率也很小。因为我们不想因此错过某些电视节目。"

我于是告诉她，如果她想改变自己的前程，那么首先必须得想办法把这个习惯改掉。她表示非常同意，便开始按照我给她的计划去做。她首先报名参加了一些成人教育的晚间课程，同时开始练习打保龄球；每周都要抽时间到朋友家拜访，或到图书馆借些有意义的书来看。

一个月之后，她很兴奋地跑来跟我说："我实在太高兴了！因为，我终于摆脱了坏习惯，这无论是对工作还是婚姻都大有帮助！现在，我们的生活变得更丰富了，我们与他人的关系也变得更亲密了，我觉得自己更有价值了。"

于是，我回答了她第一次问我的那个问题："之前你不是问我自己凭什么获得自己的前程吗？我告诉你，有一种女孩，她们没有出色的外表，没有较好的身材，但是她们却能够主宰自己的人生。原因很简单，她们用自己的业余时间改变了自己的人生。"

其实，让我们的人生变得平庸的不是别人，而是我们时常把自己深埋在无聊的琐事中。如果我们试着回忆一下自己每天的生活就会发现，自己每天都不断重复相同的行为，而且这些行为对自己的知识储备往往毫无意义，只能使生命变得更加迟钝。如果你想要在谈判桌上侃侃而谈，让谈判的主动权掌握在自己的手中，那么就必须从现在开始改变自己的不良习惯，用自己的业余时间来为自己储备足够的谈判知识。

21. 你能注意到谈判的细节了吗？

一个企业也好，个人也好，一旦出现危机往往是从一个小事情、小人物引发。如果不加以控制，会变成更大的危机。

——北大课堂引用名言

谈判中的很多细节决定了谈判的成败。但是大部分人总认为有更多重要的事情等着自己去做，对谈判中那些微不足道的小事往往觉得不足挂齿，没必要在一些小事上浪费时间和精力。其实，从小事中可以看出一个人的内心，一件小事可以看出一个人的性格和习惯，小事有时也能为你带来意想不到的成功。

日本狮王公司的员工加藤信三就是一个注重小事的人。有一次，加藤信三起床晚了点，为了不迟到，急急忙忙地刷牙洗脸。没想到刷牙力气过大，导致了牙龈出血。他为此非常恼火，上班的路上仍是非常气愤。

到公司之后，加藤信三为了集中精力的工作，便强迫自己平息心头的怒气。他和几个要好的伙伴提及此事，并相约一同设法解决刷牙容易伤及牙龈的问题。

加藤信三和他的伙伴们想了很多解决刷牙时牙龈出血的办法，比如，刷牙前先用热水把牙刷泡软、多用些牙膏、把牙刷毛改为柔软的软毛、放慢刷牙速度等，但效果都不太理想。为了研究出不伤害牙龈的牙刷，他们在放大镜下进一步仔细检查牙刷毛。这次，加藤信三和伙伴发现了一个细节，刷毛顶端并不是圆形的，而是四方形的。他想："把它改成圆形的也许就能减少对牙龈的伤害！"于是他们立刻着手将牙刷的刷毛进行改良。

经过多次实验后，加藤信三正式向公司提出了改变牙刷毛形状的建议。他的建议得到了公司领导的肯定，于是欣然接受，把生产的所有的牙刷毛全都改成了圆形。改进后的狮王牌牙刷因为效果显著，销量一路攀升，销售额甚至占到了全国同类产品的40％。加藤信三也由普通职员晋升为课长，最后成为公司的董事长。

在我们看来，刷牙时牙龈受到了牙刷的伤害，顶多会换一把牙刷，很少有人会在这件小事上浪费时间，去想办法解决这个问题，因此机遇也悄悄从身边溜走。而加藤信三却在小事中发现了问题，而且对这个小问题进行了细致的分析，从而使自己和所在的公司都取得了成功。所以，谈判时不要忽略身边的小事，哪怕是一件小事有时也能改变你的人生轨迹。

22. 一屋不扫，天下难平

人生的深度决定了人生的高度。一个不能在点上创造卓越的人，更不可能在面上去创造辉煌。

——北大课堂引用名言

谈判中，虽然并不是所有的小事都能决定成败，但只有重视每一件小事，才能为做好大事打下坚实的基础，最终赢得谈判的胜利。

东汉时有一个少年名叫陈蕃，他饱读诗书，自命不凡，一心只想干大事业。

一天，他的一位朋友薛勤来访，见他居住的屋子里脏乱不堪，便对他说：

"孺子何不洒扫以待宾客？"

他答道："大丈夫处世，当扫天下，安事一屋？"

薛勤反问道："一屋不扫，何以扫天下？"这下只剩下无言以对的陈蕃坐在那里羞愧难当。

所以，不论是为了避免谈判的失败，还是为了获得谈判的成功，我们都必须放下自满心态，不放过谈判中的任何细节。因为天下大事必作于细，天下难事必作于易。老子云："合抱之木，生于毫末；九层之台，起于累土；千里之行，始于足下。"

谈判中，我们既要学会谨慎地对待细节，不能让谈判败在轻敌自满上；又要学会认真地对待小事，为谈判成功积攒能量。成功一定会眷顾那些放下自满的人，而重视细节的人才是真正的谈判高手。

23. 你有耐心赢得谈判吗？

想好自己要做什么，下一步就是一步步地实现，把自己想象当中的内容做出来。好在我是一个工程师出身，所以一步步做事情，是我比较擅长的。

——北大课堂引用名言

谈判中有时候帮助我们取得胜利的并不是我们手中掌握的条件，而是我们心中的耐心。在进行谈判之前，我们要先创造一个良好的谈判氛围。毕竟谈判双方都是抱着最大限度维护自己利益的出发点坐在谈判桌上的，所以，我们要努力缓解对方的愤怒、敌意和疑虑。

如果对方对我们的条件表示抵触，在谈判中表现出敌意情绪，那么我们该怎么做呢？这时候，我们就要表现得比对方想象得更有耐心。一般情况下，当对方往往认为我们会对他们的攻击或拒绝予以报复，因此，我们必须要反其道而行之，超出对方的预期。

首先认真听取对方的意见，认可对方的观点，尽一切可能表示赞同。同时，还要承认对方的权威，认可对方的谈判能力。千万不要与对方争论，要站在对方的立场上。

然后，要通过建议而不是威胁来引导对方，可以向对方表明自己的最佳替代方案。在这个过程中一定要克制自己的冲动，通过反复向对方表明自己的立场，让对方认识到你的谈判目标是为了实现双方的满意而不是为了取得自身的胜利，从而尽可能化解对方的对抗心理和对抗行为。

最后，我们要通过自己的耐心让对方时刻知道，他们随时可以做出退让，取得谈判的成功。不要让对抗升级恶化，要利用实力和诚意来引导、说服对方。

24．"硬气功"不如"软太极"

两点之间最短的距离不一定是一条直线，而是一条障碍最小的曲线。

——北大课堂引用名言

耐心和胆识一样，是谈判高手必须具备的素质之一，也是贯彻谈判始终的一项要求。

所有的谈判高手都知道，谈判的第一个步骤不是控制对方，而是克制自己。因为，有很多经验丰富的谈判者会在谈判的一开始就试图把你激怒，当对方夸张地表示拒绝或故意攻击你时，缺乏耐心的谈判者往往会稀里糊涂地屈服于对方或是盲目地进行反击。这样就刚好进入了对方的圈套，很可能被对方抓住把柄。

其实，对于这种别有用心的谈判对手，我们可以用不温不火的语气指明对方的阴谋诡计，这样反而会让对方惊慌失措；随后，我们就可以耐心地寻找对方的破绽，而给自己留出充足的时间进行思考。在整个谈判中，要牢牢记住自己此次谈判的目的是希望通过谈判得到利益，而不是来逞口舌之勇。不要气急败坏地陷入歇斯底里中，也不要试图报复，而是对自己希望实现的谈判目标予以充分关注。

如果在开场中保持了耐心，那么接下来的挑战就是如何用我们的耐心来改变谈判的规则。比如，有些时候对方会采取强硬的立场，你可能会按捺不住自己的内心冲动，希望能够拒绝，予以反驳，但这通常只会让对方更加顽固，更不容易通融。

所以，谈判高手会通过引导对方关注如何来满足双方的利益需求，来达到改变对方立场的目的。他们会耐心地接受对方所说的一切，并把对方的建议和意见看作是处理问题的一种努力和企图。他们会在耐心倾听的同时，提出相应的问题，比如："你为什么想实现这些目标？""要是你处在我的立场上，你会怎样来处理这件事？""要是我们换一种方法，结果又会怎样？"我们无法通过直接的辩论来说服对方，但是，我们可以通过提出问题来引导对方自己说服自己。当然，在整个的引导和说服过程中，最重要的还是耐心。

耐心可以帮助我们绕过对方的阴谋墙，化解对方的攻击行为，揭露对方的欺骗伎俩，从而重新诠释对方的谈判策略。切记，在谈判中千万不要因为一时冲动而妄加反驳，要想拥有超越平凡的谈判力，就要有足够的耐心来迎接对方的挑战和把对方的问题重新诠释，这样，对方的硬气功终将被我们的软太极所化解。

25. 几种常用的谈判策略

所谓聪明，不过就是换个角度，变个说法。

——北大课堂引用名言

如果把整个谈判过程看作一局对弈的话，那么我们在开局、中局和残局中就要掌握不同的策略。以下六点策略分别是谈判开局、中局和残局中需要掌握的一些技巧。

1. 拖延回旋：当对手态度强硬、咄咄逼人时，千万不要硬打硬拼，我们可以采取拖延交战、虚与周旋的策略。他发脾气，我们就赔笑脸；他挑毛病，我们就做解释。通过多回合的拉锯战使对方逐渐丧失锐气，等趾高气扬的对手精疲力竭的时候，就是我们反守为攻的最佳时机。

2. 以逸待劳：在关键问题的谈判上，谁先被人看清底牌，谁就注定会处于被动。所以，我们要尽量引导对方先开口表明所有的要求，在耐心听完之后，我们就可以抓住其中破绽，这就是以逸待劳的妙用。

3. 留有余地：谈判是讲筹码的，握在手里的筹码越多，谈判的胜算也就越大。所以，当我们能够全部满足对方的某项要求时，也不必马上做出肯定的答复，而是先答应其大部分要求，留有余地，以备讨价还价之用。

4. 刚柔相济：在谈判中，我们的态度既不能过分强硬，也不可过于软弱，前者容易刺伤对方，导致双方关系破裂，后者则容易受制于人，而采取"刚柔相济"的策略比较奏效。就象"红脸""白脸"策略一样。切记，谈判有时候就是在演戏，不论上一秒的情形如何剑拔弩张，下一秒也可以峰回路转。一旦谈判出现僵局，我们就要找到适合自己的角色从中回旋挽回。

5. 诱之以利：对方来到这里谈判的目的不是因为我们的人格魅力，而是因为我们手里有他想要的利益。如果你能准确掌握对方想要的是什么，那么就要在接下来的谈判中投其所好，不断强调我们能够提供的利益，促使对方让步或最终达成协议。

6. 从头再来：在很多时候，谈判的成果取决于谈判者的眼光。比如在双方不能达成圆满结果，谈判面临破裂之际，有些人觉得这是谈判的尾声，而谈判高手只会把这种当作是谈判的序幕。他们会充分利用这次谈判中的收获，以便为下回谈判取得圆满的成果埋下契机。

　　一条策略，有正、反两种用法，而不同的策略之间，又可以相互配合。如果能够仔细研究、体会这些策略，虽然只有六点，也足够我们应付最复杂的谈判了。

第 17 章

避开谈判的暗礁

1. 不经训练就直接上前线

　　企业的经营即使对一个虎功者来说也不是一帆风顺的，你今天是一个成功者，你明天如果不加防范的话可能就会变成失败者。

——北大课堂引用名言

　　谈判是两个人之间的博弈，尤其是商场上的谈判，简直就是一场没有硝烟的战争。而决定战争胜负的，往往不是战场上的实力，而是指挥部中的分析。

　　在进行谈判之前，我们必须对谈判进行充分的准备，让自己保持良好的心态；同时认真分析自己的谈判对手，知道他们之前的谈判策略和谈判目标。

　　关于准备方面，除了对自己的谈判条件再次进行确认外，还要让自己保持高涨的士气。因此，必须在一天刚刚开始的早上，就要努力调整自己的心情。早上刚起床，不妨让自己适当运动，让身心处于最佳状态。同时，凡事都要往好的一面着想，哪怕遇上阴天下雨，也要想：下雨算不了什么，重要的是我今天一定要去拜访他！今天一定要谈成功！

　　然后在心里多想想自己以前成功的谈判，客户对你的赞美与感谢，自己受到嘉奖时的荣耀等等。心中浮现出这些情景，你就会信心百倍。

　　当然，也不要小看了对手，要了解对手的真正实力和真正意图。可以在心里反复演练谈判桌上的战术：七如对方提出要压价，我们应该怎样回应；对方要求延期支付，我们应该怎样回应；对方中途弃权，我们应该如何把他们留在谈判桌上，同时又不做出太大的让步。如此，才能在谈判中举重若轻，游刃有余。

　　在谈判前就做好了准备和分析环节的人，在谈判桌上定会生龙活虎，令对手折服。一个人，如果连说服自己的意志力都没有，又如何去说服对方呢？

2. 误把谈判当作战争

敢于放下私人恩怨，善用"度外之人"。

——北大课堂引用名言

有人说商场如战场，也有人把谈判当作战争，觉得坐在谈判桌上的双方是为了要拼出个输赢。更可怕的是，很多人对输赢又只采用最简单的二分法，也就是在谈判的战争中，自己要不就全赢，要不就会皆输。而这种"All or Nothing"的预设立场，是谈判中的最大致命伤。

沙漠与海洋拥有着截然不同的生活，有一天，它们进行了一次推心置腹的谈判。

沙漠首先说道："我的生活环境太干了，连一条小溪都没有。而你却有无穷无尽的水，不如我们来个交换吧。"

海洋觉得沙漠的提议很有道理，便欣然同意，并说道："我很愿意分一些水给你，同时也欢迎你来填补我的不足，但是我已经有沙滩了，所以并不需要你的沙砾，希望你只给我土就好了。"

沙漠见海洋这样说，也提出要求说："谢谢你愿意来滋润我的生活环境，但是你的海水太咸了，所以我希望你只给我水就好了，不要给我盐。"

结果沙漠和海洋的谈判无果而终，它们依旧生活在自己原来的环境里。

海洋和沙漠的谈判之所以不欢而散，完全是因为双方把谈判当成了一场你死我活的战争，心中没有给自己预留任何的让步空间，一开始谈就老想着如何全盘皆赢，杀对方个片甲不留。那么，即使双方开始了谈判的动作，也不会在谈判桌旁撑太久就会宣告谈判的破裂。因为一味替自己着想，从不考虑别人处境的谈判，根本就是一场输在起点的战争。

其实，不论是咸是淡，都可以让沙漠得到滋润；不论是沙是土，都可以让海岸得到拓展。又何必在谈判中一步不让呢？所以谈判的双方不仅不是敌人，而且是最亲密的战友，谈判的胜利是双方为达成共识的共同努力过程。

所以，不论在哪种谈判中，都请不要忘记，谈判不是战争，我们的谈判对手也不是敌人。如此一来，我们就可以在谈判中把注意力的焦点从"打倒对方"转移到"成就彼此"上。至于谈判的结果，更不是只有输和赢，而是双方都可以在谈判中成为赢家。

3. 以为强硬就不会落败

学会与人交流和沟通，不大喊大叫而使人信服，显然十分重要。

——北大课堂引用名言

可能是有些人把谈判的气氛搞得过于剑拔弩张，结果人们对谈判中处于劣势十分害怕，努力让自己在谈判中保持强硬。诚然，谈判往往是一场有利于强者的游戏，但是胜利并不是一定属于强硬的一方。毕竟，强和强硬是两个概念。

强是指谈判的实力而言，是指谈判前对于信息的掌握而言，是指谈判中所用的策略而言。当我们占尽优势时，即使在谈判中表现得很谦恭，仍然不失为一个强者。而强硬，恐怕只是一种不妥协的态度，是一种不打算给对方留一条退路的冲动。真正的强者，在做好与对方进行谈判的充分准备之前，先会用自己的坦诚拉近彼此之间的距离，而不是用强硬的态度把对方吓跑。

在谈判中，为了维护自己的利益，对方很可能会迟疑不决，认识不到达成协议可能给自己带来的利益。强硬的人抱着必胜的决心，往往会选择坚持自己的观点，向对方施加压力，逼其就范。可是，大多数人偏偏就是一副吃软不吃硬的脾气，这样做只会让对方更加顽固，更想与你对抗。于是你在谈判中加大了自己的强硬措辞，以为强硬的一方永远不会在谈判中落败。可是，结果往往与你所想的相反，谈判的双方中如果有一方因为压力太大而退出，那么整个谈判都会破产，此时的双方都会沦为失败者。

所以，谈判中真正让我们立于不败之地的是努力引导谈判向着自己所希望的方向发展。要把自己当作纠纷的调解人，我们在谈判中的职责是让对方更为轻松地说出同意，而不是用强硬的态度把对方逼走。聪明的强者会在谈判中吸纳对方的观点和思想，让对方参与到谈判中，参与到谈判的决策中。这样，对方就会在轻松的氛围中放松警惕。同时，还要尽力找出并满足对方那些尚未满足的利益需求，特别是对方那些最基本的需求。有时，为了帮助对方挽回面子，甚至要让谈判的结果看起来就像对方取得了谈判的胜利那样。

谈判的制胜秘籍是用小步推进谈判的进展，取得阶段性的谈判结果，从而最终促成谈判的快速成功。而不是操之过急，用强硬的态度去逼迫对方。聪明的谈判者会为对方留有面子和退路。

4. 在谈判中戒心太重

"争"则两败，"和"则共赢！

——北大课堂引用名言

许多人一想到要谈判，马上变得脸色凝重、态度严肃起来。因为在他们的脑海里，谈判就意味着一方的让步牺牲和另一方的掠夺利益。结果他们在谈判中往往谨小慎微，就怕一个不小心透露了自己的商业机密，让对方抓住了把柄，而这样的谈判往往以不愉快收场。

然而，真正的谈判高手会知道，谈判的真正目的并非互相算计与压榨，而是互惠互利与双赢。所以开诚布公地说出自己的资源和需求不但不会影响自己的利益，反而是造就双赢的基础，不但事情因此会有所进展，心情也自然会跟着大步向前，这么一来，事情、心情都有斩获，也就把谈判变成一种双重收获了。所以，为了达到双赢的目的，我们不但要学会提防谈判的对手，更要学会与对方进行充分的信息交流。

在谈判界流传着这样一个故事：有一家要分家，兄弟俩因为一头牛而发生了争执。为了公平起见，老大提出把牛杀了，两人各自一半。其中老大负责把牛分成两半，老二负责先选一半拿回家。于是，牛就被公平地砍成了两半，俩兄弟高兴地取得了自己的半头牛，高高兴兴地回家了。

到家后，老大喜欢吃牛肉，就扔掉剥掉的牛皮，美滋滋地享用美味。老二则不喜欢吃牛肉，回到家把牛肉送人，把牛皮留下做了几双鞋。

从表面上看，兄弟两人获得了公平，是一种成功的谈判。实则这是一次最失败的谈判，因为他们没有真正地做到物尽其用。根本原因就是他们都保留了自己的信息，没有申明各自的利益所在，最终导致了双方盲目追求形式上的公平，却没有达到各自利益最大化的结果。

所以，我们在谈判中一定要放下戒心，充分地交流各自的需求，这样才有可能会有多个方案的出现，最终达到真正的双赢。所以，只有一个人懂得了双赢的重要，学会了成全别人的同时成就自己，才可能获得真正的成功。

5. 以为让一步也无所谓

为人处事要学会忍受和退让，这是一种君子美德，但是在谈判桌上随意"让步"，则是一种愚蠢。

——北大课程理念

在谈判中，千万不要轻易做出让步，否则，对方就会看出你是一个软弱的人，你的步子也只好一让再让。所以，坐在谈判桌上之前，你就应该确定好自己的底线，尤其是要定好自己所能够接受的最低限度的条件或最低价钱。否则的话，缺少了底线的谈判就像没有刹车的车辆一样，当谈判结束后，你回头看一看自己走过的路就会发现，自己已经从山顶滑到了山脚。

当我第一次陪同我的妻子去逛街时，那时她还没有正式嫁给我，所以我在逛街的时候就要尽量表现出自己的慷慨大方。我们走进一家服装店，店主是一个十分面善的中年妇女。她一上来就开始夸奖我的女朋友漂亮，然后热情地拉着她试衣服。

首先，我的女朋友看中了一件上衣，我也同意买下。接下来，店主又推荐了一件搭配上衣的裤子，我也同意买下了。是的，我的错误就是没有预先给自己设定一个底线，结果最后当我们离开那家店时，我的女朋友已经买了新的鞋子、钱包、帽子、手套甚至还有一个旅行箱。而我所得到的是一沓厚厚的账单。

我的教训告诉大家，千万不要在谈判中做出没有条件的让步。因为，在对手的不依不饶之下，我们很容易产生这样的想法："即使有些吃亏，只要能够达成协议就好。赶快结束这种不愉快的谈判吧！"结果就是当谈判结束时，你已经被自己的让步逼进了死角，当你醒悟过来的时候，这一切都已经成为既定事实了。

6. 急于掌握决定权

在很多人看来，也许普通人难以一瞻北大容颜，这就使得北大更神秘一些；也许更神秘一些，就意味着更神圣一些；也许更神圣一些，就意味着更牛气一些；也许更牛气一些，就意味着明年能进世界大学的前列了。

——北大课程理念

在谈判开始之前，大部分人总是喜欢努力说服自己的上司："把这件事放心地交给我吧。只要你给我决定权，我就给你带回来最优越的成交条件。"当见到谈判对手之后，这些人便迫不及待地告诉对方："这笔交易的最终决定权在我手里。"这样做的确可以让我们有一种大权在握的感觉，但是同时也把我们引进了一个危险的陷阱。

在谈判高手看来，让对方知道自己掌握着谈判的决定权，等于是把自己放在了一个非常不利的地位上。因为，这样你会成为谈判对手的众矢之的，因为他们的心里会偷偷地想："只要搞定这个家伙，我们的谈判就可以搞定了。"

聪明的人会在谈判中模糊掉决定权的事情，直到自己需要一个挡箭牌时，在用这个借口给自己找一个退身之地。举个简单的例子，当双方已经基本达成协议，而你忽然对昨天的价格反悔时，你可以坦然地告诉对手："杰克，真是不好意思，我把昨天我们谈判的最终条件告诉了我们的董事会，可是这些老古董们觉得你要把价钱再降下十万块才行。"那么，杰克先生可能会表示为难地说："可是我们的价钱是昨天已经谈好了的啊！"你便可以回答说："是啊，杰克，我也很遗憾，可是这件事的决定权毕竟在他们手里，而这个条件是他们给出的唯一选择。"相信杰克如果要促成这次合作的话，一定会答应你的条件。而他不知道的是，其实帮助董事会做出决定的是你。

这就是为什么我们不建议大家一定要在谈判中掌握决定权。而且，就算你真的掌握了决定权，也绝对不应该马上让你的谈判对手知道。

7. 总是做着"天才"梦

我绝不反对一个人对自己本能的爱。但应该把这种爱引向正确的方向。如果把它引向自命不凡，引向自命"天才"，引向傲慢，则会损己而不利人。我害怕的就是这样的"天才"。

——季羡林

如果我的谈判队伍中有一些趾高气扬的新人，我就会叫他"天才梦"患者。并且告诉他，一定不要以为自己是"天才"，因为没有人喜欢与能力很差又喜欢自吹自擂的人共事。如果你想成为一个真正的谈判高手，那么该和光同尘就和光同尘，该推功揽过就推功揽过。如果高调做事对于你来说实在困难，那么至少应该学会低调做人。

澳洲某大学有一名被称为"天才学生"的年轻人。在他读中学的时候，就已经每门课程的成绩都十分优秀，还曾获得全洲竞赛大奖。在大学期间更是一帆风顺，学习成绩远远超过同年级的其他同学。可是，也正是因为太优秀，这位年轻人行事高调，从来看不到自己的不足之处，渐渐养成了骄傲自大、自以为是的缺点。在毕业前他当着全校同学和老师的面宣称："以我现在的能力，以后我要做比尔·盖茨肯定没问题！"

但是，毕业后不到一年，这位曾经的"天才少年"却在自己的工作单位混不下去了。因为刚一入职，他就觉得自己无所不能，不把单位里的任何人放在眼里。其他同事都对他敬而远之，有些气不过的老员工更是故意刁难，在几次碰壁后，他又开始无法适应新的环境，甚至开始怀疑自己的能力。到最后，这个曾经高调做人的年轻人完全迷失了自我，整天郁郁寡欢、闷闷不乐，逐渐发展成为忧郁症，最终住进了精神病院。

故事中的这个"天才学生"因为做人太过高调，结果无法融入新环境，这都是"天才梦"做得太久的结果。在一个团队中，"天才梦"患者从来都不懂得互相尊重、互相平等的交际原则，更不知道大智若愚、大巧若拙的交际策略。他们时常在别人面前表现出一种高人一等的优越感，遇到事情只强调自己的感受，全然不顾别人的态度和情感。那么，最终的结果便是引来所有人的反感和仇视，无法融入团队的人哪怕能力再强也只是一匹没有同伴的孤狼罢了。

8. 又想赢，又怕输

那时内部怀疑声音也很多。他们老觉得我们人太少了，经验又不足。而美国真正热的互联网公司会招到有经验的人，我们怎么可能打赢这一仗？这种怀疑态度非常具有传染性。

——北大课堂引用名言

对于大多数的谈判来说，最重要的当然是谈判的结果。但是谈判的结果并不是全部，尤其是在双方长期合作的情况下，一时的让步虽然可能会导致谈判结果的不如意，但是却为以后的合作打下了良好的基础。这就是为什么有些人愿意零利润甚至在亏本的情况下和一些大公司合作，一方面积攒了自己与大公司之间的人情筹码，同时也为自己打开了知名度。

但是，在面对某些重要谈判时，我们还是会很紧张。不停地在心里告诉自己，这是一条大鱼，千万不能让他脱钩，千万要达成交易。结果对方一眼就看出了我们的担心，最终用时间上的压力或者其他条件的威胁逼我们就范。

在中国的历史上，有一个叫作羿的人，他百发百中，是一位有名的神箭手。

一次，夏王叫羿射一个兽皮做的靶子，靶心很小，直径只有一寸那么大。夏王对羿说："这次射箭，如果你射中了，我就赏你万金；如果你射不中，我就减去你一千户的封地。"羿听了夏王的话，脸上顿时失去了平日里那种轻松自在的表情。他开始呼吸急促，举止慌张，结果第一箭完全没有射中。于是他又射出了第二箭，可是这次却离靶子更远了。

看了羿的表现，夏王就问身边的大臣说："这个羿是个有名的神箭手，平日箭无虚发。可是今天，我只是跟他说了赏罚的条件，他就一箭也射不中了，这是为什么呢？"

大臣回答说："羿之所以会这样，完全是因为内心忽然高兴或恐惧造成的，夏王您的万金重赏此时反而成了羿的灾难。如果有人能够在心里放下万金的厚赏，不被内心的喜怒所影响，那么这个人的箭法恐怕比羿还要高明了。"

百发百中的神箭手后羿，被夏王的赏罚条件搞得完全失去了准度。由此可见，在谈判中把结果看得太重，过于患得患失会影响我们的表现。无论对方的来头多么大，也无论这笔交易对我们是多么重要，只有隐藏好自己的喜怒情绪，表现出无所谓的神态，我们才能命中谈判结果的靶心。很多女性在逛街时看见自己心仪已久的商品也会故意装作随便看看，以免被老板狠宰一刀，便是深谙此道的表现。

9. 实质与关系的混淆

只要出于同情心和面子做的事，几乎都会失败。

——北大课堂引用名言

在谈判桌上，我最不愿碰到的人就是朋友，因为他们经常会要求你买他们的交情，把谈判的实质和双方的关系混为一谈。如果我在谈判桌上遇到熟人，我通常会先叙两句旧情，然后就把之前的情谊放到一边，否则，我在谈判中根本就无法施展开自己的手脚。

当然，谈判对手是自己的朋友或者熟人也可以给我们带来很多好处。我们可以绕过相互试探的阶段，同时对于对方的人品、性格都有一定了解。但是，切记不能在谈判中把谈判实质和彼此关系混淆起来。

如果你在谈判桌上遇到了多年前的老同学或者老战友，大家自然对这样的相逢喜出望外。但是，如果在谈判中涉及原则性的问题，对方说："老同学，看在我们的交情上让我个人情好啦。"这时候，你就不能再跟对方讲交情了，否则，最后在交情中吃亏的只能是你自己。遇到这种情况，我通常都会说："老同学，咱们的交情还用说吗？能让的我已经让到最低啦。你要是再逼我，就是你不讲交情啦。"是的，对方跟你打交情牌，你就会给他一张交情牌，但是一定不要在实质问题上让步。

10. 被自己的"聪明"出卖

我对笨还有一种看法，我最大的聪明是知道我自己笨，世界上有一条大河特别波涛汹涌，淹死了许多人，叫聪明。许多人没有在愚蠢的河流里淹死，都是在聪明的河流里淹死，当他们终于穿过波涛汹涌的大河，上到岸上的时候，上面有两个字，聪明，这是90％甚至更多的人一辈子做的事。

——北大课堂引用名言

法国哲学家罗西法古有句名言："如果你要得到仇人，就表现得比你的仇人优越吧；如果你要得到朋友，就让你的朋友表现得比你优越。"其实，当一个人竭力表现自己的聪明，以显示其他人不如自己时，也往往是他最愚蠢的时候。

因为，当我们显示自己的聪明时，很容易威胁到别人的自尊，从而种下嫉妒的种子。而这嫉妒或将化为毒箭，蓄势待发。今日凭借聪明压制别人，明日就会因为聪明而受制于人。

《三国志·魏志·武帝纪》就记载着一个曹操和杨修之间的故事：曹操与诸葛亮交战相持，某夜杨修在曹操营帐中，恰好赶上值夜的将领请示曹操今晚的行军口令，曹操此时正在吃一个鸡肋，由于战事僵持，烦躁的他扬了下手中的鸡肋说："就拿这个做行军口令吧。"

杨修回到自己的营帐之后，就开始打点行李准备撤退。帐中其他的人都觉得很纳闷，因为并没有听见撤退的命令，就问杨修为什么要收拾行李呢？

于是杨修就不慌不忙地说："所谓鸡肋，食之而无味，弃之尚可惜。今主公以此为令，不喻此行，退之为上策，故如是。"就是说，主帅虽然没说，但是他的心思我早已经猜透了，同时还劝其他人也赶紧收拾行李，省得到时候因为临时撤退而手忙脚乱。

这件事很快就传到了曹操的耳朵里，他得知后十分生气，在当下这个结果不明的战局中，杨修的做法无疑是在曹操烦乱的心头火上浇油。最后，曹操就以扰乱军心之罪将杨修斩首示众了。

一代才子杨修之所以会聪明反被聪明误，完全是因为犯了聪明外露的错误。为了炫耀自己的才华，竟然忘了自己的身份，不顾军中规矩，透露主帅行军意图，这显然不是大智慧，而是小聪明。其实，人们在谈判桌上往往聪明反被聪明误。而真正的聪明人，应该表现得大智若愚，以此来保护自己免受猜忌。对手也不会担心被聪明人算计，心甘情愿地让出自己的利益。

11. "良药"过于"苦口"

> 好运和厄运都是积累而成的。世上从来没有无缘无故的好运和厄运。
>
> ——北大课堂引用名言

其实，许多时候谈判的胜利往往并不在于言语的尖刻而在于表达的巧妙。在谈判中指出对手的错误就如同给一个生病的人吃药：这片药必须让对方吃，但是又不能让对方觉得这片药苦。所以，巧妙地指出对方的错误正如一片药加上一层糖衣，不但可以减轻吃药者的痛苦，而且使人很愿意接受，从而达到"甜口良药也治病"的目的。

尽管大家都知道药物能治病，但吃到苦药仍感觉难以下咽，直接指出对方的错误，或者坦率地提出批评，在谈判桌上即使未招人怨恨也难以受到欢迎。

相反地，在谈判中不直接批评或指出对方的错误，而用打比方、举例子的办法提醒对方，促使对方解除疑虑或恐惧，既能让对方及时改正缺点，又不会破坏谈判中合作的氛围。

例如你想让自己的谈判对手提高产品质量，就不妨跟他说："你们的原料要是过硬，我们就可以用它制造出一流的产品。占领了更大的市场，我们还可以有更大的合作。"这要比直接告诉对方："如果你的原料有问题，以后休想再合作。"要好得多。

所以，在谈判中指出对方的缺点就像一剂促进谈判成功的良药，而我们的委婉态度就是这副良药外面的糖衣。糖衣太少、良药过于苦口，那么对方就很难接受，谈判也很难进行下去。

12. 赢家从来不在谈判中辩论

> 如果打笔墨官司，则对方也必起而应战。最初，双方或者还能克制自己，说话讲礼貌，有分寸。但是笔战越久，理性越少，最后甚至互相谩骂，人身攻击。到了这个地步，谁还能不强词夺理，歪曲事实呢？这样就离真理越来越远了。
>
> ——季羡林

北大谈判课上曾有人提出：好争辩，不仅显得双方没风度，而且实在是浪费口舌、无意义的事情。设想一下，如果在谈判桌上总是在不断地争吵、辩论和反驳，那么即使你在跟别人辩论时取得了胜利，那也只是短暂和空虚的，因为对方已经对你失去了好感。所以，当你想要与人争吵时，先在心里衡量一下，你想要的是争吵中短暂和空虚的胜利，还是人们给予你的信任和好感。

戴尔·卡耐基是美国著名的人际关系学大师，在他身上曾经发生过这样一个故事。

有一天晚上，卡耐基的一个好朋友邀请他去参加一个晚宴。在晚宴中，坐在他旁边的一个人为了活跃宴会气氛，提出要给大家讲个幽默故事，故事的开头是这样的："不论我们如何去努力，我们的结果其实早已经注定了。"讲完故事后，那位来宾还特意强调这句话是出自于《圣经》。

卡耐基一听，就知道是那位来宾记错了，因为他对这句话再熟悉不过了，他还清楚地知道它是出自莎士比亚的作品。于是，卡耐基马上指出了他的错误。那位宾客听了，却仍然坚持自己的说法，辩解道："这句话分明是出自《圣经》，这一点我非常肯定。怎么会是莎士比亚的作品呢？这也太荒唐了！"就这样，两个人为这句话的出处争执不下。

正好，戴尔·卡耐基的一个朋友甘蒙特也在旁边，他对莎士比亚的作品有一定的研究。于是，卡耐基就把这个问题交给甘蒙特，请他来做个判断。甘蒙特听了事情的经过，先在桌下用脚踢了一下卡耐基，然后说道："卡耐基，是你记错了吧？这句话的确出自于《圣经》，这位先生说得一点儿没错。"卡耐基很不服气地瞪了甘蒙特一眼，没有继续辩解什么。

等晚宴结束后，在回家的路上，卡耐基追问甘蒙特："你明明知道那句话就是出自莎士比亚的剧作，为什么还要替他辩解，让我下不来台呢？"甘蒙特回答道："我当然知道那是出自莎士比亚的作品。可是卡耐基，我们也是晚宴上的客人，为什么不给别人留点面子呢？为什么一定要指责别人的错误呢？没完没了的辩解就会让别人认可你吗？再说了，他在说话的时候，也并没有征求别人的意见。你为什么一定要和他争论呢？要知道很多时候仅仅靠辩论是无法让无知的人服气的。"

在谈判中我们可以体会到，无论对方是否睿智，我们都不能通过争论来改变对方的想法，对方也不可能因为强迫和威胁而赞同我们的观点。相反，他们更愿意去接受我们平和而友善的开导。

所以，辩论、反驳虽然有时会让人有一种胜利的快感，但实际上那些胜利是空洞的。当你和别人争论时，实际上是在有意唤起对方与你作战的斗志。也就是说，你用争论给自己树立了一个对手，这对你是毫无益处的。况且，就算你在争论中赢了他，那又怎么样呢？所以，真正的赢家从来不会在谈判中与自己的谈判对手辩论。

13. 看不到更远的风景

我们要具备"两种力量"：一种是思想的力量，一种是利剑的力量。思想的力量往往战胜利剑的力量。这是拿破仑的名言。一个人的思想走多远，他就有可能走多远。

——北大课堂引用名言

毫无疑问地，我们在谈判中都会努力追逐自己的利益。但是，有些利益是眼前的，有些利益是身后的。眼前的利益通常看上去比实际更大，因为它们就在我们的眼前；而长远利益往往会被我们缩小，因为它们离我们太远。所以，为了保证自己在谈判中能够获得更大的利益，千万不要"目光短浅"，不要"过河拆桥"，不要损害原单位的声誉和利益。

前不久，我的一位朋友因为要减肥，于是决定骑自行车上下班。为了保证自己的骑行安全和舒适，他特意挑了一家比较知名的自行车品牌店。当天下午，他便骑着自己新买的自行车来我这里炫耀，并且推荐说："你也应该买一辆这种自行车，它实在是太棒了！"

说实话，我已经被他说得动心了，因为我毕竟也是一个体重逼近二百斤大关的中年男人了，再不锻炼恐怕就要去医院报到了。可是，没过几天，我的朋友便拉我一起去那家自行车品牌店修车，因为他的自行车出现了质量问题，而我也刚好要去那里买一辆自行车。当我们推着朋友的车子到自行车店要求维修服务时，却遭到了冷遇，足足等了 20 分钟也无人过问。最后我的朋友想要找到相关部门投诉维权，该店才派人帮助维修，并且收取了一笔不菲的维修费。当然，我很高兴地替朋友付清了修车费用，因为他帮我看清了这个"目光短浅"的自行车商家的真面目。

其实，"目光短浅"是生意场上的畸形心态，也是谈判桌上最为常见、人人痛恨的做法。当然，如果目光短浅的人知道自己今后遇到的事情，比如我那位朋友买自行车的品牌店老板如果知道，自己因为一时节省维修费，却失去了我这样一个客户，那么他一定会后悔莫及。所以，"过河拆桥"的人在谈判桌上也未必能春风得意，拆得多了，自己也没后路了。所以"过河拆桥"并不是生意场上的高招，拆了桥你可以暂时得利，但是你却用自己的名声作为代价。"目光短浅"者为人们所不齿，他们的结果总是搬起石头砸自己的脚。

14. 抱着唯一方案去碰运气

自卑会伤害人，过分自信又接近狂妄，我们需要真正的自信。什么是真正的自信？如果一个人能够坦率谈论自己的失败和挫折，能够清楚知道自己的强项和弱势，不再以自己的长相和身材为意，能够面对别人的讽刺打击宽容地微笑，能够知道现在干的事情有意义，并且经过努力能够做更好的事情，这大概就是自信。

——北大课堂引用名言

在谈判中，如果你只有一个解决方案，就好像你的汽车后面没有备胎一样。一旦遇到点紧急情况，那么你将原地抛锚，让谈判陷入对自己不利的僵局。

在谈判开始之初，我们除了要努力了解对手的实力，分析对方可能采取的谈判策略外，还要根据自己的分析结果，确定各种应对的方案。比如，对方在谈判中坚持压价怎么办；对方忽然减少了进货量怎么办；对方提出一些我们意料之外的附加条件怎么办；对方中途停止谈判怎么办。

此外，除了正在接触的谈判方，我们还应该在该领域中广泛地寻求合作伙伴。这样，当我们的谈判陷入僵局时，我们就可以利用对方与同行业的竞争关系，来争取更多有利于我们的谈判条件。

所以，在走上谈判桌之前，一定要让自己的文件夹中有多个备选方案。这样才不至于被对方抓住我们的弱点，将危机成功地化解掉。

15. 在谈判桌上受不得委屈

一个人如果拥有较高的情商，能时刻控制自己的坏情绪，那他就等于获得了一种大能量。

——北大课堂引用名言

在谈判桌上，我们可能遇到各种各样的人。当我们遇到对方的欺骗、羞辱、诽谤、怀疑等委屈的时候，如果不懂得忍耐和包容，那么很可能怒从心中起，恶向胆边生，因为一时的冲动而损失了长远的利益，甚至干出什么后悔莫及的事情来。倒不如忍受这一时的委屈，把目光放得长远些，耐心等待自己将要赢得的回报。

小李是一家清洗设备工厂的市场负责人，有一次，他和兰州的一家酒店联系了一笔业务，这家酒店通过小李购买了一套清洗地毯的设备，一次支付了

6000 多元。

这对小李来说可是一笔不错的业绩，等各项手续办好后，小李马上把设备寄往了兰州的那家酒店。但是酒店收到设备没多久，就给小李打电话要求退货，他们在电话里说这套设备在运输的途中被损坏了。

小李马上亲自赶往酒店，经过细心地查看后，小李明白这套设备并不是在邮寄途中损坏的，而是在酒店组装时因为操作不当而损坏的。而整个设备的维修费用大约需花费 700 多元，酒店是不愿意自己承担这笔维修费才要求退货的。如果这时小李马上翻脸拿出自己掌握的证据，那么在整个交易中他没有任何责任，也不会受到任何的委屈。但是小李马上想明白了自己的处境，他觉得自己受点委屈无所谓，关键是要让客户满意。于是他主动承担了所有的维修费用，并亲自监督维修人员把设备修好，向酒店表示了自己的歉意。

酒店的负责人一面羞愧地接受小李的道歉，一面表示自己对小李的工作态度很满意。结果没过多久，小李就再次接到了兰州那家酒店的电话，电话里说酒店还要更新其他清洗设备，首先想到的就是小李，并一次性从小李那里订了7 万多元的货物。

小李在遇到别人强加给自己的委屈时，不但没有据理力争，反而主动承担了维修费用，还向对方道歉。这是因为他懂得，对于一个想要成就大事的人来说，在谈判中要有宽阔的胸怀去包容别人的过错。如果连一点委屈都受不得，那么怎么去面对成功路上的坎坷呢？

16. 拒绝在谈判中做出解释

低智商的人不可怕，可怕的是低情商的人。

——北大课堂引用名言

如果我们在谈判中与对方产生了意见上的分歧，那么我们有责任把自己的观点解释清楚。如果我们只是抛出自己的结论，而拒绝做出解释，那么对方就会怀疑我们谈判的诚意，最终迫使谈判向僵持的方向发展。

这就要求我们必须懂得在谈判桌上察言观色。一旦我们的谈判对手的脸上露出了疑惑的神情，我们马上就要对正在谈论的问题作出详细地解释。当然，要想彻底消除误会与猜疑，光靠解释是没有用的，我们还要拿出切实可行的计划和支持我们观点的证据。这样，对方的疑惑自然就会烟消云散，谈判桌上的气氛也可以再次恢复和谐。

当然，有些时候，对方在我们的解释过程中并不一定完全相信，甚至怀疑我们的解释。此时，我们不但不能着急，还要更加耐心地进行解释，直到谈判的双方都明白了彼此的心意为止。

17. 错过时机，就错过了整场谈判

有一些事情，当我们年轻的时候无法懂得，但当我们懂得的时候，已经不再年轻。世上有些东西有的可以弥补，有的却永远无法弥补。

——北大课堂引用名言

所谓"机不可失，时不再来"，在商务谈判中，时机具有决定性的作用。随着市场的瞬息万变，谁能快速正确地做决策，谁就能在最短的时间里完成自己的目标。

公元前 496 年，吴王阖闾间派兵攻打越国。被越王勾践打得大败，阖闾也受了重伤，临死前吩咐儿子夫差要替他报仇，夫差牢记父亲的话，日夜加紧练兵，准备攻打越国，过了两年，夫差率兵把勾践打得大败，勾践被包围，无路可走，准备自杀。这时谋臣文种劝住了他，说："吴国大臣伯嚭贪财好色，可以派人去贿赂他。"勾践听从了文种的建议，就派他带着珍宝贿赂伯嚭，伯嚭答应和文种去见吴王。

文种见了吴王，献上珍宝，说："越王愿意投降，做您的臣下伺候您，请您能饶恕他。"伯嚭也在一旁帮文种说话。伍子胥站出来大声反对道："人们常说'治病要除根'，勾践深谋远虑，文种、范蠡精明能干，这次放了他们，他们回去就会想办法报仇的！"这时的夫差以为越国已经不足为患，就不听伍子胥的劝告，答应了越国的投降，把军队撤回了吴国。

吴国撤兵后，勾践带着妻子和大夫范蠡到吴国伺候吴王，放牛牧羊，终于赢得了吴王的欢心和信任。三年后，他们被释放回国了。

勾践回国后，立志发愤图强，准备复仇。他怕自己贪图舒适的生活，消磨了报仇的志气，晚上就枕着兵器，睡在稻草堆上，还在房子里挂了一只苦胆，每天早上起来后就尝尝苦胆，门外的士兵问他："你忘了三年的耻辱了吗？"他派文种管理国家政事，范蠡管理军事，他亲自到田里与农夫一起干活，妻子也纺线织布。勾践的这些举动感动了越国上下军民，经过十年的艰苦奋斗，越国终于兵精粮足，转弱为强。

而吴王夫差盲目力图争霸，丝毫不考虑民生疾苦。他还听信伯嚭的坏话，

杀了忠臣伍子胥。最终夫差争霸成功，称霸于诸侯。但是这时的吴国，貌似强大，实际上已经在走下坡路了。

公元前 482 年，夫差亲自带领大军北上，与晋国争夺诸侯盟主，越王勾践把握时机趁吴国精兵在外，突然袭击，一举打败吴兵，杀了太子友。夫差听到这个消息后，急忙带兵回国，并派人向勾践求和。勾践估计一下子灭不了吴国，就同意了。

公元前 473 年，勾践第二次亲自带兵攻打吴国。这时的吴国已经是强弩之末，根本抵挡不了越国的军队，屡战屡败。最后夫差又派人向勾践求和，范蠡坚决主张灭掉吴国。夫差见求和不成，才后悔没有听伍子胥的忠告，非常愧疚，最终拔剑自杀了。

吴王夫差错过了一举歼灭勾践的机会，最后导致自己被对手所杀害。相反勾践很会把握时机，利用士兵的一句话就博得民心，利用吴国出兵在外就去攻打，看到吴国已经进入了强弩之末时就一举歼灭。由此可见，时机对于每一个要参加谈判的人都是非常重要的。找对了时机，也许可以成就一场成功的谈判，但是错过了时机，也许你的谈判将处于被动，无法实现谈判前所确立的目标。

18. 狠踢对方的"仇恨袋"

你豁达了，也就收获了。

——北大课堂引用名言

从某种角度说，谈判的双方的确是在为自己争取更多的利益而斗智斗勇。但是，这种你来我往的斗争，应该是在一种平和的氛围中进行。绝不能因为自己的面子或者利益的争夺而跟对方撕破脸皮，甚至仇恨报复。这样做的结果只会让谈判陷入白热化，谁也无法在仇恨中获益。

在古希腊的神话中，有一位英雄叫海格力斯，他力大无穷，无人能敌。

有一天，海格力斯在山路上行走，忽然发现路中间有个袋子似的东西，因为觉得碍脚，便上去踢了一下。谁知那个东西不但没有被踢开，反而留在原地，并且慢慢膨胀起来。

海格力斯心想自己一向力大无穷，今天竟然踢不开这个袋子，于是有点生气，便狠狠踩了那个袋子一脚，想把它踩破。结果更是让海格力斯大吃一惊的是，那个袋子不但没被踩破，反而又膨胀了许多。

恼羞成怒的海格力斯随手拿起一条粗大木棒，使出浑身力气，朝那个袋子一阵狠砸。结果那个袋子竟然加倍地膨胀，最后把山路都堵死了。

这时，刚好一位老者路过，看到这个情景，连忙对海格力斯说："朋友，这个东西叫仇恨袋，你还是央别动它，绕开它赶路去吧！"

海格力斯对老者的话不解，于是问老者是何缘故。

于是，老者说道："这个仇恨袋的特点就是，你不犯它，它便小如当初。如果你的心里老记着它，侵犯它，它就会膨胀起来，挡住你前进的路，专门与你作对！"

故事中的"仇恨袋"正是谈判中很多人的脾气。当我们在谈判中记恨别人态度恶劣的时候，对方心里的仇恨也就开始不断膨胀。细想起来，交际中的朋友反目，生活中的夫妻成仇，谈判中的合作者离心，往往都是由一些微不足道的小事引起的。之所以发展到不可收拾的地步，就在于双方都不能找回自己正确的态度，让仇恨和愤怒不断放大。最后，双方都在仇恨的指引下干出后悔莫及的事情，把谈判逼入了冷战的僵局。回头想想，这又是何苦来哉？

19. 把自己摆在"架子"上

一个成熟的人，他会从狭窄的观念思维里抽离出来。

——北大课堂引用名言

坐在谈判桌上的双方，相互之间理应是平等和互惠的，正所谓"投之以桃，报之以李"。而那些妄自尊大、高看自己小看别人、喜欢卖弄才华的人总会引起别人的反感，最终在谈判中使自己走到孤立无援的地步，别人都敬而远之，甚至厌而远之。

在一次谈判中，我们的团队里有一位精明能干的新人。他在谈判之初就给对方的谈判代表留下了深刻的印象，可是在谈判结束时，大家在庆祝酒会上都表现得非常友好，而他却在很长一段时间几乎没有一个朋友。问题究竟出在哪儿了？当我们回想一下他在谈判桌上的行为就不言而喻了。他一开始就在对方的谈判代表面前使劲吹嘘自己在工作中的成绩，使得对方极不高兴。而在很多他根本没有决定权的问题上，却擅自保证，结果最后又不得不重新谈判。他在整场谈判中自认为春风得意，骄傲得不行。殊不知，谈判的另一方早已开始反感他的自大和强烈表现欲，渐渐对他敬而远之。

在谈判桌上，本来谈判的双方就处在一种隐性的竞争关系之下，如果一味刻意表现，妄自尊大，不仅得不到谈判对手的好感，反而会引起所有人的排斥和敌意。

在谈判中，人人都希望得到别人的肯定性评价，都在不自觉地维护着自己的形象和尊严。可是，如果在谈话中过分地表现自己，总显示出高人一等的优越感时，那么别人对我们的排斥心理，乃至敌意也就不自觉地产生了。

20. 得了好处，还四处炫耀

从"聪明"到"优秀"有一个过程，在这个过程中，需要不断地锻炼自己的情商和性格，更好地适应这个社会。其实大家讲"性格决定命运"，我们也经常评价一个人，这个人智商很高但是情商不高，就是忽视了性格方面的磨砺。

——北大课堂引用名言

谈判中，很多人明明得了好处，还要四处炫耀。这种人大多恃才傲物，居功自傲，丝毫不把别人的感受放在心上，结果往往是自取祸患。

三国时期，许攸见袁绍不能重用自己，于是就跑去投奔故友曹操，帮助曹操献出了火烧乌巢的计策，打败了强大的袁绍，但是许攸为了让曹操重视自己，处处在曹操面前炫耀，甚至都不把曹操这个大汉丞相放在眼里，总是想说什么就说什么。

在曹操统率众将进入冀州的时候，许攸纵马近前，大声高叫："阿瞒，如果不是我，你能够进入这个城门吗？"曹操听后感到不悦，但只是微微笑了一下。

不久，许攸又在东城门遇到了将军许褚，又忍不住说道："你们没有我的话，能这样随便地出入此城门吗？"曹操的将士许褚听到后，愤怒地呵斥道：我们千生万死，身冒血战，才夺得城池。你怎么胆敢这样夸口呢？"

许攸狂妄地骂道："你们都是匹夫，有什么了不起的。"

于是许褚就拔剑把许攸杀死，提头来见曹操，诉说许攸无礼至极。曹操见状，深深责备许褚说："许攸与我是故交，他说的不过是戏言，你怎么能杀他呢！"于是下令厚葬许攸。

许攸见自己为曹操出谋划策，建了大功，就总是觉得天下都得靠他，把曹操当作一个小孩，直呼他的小名，而且对军中将士更是不放在眼里，称他们为匹夫。许攸因为得了好处还四处去卖乖，结果招致杀身之祸，实在是咎由自取。所以我们在谈判中千万不可以居功自傲，要学会把成绩归于别人，把过失留给自己。

第 18 章

谈判中的北大精神

1. 勤奋：做个多走路的谈判者

哪里有天才，我是把别人喝咖啡的工夫都用在了工作上了。

——鲁迅

沧海桑田，世界总是无限变幻的，没有永远的贵族，也没有永远的穷人。如同万事万物都处在不停地运动、变化一般，这种盛衰起伏的变化生生不息。出身卑微和家境贫寒的人，通过自己的勤奋、执着，用自己的智慧能创造出财富，同样能够功成名就、出人头地。

日本"推销之神"原一平在一次生日晚会上，有人问他，推销成功的秘诀是什么，原一平没有立即回答，只是脱掉鞋袜，请那位提问的记者上前来，对他说："请摸我的脚底板。"提问的记者虽然诧异却乖乖地摸了摸，然后他十分惊讶地说："您脚底的茧厚到可以当鞋穿了！"原一平笑着说："这就是我成功的秘诀。我走的路比别人多，跑得比别人快。"

提问者略一沉思，顿然醒悟，原来人生中任何一种成功都始之于勤并且成之于勤。勤奋是成功的根本，也是秘诀。

人的本性之一是趋乐避苦，懒惰像影子一样时常在我们左右徘徊，企图侵蚀人的心灵。歌德曾经说过：我们的本性趋向于懒怠。但只要我们的心保持积极，并时常给予激励，它就能摆脱懒惰的束缚。

2. 责任：将谈判进行到底

"定"是在一个点上扎根深入，是坚守和坚持，是咬定青山不放松。

——北大课堂引用名言

有责任心的人无论做大事还是小事，都会努力、认真地做好，不会因为"拦路虎"而半途而废。那到底什么是责任呢？责任就是担当，是付出。责任感不仅体现在"担当"，也体现在许多方面，比如独立判断、选择并接受自己选择的后果，不怨天尤人；做事善始善终，注重质量，而不是敷衍了事等等。

在某届奥运会上，坦桑尼亚的马拉松选手艾克瓦里孤独地在赛道上奔跑，他吃力地跑进了奥运体育场，但成绩却令人沮丧，他是最后一名抵达终点的选手。

这场马拉松比赛的冠军早就领完了奖杯，在开庆功宴了。因此艾克瓦里抵达体育场时，整个赛场已经几乎空无一人。艾克瓦里的双腿沾满汗水，他的脚上绑着绷带，坚持跑完了最后一圈，到达了终点。

在体育场的一个角落，一位记者默默地关注着这一切。在好奇心的驱使下，这位记者走了过来，问艾克瓦里，为什么要这么费劲地跑到终点？这位来自坦桑尼亚的年轻人轻声但坚定地回答说："我的国家在两万公里之外，他们送我来这里，不是让我来听起跑枪响的，而是派我来完成这场比赛的。"

这句话让记者为之动容。没有任何借口，没有任何抱怨，动力来自他的使命和责任。艾克瓦里的精神让人敬佩。

谈判者要对自己的谈判负责，也要对自己所得到的谈判结果负责。责任感是让你立足于社会的根本、是获得事业的成功与幸福的关键。在谈判中敢于承担责任和义务的生命，就像拥有了一对强壮的翅膀，在江河湖海间，在丛林沼泽中，都能轻盈地飞过，抵达理想的彼岸。一个杰出的谈判者应该明白，无论你有多少聪明才智，一旦缺少负责的态度，成功依然不会轻易降临。

3. 坚毅：把柠檬榨成柠檬汁

当你遇到大的困难的时候，当你有很强大阻力或者强大敌人、竞争对手的时候，是否还会坚持，当你有很多诱惑的时候，是否会改变自己的想法，这些因素在人生成长过程中，每个人都会遇到。

——北大课堂引用名言

如果一个人在面对困境的时候选择放弃，那么他永远也成不了谈判高手。而真正的谈判高手能够在自己感到忧虑和绝望时，为自己找到试一试的理由。比如，第一个理由：如果我们现在开始努力着手改变情况，那么结果就有可能会成功。第二个理由：即使我们的努力未能成功，但是这种努力的本身已迫使我们向前看，同时可以驱除我们脑海中那些消极的想法，而代之以积极的思想。有这两个理由做基础，我可以保证每个人在尝试过后只会让自己的心态变得更好，不会更坏。

回首历史上那些了不起的大人物，他们都是在命运给予的酸柠檬中榨出了柠檬汁的人：贝多芬因为耳聋才得以完成更动人的音乐作品。海伦·凯勒的创作事业完全是受到了耳聋目盲的激发。如果柴可夫斯基的婚姻不是这么悲惨，逼得他几乎要自杀，他可能难以创作出不朽的《悲怆交响曲》。托尔斯泰与陀思妥耶夫斯基都是因为本身命运悲惨，才能写出流传千古的动人小说。如果亚伯拉罕·林肯生长在一个富有的家庭，得到哈佛大学的法律学位，又有圆满的婚姻，他可能永远不能在葛底斯堡讲出那么深刻动人、不朽的词句，更别提他连任就职时的演说。他说："对人无恶意，常怀慈悲于世人。"这句话可算得上是一位统治者最高贵优美的情操。而佛斯狄克在其著作中提到："有一句斯堪的纳维亚地区的俗语：冰冷的北极风造就了爱斯基摩人。我们什么时候看到过人们因为舒适的日子，没有任何困难而觉得快乐过？刚好相反，一个忧虑的人即使舒服地靠在沙发上，也不会停止忧虑。反倒是不计环境优劣的人常能快乐，他们极富个人的责任，从不逃避。我要再强调一遍：坚毅的爱斯基摩人是冰冷的北极风所造就的。"

如果你刚好在谈判中遇到了一点不如意的事情，而你的内心正在为这些柠檬而忧虑不已的话。请大声朗读以上伟人的故事，同时背诵那句斯堪的纳维亚地区的俗语：冰冷的北极风造就了坚毅的爱斯基摩人。也正是命运中的逆境和困难造就了那些谈判高手的成功与辉煌。

一个人在成为谈判高手的路上一定少不了那些酸涩的柠檬。而他们所要做的，就是拿出自己的坚毅和勇气，用自己的双手把命运的酸柠檬榨成酸甜可口的柠檬汁。

4. 思考：不做人云亦云的应声虫

教育的本质就是让人学会思考。

——北大课堂引用名言

如果我们在谈判中能独立思考和充分发挥自己的才干，那么我们就能在谈判中创造出最大的价值。相反地，如果我们一味人云亦云，那么结果往往只会是于事无补。

卡尔养了五十只鸭子，每天他都把鸭子赶到田野里去放养，希望这些鸭子长大后，能够卖个好价钱。可是有一天，卡尔的鸭子突然间死了十只。于是，他跑到神父那里，向神父请教怎样救鸭子。

神父认真地听完卡尔的话，问道："你每天什么时候去放鸭子？"

卡尔说："我每天早上去放的。"

"嗯，这是个不吉利的时辰！你应该下午放才对！"卡尔谢过神父的劝告后，高兴地回了家。可是三天后，他又跑来找神父了。

"神父，我又死了十只鸭子。"

"这回你在哪里放牧的？"

"我就在我们家门口的小河里。"

"哦，错了！你应该把鸭子赶到前面的大河里放养。"

三天后，卡尔再次来到神父那里，带着哭腔对神父说：

"神父，昨天又死了十只鸭子。"

"不会吧，我可怜的孩子。你给它们吃了什么啊？"

"我给他们吃了玉米。"神父深思良久，开始发表见解，"你做错了，应该把玉米磨碎再给鸭子吃。"

第三天，卡尔有点不爽但又充满希望地敲开了神父的门。"又碰到什么问题啦，我的孩子？"神父得意地问道。

"昨晚又死了十只鸭子。"

"没关系，只要你充满信心，就能救活你的鸭子。那么，你的鸭子都在哪里喝水？"

"当然是在那条小河里。"

"真是荒谬！你怎么能给它们喝河水呢？要给它们喝井水，这样才能阻止它们死亡。"

卡尔再次来找神父时，神父正埋头读一部厚厚的古书。"向您问好，神父。"卡尔说。

"是上帝召唤你到我这儿来的。你看，现在我都替你的鸭子担忧。"

卡尔却忧伤地说："神父，您不用为我的鸭子担忧了，因为它们已经死光了。神父，现在我已经没有鸭子了，以后该怎么办啊。"

神父沉默不语。深思许久后，叹息一声说："真可惜，我还有几个忠告没对你说呢！"

卡尔由于不能独立地分析问题，盲目地听取神父的意见，导致自己的鸭子接二连三地死去。如果他能够独立思考、富于主见，而不是事事都靠别人帮忙，那么即使犯了错误、付出代价也是值得的。因为我们的大脑是用来思索的，不是用来增加身高的。所以谈判者应该注意培养自己的独立思考习惯。

5. 求知：做一只装不满的杯子

人贵要有求知的欲望。

——北大课堂引用名言

每一个谈判高手都知道，只有不断滴下的水滴，才能穿透坚硬的磐石；只有不停雕琢的刻刀，才能镂空坚硬的金属。如果水滴停下自己的脚步，那么石头上不会留下任何痕迹；如果刻刀停下自己的脚步，那么金属上不会留下任何痕迹；如果我们停下自己的脚步，那么人生中很难取得任何成绩。所以，要想成为谈判高手，那么必须让自己在知识的海洋中永不满足。

一次，孔子带着学生们到鲁桓公的祠庙里参观。他们看到了一个用来装水的器皿，倾斜着放在祠庙里。于是，孔子便向当地人请教："请问，这是什么器皿呢？"

当地人告诉他说："这个东西的名字叫'欹器'，就像'座右铭'一样，是放在君王座位右边，用来警戒君王不可自满的。"

孔子仔细观察着这个"欹器"，对学生们说道："我听说这种欹器，在自己没有水或水很少时就会倾斜；水装得适中，就会端正；水装得过多或装满了，就会翻倒。"

说着，孔子领着学生们往欹器里装水试验。学生们慢慢地向这个器皿里装水。果然，跟孔子所说的一样：当水装得适中的时候，这个器皿能够端端正正地立在那里。不一会儿，水装满了，这个器皿就自己翻倒，里面的水也全部流了出来。

看罢，孔子便对学生们说道："做人的道理也和这个器皿一样啊，世上所有过于自满的事物，最终都会倾覆翻倒的！"

古人用"欹器"装满水就倾覆翻倒的现象，来警示自己不可骄傲自满。因为，一个人用骄傲自满装满自己的内心，那么，他的人生就会倾覆翻倒，他在谈判桌上的表现也很难达到卓越。自然界中，水满则溢，月满则亏；生活中，自满则学业退步，心满则事业败毁。所以，我们不可不时时谨记，保持求知的热情才能在谈判桌上有所成就。

6. 自信：相信自己能够成为谈判高手

为什么你不要自傲和自卑？你可以说自己是最好的，但不能说自己是全校最好的、全北京最好的、全国最好的、全世界最好的，所以你不必自傲；同样，你可以说自己是班级最差的，但你能证明自己是全校最差的吗？能证明自己是全国最差的吗？所以不必自卑。

——北大课堂引用名言

乔诺·吉拉德是美国有史以来最著名的销售员。他出生在美国的贫民窟，在这里他度过了不那么美好的童年。很小的时候，他为了生活去街上给人们擦皮鞋，靠微博的薪水养活自己甚至补贴家用。乔诺·吉拉德没有念过大学，他连高中都没有念完就辍学了。

父亲总是打击他，说他根本不可能踏入上流社会，成为一名受人尊敬的人。父亲的打击让幼小的乔诺·吉拉德很自卑，甚至有一段时间，他连说话都变得结巴起来。幸运的是，他有一个爱他的母亲。母亲常常告诉乔诺·吉拉德："乔，你应该用你的能力说明点什么，告诉爸爸你能行，你应该向所有人证明，你能够成为一个了不起的人。"母亲的鼓励坚定了乔诺·吉拉德的信心，燃起了他对成功的渴望。当他找到那份销售汽车的工作时，他并没意识到自己的人生将会被改变。

在销售汽车的过程中，他慢慢地改变了自己，他丢掉了自卑的枷锁，锻炼了自己的口才。在工作中，经历过无数次的失败的推销策略后，乔诺·吉拉德还锻炼了自己的毅力。从此，一个不被看好的贫民窟走出来的孩子，竟然在短短三年内就载入了吉尼斯世界纪录，他被称为"世界上最伟大的推销员"。至今他还保持的销售纪录仍未被打破——平均每天卖出六辆汽车！他成了欧美商界的传奇式人物。

7. 变通：用不同的办法说服对方

从来如此，便对吗？

——鲁迅

当你走进死胡同时，如果不转弯，就会无路可走，但如果你换个方向看，则会迎来光明。当你的薪水已经停滞不前，工作味同鸡肋，前途遥遥无望……这些工作中的问题，尤其对刚踏入职场不久的年轻人来说，是很纠结的问题。也许当初是为了生活而选择自己不喜欢、也不适合的工作，那么长久地坚持下去就会让自己感到苦恼。这时，跳槽就在所难免了。

有两个商人，他们各自带了一卡车雨伞到北方去卖。去之前没做市场调研，他们不知道北方下雨的机会多不多，也无法得知能不能卖个好价钱，反正他们认为南方的伞质量好而且便宜，不管走到哪都能卖出去。

可真正到了北方他们才发现，北方人很少用伞，因为那里的气候跟南方不一样，常年干旱少雨，根本用不着雨伞。两个商人都傻了眼，一时间都陷入困境。

一个月后，他们在回家的路上相遇，一个垂头丧气，一个却意气风发。

"看你这兴高采烈的，是把伞都卖了，赚了不少钱吧？"

"是啊，都卖了。"

"北方不下雨，谁用雨伞啊！我的伞堆得都快发霉了，你是怎么卖掉的？"

"伞还是那些伞，只是我卖的时候把'雨伞'都改成了'阳伞'。伞可以挡雨，也可以遮太阳啊！北方阳光那么强烈，很需要阳伞啊！"

另一个商人恍然大悟。

8. 突破：谈判最大的乐趣就是挑战极限

一个不主动挑战自我的人，是缺乏激情的，这样的人也极难走向成功。

——北大课堂引用名言

在人类的历史上，创造奇迹的人来自方方面面，他们的人生经历与人格特征也不尽相同。但是，这些成功者有一个共同的特质，就是觉得人生最大的乐趣就是不停地向极限发出挑战，他们从来不会因为怀疑自己而在成功面前畏首畏尾。他们敢于挑战全世界的偏见，他们愿意向全世界说出自己的假设，并用不懈的努力去证明自己的正确。所以，成功的大门总是愿意向他们敞开。

那么，对于想要成为谈判高手的人来说，首先应该努力培养自己的勇气与决心，敢于去挑战最艰难的任务，用满满的自信和不懈的坚持去推开成功的大门。

在 1954 年以前，没有人相信人类可以在四分钟之内跑完一英里（1.6 公里），当然，也从来没有人完成过这样的奇迹。

当时从事人体研究的医学家们认为，根据人类的身体结构，在 4 分钟内跑完一英里是不可能的，因为那已经超出了人类的体力极限。但是，英国的长跑者罗杰·班尼斯特却相信自己的潜能，他说："在四分钟内跑完一英里，是运动员和运动爱好者许多年来谈论的话题和梦想的目标，我一定要把这个目标变为现实。"

于是，1954 年 5 月，班尼特在牛津大学的跑道上，用 3 分 59.4 秒的时间跑完了一英里，向全世界证明了人类的极限绝不是四分钟。神奇的事情发生了，就在两个月后的芬兰，澳大利亚的长跑选手约翰·兰迪用 3 分 58 秒的时间再次刷新了人类极限的纪录。事情还远远没有结束，在接下来的三年里，又有其他的十六名选手打破了这个神话。

这就让我们不得不产生了一个疑问：为什么在罗杰·班尼斯特之前几百年的岁月里，没有一个人突破传说中的人类极限？而在罗杰·班尼斯特之后的三年内，世界各地的长跑选手纷纷成了奇迹的创造者呢？因为在罗杰·班尼斯特之前，没有人相信自己的潜能，而在罗杰·班尼斯特之后，人们开始走出了思维里的局限。

英国的长跑者罗杰·班尼斯特推开那扇虚掩的大门之后，人类纷纷跟着他的脚步，开始了长跑运动的新纪元。其实，这个世界上真正限制住人们的往往不是事情本身，而是人们内心的偏见，认为自己做不到的偏见。所以，当我们在谈判桌上有人对你说"这不可能"时，请不要相信他的话，而是应该问一问自己："我怎样才能做到？"

9. 包容：放大镜看优点，望远镜看缺点

真正的成功者，其性格应像水，能包容一切，不急不慢，慢工出细活，不起眼却又坚忍不拔，如大漠之骆驼。

——北大课堂引用名言

在谈判中，我们常常易犯随便指责别人的错误。"哎呀，你做得不对！""怎么连这点小事也办不好！"像这样的指责，在工作中随处都可以听到，然而随便指责别人并非什么好事，它会给你的谈判成功带来严重阻碍。

从前，有一户富裕的人家，虽然丰衣足食，但是家里人之间经常吵架，让一家之主苦恼不堪。在他家的旁边，住着一户贫困的邻居，这户邻居家里虽然生活艰苦，但是家里人之间相处融洽，生活得非常和乐。

富裕人家的男主人对穷人家的家庭氛围十分羡慕，便前往请教。他向邻居家的男主人问道："我们家吃喝不愁，家人之间却还是不免发生争执；而你们家的条件并不比我家好，为什么反而能够其乐融融呢？"

邻居家的男主人想了想，便回答说："我们家的条件和你们家比简直是天壤之别，你们每天大鱼大肉，我们家人能吃顿饱饭就不错了。但是家庭的氛围与贫富无关，我们家之所以不会吵架，是因为我们家每个人都是坏人；而你们家之所以经常发生争执，是因为你们家所有人都是好人啊。"

富裕人家的男主人被说得一头雾水，连忙问："此话怎讲？"

邻居家的男主人笑着说道："我们家的人都是坏人，所以会犯错误。比如一个杯子被人不小心摔破了，摔破的人会觉得是自己不小心，放杯子的人会觉得是自己没放好，大家互相道歉，也就不会吵架。而你们家的人都是好人，所以从来都不犯错。如果有人摔破了杯子，摔破的人会说是别人没有放好，放杯子的人会说是别人走路不小心，谁也不愿意说自己有错，所以难免发生争执。"

在不懂谈判的人眼里，自己永远正确，错误都在别人身上，结果既不知错，也绝不改正。这样的人只有学会体会别人的心情，学会包容和换位思考，才能让自己身边的一切变得美好，他的谈判才可能会有皆大欢喜的结局。

10. 赞美：把对方说成值得尊敬的人

成熟的人处事沉稳而干练，成熟的人在人际交往中能做到游刃有余，潇洒大度而不乏人情味。

——北大课堂引用名言

在心理学领域有一个著名的"罗森塔尔效应"，它来自于心理学家罗森塔尔的一个实验。

罗森塔尔在美国一所学校随意拟订了一份"具有优异能力"的名单，并煞有介事地将这份名单交给老师。老师得到这份名单后，自然对这些学生另眼相看并且赞美有加。不久，令人惊讶的事情发生了：但凡名单上列出来的学生，他们的成绩都得到了提高。由此罗森塔尔得出，鼓励、赞扬和肯定能开发出人的巨大潜能。

赞美虽然能让人心情愉悦，但只有发自内心的、真诚的赞美才能起到正面的效果。谈判中，很多人不愿随便赞美别人，害怕这样公开赞美别人会被误解为"拍马屁"。其实，真诚的赞美与虚伪的奉承有着本质区别：赞美是发自内心地对别人的欣赏和尊重，前提是真诚、实事求是，看到的是别人的美德；而奉承则是出于利益需要，口是心非、夸大其词地迷惑对方，目的是为了得到本不属于自己的好处。因此，真诚的赞美并不是"拍马屁"，更不是奉承对方。

11. 诚信：我们在谈判中跋涉的鞋子

墨写的谎言，绝掩不住血的事实。

——鲁迅

"人无信而不立"是许多成功者遵循的名言，诚信也是每个人的无形资产。然而在现实生活中，"诚信"却成了一种珍稀的品质，人与人之间往往充满了猜忌、怀疑。

其实商场中之所以人心惶惶，不是诚信太难做到，而是诚信太难理解。一般的商人理解不了诚信背后暗含的价值和道理，直到他们失去自己的信誉那一天，在为自己的失信买单的那一刻，他们才能明白自己究竟失去了什么。

《郁离子》中记载了一个故事，是说济阳有个商人在过河时遇到了风浪，结果导致自己的船沉了。商人在危急之中抓住一块木板大声向岸上呼救说："我是济阳最大的富翁，谁能救我上岸，我就给他黄金百两作为报答。"一位在远处打鱼的渔夫闻声而至，赶紧跳下河去救起了商人。可是等商人被救上岸之后却对自己的诺言翻脸不认账了。他只给了渔夫十两黄金。渔夫救人本来不是为了黄金，但是遇到不守信用的商人，就责怪他不守信，出尔反尔。没想到商人却说："你一个打鱼的，一生都挣不了几个钱，突然得到十两金子还不满足吗？"渔夫知道争辩下去也没有意义，只得拿着自己的报酬怏怏而去。

可是世上事情就是这么奇妙，一年之后那位不讲信用的商人又一次在坐船时遇上了风浪，就在原来的地方翻了船。这一次富翁再次向岸上大声呼救，有人闻声赶来，却被那个曾经被骗的渔夫拦住说："这个人说话从来不算数的。"于是没有人愿意施救，最后商人被淹死了。

故事中的商人因为欺骗别人，最终丢掉了自己的性命。而生活中人们常说"君子一言，驷马难追"，其实就是告诉我们做人要讲求诚信。因为一个不讲诚信的人，无法获得朋友的信赖；一个不讲诚信的商人，无法获得真正的信誉。一旦他处于困境，便没有人再愿意出手相救，只能坐以待毙。正如现在的企业、公司都用广告宣传来树立公司形象，我们也可以在交际中用自己的诚信来赢得合作伙伴的信任，为自己的生意打开销路。

12. 谦逊：站得越高越要记得低头

谦以待人，虚以接物。

——鲁迅

随着社会越来越浮躁，更多的人在同事面前炫耀自己的某些特长，甚至在稍有成就之后就忘乎所以。其实，这样做的人不是在交际中赢得别人的尊重，而是在为自己未来的失败挖了一个深深的陷阱。

因为，在交际中站稳脚跟就像建造一座雄伟的建筑，首先要做的不是对建筑进行装修，而是挖一个深深的地基。而交际的地基，就是我们自己内心的深度。在交际中谨慎谦虚，就是给自己日后的成功奠定了坚实的基础。

不要以为一时的高处就是人生的终点，当我们觉得自己已经处在最高点的时候，就是我们开始走下坡路的时候。有些人有了一点成绩就洋洋自得，自以为高不可攀了，这样的人即使在高处，也免不了要栽跟头的。而懂得交际的人越是得意越知道谨慎，越是在高处越懂得低头。

托马斯·杰斐逊是美国第 3 任总统。在没有成为总统之前，他曾担任美国的驻法大使。

一天，托马斯·杰斐逊到法国的外长公寓拜访，受到了外长的热情款待。寒暄过后，外长忽然向杰斐逊问道："现在，是您代替了富兰克林先生？"

杰斐逊马上回答说："不是代替，而是接替了他的职位。因为没有人能够代替得了富兰克林先生。"

杰斐逊在一句话上也不肯马虎带过，将"代替"改为"接替"，表现了对富兰克林的尊重和自己谨慎谦虚的品格。而翻开任何一个民族的历史，我们总会发现，谦虚的人最终能够取得更多的成绩，历史的账面总是记得清清楚楚。大多数在人生中取得成功的人总是因为处境艰辛而发愤图强，因为发愤图强而有所成就，因为有所成就而谦虚谨慎，因为谦虚谨慎而保有富贵，因为长期富贵而骄奢淫逸，因为骄奢淫逸而终究回到艰辛的处境。

13. 善良：方便别人就是方便自己

生活的施善和施恶是由点点滴滴构成的。有的人之所以善不了，是因为太过贪婪，总想得到更多。而如果你的内心是善的，你就像磁铁一样慢慢地将周围的点点滴滴的善吸引过来。

——北大课堂引用名言

北大的谈判课最大的特点就是，这门课上老师教给学生的不是怎样榨取短期的利益，而是怎样从长远的眼光去审视谈判的全局。"方便别人就是方便自己"，这是北大谈判课的核心精神。在不经意间为别人提供一些方便，很可能无心插柳却会有绿柳成荫的那一刻。所以，哪怕是微不足道的帮助，都会让你的谈判获得更大的价值。在美国的一个小镇里，就曾发生过这样的事情。

在一个圣诞节的前夕，17岁的Sandy身穿一身小天使服在百货中心与人合照，这是她这个假期的工作。今天就是圣诞节了，当结束工作的时候，她就可以回家与亲人们一起庆祝了，她越想越开心，恨不得时间能够一下子跳到8点。

在她工作的这段时间，经理Mary给了她不少的关怀和帮助，于是她在心里暗暗决定要送一份小礼物给Mary，在8点的钟声敲响的时候，她兴高采烈地冲出了百货中心，希望还能够找到一家没有关门的礼物店。但让她失望的是，几乎所有的商店全部提前关门了。

无奈的Sandy又回到了百货中心，因为只有这里是9点歇业。不过她心里很清楚，自己兜中仅有的30块钱可能什么都买不到。因为这个百货中心是有钱人光顾的地方，里面的礼品不是一般人能消费得起的。

她有点沮丧地看着礼品区里琳琅满目的商品，这时，一位女店员向Sandy走来，亲切地询问能否帮助她做些什么。店员的话引起了周围人的注意，大家都转过头来看着这个羞涩的小女孩。Sandy觉得困窘极了，她尽可能低声地说：谢谢，不用了。女店员对Sandy说不用害羞，你需要什么样的礼物，我想我对这里比较熟悉，没准可以帮到你呢。于是，Sandy只好告诉她想买些东西送给自己的经理，并且告诉店员自己身上只有30元钱。女店员耐心地帮Sandy挑选了一些小礼物放进了纸盒中，最后统计出的价格刚好是29.8元，这让Sandy兴奋不已，当一切完成后，商店就快关门了。

不过，接过了礼物盒的Sandy有些迟疑，因为这个纸盒实在是不好看，她希望能够有一个漂亮的包装，女店员似乎猜到了她在想什么，于是问Sandy是否需要包装，Sandy 勉强挤出笑容说是，但是表明自己已经没有多余的钱付包装费了。女店员拿起 Sandy 手上的礼物盒走进了后场，等她回来的时候，手上拿着一个用金黄色缎带包裹得十分精美的盒子，这简直漂亮极了，Sandy 不住地向女店员道谢，店员笑了，对 Sandy 说，这几天我都在注意你，你是个可爱的小天使，在这里为每个人传播着快乐，今天，我只是希望能够用我的力量送给你一点小小的快乐而已。

Sandy 将圣诞礼物送到了 Mary 的手上，高兴地对他说：圣诞快乐！Mary 激动得不知道说什么好，因关他还是头一次收到小天使的礼物，尽管他每年都会带很多小天使为他人传播快乐。

假期过去了，但是 Sandy 却久久不能忘怀那个女店员微笑的面容，一想到她的善良以及带给自己和 Mary 的快乐，Sandy 就总希望能够为她做点什么。于是，Sandy 给百货中心寄去了一封感谢信。

一个月后，Sandy 突然接到了女店员的电话，邀请她吃顿午餐。当两个人碰面的时候，女店员给了 Sandy 一个大大的拥抱。

因为 Sandy 的那封感谢信，女店员当选了百货中心的服务之星。她的照片被放在大厅，而且还得到了 100 美元奖金。然而更棒的是，当她把这个好消息告诉父亲时，父亲对她说：我真为你骄傲。女店员激动地握着 Sandy 的手，对她说：你知道吗，我长这么大，父亲从来没对我说过这句话！

Sandy 一辈子都记得那个令人激动的时刻。Sandy 了解到一个微不足道的帮助将会给他人带来怎样的改变。漂亮的盒子，Mary 的快乐，Sandy 的信，百货中心的奖励，父亲的骄傲，这一点点的帮助，深深地触动着四个人的心灵。

这个故事告诉我们，如果想要让自己被人爱，那么必须先让自己去爱别人。在谈判中，当我们通过举手之劳把一份关爱传递给别人时，不仅自己的内心会存留一份欣慰；同时，当别人得到方便和关爱后，同样也会回报给我们同等甚至更多的关爱，这就是谈判中"与人方便，自己方便"的道理。

14. 从容：谈判高手也是生活专家

生命的意义在于从容，在于从容之中眺望未来，在于从容之中成就人生，宠辱不惊，看天边风起云涌，闲庭信步，赏门前花开花落。

——北大课堂引用名言

很多人为了谈判而忽略了生活的精彩，他们没时间吃早饭，没时间陪家人，没时间锻炼身体，没时间给心灵充电。但是，仔细观察就可以发现，这些人并不是真的没有时间，而是他们没有理清自己的生活，不知道如何从容应对工作和人生。最后，他们只会把谈判、工作和生活的压力全部带进自己的人生，直接压垮了自己心灵。

而谈判高手则刚好相反，不论谈判任务多繁重，他们都要去享受生活中的阳光；不论谈判压力多巨大，都要去感受人生的清风。谈判不仅是谈判桌上的高手，更是懂得享受生活的艺术家。

"二战"期间，英国的蒙哥马利元帅战功卓越，他曾击败"沙漠之狐"隆美尔，一举扭转北非战局。

一次，蒙哥马利元帅对首相丘吉尔说："我不抽烟，也不喝酒，每天保证睡眠，所以我的身体百分之百健康。"

不料，丘吉尔却笑笑说："我每天抽很多烟，喝很多酒，而且睡得极少，所以我的身体百分之二百健康。"

后来，蒙哥马利元帅活到了 89 岁，而丘吉尔首相则活到了 91 岁。

人们对于蒙哥马利的长寿可以理解，因为这是健康生活的结果。但是，对于丘吉尔的长寿，很多人都认为是怪事。因为，他不但生活没有规律，而且身负"二战"重任，工作繁忙紧张，怎么可能有百分之二百的健康呢？

其实，丘吉尔健康长寿的秘诀就是从容的心态。即使是在战事最紧张的周末，丘吉尔仍然会从容地到游泳馆游上一会儿；即使是在战事白热化的时候，丘吉尔仍然会轻松地坐在池塘边独自垂钓。当"二战"结束后，丘吉尔从容地离开了首相的职位，拿起了画笔，从容地当起了画家。我们可以说，正是丘吉尔的从容，成就了他的事业和健康。

蒙哥马利元帅和丘吉尔首相可谓是懂得享受生活的典范，像他们这样高龄的政治家实属罕见。而他们长寿的秘诀就是忙里偷闲，选择从容。

所以，用从容的心态面对谈判和生活，我们才能在谈判中轻松坦然，在人生的旅途上看到真正的风景。因为，只有选择了从容的人生态度，我们才能克服自己内心的浮躁，让自己在谈判桌上和谈判桌外拥有同样的精彩。

15. 热情：谈判的结果是情绪的倒影

一个人几乎可以在任何他怀有无限热情的事情上取得成功。

——北大课堂引用名言

对于想赢得谈判的人来说，首先应该让自己在谈判中充满热情。因为，冷漠的态度如果不改变，谈判就会一直消极下去，而一旦改变了自己的心态，那么谈判桌上的阴霾也会马上烟消云散。正如牛顿定律所说明的道理：静止的物体如果不受外力的作用，就会一直保持静止。同样，运动的物体如果不受外力的作用，也会一直运动下去。

美国著名的脱口秀节目主持人拉里·金出生于纽约布鲁克林区，他的童年是苦涩的，十岁时父亲因心脏病去世。靠救济金长大成人后，在很长一段时间里，拉里对生活都失去了热情，他对这个灰色的世界充满了失望和冷漠。

然而，拉里凭借着自己的努力华丽变身，从一名电台管理员变成了主播。提起拉里第一次担任电台主播时的经历，他感慨万千，因为对生活缺少热情，他对自己的表现也非常不满意。

那天是星期一，拉里走进电台，心情非常紧张，他不断地喝咖啡让自己镇定下来。节目开始前，老板还特意前来为拉里加油打气。拉里先播放了一段音乐，就在音乐播完，准备开口说话时，他却怎么也开不了口，喉咙就像是被什么扼住似的，一点声音也发不出来。他连播了三段音乐，却仍然无法在麦克风前说出一句话。

这时，老板突然走了进来，看着一脸沮丧的拉里说："你要知道，你可以试着跟听众沟通！"听了老板的提醒，拉里再次努力地靠近麦克风，小心翼翼地开始他的第一次广播："早安！伙计们，我一直梦想着要上电台，为此我已经练习了整整一个礼拜，刚刚我已经播放了这次广播的主题音乐，但现在的我却比想象中的要糟糕，我口干舌燥，感到非常紧张。"

拉里磕磕绊绊地终于说完了一段话，似乎也找回了一些信心。这是拉里职业生涯的开始，从此以后，他再也没有出现过类似的情况。对此，拉里总结的经验是"谈话时必须注入感情，从声音中透露出你的热情，这样人们才能够分享你最真实的感受"。

拉里在他的自传中一直在告诉人们一个道理，"投入你的感情，对生活保持热情。然后，你就会得到额外的回报"。这不仅是拉里的成功秘诀，也是对每个想成为谈判高手的人最好的谈判指引。

曾经有很多人向我抱怨说："为什么在谈判桌上别人总是看我不顺眼？"我告诉他们："在谈判中，不顺利的事情之所以发生在你身上，是因为在你的内心深处，存在着一种冷漠。"当我们能够用热情去感染我们的谈判对手时，那么谈判自然就会出现让我们满意的结果。